会计专业“理实一体”规划教材

会计信息化(用友 U8V10.1 版)

何克理　杨衍莹　主编

上海财经大学出版社
SHANGHAI UNIVERSITY OF FINANCE & ECONOMICS PRESS

图书在版编目(CIP)数据

会计信息化(用友 U8V10.1 版)/何克理,杨衍莹主编.—上海:上海财经大学出版社,2019.11

ISBN 978-7-5642-3305-1/F·3305

Ⅰ.①会… Ⅱ.①何…②杨… Ⅲ.①会计信息-财务管理系统-高等学校-教材 Ⅳ.①F232

中国版本图书馆 CIP 数据核字(2019)第 142830 号

□ 责任编辑 廖沛昕
□ 封面设计 华 泽

会计信息化(用友 U8V10.1 版)

何克理 杨衍莹 主编

上海财经大学出版社出版发行
(上海市中山北一路 369 号 邮编 200083)
网 址:http://www.sufep.com
电子邮箱:webmaster @ sufep.com
全国新华书店经销
上海新文印刷厂印刷装订
2019 年 11 月第 1 版 2019 年 11 月第 1 次印刷

787mm×1092mm 1/16 20 印张 487 千字
印数:0 001—3 000 定价:48.00 元

会计信息化(用友 U8V10.1 版)

编审委员会

主　编　何克理　杨衍莹

编　委　杨　群　吴晓燕　陈莹莹　唐伶俐
冯　香　何克理　蒋　慧　李慧君
潘晓晴　潘远才　石　磊　杨衍莹
毛启丰　王　瑾　苏　芯

前　言

会计信息化是信息社会对企业财务信息管理提出的一个新要求，是企业会计顺应信息化浪潮做出的必要举措。它是网络环境下企业领导获取信息的主要渠道，也是增强企业的竞争力、提高会计管理决策能力和企业管理水平的重要工具。为了推进会计信息化人才建设，培养适应企业需求的人才，我们编写了本教材。

本教材以国家电算(信息)化工作相关规范和《企业会计准则》为依据，以企业业务流程为主线，以财务业务一体化管理为主导思想，全面介绍了会计信息化的基本理论和“用友 U8V10.1版”软件的系统管理、总账、薪资、固定资产、采购、销售、应收、应付、库存、存货核算、会计报表等各子系统的基本操作。帮助学习者掌握使用信息化手段来处理企业业务的技能，理解在信息化环境下企业购、销、存等业务管理与财务会计管理的关系，了解企业的业务流、资金流与信息流的集成性、统一性、实时性和共享性的内涵。

本教材可以作为高职高专管理类专业相关课程的教材，也可以作为会计人员岗位培训教材，还可以作为财务工作人员和经营管理人员的参考书。

本教材参考学时共42学时，建议采用“理实一体”的教学模式开展教学，参考学时见项目分配表。

项目分配表

项　目	项目内容	学　时
项目一	会计信息化概述	2
项目二	系统管理	4

续表

项　目	项目内容	学　时
项目三	基础信息设置	7
项目四	总账日常管理	3
项目五	固定资产管理	4
项目六	薪资管理	3
项目七	业务子系统初始化管理	6
项目八	采购管理与应付款管理	4
项目九	销售管理与应收款管理	4
项目十	总账期末业务管理	3
项目十一	报表管理	2
合　计		42

本教材由黔东南民族职业技术学院何克理和杨衍莹主编。在编写过程中得到各有关院校领导和教师的大力支持，对许多兄弟院校教师提出的宝贵意见和建议，在此一并致谢。由于编者水平有限，书中错谬难免，恳请各位读者批评指正。

编　者

2019 年 10 月

本书二维码使用说明

听课方式：用手机（安卓/IOS）扫描华泽微课 APP 二维码，下载听课 APP。安装完成后，进入 APP，点击右下角“学习中心”，在界面中选择“扫一扫”，就可以扫描书中的二维码听课了。

（华泽微课 APP）

（请先用电脑进入华泽网校 www.ablesky.com/huaze 进行注册，然后再用手机 APP 登录，扫码学习。**请勿使用手机 APP 注册！**）

目　录

项目一　会计信息化概述

任务一　认识会计信息化

一、会计信息化的相关概念

扫码看资源

1. 会计信息化

会计信息化是指将会计信息作为管理信息资源，全面运用计算机、网络通信为主的信息技术对其进行获取、加工、传输、应用等处理，为企业经营管理、控制决策和经济运行提供充足、实时、全方位的信息。会计信息化是信息社会的产物，是未来会计的发展方向。会计信息化不仅仅是将计算机、网络、通信等先进的信息技术引入会计学科，与传统的会计工作相融合，在业务核算、财务处理等方面发挥作用，它还包含有更深的内容，如会计基本理论信息化、会计实务信息化、会计教育信息化、会计管理信息化等。

会计信息化是信息社会对企业财务信息管理提出的一个新要求，是企业会计顺应信息化浪潮所做出的必要举措。它是网络环境下企业领导者获取信息的主要渠道，有助于增强企业的竞争力，解决会计电算化存在的“孤岛”现象，提高会计管理决策能力和企业管理水平。多年来中国会计信息化的发展，虽然信息系统的功能不断增强，应用也越来越普及，尤其是大、中型企业目前已程度不同地实现了会计信息化，应用了核算型会计软件，但从总体来看，中国会计信息化还处在发展过程中，存在着诸多亟待解决的问题。

2. 会计电算化

我国会计电算化工作始于1979年。其主要标志是，1979年财政部支持并参与了长春第一汽车制造厂的会计电算化试点工作。1981年8月，在财政部一机部和中国会计协会的支持下，在长春召开了“财务、会计、成本应用电子计算机专题讨论会”，这次会议成为我国会计电算化理论研究的一个里程碑，在这次会上提出计算机在会计上的应用统称为“会计电算化”。

狭义的会计电算化是指以电子计算机为主体的信息技术在会计工作中的应用。具体而言，就是利用会计软件，指挥各种计算机设备替代手工完成或在手工下很难完成的会计工作过程，是一个应用电子计算机实现的会计信息系统。它实现了数据处理的自动化，使传统的手工会计信息系统发展演变为电算化会计信息系统。会计电算化是会计发展史上的一次重大革命,它不仅是会计发展的需要,而且是经济和科技对会计工作提出的要求。

广义的会计电算化是指与会计电算化有关的所有工作,包括会计电算化软件的开发与应用、会计电算化人才的培训、会计电算化的宏观规划,会计电算化制度建设、会计电算化软件市场的培育与发展等。

3. 会计信息系统

会计信息系统是利用信息技术采集会计数据,以及进行存储和处理,完成会计核算任务,提供会计信息的系统。它属于管理信息系统中的财务管理子系统。它主要包括会计核算和管理会计两大部分。会计核算以账务核算为核心进行账务处理,并且涉及工资核算、固定资产核算、成本核算、材料核算、销售核算等专项核算内容;管理会计的内容有财务情况分析、预测和决策分析、资金管理分析、内部经济核算管理分析等内容。

一个完整的会计信息系统应当由会计核算系统、财务管理系统和财务决策支持系统组成。会计部门作为进行经济核算的职能部门与企业的其他部门有着密切的关系。它接受、传递和处理大量的资金运动的数据。

4. ERP 系统

ERP 系统是企业资源计划的简称,是指建立在信息技术基础上,集信息技术与先进管理思想于一身,以系统化的管理思想,为企业员工及决策层提供决策手段的管理平台。它是从 MRP(物料需求计划)发展而来的新一代集成化管理信息系统,它扩展了 MRP 的功能,其核心思想是供应链管理。ERP 是针对物质资源管理(物流)、人力资源管理(人流)、财务资源管理(财流)、信息资源管理(信息流)集成一体化的企业管理。

ERP 系统从供应链范围去优化企业的资源,优化了现代企业的运行模式,反映了市场对企业合理调配资源的要求。它对于改善企业业务流程、提高企业核心竞争力具有显著作用。

5. 会计软件

会计软件是专门用于会计核算、财务管理的计算机软件、软件系统及其功能模块,包括一组指挥计算机进行会计核算与管理工作的程序、存储数据以及有关资料。例如,会计软件中的账务处理模块,不仅包括指挥计算机进行账务处理的程序、基本数据(会计科目、凭证等),而且包括软件使用手册等有关技术资料用以指导使用人员进行账务处理操作。

会计软件通常具有以下主要功能:为会计核算、财务管理直接提供数据输入(录入);生成凭证、账簿、报表等会计资料;对会计资料进行转换、输出、分析、利用。

6. XBRL

XBRL,即是可扩展商业报告语言,是基于互联网、跨平台操作,专门用于财务报告编制、披露和使用的计算机语言,是国际上将会计准则与计算机语言相结合,用于非结构化数据,尤其是财务信息交换的最新公认标准和技术。通过对数据统一进行特定的识别和分类,可直接为使用者或其他软件所读取及进一步处理,实现一次录入、多次使用。

以 XBRL 为基础的网络财务报告具有以下特点:降低信息交换成本、提高财务信息的可获得性、间接增加了财务信息可比性;通过互联网提供具时效性的信息,提高信息的相关性,增强了财务信息的利用效率;可自动交换并摘录财务信息而不受个别公司软件和信息系统的限制,为投资者或分析者使用财务信息提供方便;可以减少为了不同格式需求的资料而重复输入的问题;降低了信息供给成本,有利于信息供给者提高财务报表编制效率。

二、会计信息化的特征

1. 普遍性

随着经济社会和信息技术的发展,会计的所有领域(包括会计理论、会计工作、会计管理、会计教育等)要全面运用现代信息技术。就当前而言,会计工作、会计管理、会计教育三个方面有了不同程度的运用,但是总体来看,起步晚、发展快、成效大,与真正达到会计信息化的水平还有一定的差距,而会计理论方面却相对滞后。在既没有修正传统的会计理论体系,也没有构建起适应现代信息技术发展的、完善的会计理论体系的时候,现阶段的会计信息化赖以存在的还是传统的会计理论。从会计信息化的要求来看,现代信息技术在会计理论、会计工作、会计管理、会计教育诸领域的广泛应用,并形成完整的应用体系。

2. 集成性

会计信息化将对传统会计组织和业务处理流程进行重整,以适应新的组织形式和管理模式。它的出发点和终结点就是实现信息的集成化。信息集成包括三个层面:一是在会计领域实现信息集成,即实现财务会计与管理会计之间的信息集成,协调和解决会计信息真实性与相关性的矛盾;二是在企业组织内部实现财务和业务的一体化,即集成财务信息和业务信息,在两者之间实现无缝联结,使财务信息和业务信息能够做到你中有我、我中有你;三是建立企业组织与外部利害关系人(客户、供应商、银行、税务、财政、审计等)的信息网络,实现企业组织内外信息系统的集成。信息集成的结果是信息共享。

企业组织内外与企业组织有关的所有原始数据只要一次输入,就能做到分次利用或多次利用。既减少了数据输入的工作量,又实现了数据的一致性,还保证了数据的共享性。建立在会计信息化基础上的 21 世纪会计信息系统是与企业组织内外信息系统有机整合的,高度数字化、多元化、实时化、个性化、动态化的信息系统,它具有极强的适应力。

3. 动态性

动态性,会计信息化在时间上的动态性表现为:一是会计数据的采集是动态的。无论是企业组织外部的数据(例如发票、订单)还是企业组织内部的数据(例如入库单、产量记录),也无论是局域数据还是广域数据,一旦发生,都将存入相应的服务器,并及时送到会计信息系统中等待处理。二是会计数据的处理是实时的。在会计信息系统中,会计数据一经输入系统,就会立即触发相应的处理模块。对数据进行分类、计算、汇总、更新、分析等一系列操作,以保证信息动态地反映企业组织的财务状况和经营成果。会计数据采集和处理的实时化、动态化,使得会计信息的发布、传输和利用能够实时化、动态化,会计信息的使用者也就能够及时地做出管理决策。

4. 渐进性

现代信息技术对会计模式重构具有主观能动性。但是,这种能动性的体现是一个渐进的过程。具体应分三步走:第一步是以信息技术去适应传统会计模式,即建立核算型会计信息系统,实现会计核算的信息化。第二步是现代信息技术与传统会计模式相互适应。表现为传统会计模式为适应现代信息技术而对会计理论、方法作局部的小修小改,扩大所用技术的范围(从计算机到网络)及所用技术的运用范围(从核算到管理),实现管理会计的信息化。

第三步是以现代信息技术去重构传统会计模式,以形成现代会计信息系统,实现包括会计核算信息化、会计管理信息化和会计决策支持信息化在内的会计信息化。

三、会计信息化的意义

随着信息技术的发展和普及应用,尽管会计信息化在中国提出的时间不长,对其的本质和内涵还有待进一步探讨和研究,但是会计信息化将是一个不可阻挡的必然趋势,会计信息化对当前的会计无论在理论上还是在实践上都会产生很大的影响。

(1)实现会计信息化以后,会计信息系统将真正成为企业管理信息系统的一个子系统。企业发生的各项业务,能够自动从企业的内部和外部采集相关的会计核算资料,并汇集于企业的内部会计信息系统进行实时处理。会计将从传统的记账、算账的局限中解脱出来,从而更好地发挥会计的管理控制职能,让企业经营者和信息使用者可随时利用企业的会计信息对企业的未来财务形势做出合理的预测,为企业的管理和发展做出正确的决策。

(2)由于信息技术的全面应用,极大地提高了信息的及时性,信息的预测价值和反馈价值也大大提高,信息的流速也大大加快,有力地促进了经济管理水平的提高。另外,通过会计信息系统直接获取相关数据并进行分析,减少了人为的舞弊现象,从而也大大提高了会计信息的可靠性和信息的质量。

(3)当今的会计软件的处理流程基本上还是模拟手工会计的处理流程而设计的。实现会计信息化后,会计不再是孤立的系统,而是一个实时处理、高度自动化的系统,它与其他业务系统和外界连接,可以直接从其他系统读取数据,并进行一系列的加工、处理、存储和传输。会计报告也可以采用电子联报方式进行实时报告,用户可以随时获取有用的会计信息进行决策,提高了工作效率,促进了经济的发展。

当今社会正在向"知识经济"时代迈进,在今天这样一个充满竞争的大环境中,会计人员不仅要深谙会计学的基本原理、掌握会计电算化技术,而且还要学习一些组织观念、行为因素、决策过程和通信技术等方面的基本理论。会计信息化代表了一种全新的会计思想与观念,是传统的会计理论和现代信息技术、网络技术等相结合的产物,是现代会计发展的必然趋势。人们必须抓住机遇,迎接挑战,努力推进中国会计信息化的发展。

任务二　企业会计信息化工作规范

一、总则

1. 为推动企业会计信息化,节约社会资源,提高会计软件和相关服务质量,规范信息化环境下的会计工作,根据《中华人民共和国会计法》《财政部关于全面推进我国会计信息化工作的指导意见》(财会〔2009〕6号),制定本规范。

2. 本规范所称会计信息化,是指企业利用计算机、网络通信等现代信息技术手段开展会计核算,以及利用上述技术手段将会计核算与其他经营管理活动有机结合的过程。

本规范所称会计软件,是指企业使用的,专门用于会计核算、财务管理的计算机软件、软件系统及其功能模块。会计软件具有以下功能:

(1)为会计核算、财务管理直接采集数据；

(2)生成会计凭证、账簿、报表等会计资料；

(3)对会计资料进行转换、输出、分析、利用。

本规范所称会计信息系统，是指由会计软件及其运行所依赖的软、硬件环境组成的集合体。

3. 企业(含代理记账机构，下同)开展会计信息化工作，软件供应商(含相关咨询服务机构，下同)提供会计软件和相关服务，适用本规范。

4. 财政部主管全国企业会计信息化工作，主要职责包括：

(1)拟定企业会计信息化发展政策；

(2)起草、制定企业会计信息化技术标准；

(3)指导和监督企业开展会计信息化工作；

(4)规范会计软件功能。

5. 县级以上地方人民政府财政部门管理本地区企业会计信息化工作，指导和监督本地区企业开展会计信息化工作。

二、会计软件和服务

1. 会计软件应当保障企业按照国家统一会计准则制度开展会计核算，不得有违背国家统一会计准则制度的功能设计。

2. 会计软件的界面应当使用中文并且提供对中文处理的支持，可以同时提供外国文字或者少数民族文字界面对照和处理支持。

3. 会计软件应当提供符合国家统一会计准则制度的会计科目分类和编码功能。

4. 会计软件应当提供不可逆的记账功能，确保对同类已记账凭证的连续编号，不得提供对已记账凭证的删除和插入功能，不得提供对已记账凭证日期、金额、科目和操作人的修改功能。

5. 鼓励软件供应商在会计软件中集成可扩展商业报告语言(XBRL)功能，便于企业生成符合国家统一标准的 XBRL 财务报告。

6. 会计软件应当具有符合国家统一标准的数据接口，满足外部会计监督需要。

7. 会计软件应当具有会计资料归档功能，提供导出会计档案的接口，在会计档案存储格式、元数据采集、真实性与完整性保障方面，符合国家有关电子文件归档与电子档案管理的要求。

8. 会计软件应当记录生成用户操作日志，确保日志的安全、完整，提供按操作人员、操作时间和操作内容查询日志的功能，并能以简单易懂的形式输出。

9. 以远程访问、云计算等方式提供会计软件的供应商，应当在技术上保证客户会计资料的安全、完整。对于因供应商原因造成客户会计资料泄露、毁损的，客户可以要求供应商承担赔偿责任。

10. 客户以远程访问、云计算等方式使用会计软件生成的电子会计资料归客户所有。软件供应商应当提供符合国家统一标准的数据接口供客户导出电子会计资料，不得以任何理由拒绝客户导出电子会计资料的请求。

11. 以远程访问、云计算等方式提供会计软件的供应商，应当做好本厂商不能维持服务情况下,保障企业电子会计资料安全以及企业会计工作持续进行的预案,并在相关服务合同中与客户就该预案做出约定。

12. 软件供应商应当努力提高会计软件相关服务质量,按照合同约定及时解决用户使用中的故障问题。

13. 会计软件存在影响客户按照国家统一会计准则制度进行会计核算问题的,软件供应商应当为用户免费提供更正程序。

14. 鼓励软件供应商采用呼叫中心、在线客服等方式为用户提供实时技术支持。

15. 软件供应商应当就如何通过会计软件开展会计监督工作,提供专门教程和相关资料。

三、企业会计信息化

1. 企业应当充分重视会计信息化工作,加强组织领导和人才培养,不断推进会计信息化在本企业的应用。未设置会计机构和配备会计人员的企业,由其委托的代理记账机构开展会计信息化工作。

2. 企业开展会计信息化工作,应当根据发展目标和实际需要,合理确定建设内容,避免投资浪费。

3. 企业开展会计信息化工作,应当注重信息系统与经营环境的契合,通过信息化推动管理模式、组织架构、业务流程的优化与革新,建立健全适应信息化工作环境的制度体系。

4. 大型企业、企业集团开展会计信息化工作,应当注重整体规划,统一技术标准、编码规则和系统参数,实现各系统的有机整合,消除信息孤岛。

5. 企业配备会计软件,应当根据自身技术力量以及业务需求,考虑软件功能、安全性、稳定性、响应速度、可扩展性等要求,合理选择购买、定制开发、购买与开发相结合等方式。定制开发包括企业自行开发、委托外部单位开发、企业与外部单位联合开发。

6. 企业通过委托外部单位开发、购买等方式配备会计软件,应当在有关合同中约定操作培训、软件升级、故障解决等服务事项,以及软件供应商对企业信息安全的责任。

7. 企业应当促进会计信息系统与业务信息系统的一体化,通过业务的处理直接驱动会计记账,减少人工操作,提高业务数据与会计数据的一致性,实现企业内部信息资源共享。

8. 企业应当根据实际情况,开展本企业信息系统与银行、供应商、客户等外部单位信息系统的互联,实现外部交易信息的集中自动处理。

9. 企业进行会计信息系统前端系统的建设和改造,应当安排负责会计信息化工作的专门机构或者岗位参与,充分考虑会计信息系统的数据需求。

10. 企业应当遵循企业内部控制规范体系要求,加强对会计信息系统规划、设计、开发、运行、维护全过程的控制,将控制过程和控制规则融入会计信息系统,实现对违反控制规则情况的自动防范和监控,提高内部控制水平。

11. 对于信息系统自动生成、且具有明晰审核规则的会计凭证,可以将审核规则嵌入会计软件,由计算机自动审核。未经自动审核的会计凭证,应当先经人工审核再进行后续处理。

12. 处于会计核算信息化阶段的企业,应当结合自身情况,逐步实现资金管理、资产管理、预算控制、成本管理等财务管理信息化。处于财务管理信息化阶段的企业,应当结合自身情况，逐步实现财务分析、全面预算管理、风险控制、绩效考核等决策支持信息化。

13. 分公司、子公司数量多、分布广的大型企业、企业集团应当探索利用信息技术促进会计工作的集中，逐步建立财务共享服务中心。实行会计工作集中的企业以及企业分支机构，应当为外部会计监督机构及时查询和调阅异地存储的会计资料提供必要条件。

14. 外商投资企业使用的境外投资者指定的会计软件或者跨国企业集团统一部署的会计软件，应当符合本规范会计软件和服务的要求。

15. 企业会计信息系统数据服务器的部署应当符合国家有关规定。数据服务器部署在境外的，应当在境内保存会计资料备份，备份频率不得低于每月一次。境内备份的会计资料应当能够在境外服务器不能正常工作时，独立满足企业开展会计工作的需要以及外部会计监督的需要。

16. 企业会计资料中对经济业务事项的描述应当使用中文，可以同时使用外国或者少数民族文字对照。

17. 企业应当建立电子会计资料备份管理制度，确保会计资料的安全、完整和会计信息系统的持续、稳定运行。

18. 企业不得在非涉密信息系统中存储、处理和传输涉及国家秘密，关系国家经济信息安全的电子会计资料；未经有关主管部门批准，不得将其携带、寄运或者传输至境外。

19. 企业内部生成的会计凭证、账簿和辅助性会计资料，同时满足下列条件的，可以不输出纸面资料：

(1)所记载的事项属于本企业重复发生的日常业务；

(2)由企业信息系统自动生成；

(3)可及时在企业信息系统中以人类可读形式查询和输出；

(4)企业信息系统具有防止相关数据被篡改的有效机制；

(5)企业对相关数据建立了电子备份制度，能有效防范自然灾害、意外事故和人为破坏的影响；

(6)企业对电子和纸面会计资料建立了完善的索引体系。

20. 企业获得的需要外部单位或者个人证明的原始凭证和其他会计资料，同时满足下列条件的，可以不输出纸面资料：

(1)会计资料附有外部单位或者个人的，符合《中华人民共和国电子签名法》的可靠的电子签名；

(2)电子签名经符合《中华人民共和国电子签名法》的第三方认证；

(3)所记载的事项属于本企业重复发生的日常业务；

(4)可及时在企业信息系统中以人类可读形式查询和输出；

(5)企业对相关数据建立了电子备份制度，能有效防范自然灾害、意外事故和人为破坏的影响；

(6)企业对电子和纸面会计资料建立了完善的索引体系。

21. 企业会计资料的归档管理，遵循国家有关会计档案管理的规定。

22. 实施企业会计准则通用分类标准的企业，应当按照有关要求向财政部报送 XBRL 财务报告。

四、监督

1. 企业使用会计软件不符合本规范要求的,由财政部门责令限期改正。限期不改的,财政部门应当予以公示,并将有关情况通报同级相关部门或其派出机构。

2. 财政部采取组织同行评议,向用户企业征求意见等方式对软件供应商提供的会计软件遵循本规范的情况进行检查。省、自治区、直辖市人民政府财政部门发现会计软件不符合本规范规定的,应当将有关情况报财政部。任何单位和个人发现会计软件不符合本规范要求的,有权向所在地省、自治区、直辖市人民政府财政部门反映,财政部门应当根据反映开展调查,并将有关情况报财政部。

3. 软件供应商提供的会计软件不符合本规范要求的,财政部可以约谈该供应商主要负责人,责令限期改正。限期内未改正的,由财政部予以公示,并将有关情况通报相关部门。

项目二　系统管理

任务一　启动系统管理

一、认识系统管理

用友 U8 系统管理是由多个模块组成，各个模块之间相互联系、数据共享，完全实现财务业务一体化的管理，对于企业资金流、物流、信息流的统一管理提供了有效的方法和工具。系统管理包括新建账套、新建账套库、账套修改和删除、账套备份、根据企业经营管理中的不同岗位职能建立不同角色，新建操作员和权限的分配等功能。系统管理的使用者为企业的信息管理人员，包括系统管理员、安全管理员、管理员用户和账套主管。

系统管理模块主要能够实现如下功能：对账套的统一管理，包括建立、修改、引入和输出（恢复备份和备份）。对操作员及其功能权限实行统一管理，设立统一的安全机制，包括用户、角色和权限设置。允许设置自动备份计划，系统根据这些设置定期进行自动备份处理，实现账套的自动备份。对账套库的管理，包括建立、引入、输出、备份账套库，重新初始化，清空账套库数据。对系统任务的管理，包括查看当前运行任务、清除指定任务、清退站点等。由于用友 U8 软件所含的各个模块是为同一个主体的不同层面服务的，并且模块与模块之间相互联系、数据共享。

二、登录系统管理

业务 1：以系统管理员 admin 登录【系统管理】。

操作步骤：

(1)点击【开始】|【所有程序】，进入【用友 U8V10.1】系统，执行【系统服务】|【系统管理】命令，打开【系统管理】框。

(2)执行【系统】|【注册】命令，打开【登录】框，如图 2—1 所示。

图2—1 【登录】窗口

(3)在【登录】框中录入服务器,此处为默认;录入操作员【admin】,密码为空;选择系统默认账套【127.0.0.1】,点击【登录】按钮,以系统管理员身份进入【系统管理】,如图2—2所示。

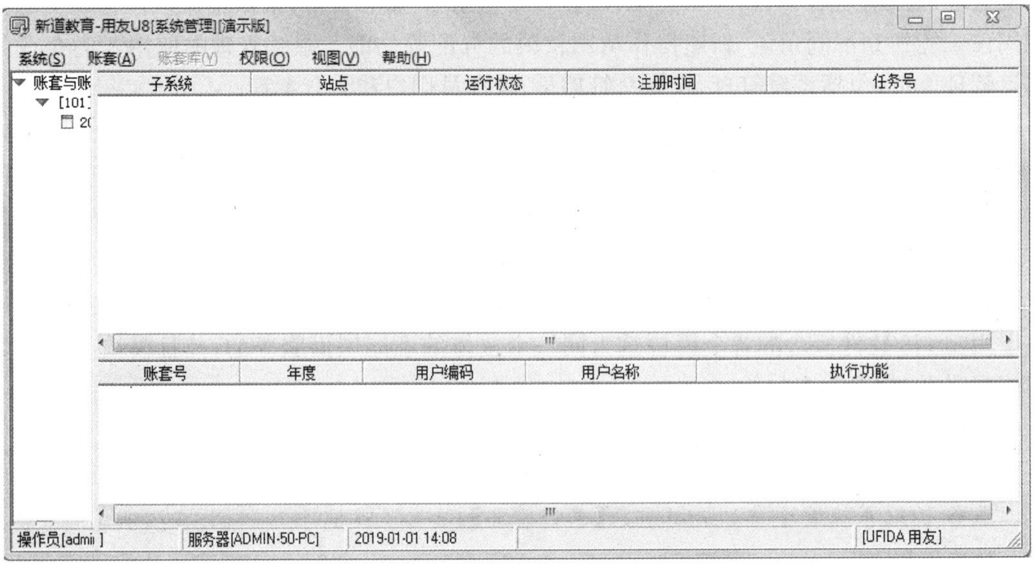

图2—2 【系统管理】窗口

任务二　用户管理

一、企业基本情况

凯里市昀智贸易有限公司，是专门从事银饰、刺绣物品采购及销售的商业型企业，公司法人代表为何建军。

公司地址：贵州省凯里市经济开发区开元大道1066号。

电话及传真：0854—3988031。

邮编：556000。

税号：91522601308719203D。

开户银行：中国工商银行凯里经济开发区支行，账号：1550100035191101678。

公司主要经营业务：银饰制品、苗绣装饰品及苗绣服装的采购及销售。

软件操作员及权限分工如表2—1所示。

表2—1　　软件操作员及权限分工一览表

操作员编号	操作员姓名	部　门	职　务	具体工作内容
Z01	刘慧清	总经理办公室	财务总监	101账套主管权限
W01	陈丽梅	财务部	财务经理	记账凭证审核和查询、总账账表查询、总账对账、总账结账、编制UFO财务报表
W02	李晓园	财务部	会计	①总账：填制凭证、查询凭证、凭证整理、账表查询、期末处理、记账 ②应收款管理[不含收款单据处理(卡片编辑)、选择收款] ③应付款管理[不含付款单据处理(卡片编辑)、选择付款] ④固定资产 ⑤薪资管理 ⑥存货核算的所有权限 ⑦银行对账
W03	王明涛	财务部	出纳	①总账：出纳签字、出纳 ②应收款管理：票据管理、收款单据处理（卡片编辑、卡片查询)、选择收款 ③应付款管理：票据管理、付款单据处理（卡片编辑、卡片查询)、选择付款
G01	戚诚	采购部	采购员	采购管理的所有权限
X01	肖丽丽	销售部	销售员	销售管理的所有权限
C01	李军钧	仓管部	库管员	库存管理的所有权限、基本信息（公共单据、公用目录设置)

二、增加用户

本功能主要完成本账套用户的增加、删除、修改等维护工作。只有设置了具体的用户之后,才能进行相关的操作。人员编码=操作员编码;如果已有相同编码的操作员,则只把该人员与这个操作员进行关联,不新增操作员;如果勾选选项“如果存在相同编码操作员,则更新操作员档案”,则按照“修改用户”的规则更新操作员档案,同时把该人员档案和操作员建立关联关系;否则只建立关联关系而不修改已存在的操作员档案。

业务 1:2019 年 1 月 1 日,凯里市昀智贸易有限公司账套用户信息如表 2—2 所示,请以系统管理员 admin 的身份登录系统管理,增加用户信息。

表 2—2　　用户信息表

用户编号	用户姓名	所属部门	所属角色
Z01	刘慧清	总经理办公室	账套主管
W01	陈丽梅	财务部	财务经理
W02	李晓园	财务部	会计
W03	王明涛	财务部	出纳
G01	戚诚	采购部	采购员
X01	肖丽丽	销售部	销售员
C01	李军钧	仓管部	库管员
C02	简春平	仓管部	库管员

操作步骤:

(1)点击【开始】|【所有程序】,进入【用友 U8V10.1】系统,执行【系统服务】|【系统管理】命令,打开【系统管理】框。

(2)执行【系统】|【注册】命令,打开【登录】框。

(3)在【登录】框中录入服务器,此处为默认;录入操作员【admin】,密码为空;选择系统默认账套【127.0.0.1】,点击【登录】按钮,以系统管理员身份进入系统管理。

(4)以系统管理员【admin】登录【系统管理】,执行【权限】|【用户】命令,打开【用户管理】框,如图 2—3 所示。

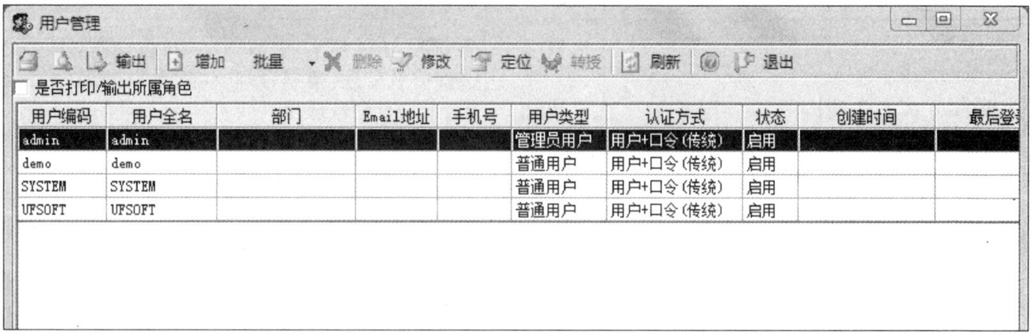

图 2—3　【用户管理】窗口

(5)点击【增加】按钮,弹出【操作员详细情况】窗口,录入编号:Z01,姓名:刘慧清,所属部门:总经理办公室,并在所属角色列表中勾选【账套主管】,如图 2—4 所示。

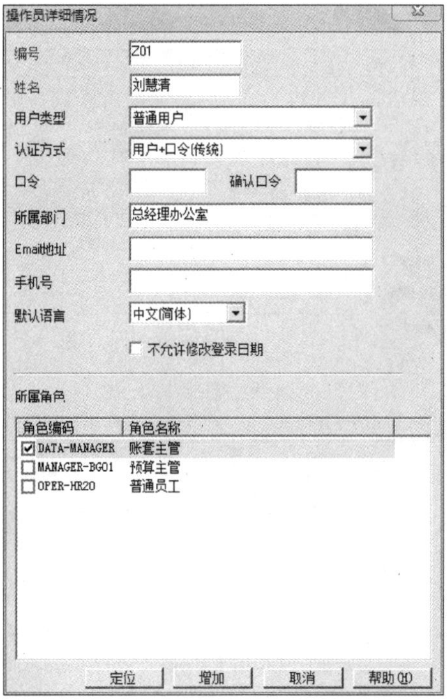

图 2—4　【操作员详细情况】窗口

(6)点击【增加】按钮，按表 2—2 的资料依次设置其他用户。设置完毕后点击【取消】按钮退出系统操作界面。

用户编码	用户全名	部门	Email地址	手机号	用户类型	认证方式	状态	创建时间	最后登录时间	退出时间
admin	admin				管理员用户	用户+口令(传统)	启用		2018-07-26 12:10:40	2018-07-26 12:10:40
C01	李军钧	仓管部			普通用户	用户+口令(传统)	启用	2018-07-26 12:...		
C02	简春平	仓管部			普通用户	用户+口令(传统)	启用	2018-07-26 12:...		
demo	demo				普通用户	用户+口令(传统)	启用			
G01	戚诚	采购部			普通用户	用户+口令(传统)	启用	2018-07-26 12:...		
SYSTEM	SYSTEM				普通用户	用户+口令(传统)	启用			
UFSOFT	UFSOFT				普通用户	用户+口令(传统)	启用			
W01	陈丽梅	财务部			普通用户	用户+口令(传统)	启用	2018-07-26 12:...		
W02	李晓园	财务部			普通用户	用户+口令(传统)	启用	2018-07-26 12:...		
W03	王明涛	财务部			普通用户	用户+口令(传统)	启用	2018-07-26 12:...		
X01	肖丽丽	销售部			普通用户	用户+口令(传统)	启用	2018-07-26 12:...		
Z01	刘慧清	总经理办公室			普通用户	用户+口令(传统)	启用	2018-07-26 12:...		

图 2—5　【用户管理】窗口

三、修改用户

业务 2：2019 年 1 月 1 日，请以系统管理员 admin 的身份登录【系统管理】，修改用户信息。

操作步骤：

(1)通过【系统管理】，执行【权限】|【用户】命令，打开【用户管理】窗口。

(2)点击【G01 戚诚】，执行【修改】命令，在【E-mail 地址】栏内录入：QC1128190@

126.com,如图 2—6 所示。

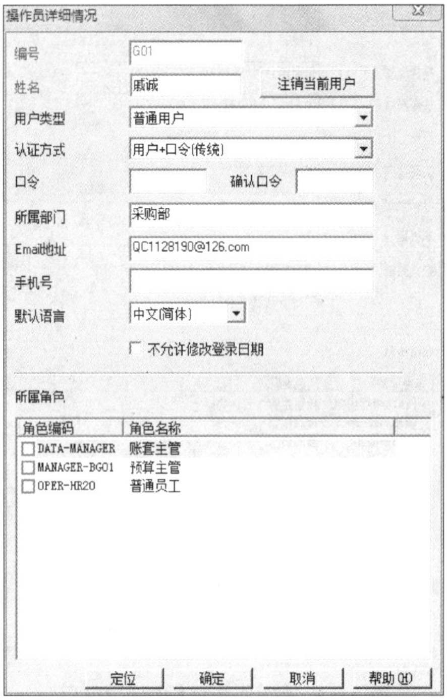

图 2—6 【操作员详细情况】窗口

(3)点击【确定】,退出【操作员详细情况】窗口。

四、删除用户

业务 3:2019 年 1 月 1 日,请以系统管理员 admin 的身份登录【系统管理】,删除用户信息。

操作步骤:

(1)通过【系统管理】,执行【权限】|【用户】命令,打开【用户管理】窗口。

(2)点击【C02 简春平】,执行【删除】命令,弹出【确认删除用户:[C02]吗?】提示框,如图 2—7 所示。

图 2—7　【确认删除用户:[C02]吗?】提示框

(3)点击【是】,删除该用户,如图 2—8 所示。

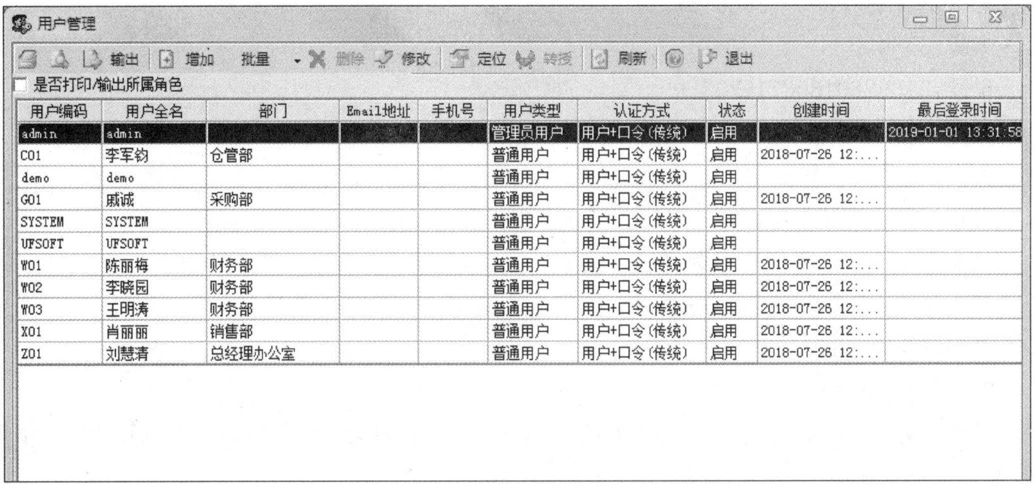

图 2—8　【用户管理】窗口

(4)点击【退出】按钮,离开【用户管理】窗口。

任务三　账套管理

一、建立账套

扫码看资源

在使用系统之前，首先要新建本单位的账套。用户在系统管理界面点击【账套】菜单选择【建立】，则进入建立单位新账套的功能。系统提供建立全新空白账套和参照已有账套建账两种方式，满足新用户全新使用和老用户扩展使用的要求。系统将现有的账套以下拉框的形式在此栏目中表示出来，用户只能查看，而不能输入或修改。其作用是在建立新账套时可以明晰已经存在的账套，避免在新建账套时重复建立。只有系统管理员才有权限创建新账套。账套号是用来输入新建账套的编号，用户必须输入，可输入 3 个字符(只能是 002 至 999 之间的数字，而且不能是已存账套中的账套号)。

业务 1:2019 年 1 月 1 日，凯里市昀智贸易有限公司的建账信息如下：

账套号:101。

账套名称:凯里市昀智贸易有限公司。

单位简称:昀智贸易。

地址:贵州省凯里市经济开发区开元大道 1066 号。

电话及传真:0855—3988031。

邮编:556000。

税号:91522601308719203D。

开户银行:中国工商银行凯里经济开发区支行;账号:1550100035191101678。

法人代表:何建军。

企业类型:商业企业。

行业性质:2007 年新会计制度科目。

基础信息:存货无分类、客户无分类、供应商无分类、无外币核算。

编码方案:科目 4—2—2—2。

数据精度:采用系统默认。

启用总账、固定资产、薪资管理、应收款管理、应付款管理、销售管理、采购管理、库存管理、存货核算系统。

启用日期:2019 年 1 月 1 日。

操作步骤:

(1)以系统管理员【admin】身份登录【系统管理】，执行【账套】|【建立】命令，打开【建账方式】窗口，选择【新建空白账套】，点击【下一步】按钮，如图 2—9 所示。

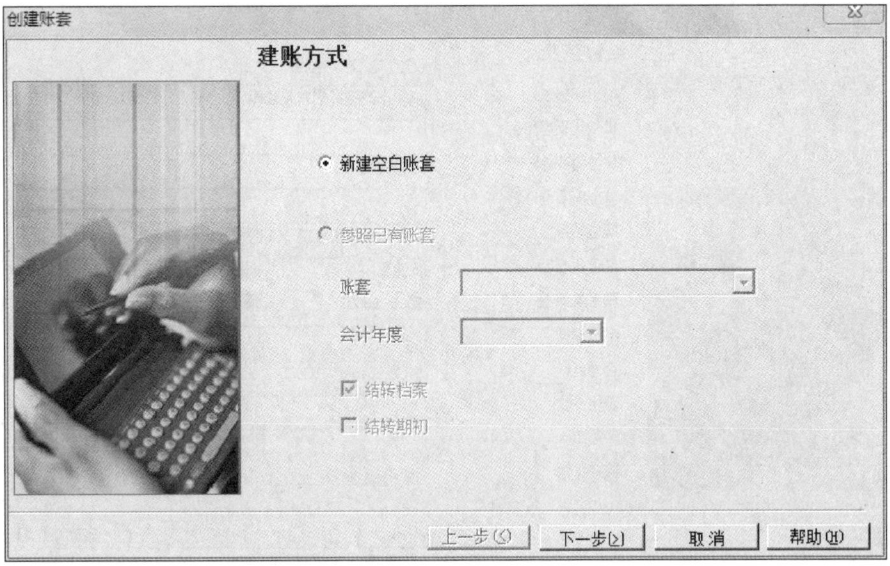

图 2—9 【创建账套——建账方式】窗口

(2)在【账套信息】窗口中，录入账套号：101，账套名称：凯里市昀智贸易有限公司，以及该账套的启用会计期：2019 年 1 月，如图 2—10 所示。

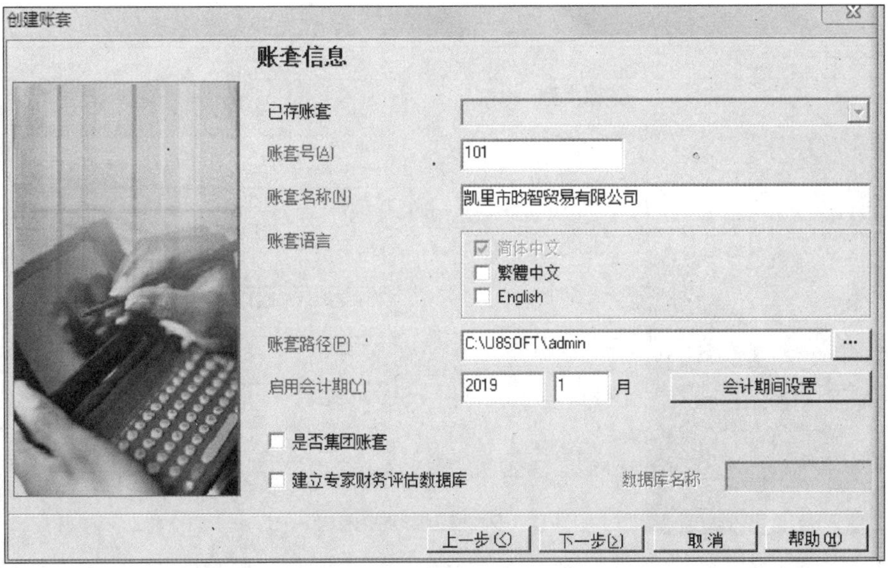

图 2—10 【创建账套——账套信息】窗口

(3)点击【下一步】按钮，打开【单位信息】窗口，依次录入单位名称、单位简称、单位地址等相关企业信息，如图 2—11 所示。

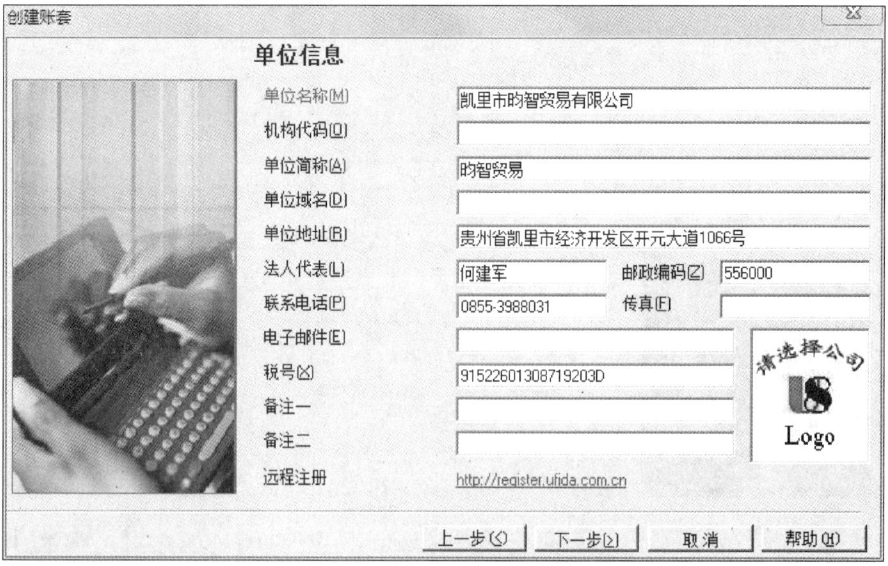

图 2—11 【创建账套——单位信息】窗口

(4)点击【下一步】按钮,打开【核算类型】窗口。选择企业类型【商业】,行业性质【2007年新会计制度科目】,从【账套主管】下拉列表中选择【Z01 刘慧清】,勾选【按行业性质预置科目】,如图 2—12 所示。

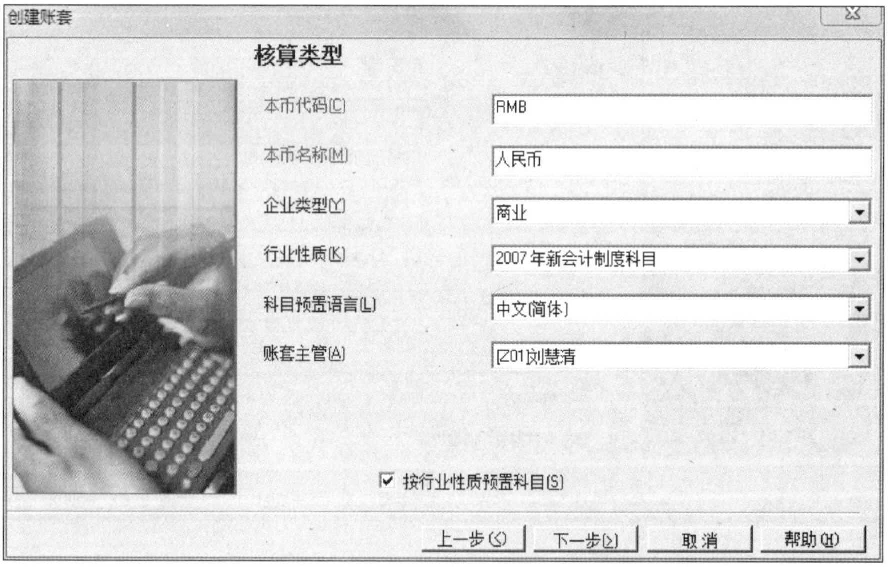

图 2—12 【创建账套——核算类型】窗口

(5)点击【下一步】按钮,打开【基础信息】窗口,取消【存货是否分类】、【客户是否分类】、【供应商是否分类】、【有无外币核算】的勾选,如图 2—13 所示。

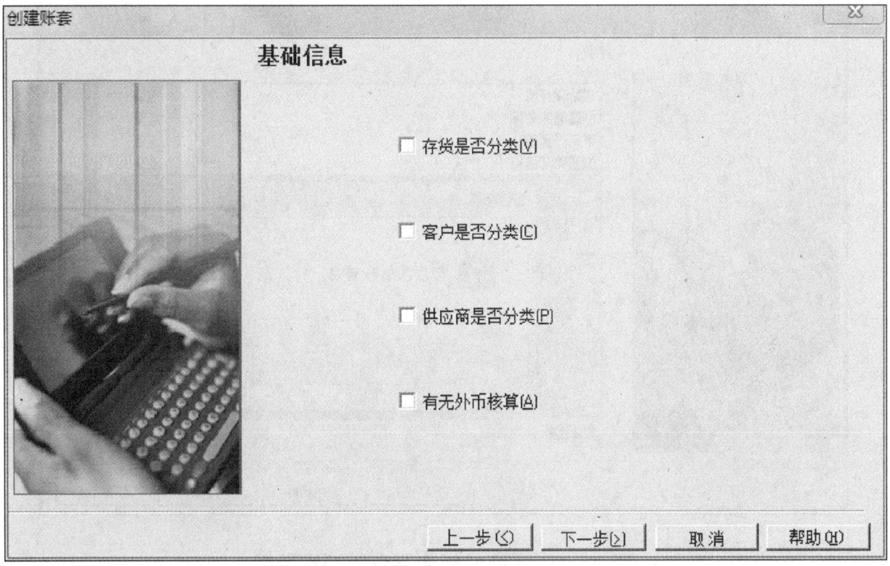

图 2—13　【创建账套——基础信息】窗口

(6)点击【下一步】按钮，打开【开始】窗口，如图 2—14 所示。

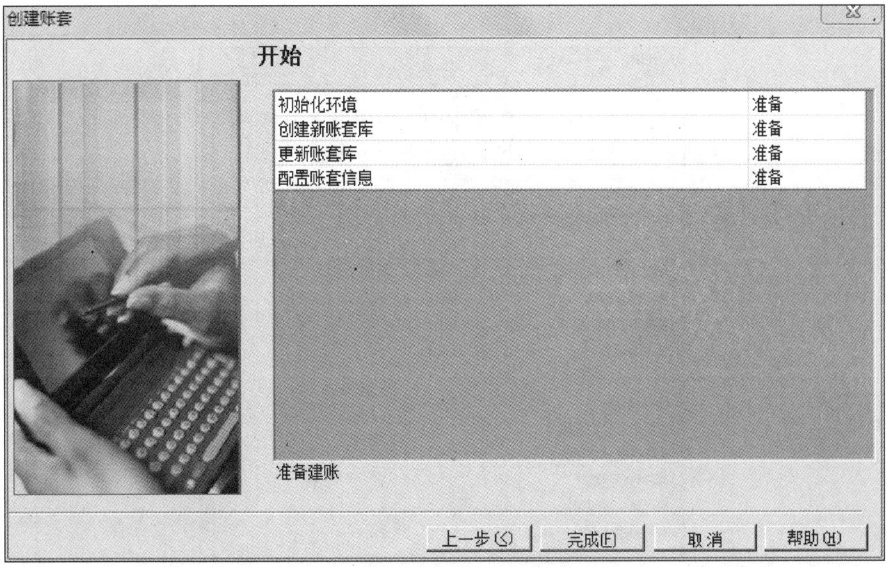

图 2—14　【创建账套——开始】窗口

(7)点击【完成】按钮，弹出系统提示【可以创建账套吗?】，点击【是】按钮，如图 2—15 所示。

图 2—15 【可以创建账套吗?】提示框

(8)系统自动进行创建账套的工作。建账需要一段时间,请耐心等候。当账套建立完成时,会自动打开【编码方案】窗口,此时,按账套资料对应修改分类编码方案,如图 2—16 所示。

项目	最大级数	最大长度	单级最大长度	第1级	第2级	第3级	第4级	第5级	第6级	第7级	第8级	第9级
科目编码级次	13	40	9		2	2	2					
存货分类编码级次	8	12	9	2	2	2	2	3				
部门编码级次	9	12	9	1	2							
地区分类编码级次	5	12	9	2	3	4						
费用项目分类	5	12	9	1	2							
结算方式编码级次	2	3	3	1	2							
货位编码级次	8	20	9	2	3	4						
收发类别编码级次	3	5	5	1	1	1						
项目设备	8	30	9	2	2							
责任中心分类档案	5	30	9	2	2							
项目要素分类档案	6	30	9	2	2							
客户权限组级次	5	12	9	2	3	4						
供应商权限组级次	5	12	9	2	3	4						
存货权限组级次	8	12	9	2	2	2	2					

图 2—16 【编码方案】窗口

(9)点击【确定】按钮,再点击【取消】按钮,进入【数据精度】窗口,如图 2—17 所示。

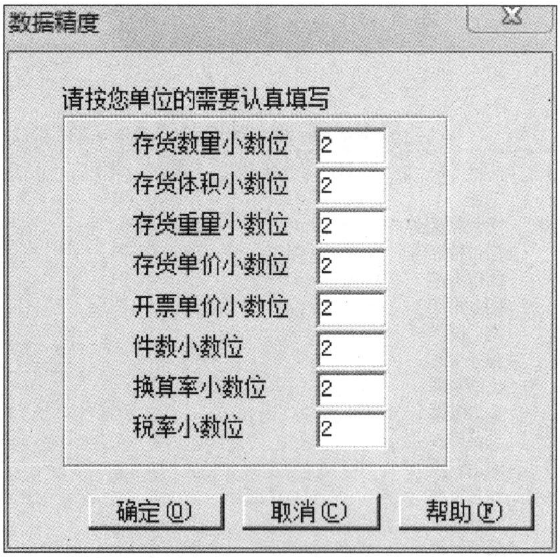

图 2—17 【数据精度】窗口

(10)默认系统预置的数据精度的设置，点击【取消】按钮，系统提示【[101]建账成功】和【现在进行系统启用的设置?】，如图 2—18 所示。

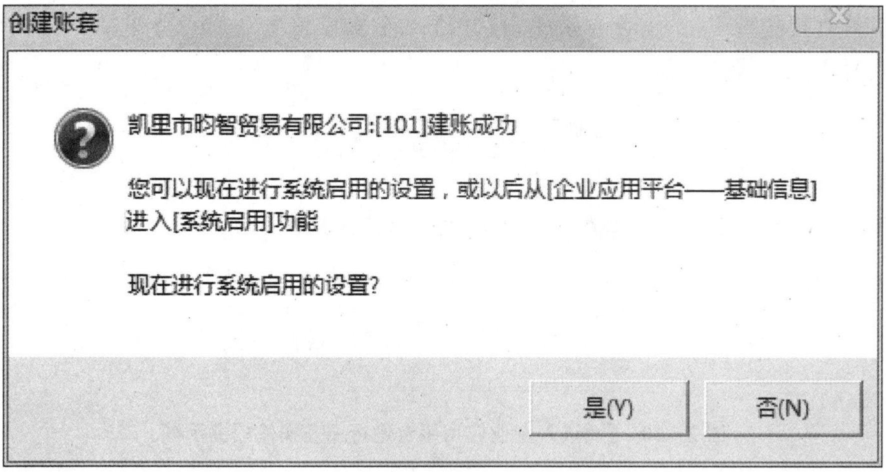

图 2—18 【[101]建账成功】提示框

(11)点击【是】按钮，打开【系统启用】窗口，依次启用【总账】、【应收款管理】、【应付款管理】、【固定资产】、【薪资管理】、【销售管理】、【采购管理】、【库存管理】、【存货核算】，启用日期为 2019 年 1 月 1 日，如图 2—19 所示。

图 2—19 【系统启用】窗口

(12)结束建账过程,系统会自动弹出【请进入企业应用平台进行业务操作!】提示框,如图 2—20 所示,点击【确定】按钮返回。

图 2—20 【请进入企业应用平台进行业务操作!】提示框

二、修改账套

当系统管理员建完账套和账套主管建完账套库后,在未使用相关信息的基础上,需要对某些信息进行调整,以便使信息更真实准确地反映企业的相关内容时,可以进行适当的调整。只有账套主管可以修改其具有权限的账套库中的信息,系统管理员无权修改。

业务 2:2019 年 1 月 1 日,以账套主管【Z01 刘慧清】身份登录【系统管理】,修改【[101]凯里市昀智贸易有限公司】账套的基础信息中的存货分类选项。

操作步骤:

(1)点击【系统】|【注册】命令,打开【系统管理】窗口。

(2)录入用户【Z01 刘慧清】,点击【账套】栏的下三角按钮,选择【[101]凯里市昀智贸易有限公司】,操作日期为:2019—01—01,如图 2—21 所示。

图 2—21　【登录】窗口

(3)以账套主管身份录入对应窗口,即可登录系统管理,点击【登录】按钮。

(4)点击【账套】|【修改】命令,打开【修改账套】窗口。

(5)点击【下一步】按钮,打开【单位信息】、【核算类型】、【基础信息】窗口。

(6)在【基础信息】窗口中,点击选中【存货是否分类】前的复选框,如图 2—22 所示。

(7)点击【完成】按钮,系统自动弹出【确认修改账套了吗?】提示框,如图 2—23 所示。

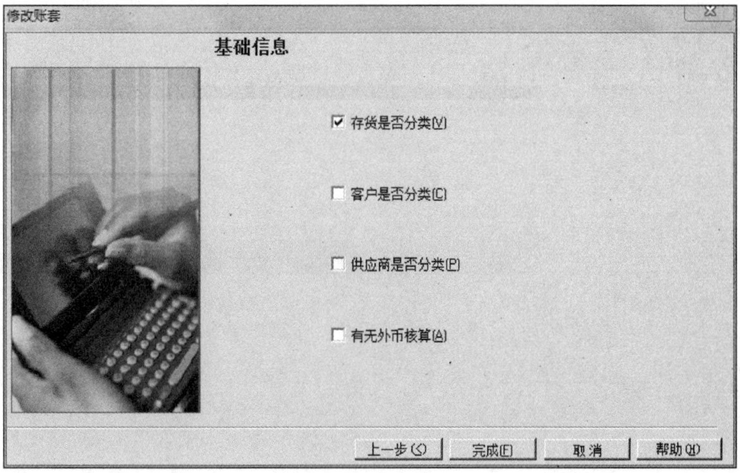

图 2—22　【修改账套——基础信息】窗口

(8)点击【确定】按钮,并在【编码方案】和【数据精度】窗口中分别点击【取消】按钮,确定修改成功。

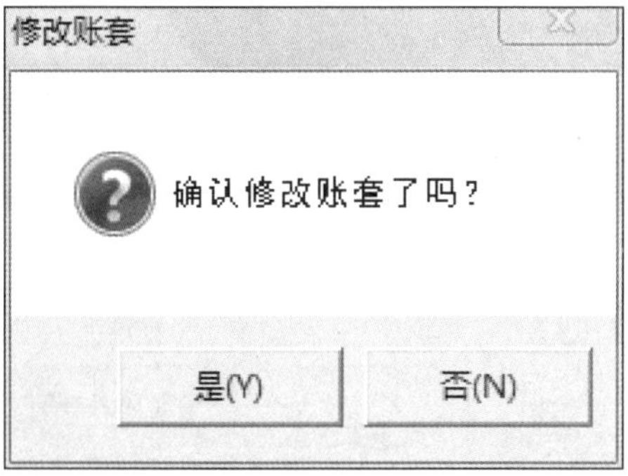

图 2—23 【确认修改账套了吗?】提示框

三、输出与删除账套

对于企业系统管理员来讲，定时地将企业数据备份出来存储到不同的介质上(如常见的软盘、光盘、网络磁盘等)，对数据的安全性是非常重要的。如果企业由于不可预知的原因(如地震、火灾、计算机病毒、人为的误操作等)，需要对数据进行恢复，此时备份数据就可以将企业的损失降到最小。

业务 3：2019 年 1 月 1 日，将【[101]凯里市昀智贸易有限公司】账套输出至【D:\101 账套备份\111】文件夹中进行保存。

操作步骤：

(1)在 D 盘中新建【101 账套备份】文件夹，再在【101 账套备份】文件夹中新建【111】文件夹。

(2)以系统管理员【admin】身份登录【系统管理】，如图 2—24 所示。

图 2—24 【系统管理】窗口

(3)点击【账套】|【输出】，打开【账套输出】窗口。点击【账套号】栏的下三角按钮，选择【[101]凯里市昀智贸易有限公司】，在输出文件位置选择【D:\101 账套备份\111】，如图 2—25 所示。

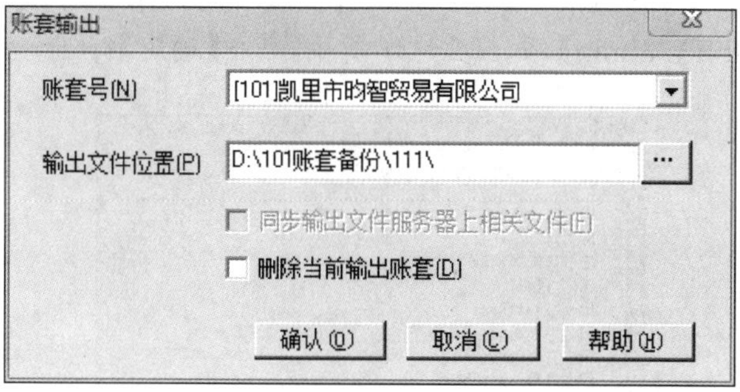

图 2—25　【账套输出】窗口

(4)在【账套输出】窗口中，如需删除当前账套，选中【删除当前输出账套】即可。

(5)点击【确认】按钮，系统自动进行账套数据的备份输出。完成之后，系统会弹出【输出成功】信息提示框，点击【确定】按钮并返回。

四、引入账套

引入账套功能是指将系统外某账套数据引入本系统中。用户可使用系统管理中提供的备份功能(设置备份计划)或输出功能，将 U8 账套做备份，当需要恢复账套时，可使用引入功能将备份的账套恢复到 U8 系统中。当账套数据遭到破坏时，将最近复制的账套数据引入到本账套中，尽量保持业务数据完好。

业务 4:2019 年 1 月 1 日，将【[101]凯里市昀智贸易有限公司】账套引入【C:\U8SOFT\admin】文件夹中。

操作步骤:

(1)以系统管理员【admin】身份登录【系统管理】。

(2)点击【账套】|【引入】命令，打开【请选择账套备份文件】窗口，选择将要引入的账套数据，如图 2—26 所示，点击【确定】按钮。

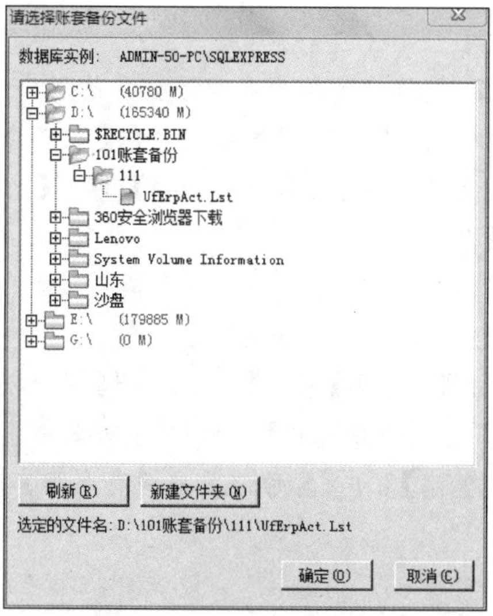

图 2—26　【请选择账套备份文件】窗口

(3)系统会自动将账套数据引入系统,系统弹出【请选择账套引入的目录】窗口,选择引入目录为【C:\U8SOFT\Admin】,如图2—27所示,点击【确定】按钮。

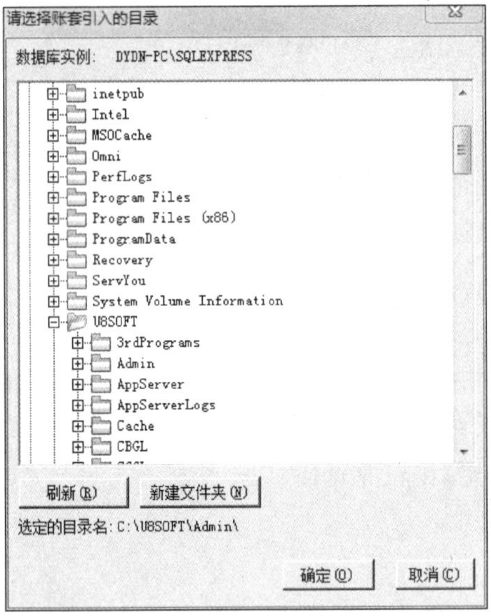

图2—27 【请选择账套引入的目录】窗口

(4)账套的引入需要一定的时间,在这个过程中请耐心等候,不要随意点击其他区域,否则会导致系统无响应。完成账套引入后,系统会弹出提示窗口【账套[101]引入成功!】,点击【确定】按钮,完成该过程。

任务四 权限设置

一、操作员权限设置

业务1:2019年1月1日,凯里市昀智贸易有限公司的用户进入企业应用平台的权限分工如表2—1所示,请以系统管理员【admin】的身份登录【系统管理】,为几位用户授权;同时以账套主管【Z01 刘慧清】的身份登录【企业应用平台】,取消【仓库】、【科目】、【工资权限】及【用户】的“记录级”数据权限控制。

操作步骤:

1. 确认【Z01 刘慧清】是否为[101]账套的账套主管

(1)通过【系统管理】,执行【权限】|【权限】命令,打开【用户权限】窗口。

(2)在右边账套选择的下拉列表中选中【[101]凯里市昀智贸易有限公司】账套。在左侧的用户列表中,选中【Z01 刘慧清】用户,显示该用户拥有本账套所有权限,如图2—28所示。

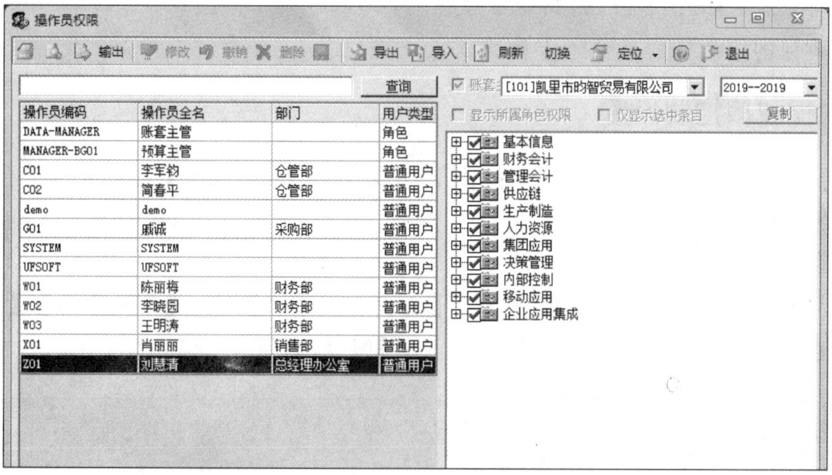

图 2—28　【Z01　用户权限】窗口

(3)点击【保存】按钮返回,完成设置过程。

2. 设置【W01　陈丽梅】的权限

(1)在【用户权限】窗口中,选中【W01　陈丽梅】用户。

(2)点击【修改】按钮。

(3)在右侧窗口中,点击展开【财务会计】|【总账】,选中【总账】的【凭证处理】、【审核凭证】、【查询凭证】、【账表】、【期末】的【对账】、【结账】,如图 2—29 所示。

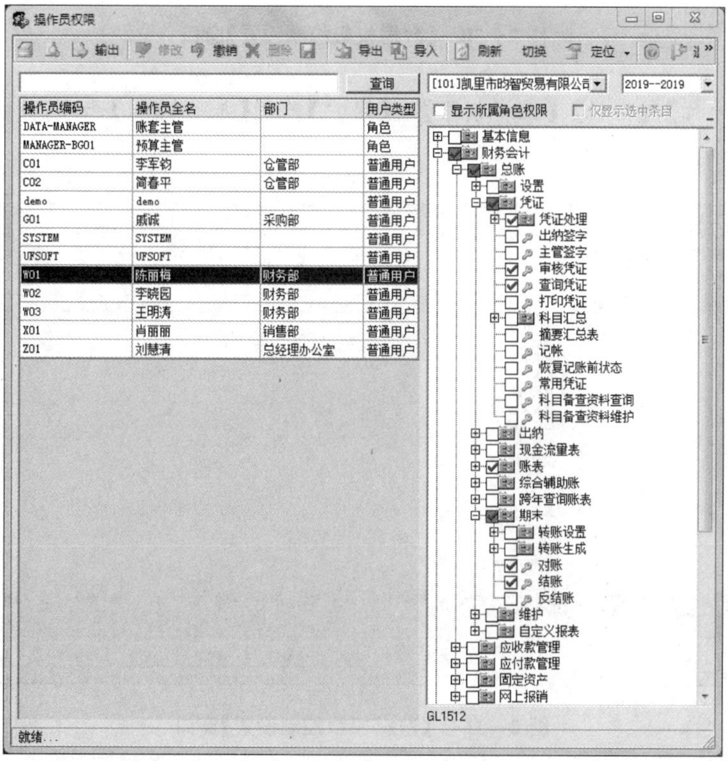

图 2—29　【W01　用户权限】窗口

(4)点击【保存】按钮返回,完成设置过程。

3. 以同样的方法完成其他操作员的权限设置

二、数据权限控制设置

业务 2:2019 年 1 月 1 日,以账套主管【Z01 刘慧清】身份登录【企业应用平台】,取消所有记录级数据权限控制。

操作步骤:

(1)以账套主管【Z01 刘慧清】身份登录【企业应用平台】,点击【系统服务】|【权限】|【数据权限控制设置】命令,打开【数据权限控制设置】窗口,如图 2—30 所示。

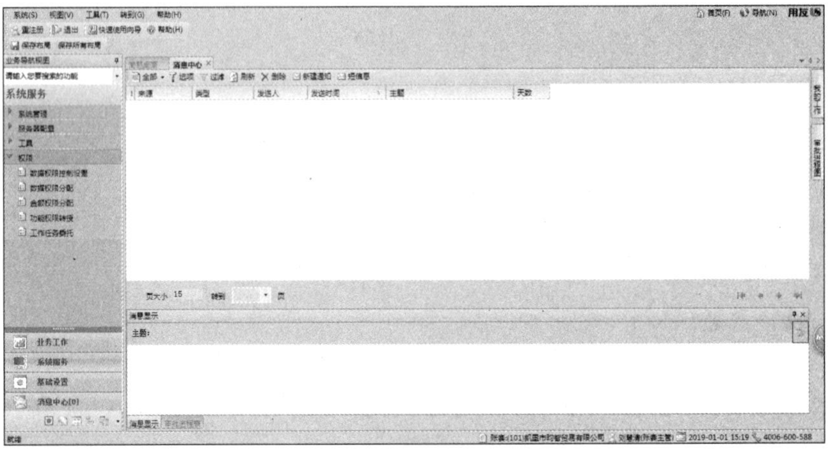

图 2—30 【数据权限控制设置】窗口

(2)取消【仓库】、【科目】、【工资权限】及【用户】前的【是否控制】选项,点击【确定】按钮,如图 2—31 所示。

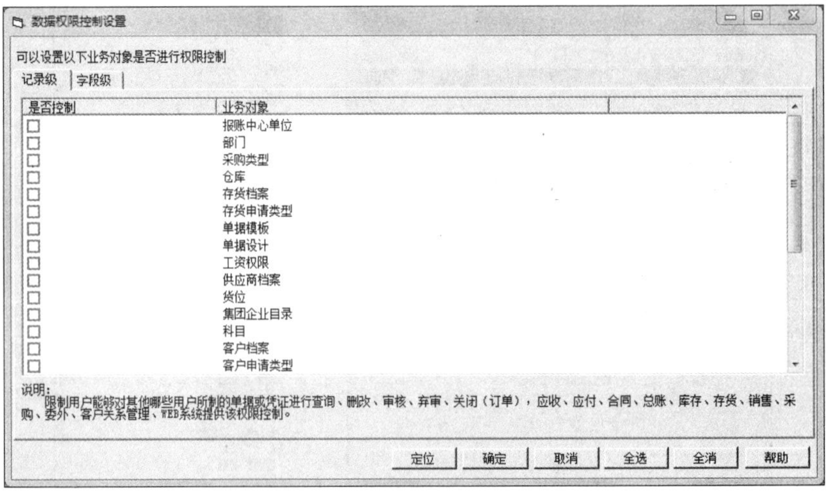

图 2—31 【数据权限控制设置】窗口

项目三　基础信息设置

任务一　机构人员设置

一、部门档案设置

部门档案主要用于设置企业各个职能部门的信息，设置时按照已经定义好的部门编码级次原则输入部门编号及其信息。最多可分 9 级，编码总长 12 位，部门档案包含部门编码、名称、负责人等信息。

业务 1：2019 年 1 月 1 日，请在企业应用平台中增加表 3—1 部门档案。

表 3—1　　**部门档案**

部门编码	部门名称	部门编码	部门名称
1	总经理办公室	4	销售部
2	财务部	5	仓管部
3	采购部		

操作步骤：(1)在【基础设置】选项卡中，执行【基础档案】|【机构人员】|【部门档案】命令，打开【部门档案】窗口。

(2)点击【增加】按钮，录入部门编码：1，部门名称：总经理办公室，如图 3—1 所示。

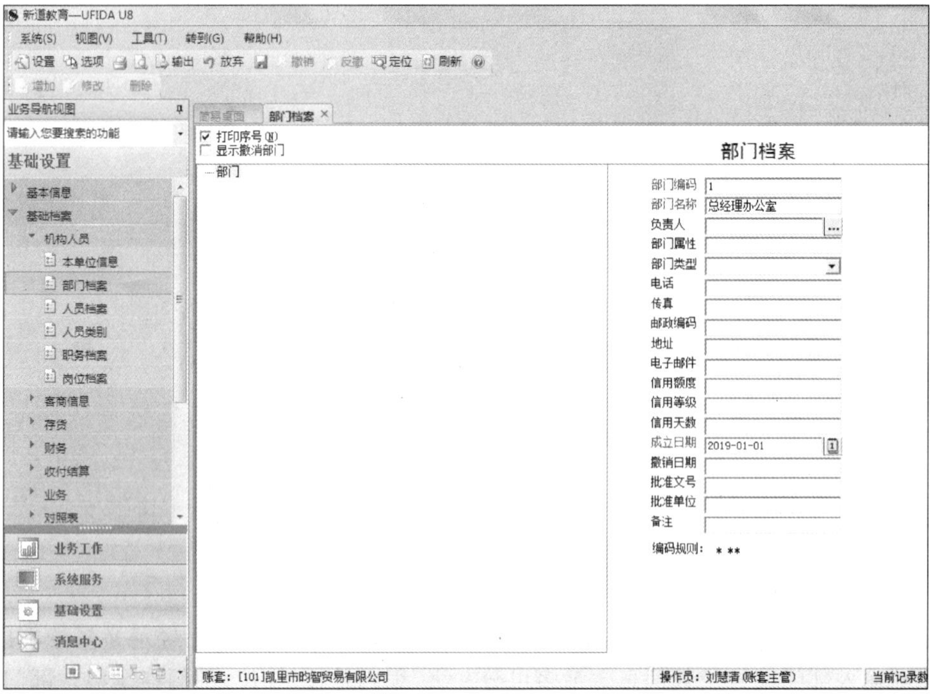

图 3—1 【部门档案】窗口

(3)点击【保存】按钮完成第一条信息录入。以此方法依次将其他部门档案信息进行相应设置,操作结果如图 3—2 所示。

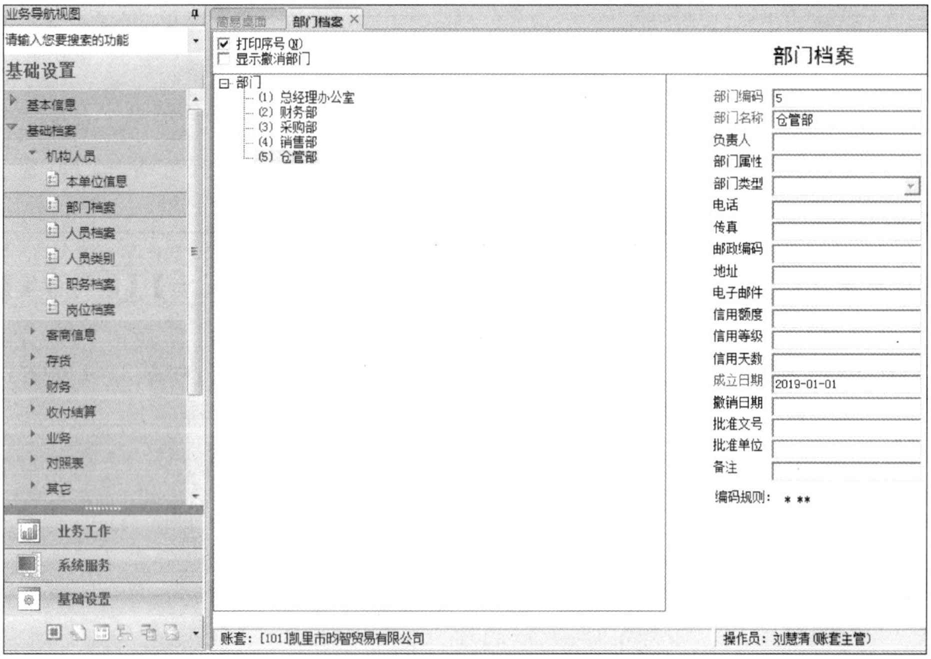

图 3—2 【部门档案】窗口(已录入)

二、人员类别设置

人员类别设置是对企业的人员类别进行分类设置和管理。一般是按树形层次结构进行分类，新建账套系统预置正式工、合同工、实习生三个人员类别；升级账套按用户原人员类别进行升级，如果最末级的人员类别未使用则直接删除。用户可以自定义扩充人员类别。

扫码看资源

业务2：2019年1月1日，请在企业应用平台中增加表3—2人员类别。

表3—2　　**人员类别**

一级档案编码	二级档案编码	档案名称
101	1	企业管理人员
101	2	采购人员
101	3	销售人员

操作步骤：

(1)在【基础设置】选项卡中，执行【基础档案】|【机构人员】|【人员类别】命令，打开【人员类别】窗口。

(2)选择【正式工】类别，点击【增加】按钮，按表3—2在【正式工】下增加【企业管理人员】类别，如图3—3所示。

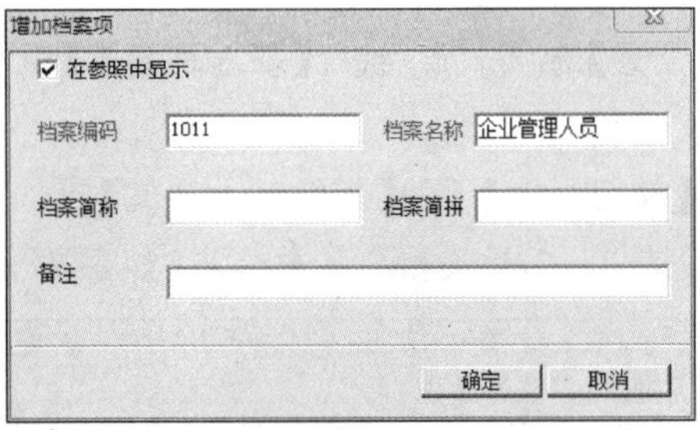

图3—3　【增加档案项】窗口

(3)依次增加其他两类人员类别，操作结果如图3—4所示。

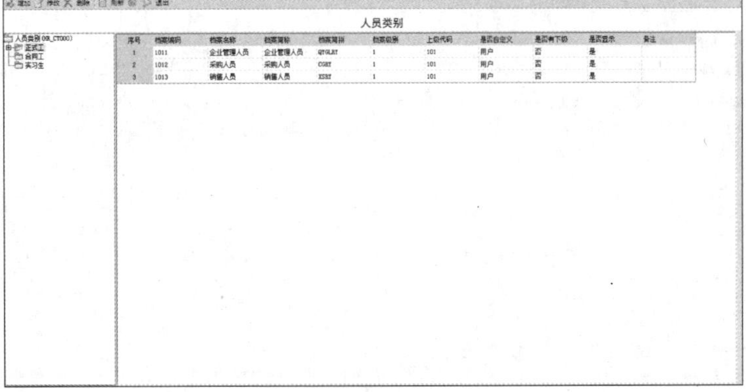

图3—4　【人员类别】窗口

三、人员档案设置

机构人员档案主要用于设置企业各职能部门中需要进行核算和业务管理的职员信息，必须先设置好部门档案才能在这些部门下设置相应的职员档案。除了固定资产和成本管理产品外，其他产品均需使用职员档案。人员编号必须录入，必须唯一。

业务 3：2019 年 1 月 1 日，请在企业应用平台中增加表 3—3 人员档案信息。

表 3—3　　　　人员档案

人员编码	人员名称	性别	所在部门	雇佣状态	人员类别	是否业务员	业务或费用部门
101	刘慧清	女	总经理办公室	在职	企业管理人员	是	总经理办公室
201	陈丽梅	女	财务部	在职	企业管理人员	是	财务部
202	李晓园	女	财务部	在职	企业管理人员	是	财务部
203	王明涛	男	财务部	在职	企业管理人员	是	财务部
301	戚诚	男	采购部	在职	采购人员	是	采购部
302	杨智	女	采购部	在职	采购人员	是	采购部
401	肖丽丽	女	销售部	在职	销售人员	是	销售部
402	徐敏敏	女	销售部	在职	销售人员	是	销售部
403	梁志平	男	销售部	在职	销售人员	是	销售部
501	李军钧	男	仓管部	在职	企业管理人员	是	仓管部
502	张莉	女	仓管部	在职	企业管理人员	是	仓管部

操作步骤：(1)在【基础设置】选项卡张，执行【基础档案】|【机构人员】|【人员档案】命令，打开【人员列表】窗口。

(2)点击左侧窗口中的【部门分类】下的【总经理办公室】。

(3)点击【增加】按钮，按表 3—3 录入相关人员信息，如图 3—5 所示。

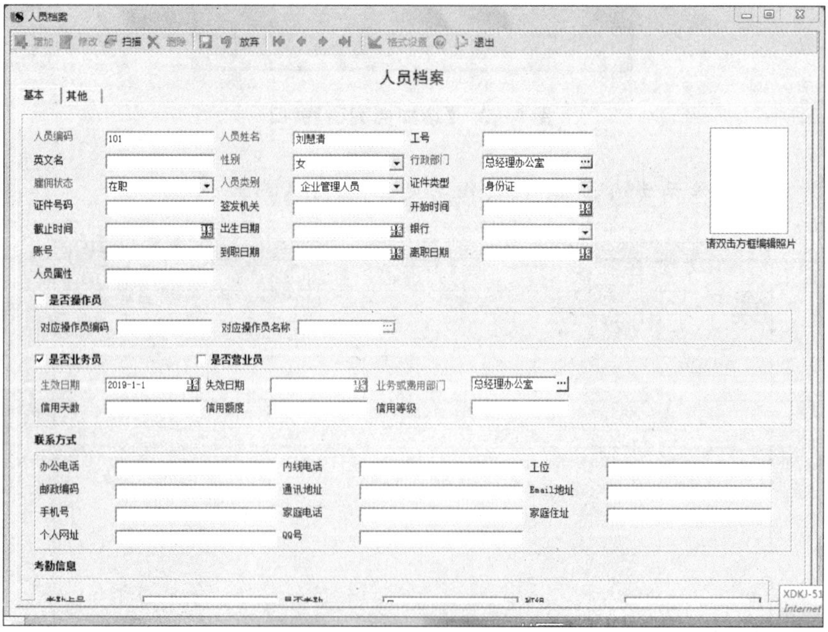

图 3—5 【人员档案】窗口

(4)点击【保存】按钮。

(5)按照以上步骤,依次录入其他部门人员档案信息,操作结果如图 3—6 所示。

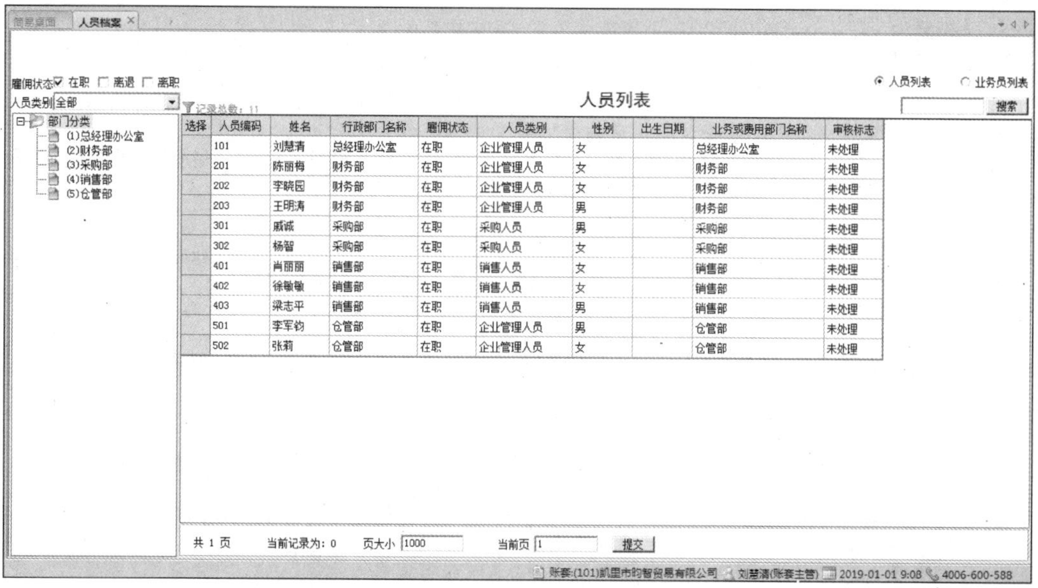

图 3—6 【人员列表】窗口

任务二　客商信息设置

一、客户档案设置

客户分类是企业可以根据自身管理的需要对客户进行分类管理,建立客户分类体系。可将客户按行业、地区等进行划分,设置客户分类后,根据不同的分类建立客户档案。没有对客户进行分类管理需求的用户可以不使用本功能。

客户的类别编码是系统识别不同客户的唯一标志,所以编码必须唯一,不能重复或修改。客户档案主要用于设置往来客户的档案信息,以便于对客户资料管理和业务数据的录入、统计、分析。如果您在建立账套时选择了客户分类,则必须在设置完成客户分类档案的情况下才能编辑客户档案。

业务 1:2019 年 1 月 1 日,以账套主管【Z01 刘慧清】身份登录【企业应用平台】,增加表 3—4 客户档案。

表 3—4　　客户档案

客户编码	客户名称	客户简称	税号	地址电话	开户银行	账号	分管部门	专管员	默认值
001	北京艺先文化有限公司	北京艺先	1100023535491632 4D	北京市海淀区北三环路 25 号 010—436274896	中国工商银行海淀区北四环路支行	3107310182400058873	销售部	徐敏敏	是

续表

客户编码	客户名称	客户简称	税号	地址电话	开户银行	账号	分管部门	专管员	默认值
002	上海刺绣服装有限公司	上海刺绣	23101032235MA11483D	上海市徐汇区宝山路 603 号 021—482187960	中国建设银行徐汇区宝山路支行	4738620185600015368	销售部	徐敏敏	是
003	广州对外贸易有限公司	广外贸易	4217510235ME86492D	广州市越秀区环市东路 1119 号 020—572618075	中国建设银行越秀区环市西路支行	3621446251000112649	销售部	徐敏敏	是
004	格晴艺术文化有限公司	格晴艺术	16935123351023406D	苏州市姑苏区北环西路 67 号 0512—42853289	中国工商银行姑苏区南环东路支行	3014976232400059211	销售部	徐敏敏	是
005	津林旅游文化发展公司	津林旅游	91415201357455813D	天津市河西区友谊路 123 号 022—714279649	中国银行河西区友谊路支行	6282280000361223247	销售部	梁志平	是
006	鼎吉民族传媒有限公司	鼎吉文化	93212313359636946D	南昌市东湖区城北路 109 号 0791—74218954	中国农业银行东湖区联合路支行	6477620186600048462	销售部	梁志平	是
007	蓝宇银绣装饰有限公司	蓝宇装饰	91024251350231402D	芜湖市镜湖区中山路 310 号 0553—69414289	中国银行镜湖区中山路支行	5533680136400013242	销售部	梁志平	是

操作步骤:

(1)打开【基础设置】选项卡,执行【基础档案】|【客商信息】|【客户档案】命令,打开【客户档案】窗口。窗口分为左右两个部分,左边部分显示已经设置的客户分类,选中某一客户分类,右边部分则显示该分类所有的客户列表。

(2)点击【增加】按钮,打开【增加客户档案】窗口。窗口包括 4 个选项卡:【基本】、【联系】、【信用】和【其他】,用于对客户不同的属性分别归类记录。

(3)按表 3—4 资料录入:客户编码、客户名称、客户简称、所属分类码、税号、分管部门、分管业务员等相关信息,如图 3—7、图 3—8、图 3—9 所示。

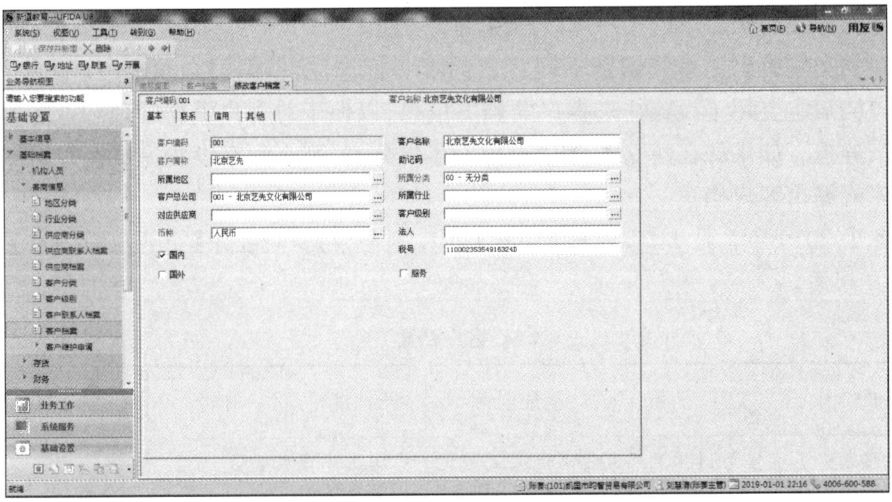

图 3—7 【客户档案——基本】选项卡窗口

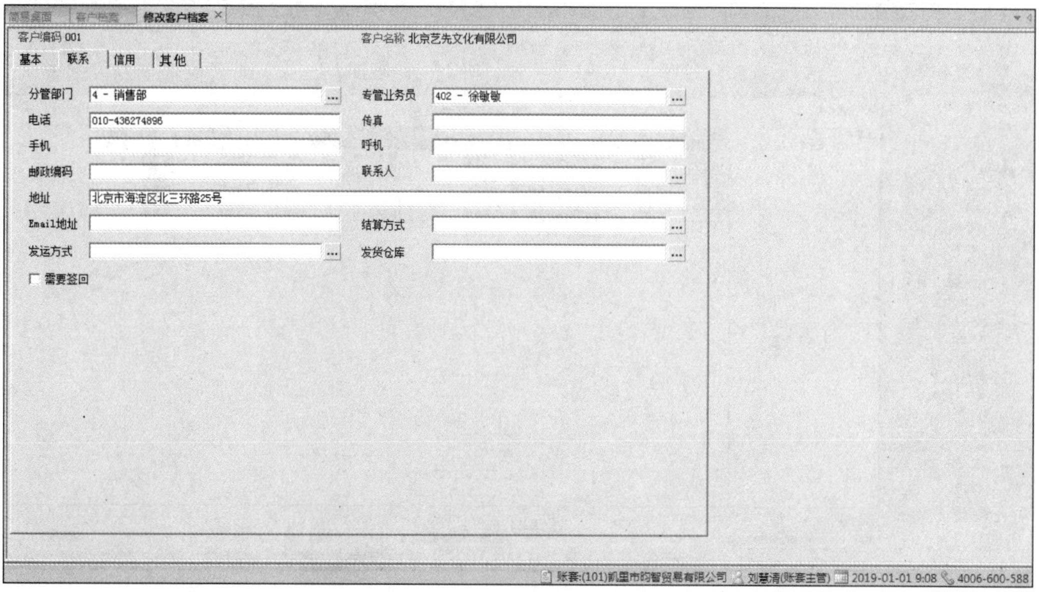

图 3—8　【客户档案——联系】选项卡窗口

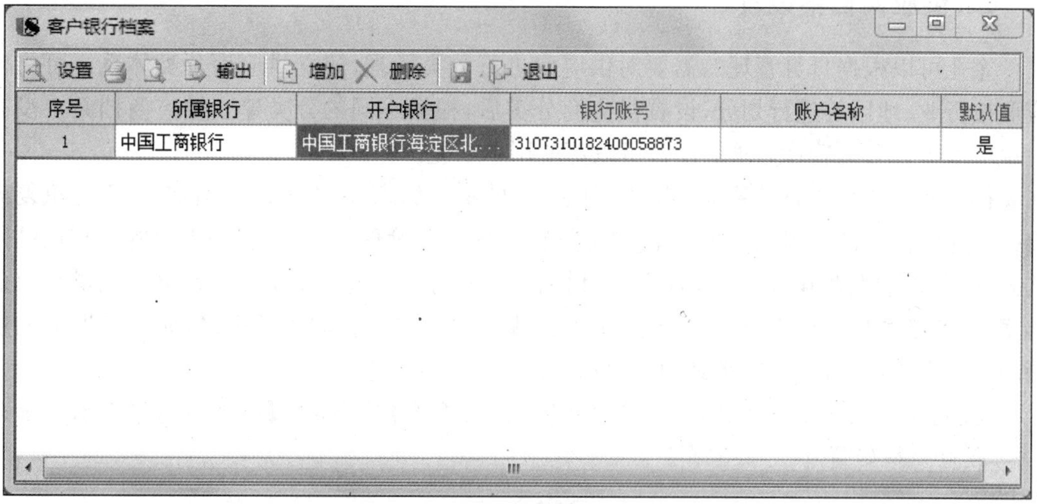

图 3—9　【客户银行档案】选项卡窗口

(4)点击【保存】按钮。

(5)按照以上操作步骤,依次录入其他客户档案,操作结果如图 3—10 所示。

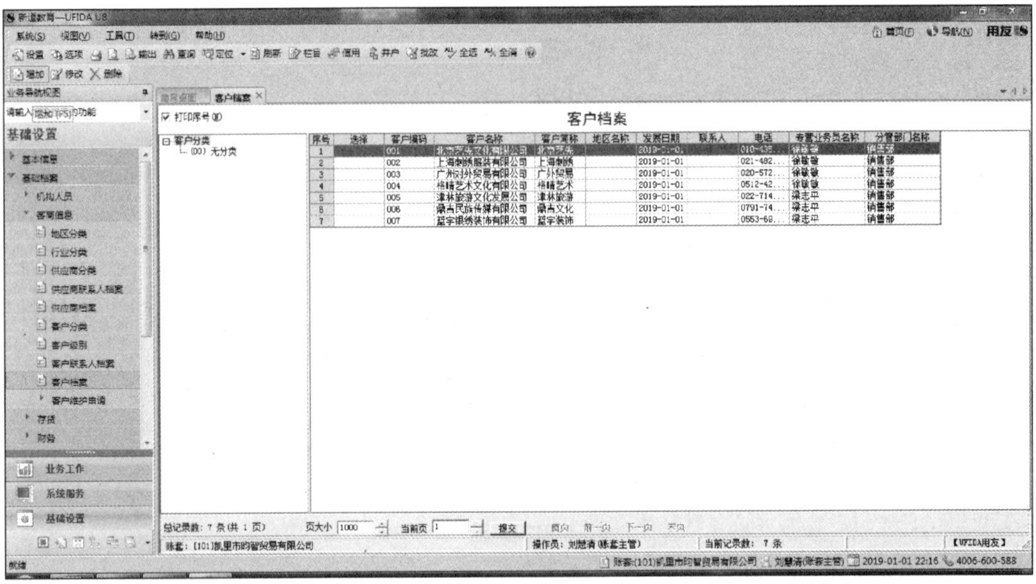

图 3—10 【客户档案】窗口

二、供应商档案设置

企业可以根据自身管理的需要对供应商进行分类管理,建立供应商分类体系。可将供应商按行业、地区等进行划分,设置供应商分类后,根据不同的分类建立供应商档案。没有对供应商进行分类管理需求的用户可以不使用本功能。

供应商的类别编码是系统识别不同供应商的唯一标志,所以编码必须唯一,不能重复或修改。建立供应商档案主要是为企业的采购管理、库存管理、应付账管理服务的。在填制采购入库单、采购发票和进行采购结算、应付款结算和有关供货单位统计时都会用到供货单位档案,因此必须应先设立供应商档案,以便减少工作差错。在输入单据时,如果单据上的供货单位不在供应商档案中,则必须在此建立该供应商的档案。

业务 2:2019 年 1 月 1 日,以账套主管【Z01 刘慧清】身份登录【企业应用平台】,增加表 3—5 供应商档案信息。

表 3—5 供应商档案

供应商编码	供应商名称	供应商简称	税号	地址电话	开户银行	账号	分管部门	专管员
001	国坤银饰加工厂	国坤银饰	91522601354916324D	凯里市环城东路 275 号 0855—8226786	中国工商银行北京路支行	1800600130451102753	采购部	戚诚
002	施洞银饰制作有限公司	施洞银饰	91522601355611483D	台江县施洞镇 108 号 0855—5223841	中国银行台江县支行	6282052300010663059	采购部	戚诚
003	雷山民族文创工作室	雷山文创	91522601359786492D	雷山县县府路 121 号 0855—3328190	中国建设银行县府路支行	6227001540062324889	采购部	杨智

续表

供应商编码	供应商名称	供应商简称	税号	地址电话	开户银行	账号	分管部门	专管员
004	鑫垚银绣服装有限公司	鑫垚银绣	91522601351023406D	凯里市经济开发区开元大道6号 0855—3988090	中国农业银行经济开发区支行	6337001754281941277	采购部	杨智
005	捷通物流运输有限公司	捷通物流	91522601187MA826N8	凯里市金山大道118号 0855—2221869	中国建设银行友庄路支行	6217007160004283901	采购部	杨智

操作步骤：

(1)打开【基础设置】选项卡，执行【基础档案】|【客商信息】|【供应商档案】命令，打开【供应商档案】窗口。该窗口分为左右两个部分，左边部分显示已经设置的供应商分类，点击选中其中某一供应商分类，右边部分则显示该分类所有的供应商列表。

(2)点击【增加】按钮，打开【增加供应商档案】窗口。窗口中包括四个选项卡：【基本】、【联系】、【信用】、【其他】，用于对供应商不同的属性分别归类记录。

(3)按表3—5资料录入：供应商编码、供应商名称、供应商简称、所属分类、税号、分管部门、分管业务员等相关信息，如图3—11、图3—12、图3—13所示。

图3—11 【供应商档案——基本】选项卡窗口

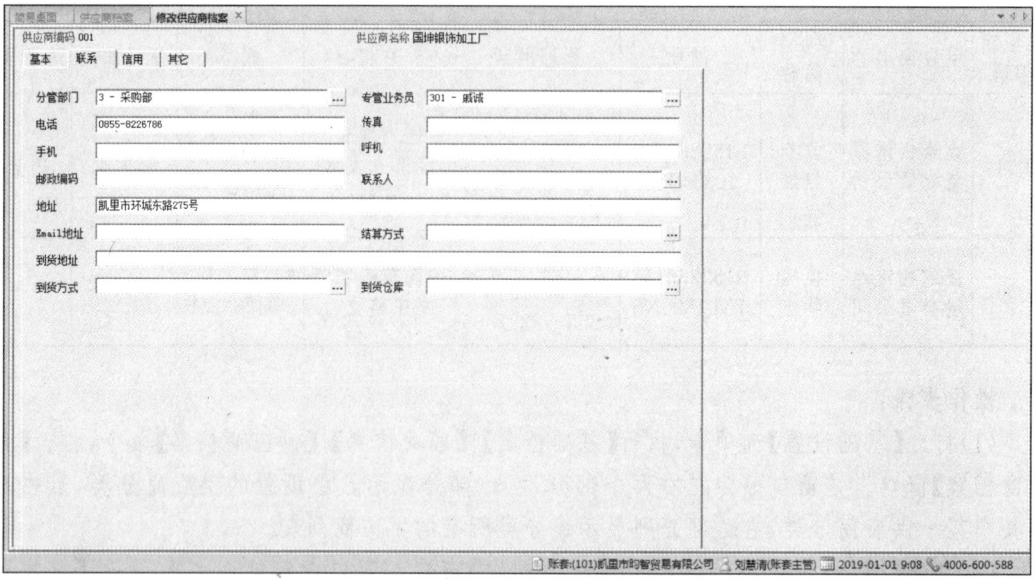

图 3—12 【供应商档案——联系】选项卡窗口

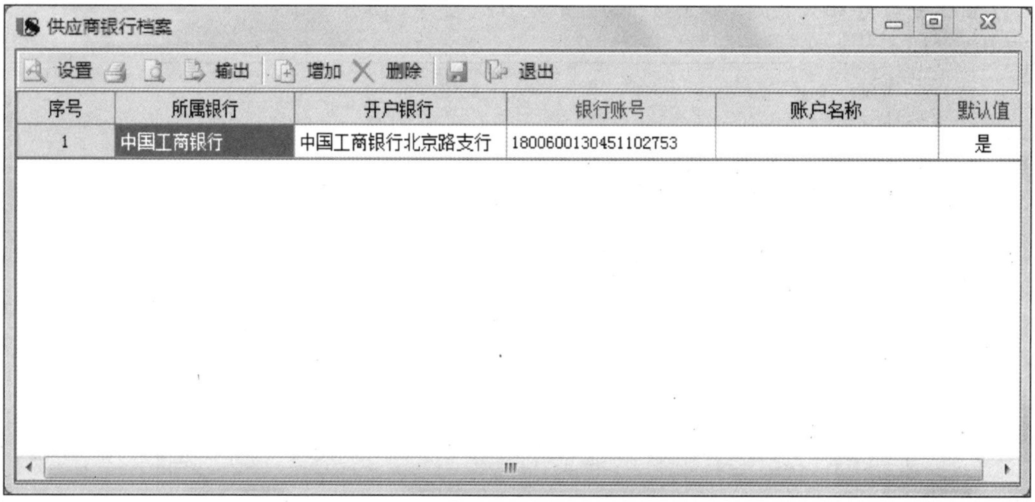

图 3—13 【供应商银行档案】选项卡窗口

(4)点击【保存】按钮。

(5)按照以上操作步骤,依次录入其他供应商档案,操作结果如图 3—14 所示。

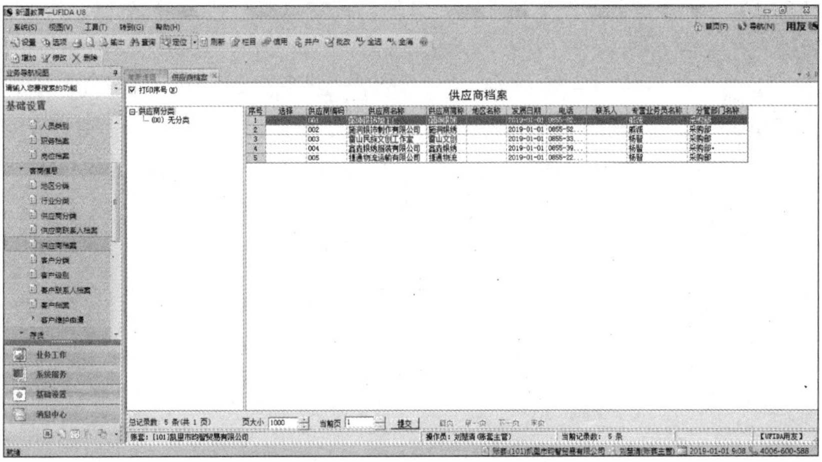

图 3—14 【供应商档案】窗口

任务三　存货信息设置

一、计量单位设置

扫码看资源

计量单位组分无换算、浮动换算、固定换算三种类别，每个计量单位组中有一个主计量单位、多个辅助计量单位，可以设置主辅计量单位之间的换算率；还可以设置采购、销售、库存和成本系统所默认的计量单位。

业务 1：2019 年 1 月 1 日，以账套主管【Z01 刘慧清】身份登录【企业应用平台】，增加计量单位如表 3—6 所示。

表 3—6　计量单位

计量单位组编码	计量单位组名称	计量单位组类别	计量单位编码	计量单位
01	自然单位组	无换算	01	克
01	自然单位组	无换算	02	个
01	自然单位组	无换算	03	套
01	自然单位组	无换算	04	千米
01	自然单位组	无换算	05	次

操作步骤：

(1)在企业应用平台中打开【基础设置】选项卡，执行【基础档案】|【存货】|【计量单位】命令，打开【计量单位】窗口。

(2)点击【分组】按钮，打开【计量单位组】窗口。

(3)点击【增加】按钮，录入计量单位组编码为：01，录入计量单位组名称为：自然单位组，点击【计量单位组类别】栏的下三角按钮，选择【无换算率】，如图 3—15 所示。

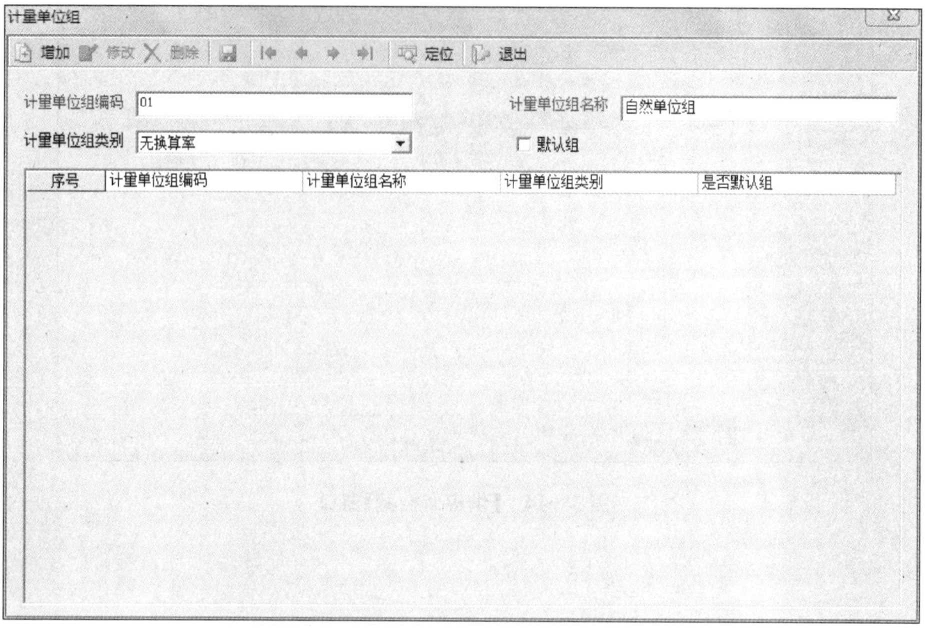

图 3—15 【计量单位组】窗口

(4)点击【保存】按钮,再点击【退出】按钮。

(5)点击【单位】按钮,打开【计量单位设置】窗口。

(6)点击【增加】按钮,录入计量单位组编码为:01,计量单位名称为:克,点击【保存】按钮,如图 3—16 所示。

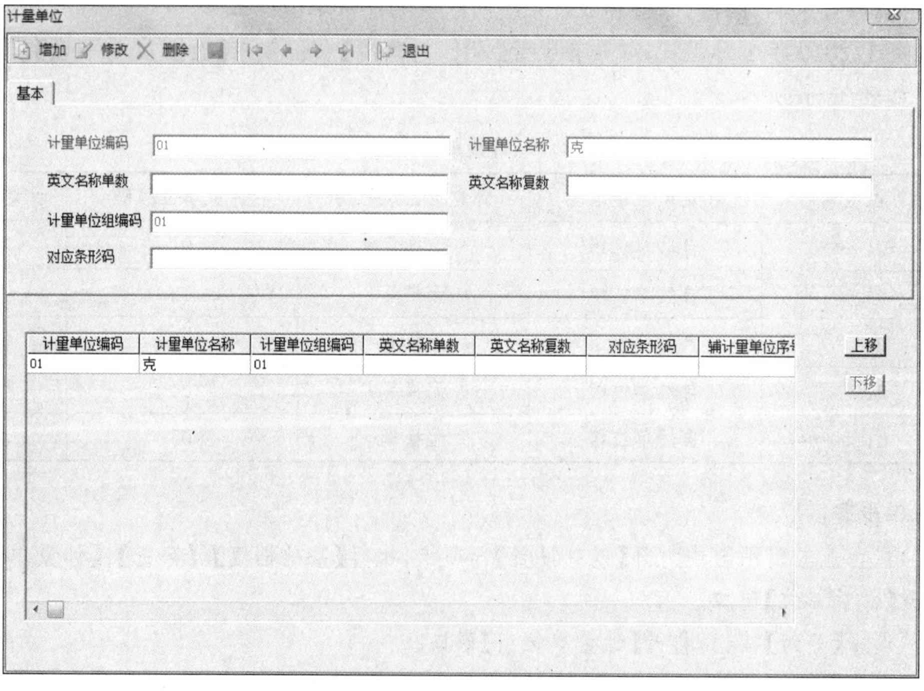

图 3—16 【计量单位】窗口

(7)按照以上操作步骤,依次录入其他计量单位,录入完成后点击【退出】按钮,操作结果如图 3—17 所示。

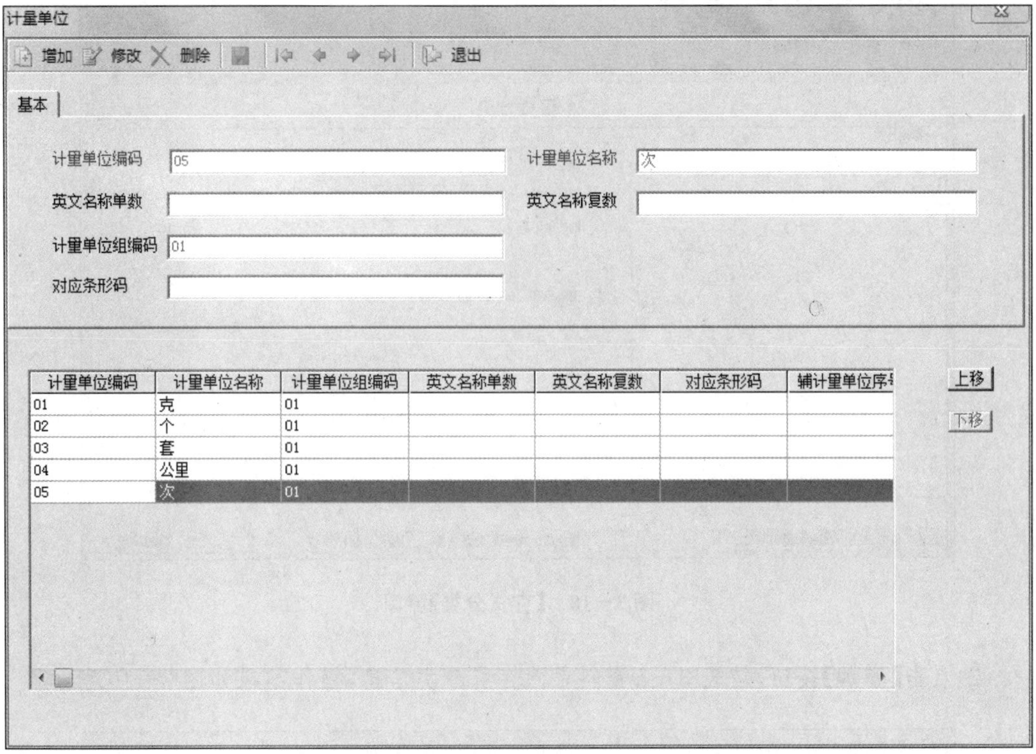

图 3—17　【计量单位】窗口(已录入)

二、存货分类设置

企业可以根据对存货的管理要求对存货进行分类管理,以便于对业务数据的统计和分析。存货分类用于设置存货分类编码、名称及所属经济分类。分类编码必须唯一,必须按其级次的先后次序建立。

公司存货主要包括刺绣制品及银绣服装。各类存货按照实际成本核算,采用永续盘存制;发出商品采用"先进先出法"计价。

业务 2:2019 年 1 月 1 日,以账套主管【Z01 刘慧清】身份登录【企业应用平台】,增加表 3—7 存货分类。

表 3—7　　　　　　　　　　　　**存货分类**

分类编码	分类名称
01	商品
02	周转材料
03	其他

操作步骤:

(1)在企业应用平台中,打开【基础设置】选项卡,执行【基础档案】|【存货】|【存货分类】命令,打开【存货分类】窗口,如图 3—18 所示。

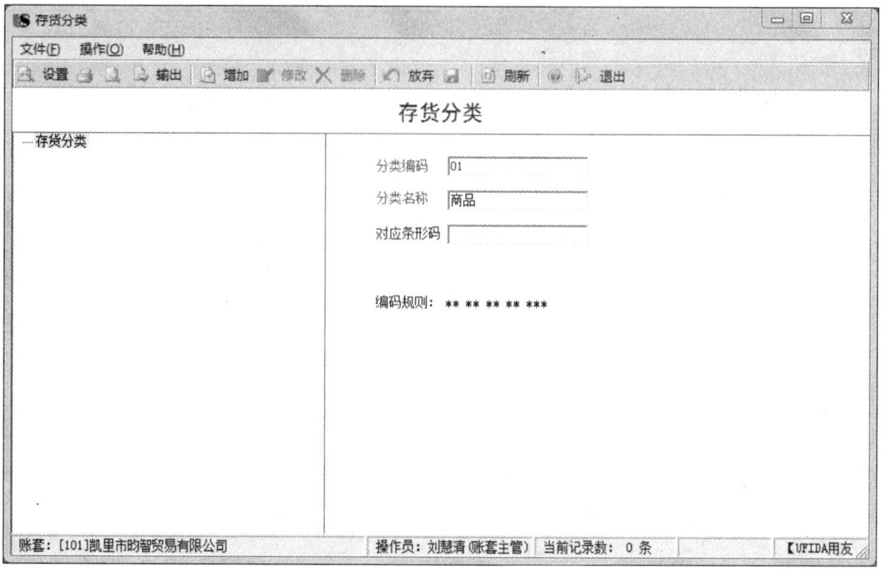

图 3—18 【存货分类】窗口

(2)点击【增加】按钮,按表 3—7 资料录入存货分类信息,操作结果如图 3—19 所示。

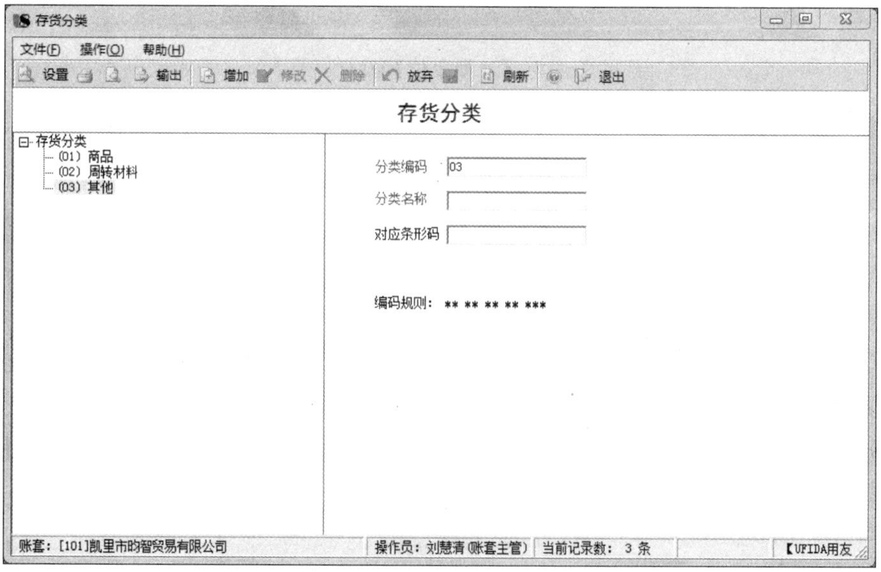

图 3—19 【存货分类】窗口(已录入)

三、存货档案设置

业务 3:2019 年 1 月 1 日,以账套主管【Z01 刘慧清】身份登录【企业应用平台】,增加表 3—8 存货档案信息。

表 3—8　　存货档案

分类编码	所属类别	存货编码	存货名称	计量单位	税率(%)	存货属性
01	商品	101	银杯	克	13	外购、内销
		102	银碗	克	13	外购、内销
		103	银制首饰	克	13	外购、内销
		104	银绣作品	个	13	外购、内销、受托代销
		105	刺绣制品	个	13	外购、内销、受托代销
		106	银绣女装	套	13	外购、内销
		107	银绣男装	套	13	外购、内销
02	周转材料	201	包装盒	个	13	外购、内销
		202	精品礼盒	个	13	外购、内销
03	其他	301	运输费	千米	9	外购、内销、应税劳务
		302	委托代销手续费	次	6	外购、内销、应税劳务

操作步骤：

(1)在企业应用平台中，打开【基础设置】选项卡，执行【基础档案】|【存货】|【存货档案】命令，打开【存货档案】窗口。

(2)点击【存货分类】中的【商品】，再点击【增加】按钮，录入存货编码：101，存货名称：银杯，点击【计量单位组】栏的参照按钮，选择【01—自然单位组】；点击【主计量单位】栏的参照按钮，选择【01—克】；点击选中【存货属性】的【外购】和【内销】复选框，如图 3—20 所示。

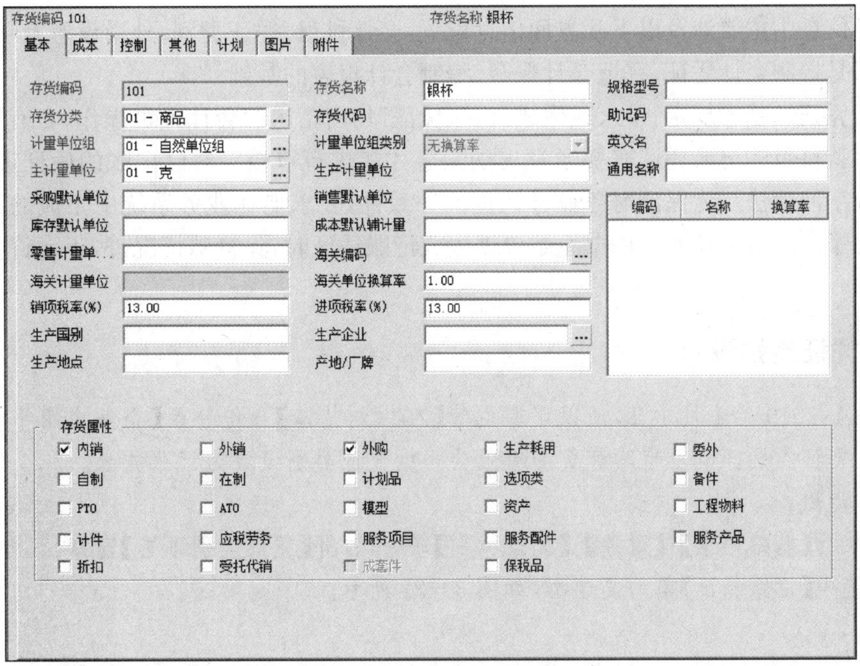

图 3—20　【存货档案】窗口

(3)点击【保存】按钮，按照以上操作步骤，依次录入其他存货档案，录入完成后如图 3—21 所示。

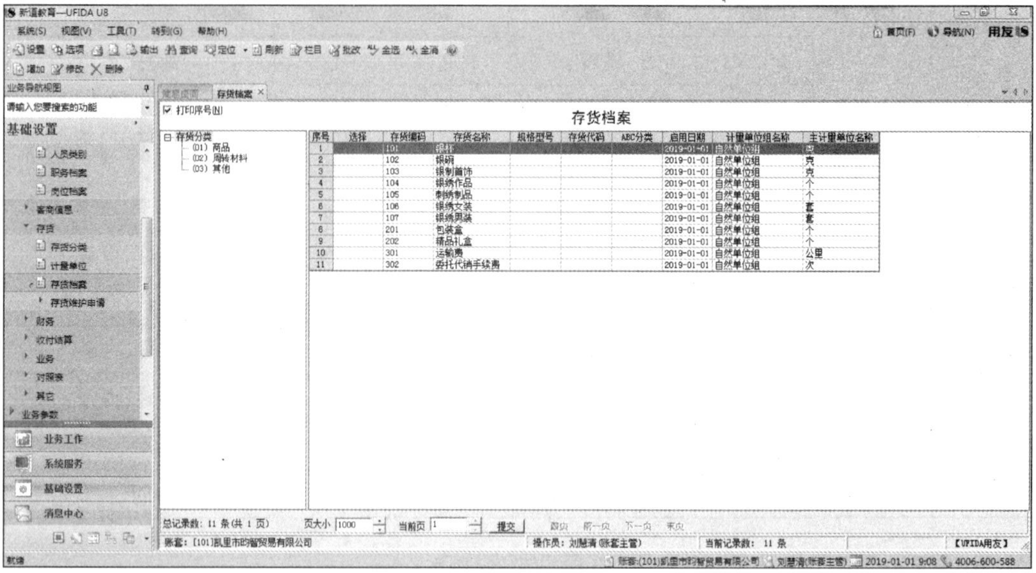

图 3—21 【存货档案】窗口(已录入)

任务四　财务信息设置

财务信息中主要涉及以下几方面信息设置：会计科目、凭证类别、外币设置及项目目录。会计科目是填制会计凭证、登记会计账簿、编制会计报表的基础。

会计凭证的基本规定：录入或生成“记账凭证”均由指定的会计人员操作，含有库存现金和银行存款科目的记账凭证需要通过出纳签字才能进行审核。对已记账的凭证进行修改，只采用红字冲销法。为保证财务业务数据的一致性，要求能在业务系统中生成的记账凭证不得在总账系统直接录入。根据原始单据生成记账凭证时，除特殊情况外，不允许采用合并制单。

一、凭证类别设置

业务 1：2019 年 1 月 1 日，请以账套主管【Z01 刘慧清】身份登录【企业应用平台】，设置企业财务凭证类别。凯里市昀智贸易有限公司的凭证类别设置为记账凭证。

操作步骤：

(1)执行【基础档案】|【财务】|【凭证类别】命令，打开【凭证类别预置】窗口。

(2)选中【记账凭证】前的复选框，如图 3—22 所示。

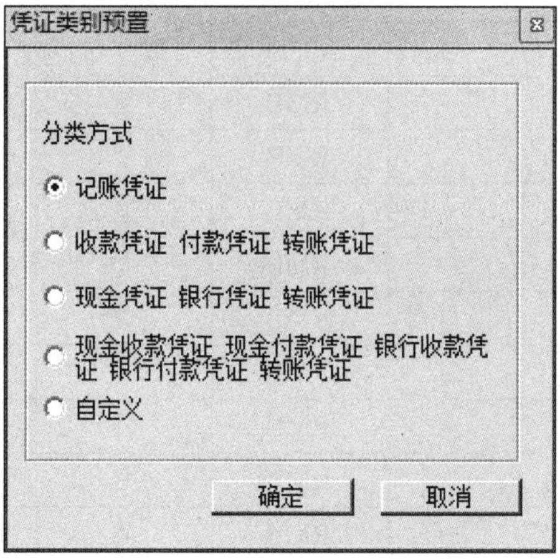

图 3—22 【凭证类别预置】窗口

(3)点击【确定】按钮,打开【凭证类别】窗口。

(4)点击【退出】按钮,完成设置。

二、科目档案设置

业务 2:2019 年 1 月 1 日,请以账套主管【Z01 刘慧清】身份登录【企业应用平台】,设置企业财务会计科目。会计科目如表 3—9 所示。

表 3—9 会计科目

科目名称	币 种	方 向	辅助核算
库存现金 1001(修改科目)	RMB	借	日记账,现金科目
银行存款 1002(修改科目)	RMB	借	日记账,银行账,银行科目
其他货币资金 1012	RMB	借	
存出投资款 101201(增加科目)	RMB	借	
交易性金融资产 1101	RMB	借	
成本 110101(增加科目)	RMB	借	项目核算
公允价值变动 110102(增加科目)	RMB	借	项目核算
应收票据 1121(修改科目)	RMB	借	客户往来,应收系统
银行承兑汇票 112101(增加科目)	RMB	借	客户往来,应收系统
商业承兑汇票 112102(增加科目)	RMB	借	客户往来,应收系统
应收账款 1122(修改科目)	RMB	借	客户往来,应收系统
预付账款 1123(修改科目)	RMB	借	供应商往来,应付系统
其他应收款 1221(修改科目)	RMB	借	个人往来
受托代销商品 1321(修改科目)	RMB	借	
应付票据 2201(修改科目)	RMB	贷	供应商往来,应付系统
银行承兑汇票 220101(增加科目)	RMB	贷	供应商往来,应付系统
商业承兑汇票 220102(增加科目)	RMB	贷	供应商往来,应付系统

续表

科目名称	币　种	方　向	辅助核算
应付账款 2202(修改科目)	RMB	贷	供应商往来,应付系统
一般应付款 220201(增加科目)	RMB	贷	供应商往来,应付系统
暂估应付款 220202(增加科目)	RMB	贷	供应商往来,不受控
预收账款 2203(修改科目)	RMB	贷	客户往来,应收系统
应付职工薪酬 2211	RMB	贷	
工资 221101(增加科目)	RMB	贷	
职工福利费 221102(增加科目)	RMB	贷	
货币性福利 221103(增加科目)	RMB	贷	
非货币性福利 221104(增加科目)	RMB	贷	
养老保险 221105(增加科目)	RMB	贷	
企业部分 22110501(增加科目)	RMB	贷	
医疗保险 221106(增加科目)	RMB	贷	
企业部分 22110601(增加科目)	RMB	贷	
失业保险 221107(增加科目)	RMB	贷	
工伤保险 221108(增加科目)	RMB	贷	
生育保险 221109(增加科目)	RMB	贷	
住房公积金 221110(增加科目)	RMB	贷	
工会经费 221111(增加科目)	RMB	贷	
职工教育经费 221112(增加科目)	RMB	贷	
其他 221113(增加科目)	RMB	贷	
应交税费 2221	RMB	贷	
应交增值税 222101(增加科目)	RMB	贷	
进项税额 22210101(增加科目)	RMB	贷	
进项税额转出 22210102(增加科目)	RMB	贷	
销项税额 22210103(增加科目)	RMB	贷	
已交税金 22210104(增加科目)	RMB	贷	
出口退税 22210105(增加科目)	RMB	贷	
销项税额抵减 22210106(增加科目)	RMB	贷	
转出未交增值税 22210107(增加科目)	RMB	贷	
未交增值税 222102(增加科目)	RMB	贷	
预交增值税 222103(增加科目)	RMB	贷	
待抵扣进项税额 222104(增加科目)	RMB	贷	
待认证进项税额 222105(增加科目)	RMB	贷	
待转销项税额 222106(增加科目)	RMB	贷	
转让金融商品增值税 222107(增加科目)	RMB	贷	
代扣代交增值税 222108(增加科目)	RMB	贷	

续表

科目名称	币　种	方　向	辅助核算
简易计税 222109(增加科目)	RMB	贷	
应交企业所得税 222110(增加科目)	RMB	贷	
应交个人所得税 222111(增加科目)	RMB	贷	
应交城市维护建设税 222112(增加科目)	RMB	贷	
应交教育费附加 222113(增加科目)	RMB	贷	
应交地方教育费附加 222114(增加科目)	RMB	贷	
受托代销商品款 2314(修改科目)	RMB	贷	供应商往来
盈余公积 4101	RMB	贷	
法定盈余公积 410101(增加科目)	RMB	贷	
任意盈余公积 410102(增加科目)	RMB	贷	
利润分配 4104	RMB	贷	
提取法定盈余公积 410401(增加科目)	RMB	贷	
提取任意盈余公积 410402(增加科目)	RMB	贷	
应付现金股利或利润 410403(增加科目)	RMB	贷	
未分配利润 410410(增加科目)	RMB	贷	
税金及附加 6403(修改科目)	RMB	支出	
销售费用 6601	RMB	支出	
职工薪酬 660101(增加科目)	RMB	支出	部门核算
运杂费 660102(增加科目)	RMB	支出	部门核算
社会保险费 660103(增加科目)	RMB	支出	部门核算
包装费 660104(增加科目)	RMB	支出	部门核算
手续费 660105(增加科目)	RMB	支出	部门核算
业务招待费 660106(增加科目)	RMB	支出	部门核算
折旧费 660107(增加科目)	RMB	支出	部门核算
差旅费 660108(增加科目)	RMB	支出	部门核算
促销费 660109(增加科目)	RMB	支出	部门核算
广告费 660110(增加科目)	RMB	支出	部门核算
办公费 660111(增加科目)	RMB	支出	部门核算
其他 660115(增加科目)	RMB	支出	部门核算
管理费用 6602	RMB	支出	
职工薪酬 660201(增加科目)	RMB	支出	部门核算
办公费 660202(增加科目)	RMB	支出	部门核算
差旅费 660203(增加科目)	RMB	支出	部门核算
业务招待费 660204(增加科目)	RMB	支出	部门核算
折旧费 660205(增加科目)	RMB	支出	部门核算
其他 660206(增加科目)	RMB	支出	部门核算

续表

科目名称	币 种	方 向	辅助核算
财务费用 6603	RMB	支出	
利息收入 660301(增加科目)	RMB	支出	
利息支出 660302(增加科目)	RMB	支出	
现金折扣 660303(增加科目)	RMB	支出	
汇兑损益 660304(增加科目)	RMB	支出	
营业外支出 6711	RMB	支出	
债务重组损失 671101(增加科目)	RMB	支出	
盘亏支出 671102(增加科目)	RMB	支出	
捐赠支出 671103(增加科目)	RMB	支出	
处理流动资产损溢 671104(增加科目)	RMB	支出	

操作步骤：

1. 修改会计科目

(1)在【会计科目】窗口中，点击【1001 库存现金】、点击【修改】按钮，打开【会计科目——修改】窗口。

(2)点击【修改】按钮，选中【日记账】前的复选框，如图 3—23 所示。

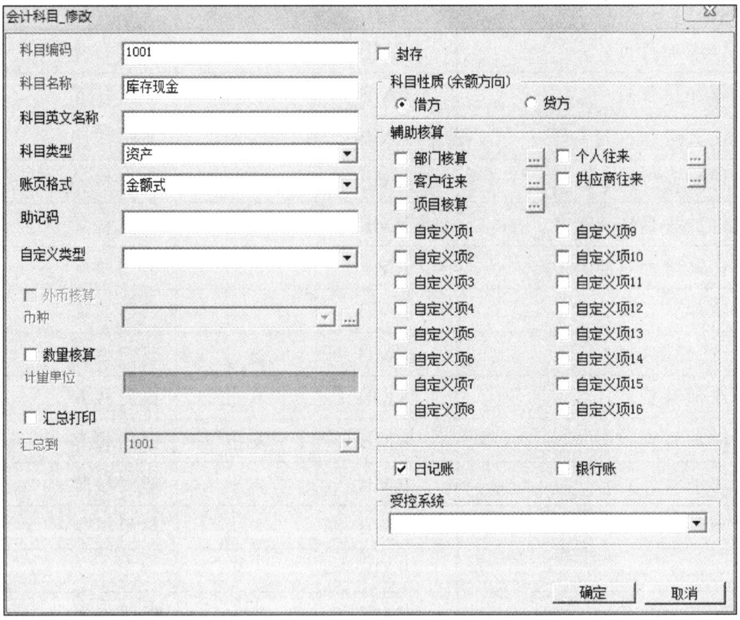

图 3—23 【会计科目——修改】窗口

(3)点击【确定】按钮。

(4)按照以上步骤，依次增加或修改其他会计科目。

2. 增加会计科目

(1)执行【基础档案】|【财务】|【会计科目】命令，打开【会计科目】窗口，点击【增加】按钮，

打开【新增会计科目】窗口。

(2)录入科目编码:101201,科目名称:存出投资款,如图3—24所示。

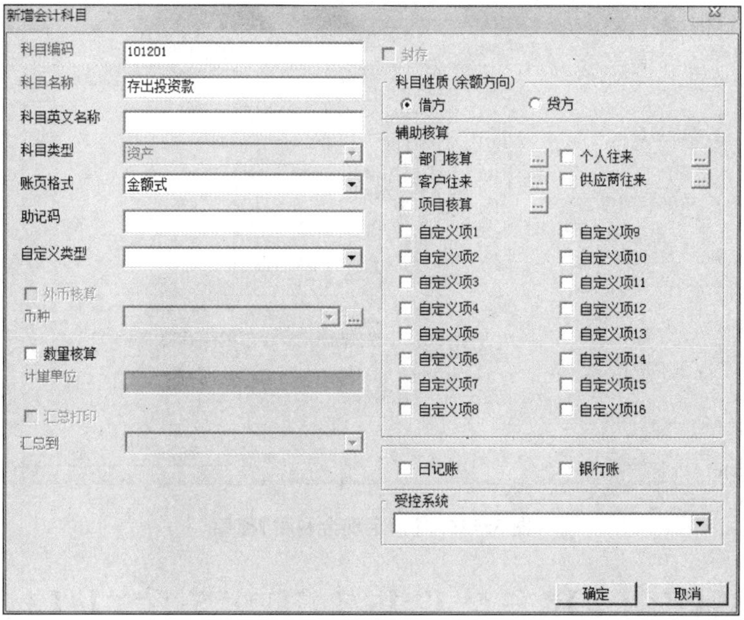

图 3—24 【新增会计科目】窗口

(3)按照以上步骤,依次增加其他会计科目,操作结果如图3—25所示。

会计科目

科目级长 4-2-2-2　　科目个数 233

全部 | 资产 | 负债 | 共同 | 权益 | 成本 | 损益

级次	科目编码	科目名称	外币币种	辅助核算	银行科目	现金科目	计量单位	余额方向	受控系统	是否封存	银行账	日记账	自定义类型
1	1001	库存现金						借				Y	
1	1002	银行存款						借			Y		
1	1003	存放中央银行款项						借					
1	1011	存放同业						借					
1	1012	其他货币资金						借					
2	101201	存出投资款						借					
1	1021	结算备付金						借					
1	1031	存出保证金						借					
1	1101	交易性金融资产						借					
2	110101	成本		项目核算				借					
2	110102	公允价值变动		项目核算				借					
1	1111	买入返售金融资产						借					
1	1121	应收票据		客户往来				借	应收系统				
2	112101	银行承兑汇票		客户往来				借	应收系统				
2	112102	商业承兑汇票		客户往来				借	应收系统				
1	1122	应收账款		客户往来				借	应收系统				
1	1123	预付账款		供应商往来				借	应付系统				
1	1131	应收股利						借					
1	1132	应收利息						借					
1	1201	应收代位追偿款						借					
1	1211	应收分保账款						借					
1	1212	应收分保合同准备金						借					
1	1221	其他应收款		个人往来				借					
1	1231	坏账准备						贷					
1	1301	贴现资产						借					
1	1302	拆出资金						借					
1	1303	贷款						借					
1	1304	贷款损失准备						贷					

图 3—25 【会计科目】窗口

3. 指定会计科目

(1)执行【基础档案】|【财务】|【会计科目】命令,进入【会计科目】窗口。

(2)执行【编辑】|【指定科目】命令,打开【指定科目】窗口。

(3)点击【>】按钮,将【1001 库存现金】从【待选科目】窗口中选入【已选科目】窗口,如图

3—26 所示。

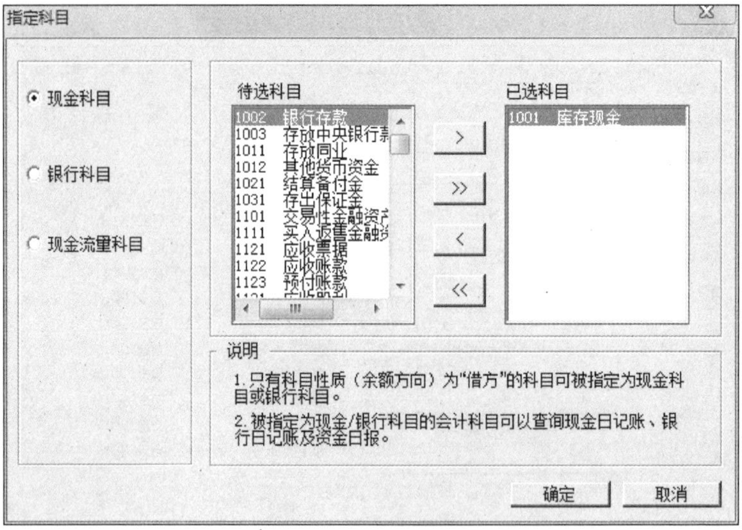

图 3—26 【指定现金科目】窗口

(4)点击选择【银行科目】选项,点击【>】按钮,将【1002 银行存款】从【待选科目】窗口中选入【已选科目】窗口,如图 3—27 所示。

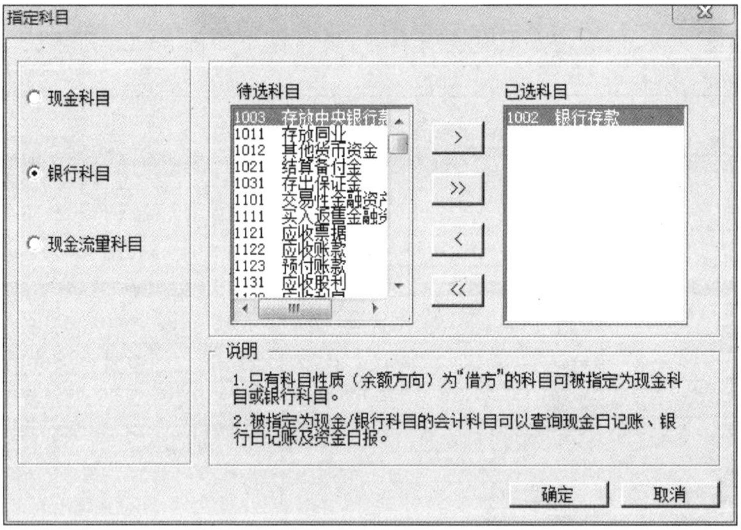

图 3—27 【指定银行科目】窗口

(5)点击【确定】按钮。

三、项目设置

业务 3:2019 年 1 月 1 日,请以账套主管【Z01 刘慧清】身份登录【企业应用平台】,设置企业财务项目核算内容。项目如表 3—10 所示。

表 3—10　　　　　　　　**项目目录**

项目设置步骤	设置内容
项目大类	01 金融核算
核算科目	交易性金融资产——成本(110101)
	交易性金融资产——公允价值变动(110102)
项目分类	1 股票
项目目录	项目编号:1 项目名称:贵州茅台 是否结算:否 所属分类码:1

操作步骤:

(1)在企业应用平台【基础设置】选项中,执行【基础档案】|【财务】|【项目目录】命令,打开【项目档案】窗口。

(2)点击【增加】按钮,打开【项目大类定义——增加】窗口。

(3)录入新项目大类名称:金融核算,如图 3—28 所示。

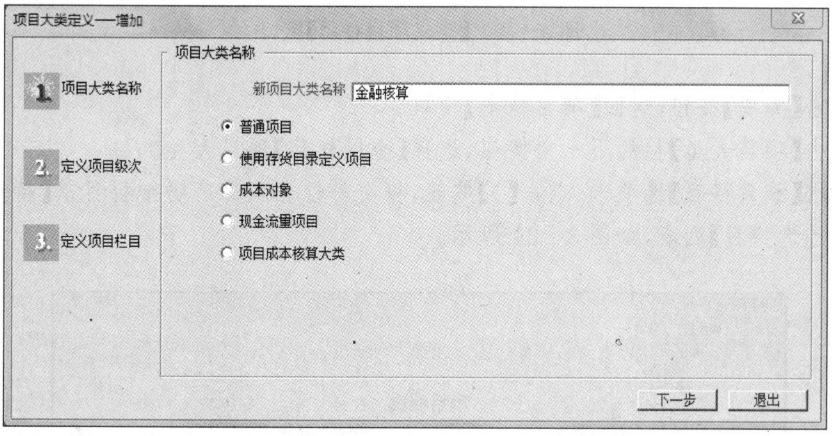

图 3—28　【项目大类定义——增加】窗口

(4)点击【下一步】按钮,打开【定义项目级次】窗口,如图 3—29 所示。

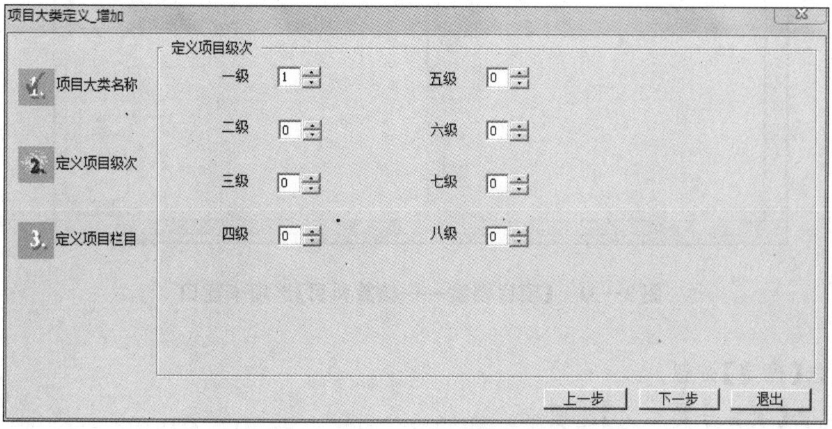

图 3—29　【定义项目级次】窗口

(5)默认系统设置,点击【下一步】按钮,打开【定义项目栏目】窗口,如图3—30所示。

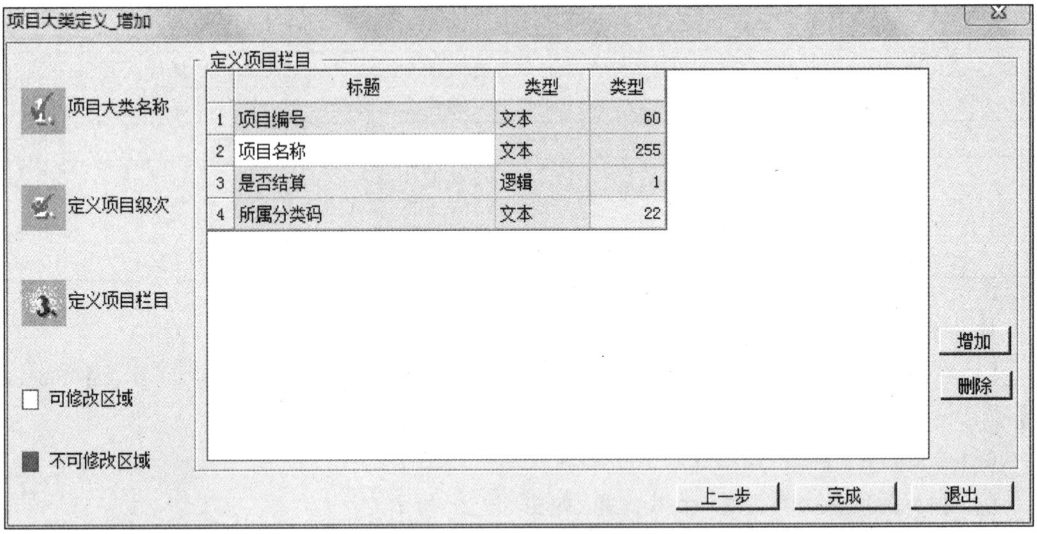

图3—30 【定义项目栏目】窗口

(6)点击【完成】按钮,返回【项目档案】窗口。

(7)点击【项目大类】栏的下三角按钮,选择【金融核算】项目大类。

(8)点击【核算科目】选项卡、点击【》】按钮,将交易性金融资产明细科目从【待选科目】列表中选入【已选科目】列表,如图3—31所示。

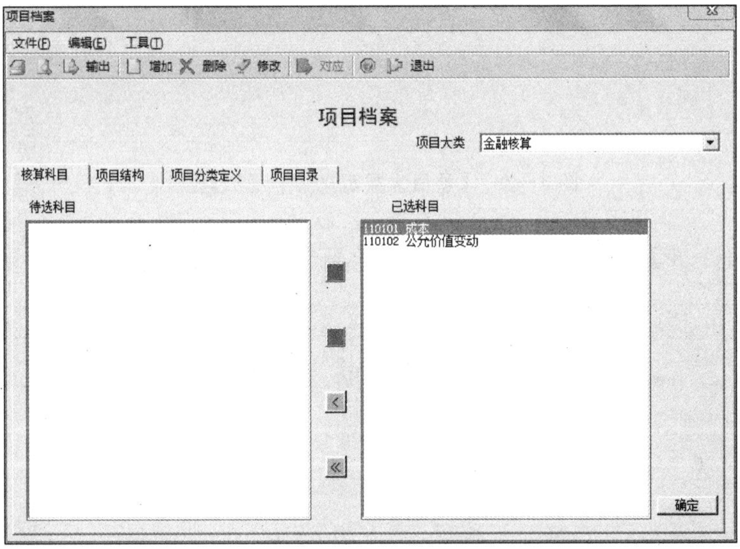

图3—31 【项目档案——核算科目】选项卡窗口

(9)点击【确定】按钮。

(10)点击【项目分类定义】选项卡。

(11)录入分类编码:1,分类名称:股票,点击【确定】按钮,操作结果如图3—32所示。

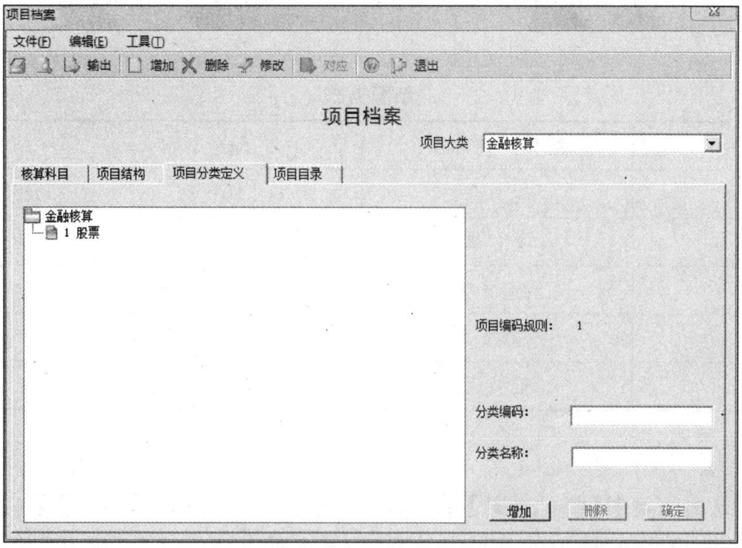

图 3—32 【项目档案——项目分类定义】选项卡窗口

(12)选中【项目目录】选项卡，点击【维护】按钮，打开【项目目录维护】窗口。

(13)点击【增加】按钮，录入项目编号：1，项目名称：贵州茅台，点击【所属分类码】栏参照按钮，选择【股票】，如图 3—33 所示。

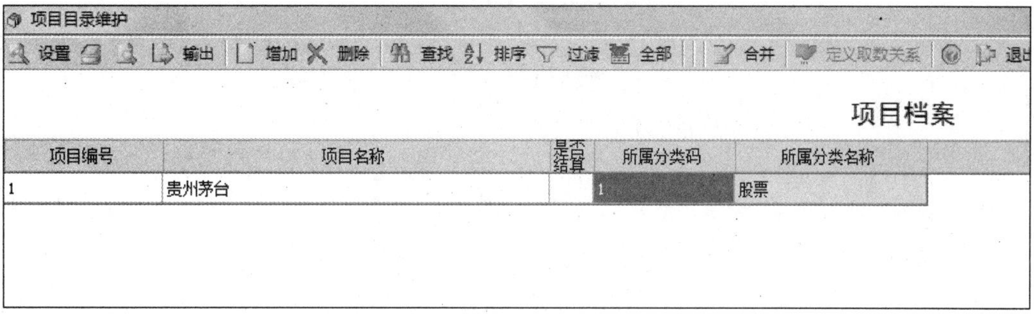

图 3—33 【项目目录维护】窗口

(14)点击【退出】按钮。

任务五　收付结算设置

一、结算方式设置

收付结算信息包括对结算方式、付款条件、银行档案、本单位开户银行等内容的设置。公司采用的结算方式包括现金、支票、银行汇票、银行本票、商业汇票、电汇等。收、付款业务由财务部门根据有关凭证进行处理，在系统中没有对应结算方式的，其结算方式为“其他”。

业务1:2019年1月1日,请以账套主管【Z01 刘慧清】身份登录【企业应用平台】,增加表3—11结算方式。

表3—11　　结算方式

编号	结算方式名称	编号	结算方式名称
1	现　金	301	银行承兑汇票
2	支　票	302	商业承兑汇票
201	现金支票	4	电　汇
202	转账支票	9	其　他
3	汇　票		

操作步骤:

(1)执行【基础档案】|【收付结算】|【结算方式】命令,打开【结算方式】窗口。

(2)点击【增加】按钮,录入结算方式编码:1,录入结算方式名称:现金,点击【保存】按钮,如图3—34所示。

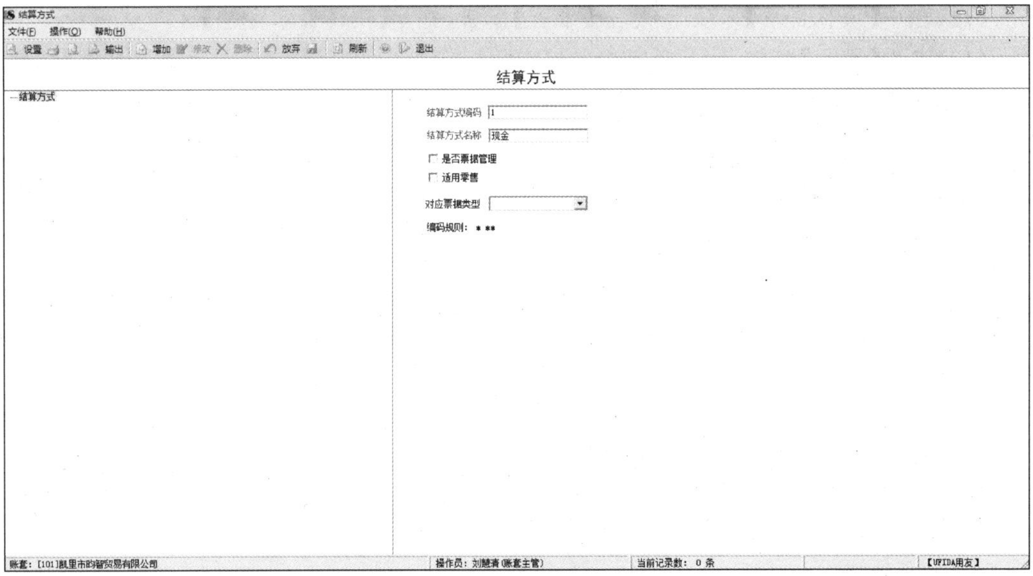

图3—34 【结算方式】窗口

(3)按照以上步骤,依次录入其他结算方式,操作结果如图3—35所示。

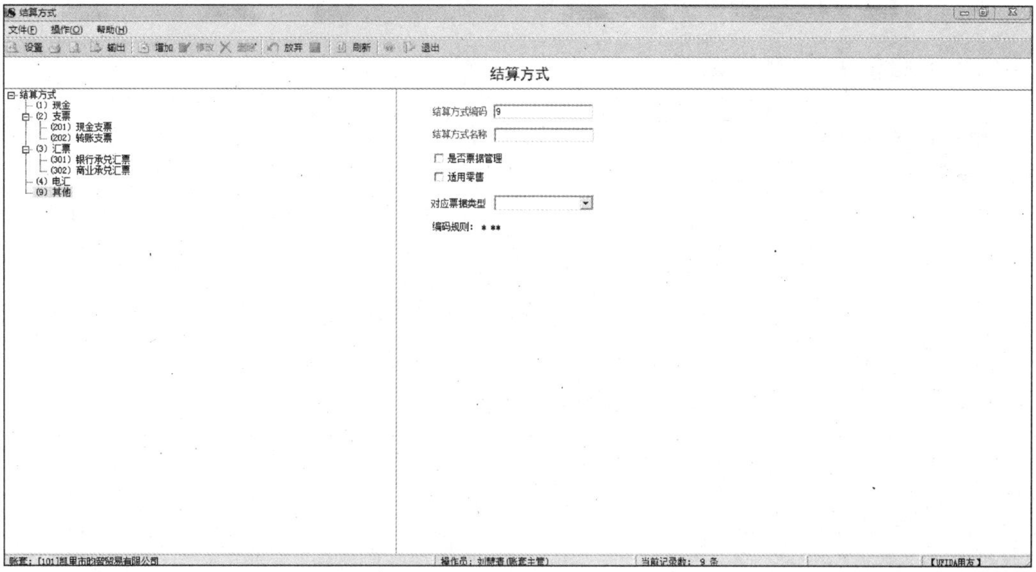

图 3—35　【结算方式】窗口(已录入)

(4)点击【保存】按钮。

二、付款条件设置

付款条件也称现金折扣，是指企业为了鼓励客户偿还货款而允诺在一定期限内给予的规定的折扣优待。付款条件将主要在采购订单、销售订单、采购结算、销售结算、客户目录、供应商目录中引用。系统最多同时支持 4 个时间段的折扣。

业务 2：2019 年 1 月 1 日，请以账套主管【Z01 刘慧清】身份登录【企业应用平台】，增加表 3—12 付款条件信息。

表 3—12　　付款条件

付款条件编码	信用天数	优惠天数 1	优惠率 1	优惠天数 2	优惠率 2
01	30	10	2	20	1

操作步骤：

(1)执行【基础设置】|【基础档案】|【收付结算】|【付款条件】命令，打开【付款条件】窗口，点击【增加】按钮，按表 3—12 资料录入：付款条件，操作结果如图 3—36 所示。

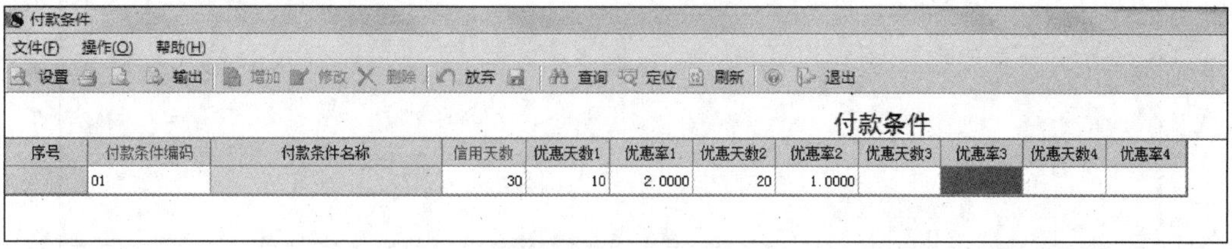

图 3—36　【付款条件】窗口

(2)点击【保存】按钮,再点击【退出】按钮。

三、本单位开户银行设置

银行档案用于设置企业所用的各银行总行的名称和编码,用于工资、HR、网上报销、网上银行等系统。用户可以根据业务的需要方便地增加、修改、删除、查询、打印银行档案。银行名称不允许为空,长度不得超过20个字符。银行编码不允许为空,长度不得超过5个字符。

业务3:2019年1月1日,请以账套主管【Z01 刘慧清】身份登录【企业应用平台】,增加表3—13本单位开户银行。

表3—13　　本单位开户银行信息

项　目	内　容
企业开户银行编码	01
开户银行	中国工商银行凯里经济开发区支行
账号	1550100035191101678
账户名称	凯里市昀智贸易有限公司
币种	人民币
所属银行	中国工商银行

操作步骤:

(1)执行【基础设置】|【基础档案】|【收付结算】|【银行档案】命令,打开【银行档案】窗口,选择【01 中国工商银行】,点击【修改】按钮,打开【修改银行档案】窗口,如图3—37所示。

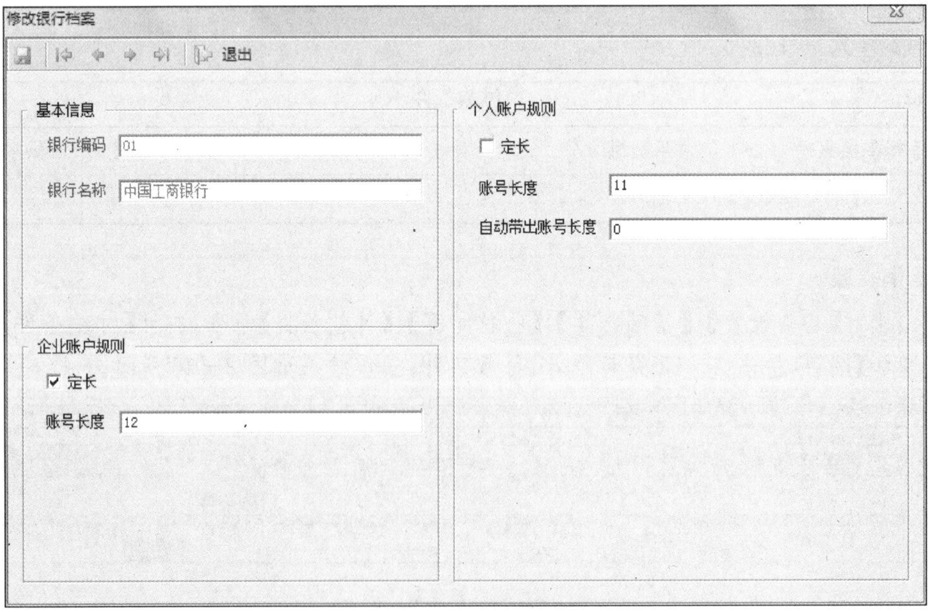

图3—37　【修改银行档案】窗口

(2)取消企业账户规则【定长】复选框,点击【保存】按钮,如图 3—38 所示。

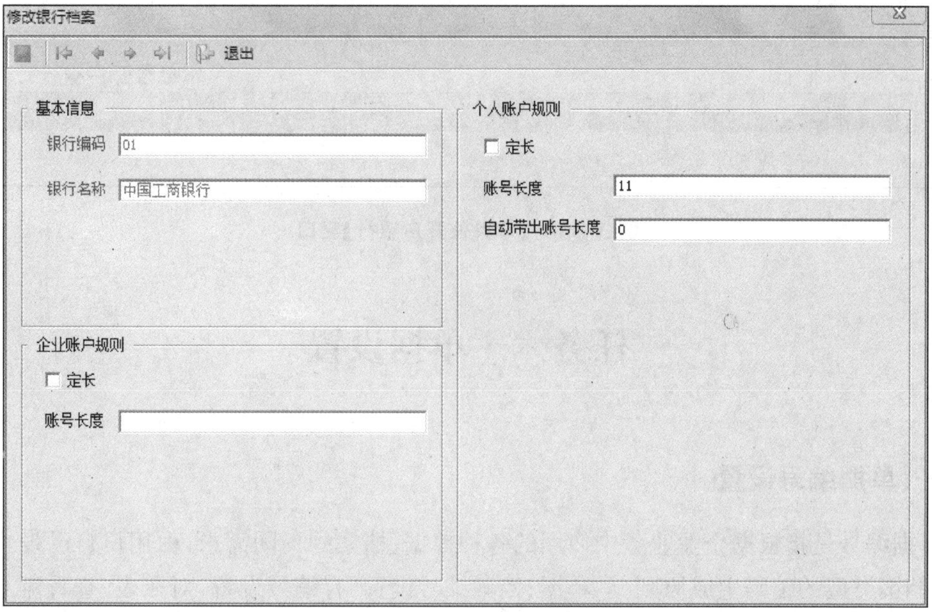

图 3—38　【修改银行档案】窗口(已录入)

(3)执行【基础设置】|【基础档案】|【收付结算】|【本单位开户银行】命令,打开【增加本单位开户银行】窗口,按表 3—12 资料录入:开户银行信息,操作结果如图 3—39 所示。

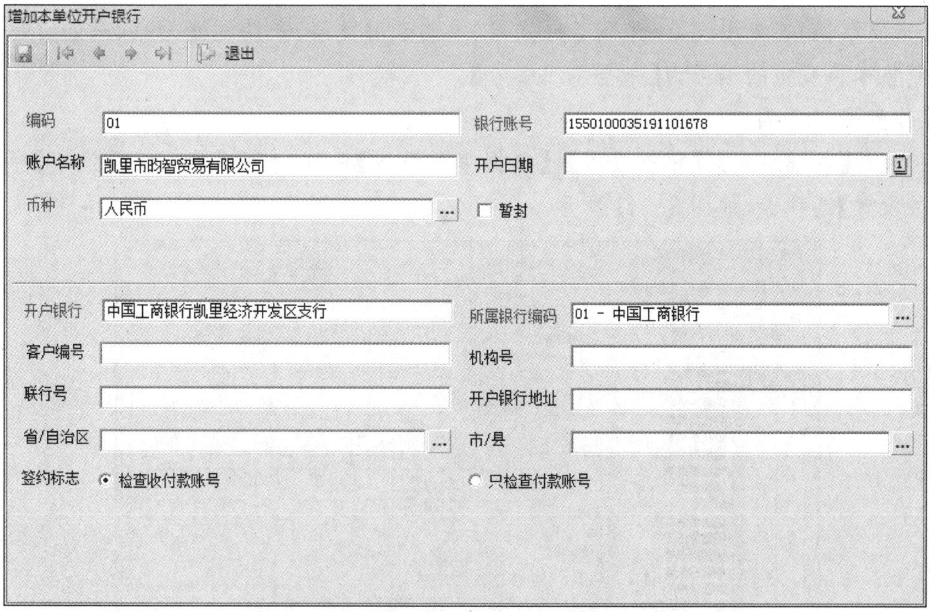

图 3—39　【增加本单位开户银行】窗口

(4)点击【保存】按钮,再点击【退出】按钮,如图 3—40 所示。

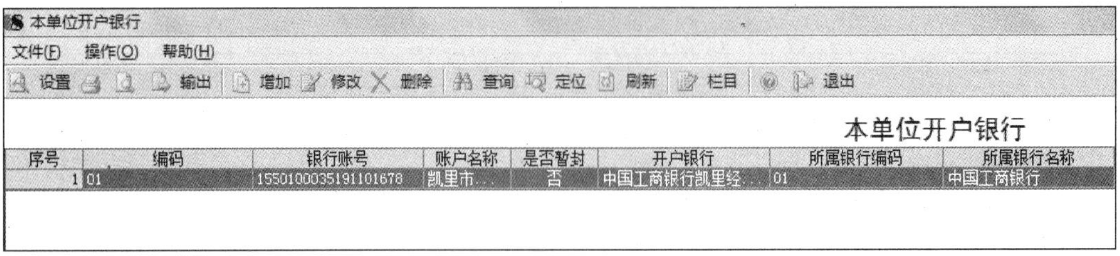

图 3—40 【本单位开户银行】窗口

任务六 单据设置

一、单据编号设置

单据编号是指根据企业业务中使用的各种单据、档案的不同需求，由用户自己设置各种单据、档案类型的编码生成原则。“单据、档案编号设置”有编号设置、对照表、查看流水号三个功能。若需要将单据、档案中的基础信息作为编码中的前缀内容，则必须设置相应的对照表。允许设置的编码方案的单据、档案类型会根据模块的启用情况控制显示。应收款管理、应付款管理、销售管理、采购管理、库存管理、存货核算、系统均使用单据、档案编码方案设置，且必须使用。

业务1：2019年1月1日，请以账套主管【Z01 刘慧清】身份登录【企业应用平台】，修改销售普通发票、销售专用发票、采购普通发票、采购专用发票、采购运费发票、采购订单、销售订单、销售零售日报的编号为【完全手工编号】。

操作步骤：

(1)执行【基础设置】|【单据设置】|【单据编号设置】命令，打开【单据编号设置】窗口，点击【编号设置】选项卡，如图3—41所示。

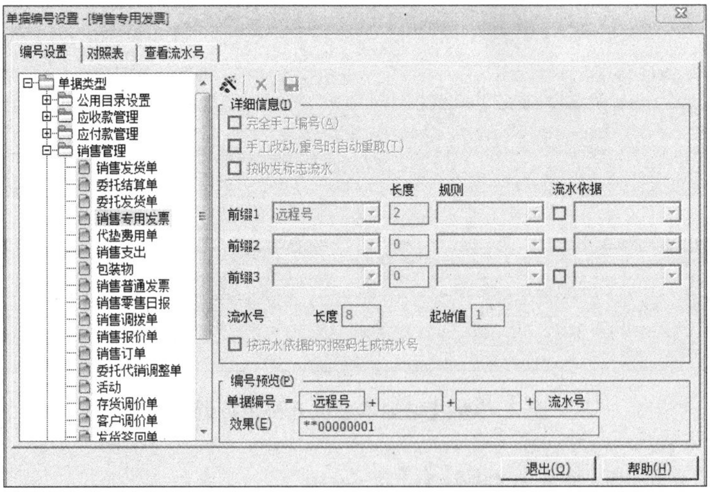

图 3—41 【销售专用发票——编号设置】窗口

(2)点击【修改】按钮,选择【完全手工编号】复选框,如图 3—42 所示,点击【保存】按钮。

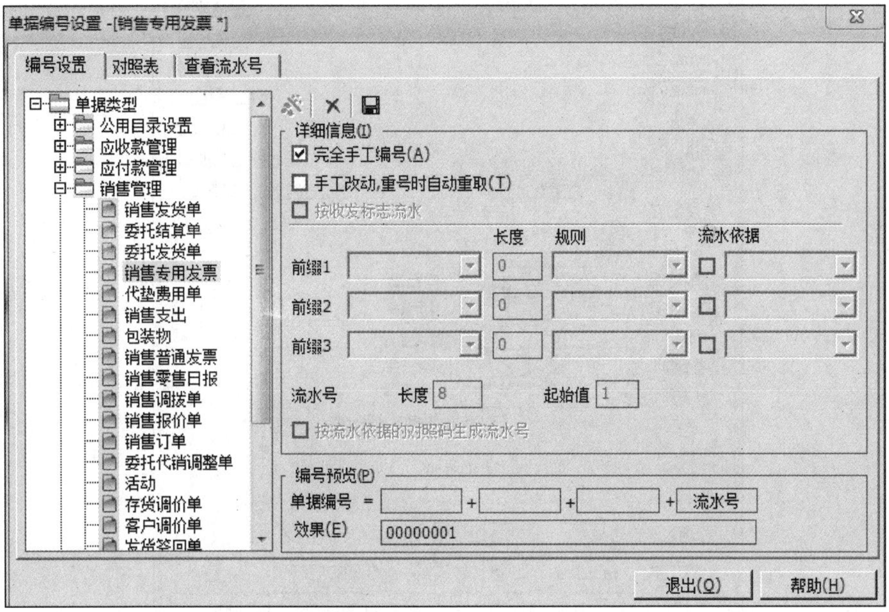

图 3—42 【销售专用发票——编号设置】窗口(已修改)

(3)按照以上步骤,依次修改销售普通发票、采购专用发票、采购普通发票、采购运费发票、采购订单、销售订单、零售日报的编号方式为【完全手工编号】。

二、单据格式设计

单据格式设计主要是根据系统预置的单据模板,定义本企业所需要的单据格式。U8 单据格式设计可对 U8 系列产品中的报账中心、采购、存货、库存、项目管理、销售、应收、应付等模块中的各种单据进行格式设计。每一种单据格式设置分为显示单据格式设置和打印单据格式设置。

业务 2:2019 年 1 月 1 日,请以账套主管【Z01 刘慧清】身份登录【企业应用平台】,销售专用发票表体增加“退补标志”、数量取消“必输”项;委托代销结算单增加表头“发票号”;销售费用支出单增加“单据流向”和“费用供货商名称”。

操作步骤:

(1)执行【基础设置】|【单据设置】|【单据格式设置】命令,打开【单据格式设置】窗口,点击打开【销售专用发票】格式,点击选中【表体项目】,打开【表体项目】窗口,如图 3—43 所示。

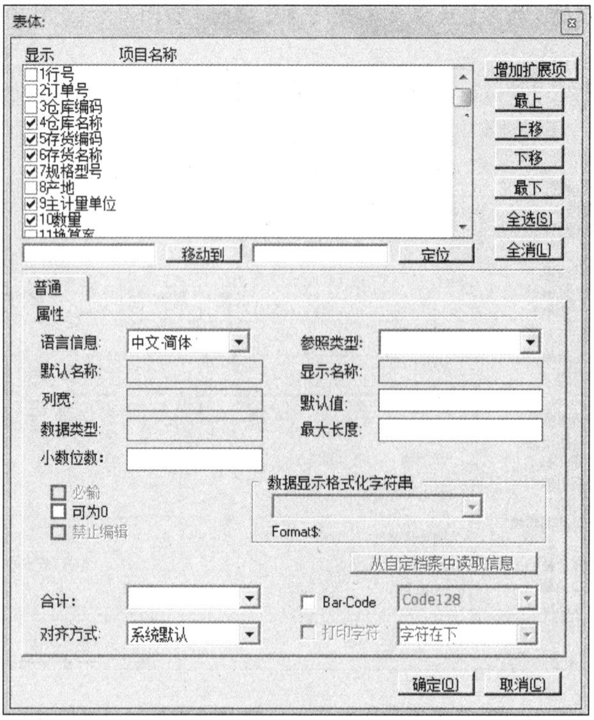

图 3—43 【表体项目】窗口

(2)点击【下三角】按钮移动,找到【40 退补标志】选项,选中后点击【确定】按钮,如图 3—44 所示,点击【保存】该模板。

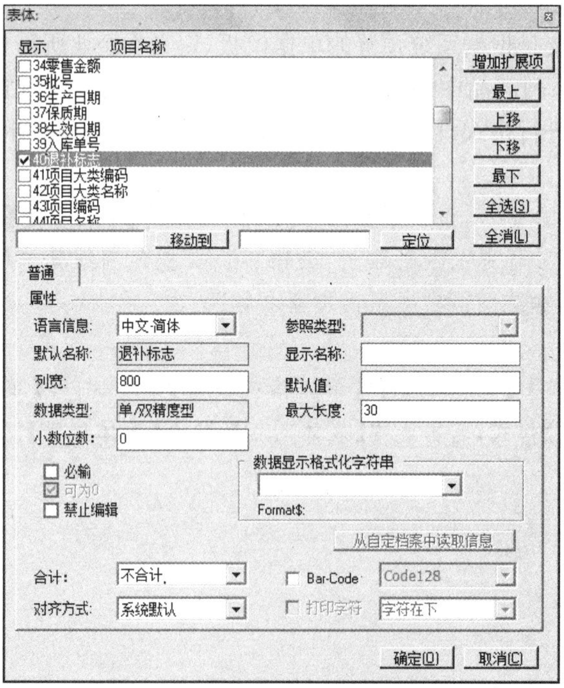

图 3—44 【退补标志】窗口(已完成)

(3)点击选中【表体项目】,打开【表体项目】窗口,选中【10 数量】,在下方【必输】选项前取消【√】,点击【确定】,如图 3—45 所示,点击【确定】、点击【保存】该模板。

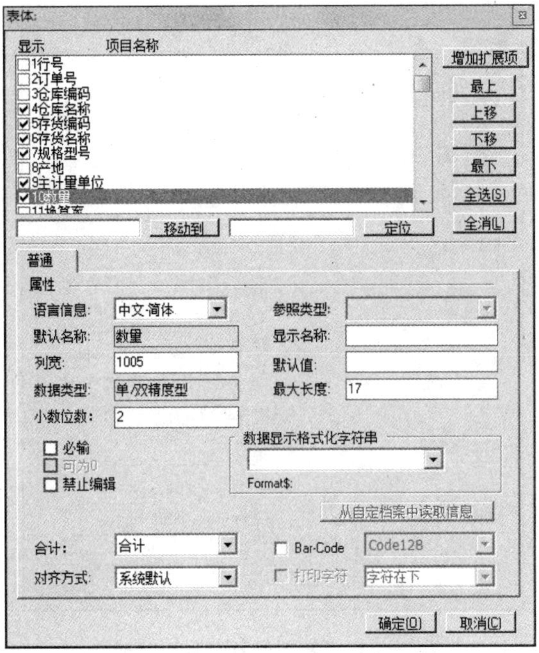

图 3—45　【数量】窗口(已完成)

(4)执行【基础设置】|【单据设置】|【单据格式设置】命令,打开【单据格式设置】窗口,点击打开【委托代销结算单】格式,点击选中【表头项目】,打开【表头项目】窗口,如图 3—46 所示。

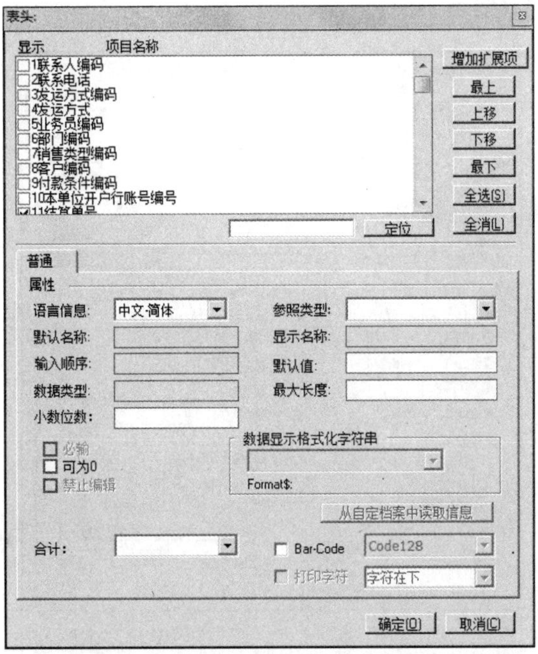

图 3—46　【表头项目】窗口(已完成)

(5)点击【下三角】按钮移动,找到【31 发票号】选项,选中后点击【确定】按钮,如图3—47所示,点击【保存】该模板。

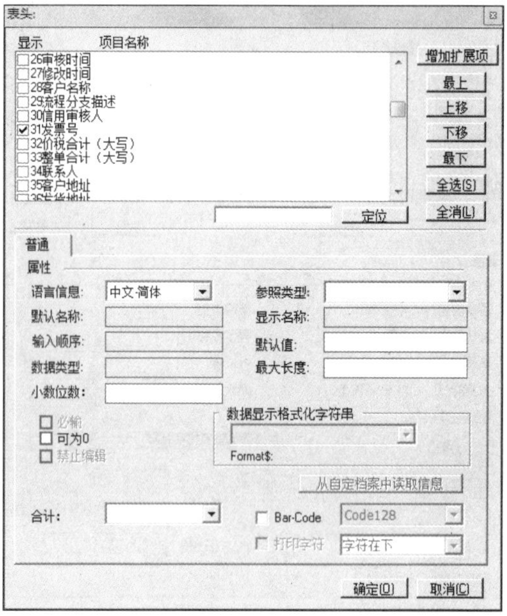

图3—47 【发票号】窗口(已完成)

(6)执行【基础设置】|【单据设置】|【单据格式设置】命令,打开【单据格式设置】窗口,点击打开【销售费用支出单】格式,点击选中【表头项目】,打开【表头项目】窗口,点击【下三角】按钮移动,找到【61 费用供货商名称】、【62 单据流向】选项,选中后点击【确定】按钮,如图3—48所示,点击【保存】该模板。

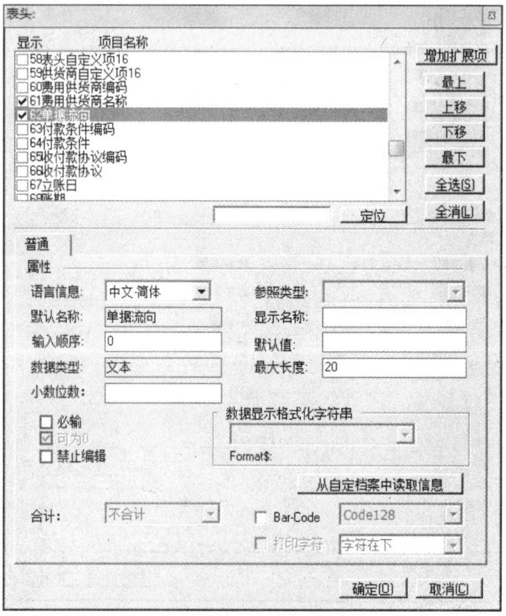

图3—48 【表头项目】窗口(已完成)

任务七　业务设置

一、仓库档案

在业务设置环节，首先是仓库档案设置。存货一般是用仓库来保管的，对存货进行核算管理，首先应对仓库进行管理，因此进行仓库设置是供应链管理系统的重要基础准备工作之一。第一次使用本系统时，应先将本单位使用的仓库，预先录入系统中，即进行"仓库档案设置"。在本系统中，可以对操作员管理仓库权限进行控制，包括查询、录入权限。具体操作员仓库权限的操作可以参看"基础设置"中"数据权限"的设置。若仓库已经使用，只可修改以下几项：负责人、电话、资金定额、仓库地址、备注。若仓库已经使用，则不可删除此仓库。

业务1：2019年1月1日，请以账套主管【Z01 刘慧清】身份登录【企业应用平台】，增加表3—14仓库档案信息。

表3—14　　**仓库档案信息**

仓库编码	仓库名称	计价方式
01	商品库	先进先出法
02	礼品库	先进先出法
03	受托代销库	先进先出法

操作步骤：

(1)执行【基础设置】|【基础档案】|【业务】|【仓库档案】命令，点击【增加】按钮，在【增加仓库档案】窗口内录入仓库编码：01，仓库名称：商品库，选择计价方式为【先进先出法】，如图3—49所示。

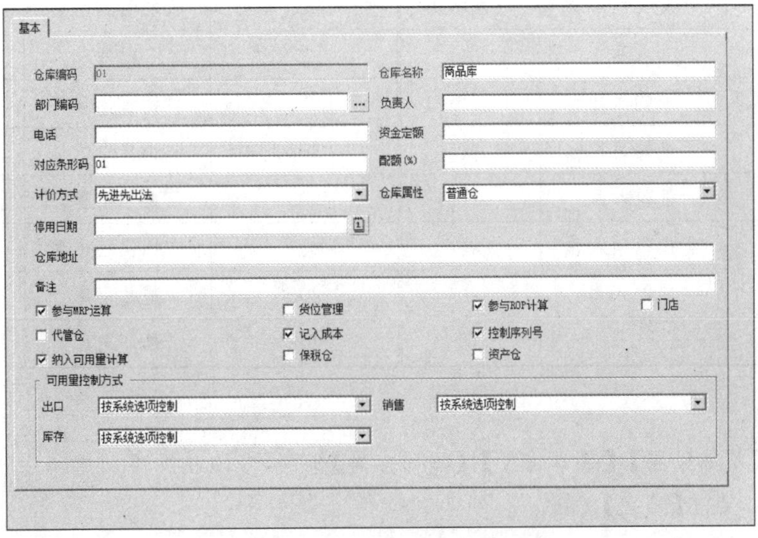

图3—49　【增加仓库档案】窗口

(2)点击【保存】按钮,根据表 3—14 信息依次录入其他仓库档案信息,操作结果如图 3—50 所示。

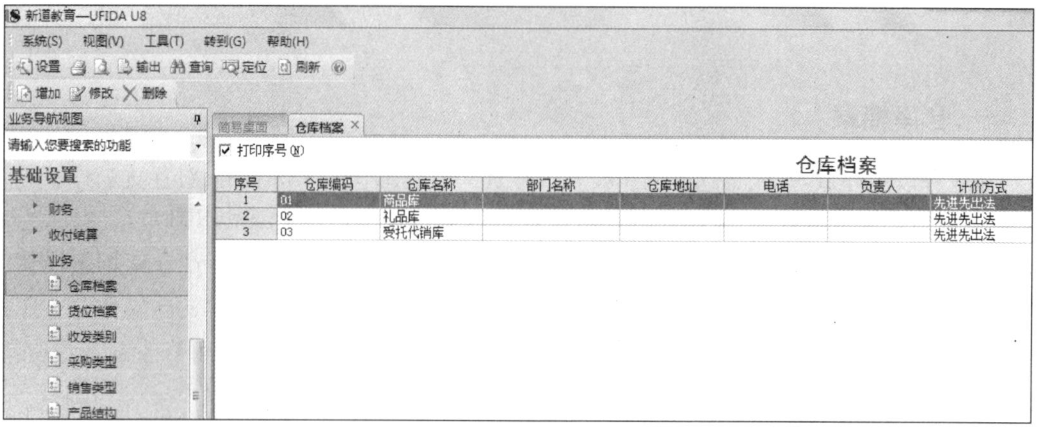

图 3—50 【仓库档案】窗口

二、收发类别

收发类别设置,是为了对材料的出入库情况进行分类汇总统计而设置的,表示材料的出入库类型,用户可根据各单位的实际需要自由灵活地进行设置。系统规定收发类型只有两种,即收和发。录入此项目时,系统显示一选择窗,让用户选择,而不能录入。类别编码:用户必须录入。系统规定收发类别最多可分三级,最大位数 5 位。必须逐级定义,即定义下级编码之前必须先定义上级编码。

业务 2:2019 年 1 月 1 日,请以账套主管【Z01 刘慧清】身份登录【企业应用平台】,增加表 3—15 收发类别信息。

表 3—15 　　　　收发类别信息

收发类别编码	收发类别名称	收发标志	收发类别编码	收发类别名称	收发标志
1	入库	收	2	出库	发
101	采购入库	收	201	销售出库	发
102	采购退货	收	202	销售退货	发
103	盘盈入库	收	203	盘亏出库	发
104	受托代销入库	收	204	委托代销出库	发
108	其他入库	收	205	赠品出库	发
			208	其他出库	发

操作步骤:

(1)执行【基础设置】|【基本信息】|【编码方案】命令,修改收发类别编码级次为【122】,如图 3—51 所示,点击【确定】按钮。

项目	最大级数	最大长度	单级最大长度	第1级	第2级	第3级	第4级	第5级	第6级	第7级	第8级	第9级
科目编码级次	13	40	9				2					
存货分类编码级次	8	12	9		2	2	2	3				
部门编码级次	9	12	9		2							
地区分类编码级次	5	12	9	2	3	4						
费用项目分类	5	12	9	1	2							
结算方式编码级次	2	3	3									
货位编码级次	8	20	9	2	3	4						
收发类别编码级次	3	5	5		2	2						
项目设备	8	30	9	2	2							
责任中心分类档案	5	30	9	2	2							
项目要素分类档案	6	30	9	2	2							
客户权限组级次	5	12	9	2	3	4						
供应商权限组级次	5	12	9	2	3	4						
存货权限组级次	8	12	9	2	2	2	2					

图 3—51　【编码方案】窗口

(2)执行【基础设置】|【基础档案】|【业务】|【收发类别】命令,点击【增加】按钮,在收发类别编码内录入:1,收发类别名称录入:入库,收发标志选择【收】,如图 3—52 所示。

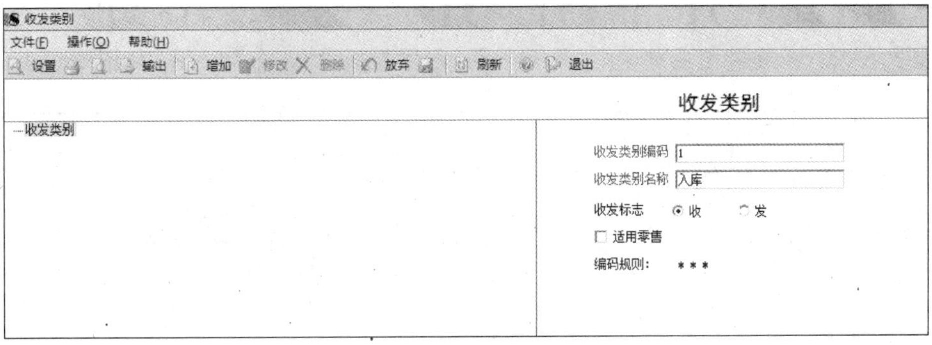

图 3—52　【增加收发类别】窗口

(3)点击【保存】按钮,再点击【增加】按钮,依次录入其他收发类别信息,操作结果如图 3—53 所示。

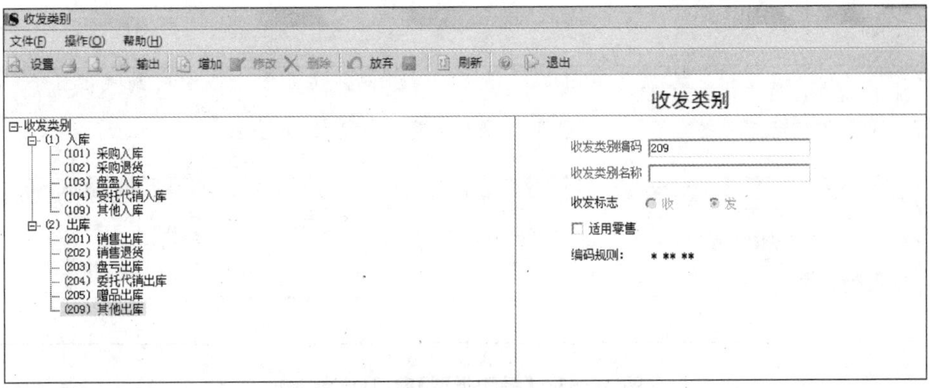

图 3—53　【增加收发类别】窗口(已录入)

三、采购类型

采购类型是由用户根据企业需要自行设定的项目,用户在使用用友 U8V10.1 采购管理系统,填制采购入库单等单据时,会涉及采购类型栏目。如果您的企业需要按采购类型进行统计,那就应该建立采购类型项目。采购类型不分级次,企业可以根据实际需要进行设置。例如,从国外购进、从国内购进、从省外购进、从本地购进、从生产厂家购进、从批发企业购进;为生产采购、为委托加工采购、为在建工程采购;等等。

业务 3:2019 年 1 月 1 日,请以账套主管【Z01 刘慧清】身份登录【企业应用平台】,增加表 3—16 采购类型信息。

表 3—16　　采购类型信息

采购类型编码	采购类型名称	入库类别
01	正常采购	采购入库
02	受托采购	受托代销入库
03	采购退货	采购退货

操作步骤:

(1)执行【基础设置】|【基础档案】|【业务】|【采购类型】命令,点击【增加】按钮,在采购类型编码录入:01,采购类型名称录入:正常采购,入库类别录入:采购入库,如图 3—54 所示。

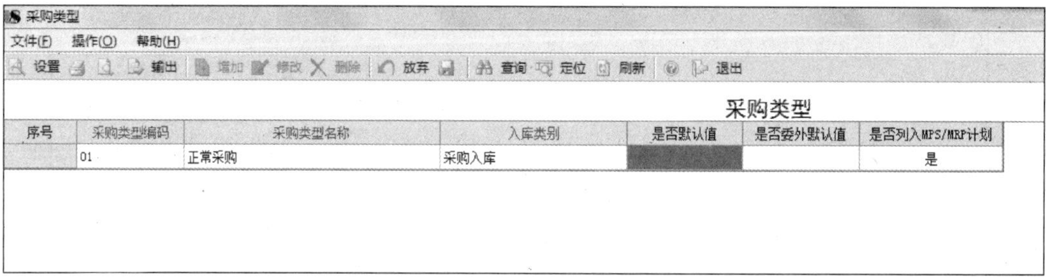

图 3—54　【采购类型】窗口

(2)点击【保存】按钮,按表 3—16 依次录入其他采购类型信息,操作结果如图 3—55 所示。

图 3—55　【采购类型】窗口(已录入)

四、销售类型

用户在处理销售业务时，可以根据自身的实际情况自定义销售类型，以便于按销售类型对销售业务数据进行统计和分析。本功能完成对销售类型的设置和管理，用户可以根据业务的需要方便地增加、修改、删除、查询销售类型。

业务4：2019年1月1日，请以账套主管【Z01 刘慧清】身份登录【企业应用平台】，增加表3—17销售类型信息。

表3—17　　　　**销售类型信息**

采购类型编码	采购类型名称	出库类别
01	正常销售	销售出库
02	委托销售	委托代销出库
03	销售退货	销售退货
04	赠品销售	赠品出库

操作步骤：

(1)执行【基础设置】|【基础档案】|【业务】|【销售类型】命令，点击【增加】按钮，在销售类型编码录入：01，销售类型名称录入：正常销售，出库类别录入：销售出库，如图3—56所示。

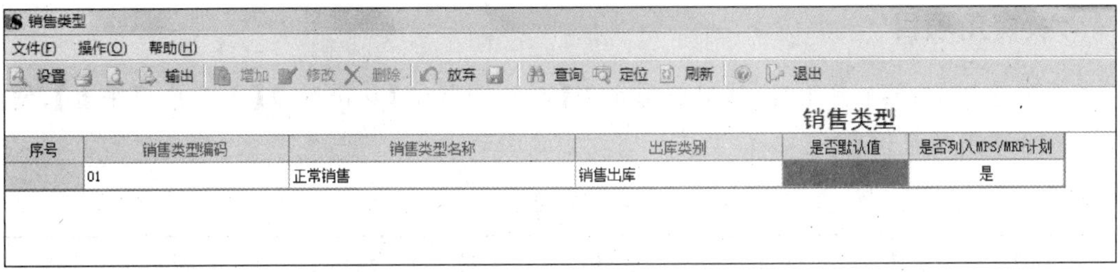

图3—56　【销售类型】窗口

(2)点击【保存】按钮，按表3—17依次录入其他销售类型信息，操作结果如图3—57所示。

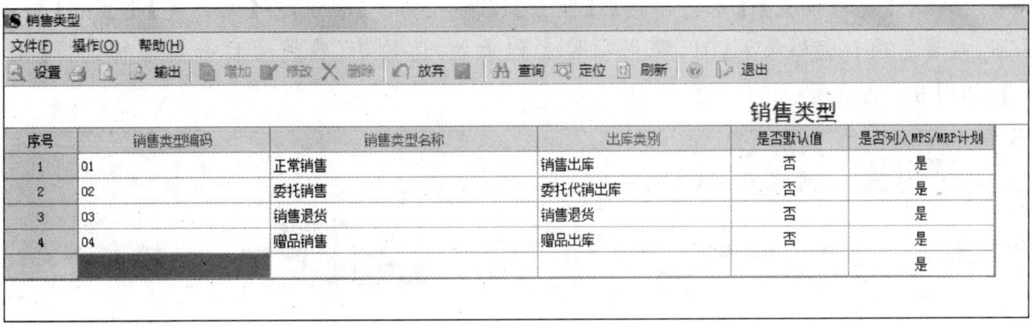

图3—57　【销售类型】窗口(已录入)

五、费用项目分类

业务 5:2019 年 1 月 1 日,请以账套主管【Z01 刘慧清】身份登录【企业应用平台】,增加费用项目分类信息。

操作步骤:

(1)执行【基础设置】|【基础档案】|【业务】|【费用项目分类】命令,点击【增加】按钮,在分类编码内录入:0,分类名称录入:无分类,点击【保存】按钮,如图 3—58 所示。

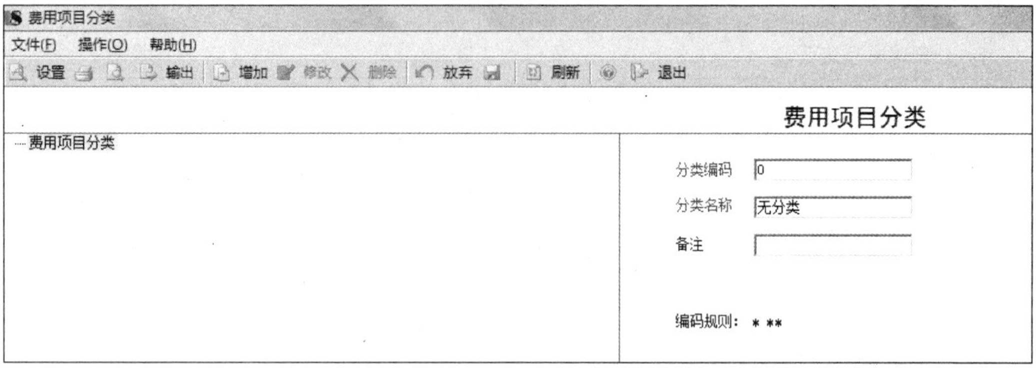

图 3—58 【费用项目分类】窗口

六、费用项目

业务 6:2019 年 1 月 1 日,请以账套主管【Z01 刘慧清】身份登录【企业应用平台】,增加表 3—18 费用项目信息。

表 3—18　　费用项目信息

费用项目分类编码	费用项目分类名称	费用项目编码	费用项目名称
0	无分类	01	运输费
0	无分类	02	委托代销手续费

操作步骤:

(1)执行【基础设置】|【基础档案】|【业务】|【费用项目】命令,在【无分类】下点击【增加】按钮,在费用项目编码录入:01,费用项目名称录入:运输费,费用项目分类名称选择【无分类】,如图 3—59 所示。

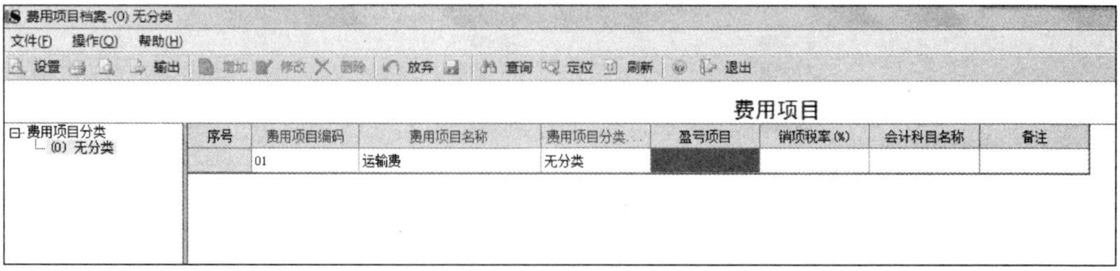

图 3—59 【费用项目】窗口

(2)点击【保存】按钮,按表 3—18 录入其他费用项目信息,操作结果如图 3—60 所示。

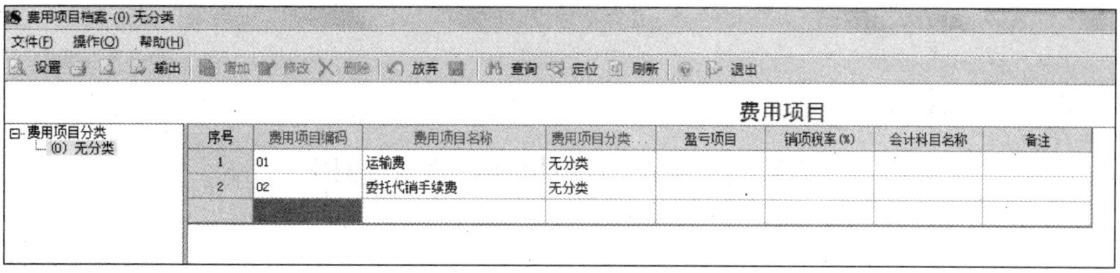

图 3—60　【费用项目】窗口(已录入)

七、非合理损耗类型

业务 7:2019 年 1 月 1 日,请以账套主管【Z01 刘慧清】身份登录【企业应用平台】,增加表 3—19 非合理损耗类型信息。

表 3—19　　非合理损耗类型信息

非合理损耗类型编码	非合理损耗类型名称
01	运输部门责任

操作步骤:

执行【基础设置】|【基础档案】|【业务】|【非合理损耗类型】命令,点击【增加】按钮,在非合理损耗类型编码录入:01,非合理损耗类型名称录入:运输部门责任,如图 3—61 所示。

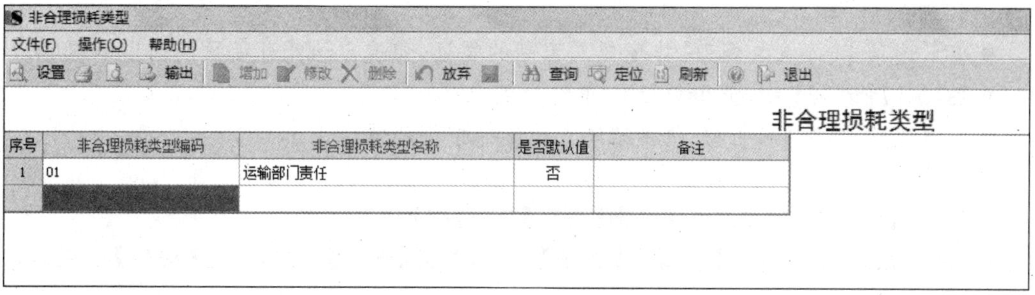

图 3—61　【非合理损耗类型】窗口

项目四　总账日常管理

任务一　总账初始化管理

一、总账参数设置

系统在建立新的账套后由于具体情况需要，或业务变更，发生一些账套信息与核算内容不符的情况，可以通过此功能进行账簿选项的调整和查看。可对“凭证选项”“账簿选项”“凭证打印”“预算控制”“权限选项”“会计日历”“其他选项”“自定义项核算”八部分内容的操作控制选项进行修改。

业务1：2019年1月1日，凯里市昀智贸易有限公司账套总账系统的参数信息如下，请以账套主管【Z01 刘慧清】身份修改各项参数。

● 凭证选项卡：取消现金流量科目必录现金流量项目，勾选自动填补凭证断号，取消制单序时控制。

● 权限选项卡：不允许修改、作废他人填制的凭证，勾选出纳凭证必须经由出纳签字。

● 会计日历选项卡：数量小数位2，单价小数位2。

● 其他选项卡：部门、个人、项目排序方式选择按编码排序。

操作步骤：

(1)执行【业务工作】|【财务会计】|【总账】命令，打开总账系统。

(2)在总账系统中，执行【设置】|【选项】命令，打开【选项】窗口，点击【编辑】按钮，如图4—1所示。

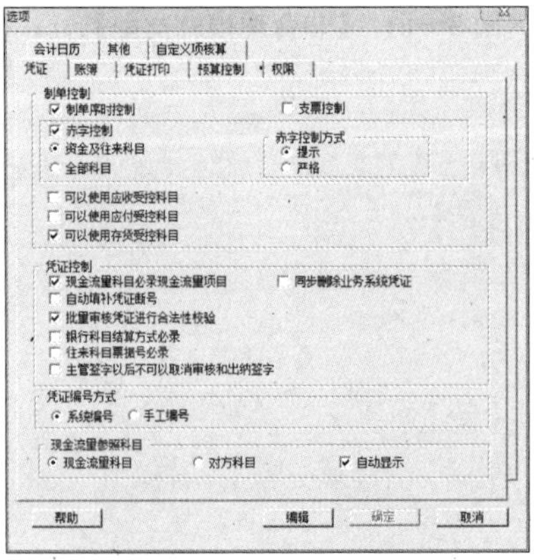

图4—1　【选项】窗口

(3)在【凭证】选项卡中,取消【制单序时控制】和【现金流量科目必录现金流量项目】复选框,选中【自动填补凭证断号】复选框,如图4—2所示。

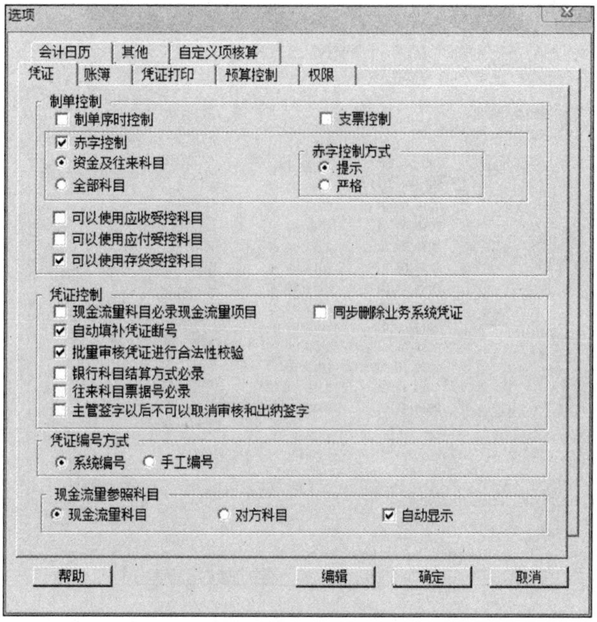

图4—2　【选项——凭证】窗口

(4)在【权限】选项卡中,取消【允许修改、作废他人填制的凭证】复选框,勾选【出纳凭证必须经由出纳签字】复选框,如图4—3所示。

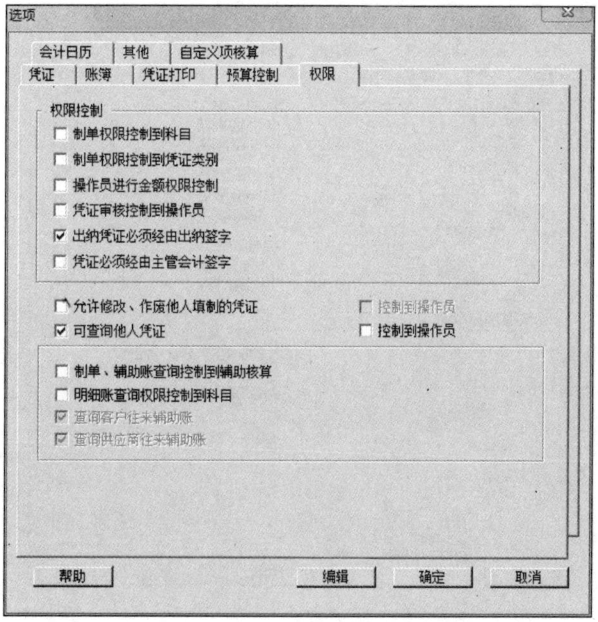

图4—3　【选项——权限】窗口

(5)在【会计日历】选项卡中,分别修改【数量小数位】和【单价小数位】为:2;如图 4—4 所示。

图 4—4 【选项——会计日历】窗口

(6)在【其他】选项卡中,分别修改【部门排序方式】、【个人排序方式】、【项目排序方式】为按编码排序,如图 4—5 所示。

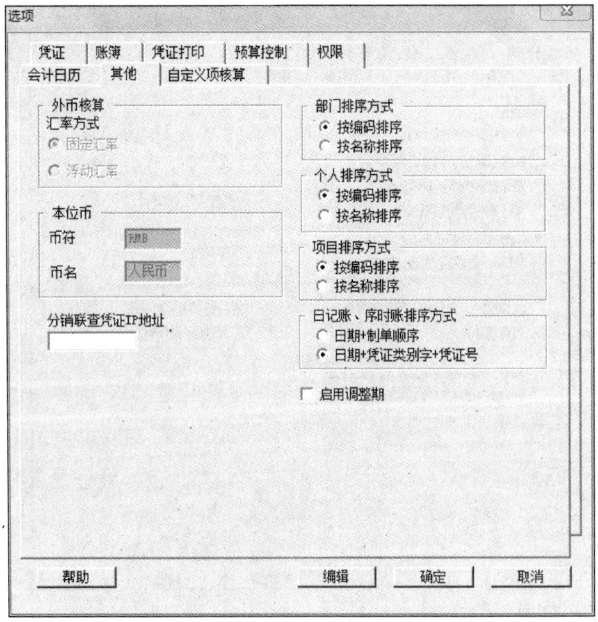

图 4—5 【选项——其他】窗口

(7)点击【确定】按钮保存并返回。

二、期初余额录入

扫码看资源

业务2:2019年1月1日,凯里市昀智贸易有限公司的期初余额如表4—1～表4—8所示,请以账套主管【Z01 刘慧清】身份登录【企业应用平台】,录入期初余额并试算平衡。

表4—1 **总账期初余额**

科目名称	方向	计量	期初余额(元)
库存现金 1001	借		13 650.00
银行存款 1002	借		15 598 368.00
其他货币资金 1012	借		8 277 200.00
存出投资款 101201	借		8 277 200.00
应收账款 1122	借		147 598.40
应收票据 1121	借		58 000.00
预付账款 1123	借		12 000.00
坏账准备 1231	贷		1 400.00
其他应收款 1221	借		1 000.00
库存商品 1405	借		1 082 000.00
周转材料 1411	借		50 000.00
固定资产 1601	借		1 846 159.00
无形资产 1701	借		240 000.00
累计折旧 1602	贷		95 715.40
短期借款 2001	贷		120 000.00
长期借款 2501	贷		16 600 000.00
应付票据 2201	贷		22 968.00
应付账款 2202	贷		32 480.00
预收账款 2203	贷		19 000.00
应付职工薪酬 2211	贷		58 000.00
工资 221101	贷		58 000.00
应交税费 2221	贷		107 860.00
未交增值税 222102	贷		64 597.32
应交企业所得税 222110	贷		34 880.00
应交个人所得税 222111	贷		235.88
应交城市维护建设税 222112	贷		4 752.30
应交教育费附加 222113	贷		2 036.70

续表

科目名称	方向	计量	期初余额(元)
应交地方教育费附加 222114	贷		1 357.80
实收资本 4001	贷		10 000 000.00
资本公积 4002	贷		96 061.91
盈余公积 4101	贷		78 270.09
法定盈余公积 410101	贷		78 270.09
利润分配 4104	贷		94 220.00
未分配利润 410410(增加科目)	贷		94 220.00

表 4—2　　应收票据(1121)期初余额

日期	客户名称	摘要	方向	余额(元)
2018—12—15	北京艺先文化有限公司	销售银制首饰,单价 50 元/克,1 160 克,银行承兑汇票票号 5562846,票面利率 5%,到期日 2019 年 2 月 20 日,承兑银行为中国工商银行	借	58 000.00

表 4—3　　应收账款(1122)期初余额

日期	客户名称	摘要	方向	余额(元)
2018—12—18	上海刺绣服装有限公司	销售银绣女装,单价 3 940 元/套,26 套,票号 5513466	借	118 830.40
2018—12—20	广州对外贸易有限公司	销售银绣男装,单价 2 480 元/套,10 套,票号 5513467	借	28 768.00

表 4—4　　预付账款(1123)期初余额

日期	供应商名称	摘要	方向	余额(元)
2018—12—10	施洞银饰制作有限公司	采购银制首饰,电汇,票号 4315646	借	12 000.00

表 4—5　　应付票据(2201)期初余额

日期	供应商名称	摘要	方向	余额(元)
2018—12—20	雷山民族文创工作室	采购银绣首饰,银行承兑汇票票号 4110598,票面利率 5%,到期日 2019 年 1 月 20 日	贷	22 968.00

表 4—6　　应付账款——暂估应付款(220202)期初余额

日期	供应商名称	摘要	方向	余额(元)
2018—12—21	鑫垚银绣服装有限公司	采购银绣男装,单价 203 元/套,160 套	贷	32 480.00

表 4—7　　预收账款(2203)

日期	客户名称	摘要	方向	余额(元)
2018—12—18	格晴艺术文化有限公司	预收货款,电汇,票号 1054359	贷	19 000.00

表 4—8　　其他应收款(1221)

日期	个人名称	摘要	方向	余额(元)
2018—12—22	采购部——杨智	预借差旅费	借	1 000.00

操作步骤:

1. 录入期初余额

(1)在总账系统中,执行【设置】|【期初余额】命令,打开【期初余额录入】窗口。

(2)白色的单元为末级科目,可以直接录入相关科目的期初余额。如,库存现金 13 650.00 元、银行存款 15 598 368.00 元。

(3)黄色的单元代表此科目设置了辅助核算,不允许直接录入余额,需要在该单元格中双击进入其辅助账进行期初设置。在辅助账中录入期初数据,完成后自动返回总账期初余额表中。如双击【应收票据】所在行的【期初余额】栏,进入【辅助期初余额】窗口。

(4)点击【往来明细】按钮,进入【期初往来明细】窗口,点击【增行】按钮、点击【日期】栏参照按钮,选择【2018—12—15】;点击【客户】栏参照按钮,选择【北京艺先】。在【摘要】栏录入:销售银制首饰,在【金额】栏录入:58 000.00 等信息,如图 4—6 所示。

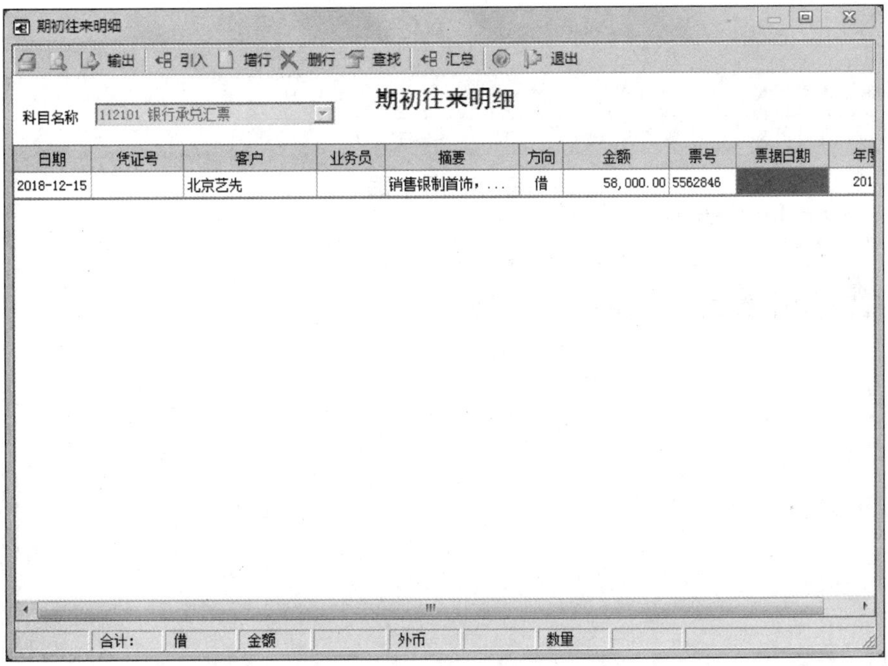

图 4—6　【期初往来明细】窗口

(5)点击【汇总】按钮,系统弹出【完成了往来明细到辅助期初表的汇总!】提示框,如图

4—7 所示。

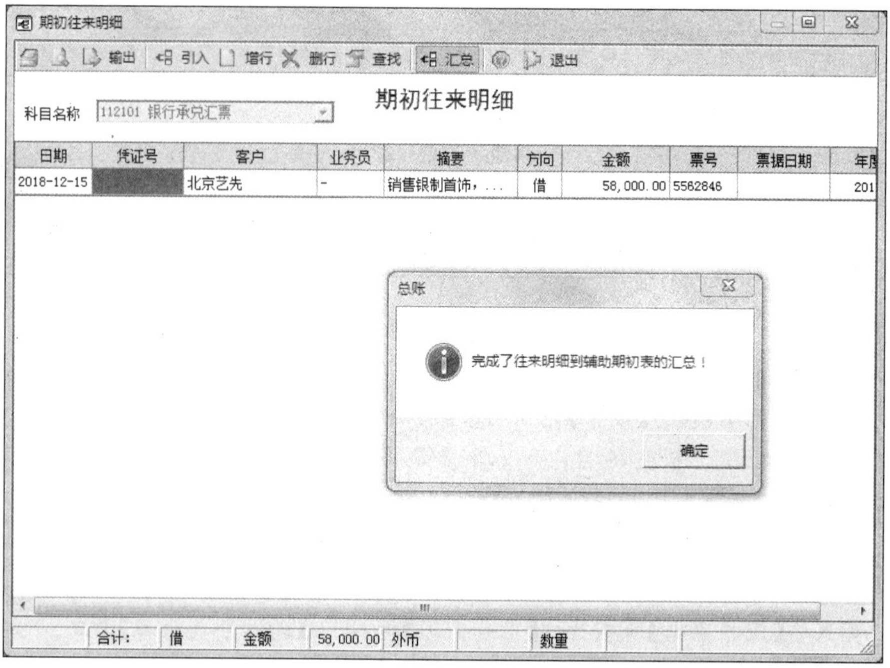

图 4—7 【完成了往来明细到辅助期初表的汇总!】提示框

(6)点击【确定】按钮后，再点击【退出】按钮，在【辅助期初余额】窗口显示汇总结果，如图4—8 所示。

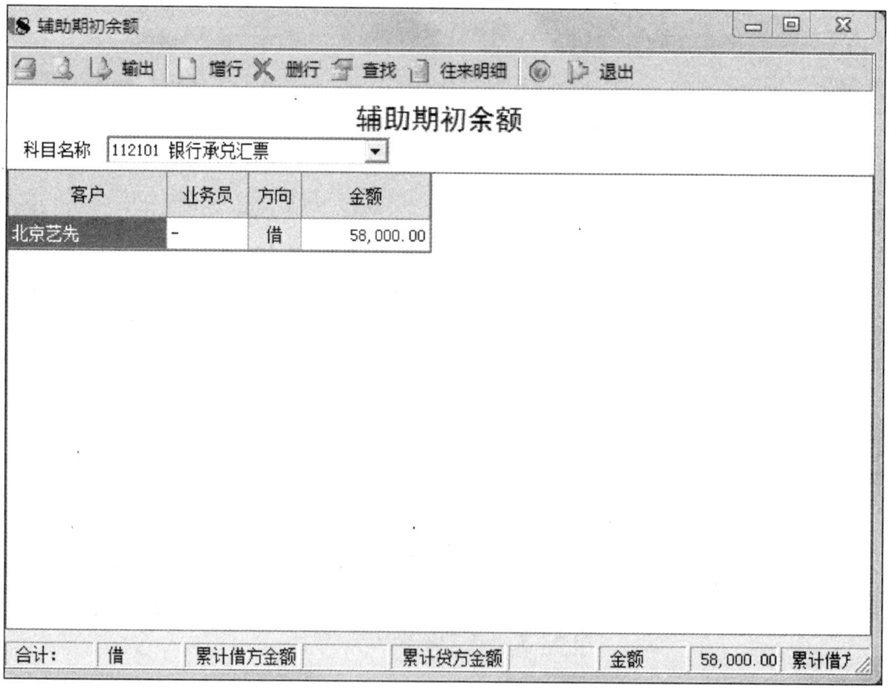

图 4—8 【辅助期初余额】窗口

(7)按照以上步骤，依次录入其他带辅助核算的科目余额。

(8)点击【试算】按钮，系统进行试算平衡。试算结果如图 4—9 所示。

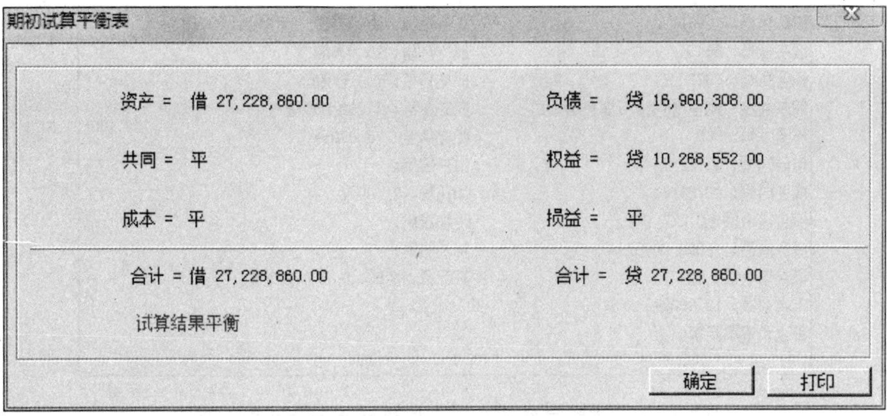

图 4—9　【期初试算平衡表】窗口

(9)点击【确定】按钮。

任务二　总账系统日常业务管理

一、填制凭证

业务 1：请对凯里市昀智贸易有限公司 2019 年 1 月发生的以下 9 笔业务进行账务处理。

(1)2 日，销售部的梁志平预借差旅费，取得与业务相关的原始单据如图 4—10 所示。

借　支　单

2019 年 1月 2日　　　　第 1 号

姓名	梁志平	所属部门	销售部	借支事由	出差调研
人民币（大写）	伍仟元整		现金付讫		十 万 千 百 十 元 角 分 ¥ 5 0 0 0 0 0
同意借支，	2019年1月2日		现金 √		
主管：		财务负责人		收款人	梁志平

图 4—10　【第一笔业务——借支单】

(2)3 日，用公司短期闲置资金在二级市场购入贵州茅台有限公司股票，取得与业务相关的原始单据如图 4—11 所示。

华创证券凯里营业部

2019年1月3日　　成交过户交割凭单　　**买**

股东代码：799611	证券名称：贵州茅台　代码：600519
股东账号：6643	成交数量：10 000股
资金账号：7921	成交价格：720元/股
股东姓名：凯里市昀智贸易有限公司	成交金额：7 200 000元
申请编号：562	标准佣金：70 000元
申请时间：09:50:08	过户费用：
成交时间：09:58:28	印花税：7 200元
资金前余额：8 277 200元	附加费用：
资金余额：1 000 000元	其他费用：
证券前余额：0股	实际收付金额：7 277 200元
本次余额：10 000股	
备注：股票买卖	

图 4—11 【第二笔业务——证券成交过户交割凭单】

(3)4 日，财务部发放职工工资，取得与业务相关的原始单据如图 4—12 所示。

中国工商银行
转账支票存根

1009055442

附加信息

出票日期 2019年1月4日

收款人：凯里市昀智贸易有限公司

金　额：￥58000.00

用　途：发放工资

单位主管　　会计

图 4—12 【第三笔业务——转账支票存根】

(4)5 日，购买办公用品，取得与业务相关的原始单据如图 4—13、图 4—14 所示。

3301181150　　**贵州增值税专用发票**　　№ 10018902

发票联　　　开票日期：2019年1月5日

购货单位	名　　称：凯里市昀智贸易有限公司 纳税人识别号：91522601308719203D 地 址、电 话：贵州省凯里市经济开发区开元大道1066号 0855-3988031 开户行及账号：中国工商银行凯里经济开发区支行 1550100035191101678				密码区	172312-4-275 <1+46*54* 181321> <8182*59*09618 <4 <3*2702-9> 9*+153 </0 *08/4> *> > 2-3*0/9/> > 25	
货物或应税劳务名称	规格型号	单位	数量	单价	金额	税率	税额
纸张	A4	件	20	500.00	10 000.00	13%	1 300.00
合计					¥10 000.00		¥1 300.00
价税合计（大写）	⊗壹万壹仟叁佰元整				（小写）	¥11 300.00	
销货单位	名　　称：贵州星星纸业有限公司 纳税人识别号：12100022470029457D 地 址、电 话：贵阳市南明区建设路78号 0851-85113440 开户行及账号：建行贵阳市南明支行 6227890925458981092				备注		

收款人：略　　复核：略　　开票人：略　　销货单位：（章）

国税函（2018）216号浙财印务承印

第三联：发票联　购货方记账凭证

图 4—13 【第四笔业务——专用发票】

中国工商银行
转账支票存根

1019335675

附加信息

出票日期 2019年1月5日

收款人：贵州星星纸业有限公司

金　额：￥11 300.00

用　途：购买办公用品

单位主管　　　会计

图 4—14 【第四笔业务——转账支票存根】

(5)10日，销售部支付广告费，取得与业务相关的原始单据如图 4—15、图 4—16 所示。

3301181123　　**贵州增值税专用发票**　　No 10019081

发票联　　开票日期：2019年1月10日

购货单位	名　　称：凯里市昀智贸易有限公司 纳税人识别号：91522601308719203D 地址、电话：贵州省凯里市经济开发区开元大道1066号 0855-3988031 开户行及账号：中国工商银行凯里经济开发区支行 1550100035191101678				密码区	172312-2134-275 <1+46*54* 181123321> <8182*59*09618 <4 <3*2702-9> 9*+153 </0 *08/4> *> > 2-3*0/9/> > 25	
货物或应税劳务名称	规格型号	单位	数量	单价	金额	税率	税额
广告费			1	20 000.00	20 000.00	6%	1 200.00
合计					¥20 000.00		¥1 200.00
价税合计（大写）	⊗贰万壹仟贰佰元整				（小写）	¥21 200.00	
销货单位	名　　称：贵州世纪传媒有限公司 纳税人识别号：121000224700294000 地址、电话：贵阳市南明区花果园71号 0851-85223440 开户行及账号：建行贵阳市南明支行 6227890925458981023				备注		

收款人：略　　复核：略　　开票人：略　　销货单位：（章）

国税函（2018）216号贵州财印务承印

第三联：发票联　购货方记账凭证

图 4—15 【第五笔业务——专用发票】

中国工商银行
转账支票存根

101953617

附加信息

出票日期 2019年1月10日

收款人：贵州世纪传媒有限公司

金　额：￥21 200.00

用　途：支付广告费

单位主管　　会计

图 4—16 【第五笔业务——转账支票存根】

(6)11日，梁志平出差回来报销差旅费，取得与业务相关的原始单据如图 4—17、图 4—18 所示。

差旅费报销单																
部门：销售部												填报日期：2019年1月11日				
姓　名						梁志平		出差事由			外出调研		出差日期		1月4日—1月11日	
起讫时间及地点						车船票		夜间乘车补助			出差补助费			住宿费金额	其他	
月	日	起	月	日	讫	类别	金额	时间	标准	金额	日数	标准	金额		摘要	金额
4	4	凯里	4	4	厦门	高铁	800	小时			8	225	1 800	1 800	订票费	50
4	11	厦门	4	11	凯里	高铁	800	小时							行李费	50
小　计							¥1 600.00						¥1 800.00	¥1 800.00		¥100.00
总计金额（大写）人民币 伍仟叁佰元整								预支¥ 5 000 元			核销 ¥5 300 元			退补 ¥300 元		
主管：略				记账：略				审核：略						制表：略		

图 4—17 【第六笔业务——差旅费报销单】

领 款 凭 证

时间：2019年1月11日

收款单位 梁志平　　收款事由 差旅费报销

人 民 币（大写）叁佰元整（小写） ¥300 元

记账：略　　审核：略　　出纳：略　　经办：略

现金付讫

图 4—18 【第六笔业务——领款凭证】

(7)12 日，财务部提取备用金，取得与业务相关的原始单据如图 4—19 所示。

中国工商银行
现金支票存根

1004785825

附加信息

出票日期 2019年1月12日

收款人：凯里市昀智贸易有限公司

金　额：¥3000.00

用　途：提取备用金

单位主管　　会计

图 4—19 【第七笔业务——现金支票存根】

(8)16 日，财务部缴纳税费，取得与业务相关的原始单据如图 4—20、图 4—21 所示。

电子缴税付款凭证

转账日期：20190115　　凭证字号：20989078

纳税人全称及纳税人识别号：凯里市昀智贸易有限公司 91522601308719203D

付款人全称：20181001—20181231

付款人账号：1550100035191101678　　征收机关名称：贵州省凯里市经济开发区国家税务局

付款人开户银行：中国工商银行凯里经济开发区支行　　收款国库（银行）名称：国家金库凯里市开发区支库

小写（合计）金额：¥99 477.32　　缴款书交易流水号：10098978

大写（合计）金额：人民币玖万玖仟肆佰柒拾柒元叁角贰分　　税票号码：20908978565

税种名称	所属时间	实缴金额
增值税	201801001—20181231	¥64 597.32
企业所得税	201801001—20181231	¥34 880.00

第二联　作付款回单（无银行收讫章无效）　　复核　　记账

图 4—20 【第八笔业务——电子缴税付款凭证】(1)

电子缴税付款凭证

转账日期：20190115　　凭证字号：20989079

纳税人全称及纳税人识别号：凯里市昀智贸易有限公司 91522601308719203D

付款人全称：20181001—20181231

付款人账号：1550100035191101678　　征收机关名称：贵州省凯里市经济开发区国家税务局

付款人开户银行：中国工商银行凯里经济开发区支行　　收款国库（银行）名称：国家金库凯里市开发区支库

小写（合计）金额：¥8 382.68　　缴款书交易流水号：91011245

大写（合计）金额：人民币捌仟叁佰捌拾贰元陆角捌分　　税票号码：12719901650

税种名称	所属时间	实缴金额
城市维护建设税	20181001—20181231	¥4 752.30
教育费附加	20181001—20181231	¥2 036.70
地方教育费附加	20181001—20181231	¥1 357.80
个人所得税	20181001—20181231	¥235.88

第二联　作付款回单（无银行收讫章无效）　　复核　　记账

图 4—21 【第八笔业务——电子缴税付款凭证】(2)

(9)31 日，贵州茅台股票(股票代码:600519)今日收盘价 750 元。

操作步骤：

1. 填制第一笔业务的记账凭证

(1)2019 年 1 月 2 日，登录【企业应用平台】，点击【重注册】，以会计【W02 李晓园】身份登录【系统操作界面】。

(2)在【业务工作】选项卡中，执行【总账】|【凭证】|【填制凭证】命令，打开【填制凭证】窗口。

(3)点击【增加】按钮或者按【F5】键。

(4)修改凭证日期为【2019—01—02】。

(5)在摘要栏录入：预借差旅费。

(6)按回车键，或用鼠标点击【科目名称】栏，点击科目名称栏参照按钮(或按 F2 键)，选择【损益】类科目【1221 其他应收款】，或者直接在科目名称栏录入：1221。

(7)按回车键,系统弹出【辅助项】窗口,选择部门【销售部】,选择个人【梁志平】,发生日期【2019—01—02】,如图 4—22 所示,点击【确定】按钮返回。

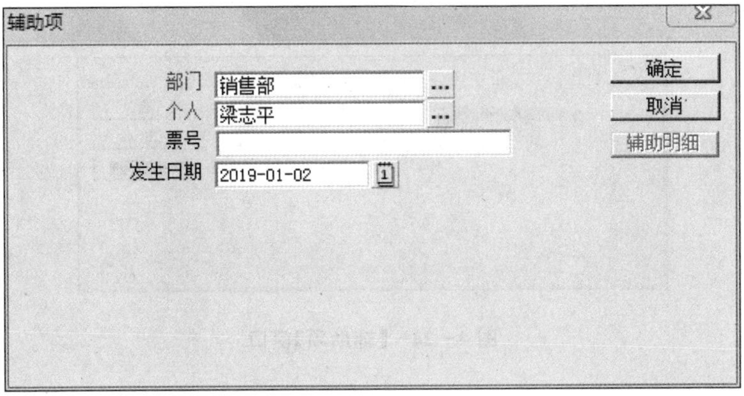

图 4—22 【辅助项】窗口

(8)按回车键,或用鼠标点击【借方金额】栏,录入借方金额:5 000。

(9)按回车键(或复制上一行的摘要),再按回车键,或用鼠标点击【科目名称】栏(第二行),点击科目名称栏的参照按钮(或按 F2 键),选择【资产】类科目【1001 库存现金】,或直接录入:1001。

(10)按回车键,或用鼠标点击【贷方金额】栏,录入贷方金额:5 000,或直接按【=】键,操作结果如图 4—23 所示。

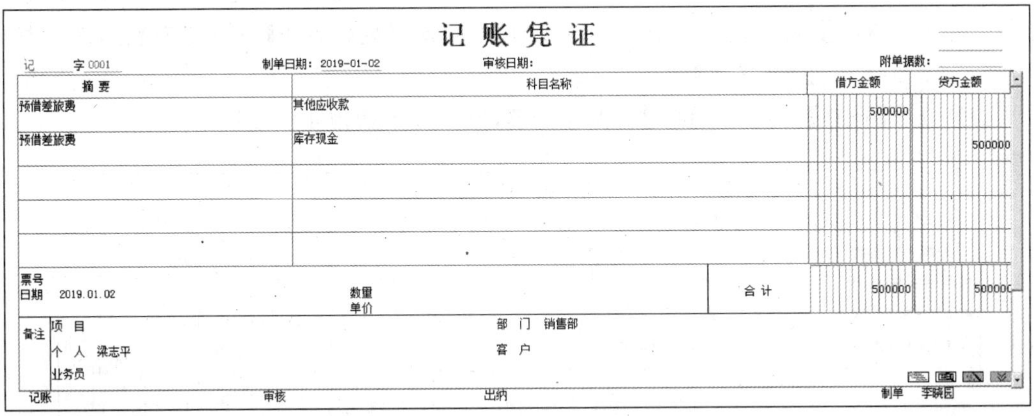

图 4—23 【第一笔业务——记账凭证】完成窗口

(11)点击【保存】按钮,系统弹出【凭证已成功保存!】提示框,点击【确定】按钮返回。

2. 填制第二笔业务的记账凭证

(1)点击【增加】按钮或者按【F5】键。

(2)修改凭证日期为:2019—01—03。

(3)在摘要栏录入:购入贵州茅台有限公司股票。

(4)按回车键,或用鼠标点击【科目名称】栏,点击科目名称栏参照按钮(或按 F2 键),选择【资产】类科目【110101 交易性金融资产——成本】,或者直接在【科目名称】栏录入:

110101。

(5)按回车键,系统弹出【辅助项】窗口,选择项目【贵州茅台】,如图 4—24 所示,点击【确定】按钮返回。

图 4—24 【辅助项】窗口

(6)按回车键,或用鼠标点击【借方金额】栏,录入借方金额:7 200 000。

(7)按回车键(或复制上一行的摘要),再按回车键,或用鼠标点击【科目名称】栏(第二行),点击科目名称栏的参照按钮(或按 F2 键),选择【损益】类科目【6111 投资收益】,或直接录入:6111,录入借方金额:—70 000。

(8)按回车键(或复制上一行的摘要),再按回车键,或用鼠标点击【科目名称】栏(第三行),点击科目名称栏的参照按钮(或按 F2 键),选择【损益】类科目【6403 税金及附加】,或直接录入:6403,录入借方金额:7 200。

(9)按回车键(或复制上一行的摘要),再按回车键,或用鼠标点击【科目名称】栏(第四行),点击科目名称栏的参照按钮(或按 F2 键),选择【资产】类科目【101201 其他货币资金——存出投资款】,或直接录入:101201,按回车键,或用鼠标点击【贷方金额】栏,录入贷方金额:7 277 200,或直接按【=】键。

(10)点击【保存】按钮或按【F5】键保存凭证,操作结果如图 4—25 所示。

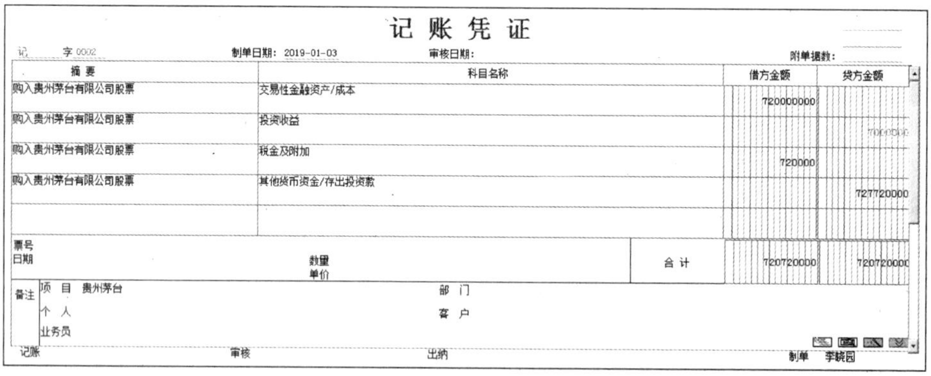

图 4—25 【第二笔业务——记账凭证】完成窗口

3. 填制第三笔业务的记账凭证

(1)点击【增加】按钮或者按【F5】键。

(2)修改凭证日期为:2019—01—04。

(3)在摘要栏录入:发放工资。

(4)按回车键，或用鼠标点击【科目名称】栏，点击科目名称栏参照按钮(或按 F2 键)，选择【负债】类科目【221101 应付职工薪酬——工资】，或者直接在科目名称栏录入：221101。

(5)按回车键，或用鼠标点击【借方金额】栏，录入借方金额：58 000。

(6)按回车键(或复制上一行的摘要)，再按回车键，或用鼠标点击【科目名称】栏(第二行)，点击科目名称栏的参照按钮(或按 F2 键)，选择【资产】类科目【1002 银行存款】，或直接录入：1002。

(7)按回车键，系统弹出【辅助项】窗口，选择结算方式【202 转账支票】，票号录入：1009055442，选择发生日期为：2019—01—04，如图 4—26 所示，点击【确定】按钮返回。

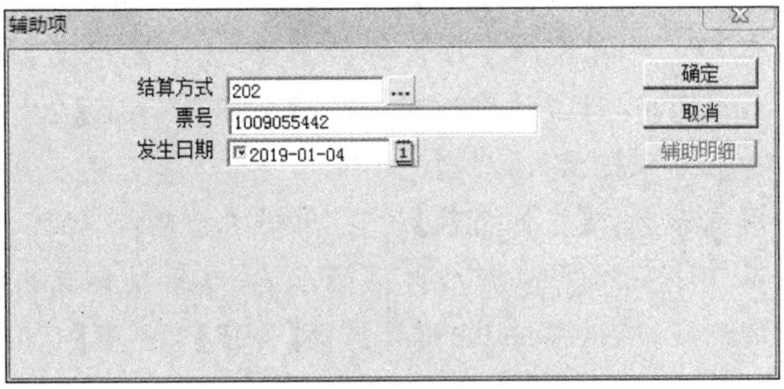

图 4—26 【辅助项】窗口

(8)按回车键，或用鼠标点击【贷方金额】栏，录入贷方金额：58 000，或直接按【＝】键。

(9)点击【保存】按钮或按【F5】键保存凭证，操作结果如图 4—27 所示。

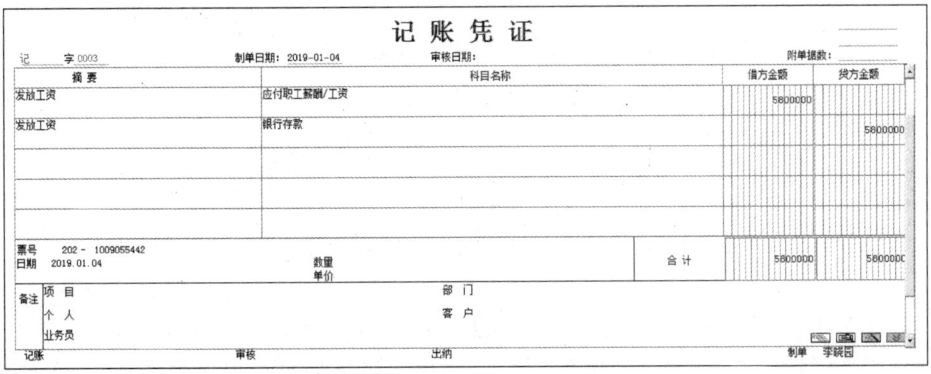

图 4—27 【第三笔业务——记账凭证】完成窗口

4. 填制第四笔业务记账凭证

(1)点击【增加】按钮或者按【F5】键。

(2)修改凭证日期为：2019—01—05。

(3)在摘要栏录入：购买办公用品纸张。

(4)按回车键，或用鼠标点击【科目名称】栏，点击科目名称栏参照按钮(或按 F2 键)，选择【损益】类科目【660202 管理费用——办公费】，或者直接在科目名称栏录入：660202。

(5)按回车键，系统弹出【辅助项】窗口，选择部门【总经理办公室】，如图 4—28 所示，点击【确定】按钮返回。

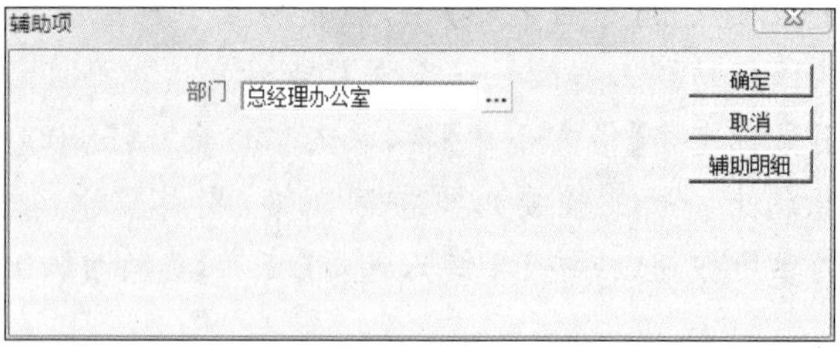

图 4—28 【辅助项】窗口

(6)按回车键,或用鼠标点击【借方金额】栏,录入借方金额:10 000。

(7)按回车键(或复制上一行的摘要),再按回车键,或用鼠标点击【科目名称】栏(第二行),点击科目名称栏的参照按钮(或按 F2 键),选择【负债】类科目【22210101 应交税费——应交增值税(进项税额)】,或直接录入:22210101。

(8)按回车键,或用鼠标点击【借方金额】栏,录入借方金额:1 300。

(9)按回车键(或复制上一行的摘要),再按回车键,或用鼠标点击【科目名称】栏(第三行),点击科目名称栏的参照按钮(或按 F2 键),选择【资产】类科目【1002 银行存款】,或直接录入:1002。

(10)按回车键,系统弹出【辅助项】窗口,选择结算方式【202 转账支票】,票号录入:1019335675,选择发生日期为:2019—01—05,如图 4—29 所示,点击【确定】按钮返回。

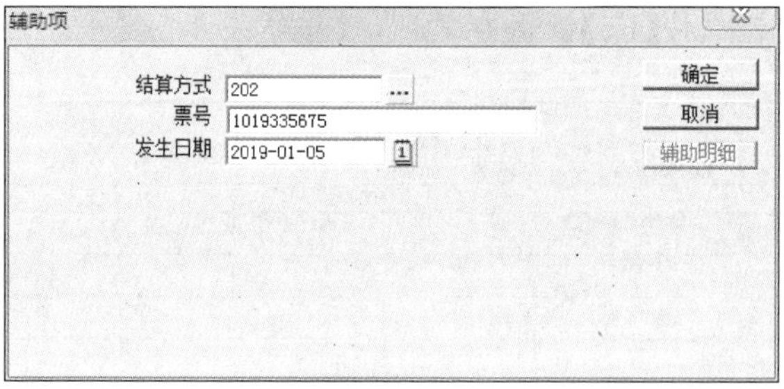

图 4—29 【辅助项】窗口

(11)按回车键,或用鼠标点击【贷方金额】栏,录入借方金额:11 300。

(12)点击【保存】按钮或按【F5】键保存凭证,操作结果如图 4—30 所示。

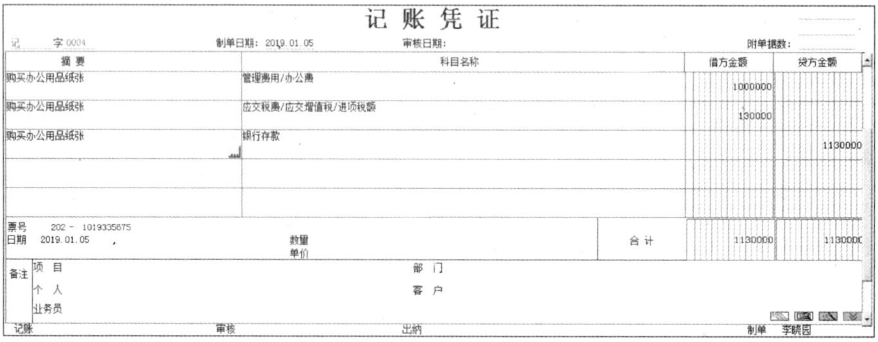

图 4—30 【第四笔业务——记账凭证】完成窗口

(13)按照以上操作步骤,依次填制第五笔、第六笔、第七笔、第八笔、第九笔业务的记账凭证,如图 4—31～图 4—36 所示。

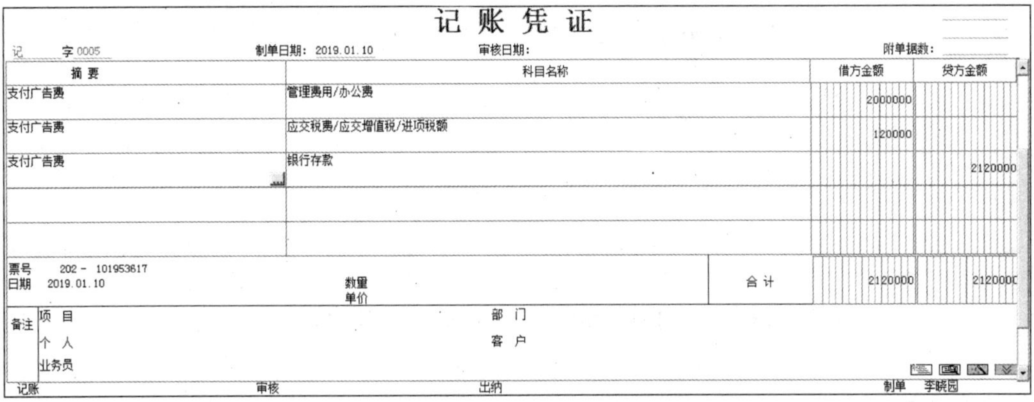

记 账 凭 证

记　字 0005　　制单日期: 2019.01.10　　审核日期:　　附单据数:

摘 要	科目名称	借方金额	贷方金额
支付广告费	管理费用/办公费	2000000	
支付广告费	应交税费/应交增值税/进项税额	120000	
支付广告费	银行存款		2120000
票号 202 - 101953617 日期 2019.01.10	数量 单价　　合 计	2120000	2120000

备注　项 目　　部 门
个 人　　客 户
业务员

记账　　审核　　出纳　　制单 李晓园

图 4—31 【第五笔业务——记账凭证】完成窗口

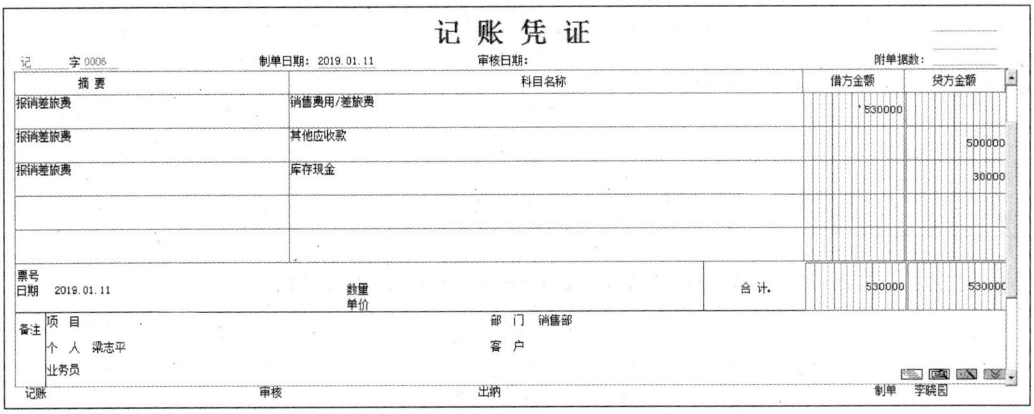

记 账 凭 证

记　字 0006　　制单日期: 2019.01.11　　审核日期:　　附单据数:

摘 要	科目名称	借方金额	贷方金额
报销差旅费	销售费用/差旅费	530000	
报销差旅费	其他应收款		500000
报销差旅费	库存现金		30000
票号 日期 2019.01.11	数量 单价　　合 计	530000	530000

备注　项 目　　部 门 销售部
个 人 梁志平　　客 户
业务员

记账　　审核　　出纳　　制单 李晓园

图 4—32 【第六笔业务——记账凭证】完成窗口

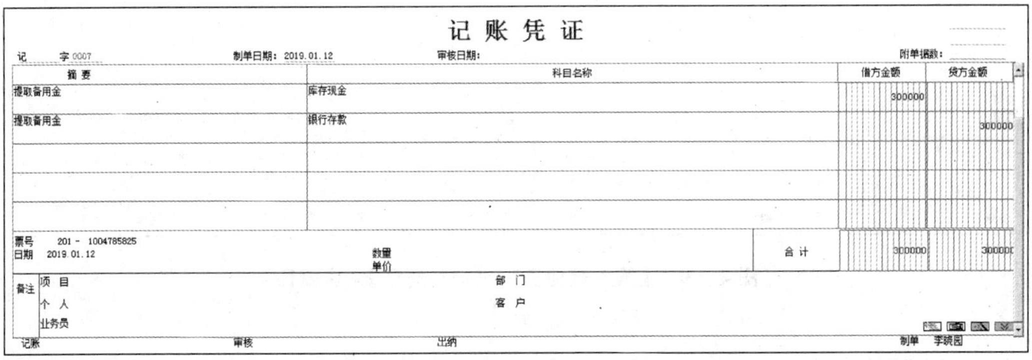

记 账 凭 证

记　字 0007　　制单日期: 2019.01.12　　审核日期:　　附单据数:

摘 要	科目名称	借方金额	贷方金额
提取备用金	库存现金	300000	
提取备用金	银行存款		300000
票号 201 - 1004785825 日期 2019.01.12	数量 单价　　合 计	300000	300000

备注　项 目　　部 门
个 人　　客 户
业务员

记账　　审核　　出纳　　制单 李晓园

图 4—33 【第七笔业务——记账凭证】完成窗口

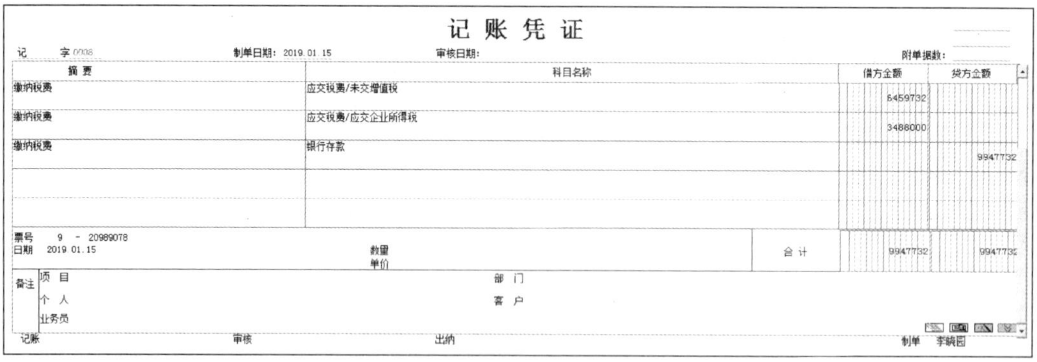

记账凭证

记 字 0008　制单日期：2019.01.15　审核日期：　附单据数：

摘要	科目名称	借方金额	贷方金额
缴纳税费	应交税费/未交增值税	6459732	
缴纳税费	应交税费/应交企业所得税	3488000	
缴纳税费	银行存款		9947732
票号 9 - 20989078 日期 2019.01.15	数量 单价　合计	9947732	9947732

备注　项目　部门　个人　客户　业务员

记账　审核　出纳　制单 李晓园

图 4—34 【第八笔业务——记账凭证一】完成窗口

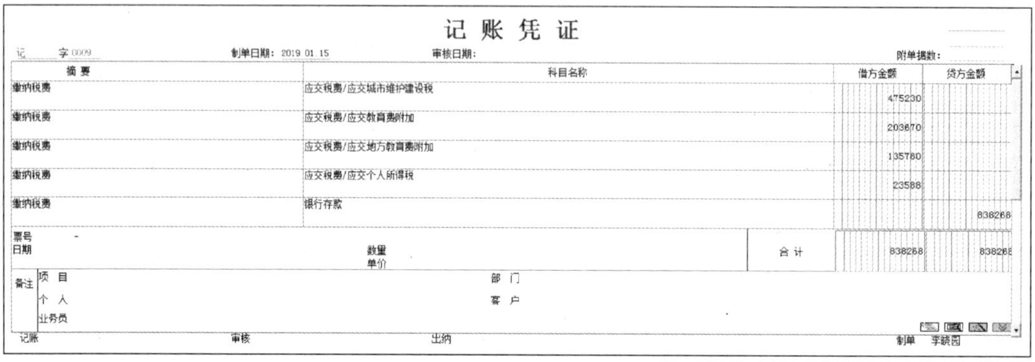

记账凭证

记 字 0009　制单日期：2019.01.15　审核日期：　附单据数：

摘要	科目名称	借方金额	贷方金额
缴纳税费	应交税费/应交城市维护建设税	475230	
缴纳税费	应交税费/应交教育费附加	203670	
缴纳税费	应交税费/应交地方教育费附加	135780	
缴纳税费	应交税费/应交个人所得税	23588	
缴纳税费	银行存款		838268
票号 - 日期	数量 单价　合计	838268	838268

备注　项目　部门　个人　客户　业务员

记账　审核　出纳　制单 李晓园

图 4—35 【第八笔业务——记账凭证二】完成窗口

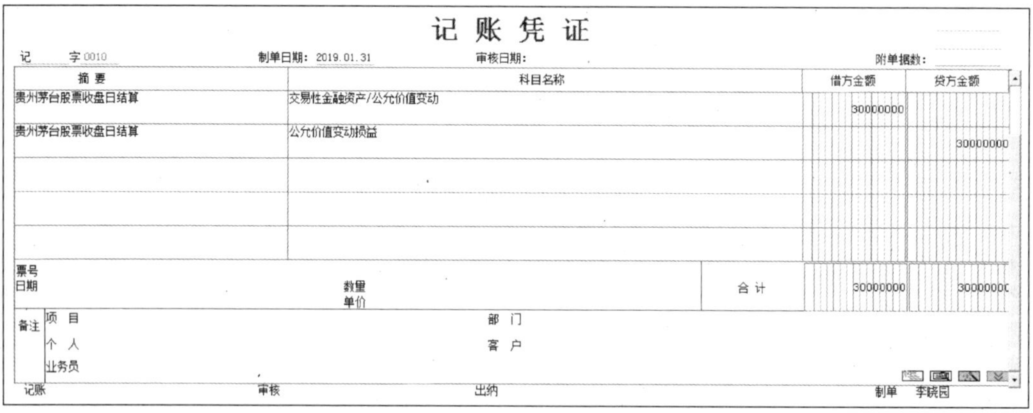

记账凭证

记 字 0010　制单日期：2019.01.31　审核日期：　附单据数：

摘要	科目名称	借方金额	贷方金额
贵州茅台股票收盘日结算	交易性金融资产/公允价值变动	30000000	
贵州茅台股票收盘日结算	公允价值变动损益		30000000
票号 日期	数量 单价　合计	30000000	30000000

备注　项目　部门　个人　客户　业务员

记账　审核　出纳　制单 李晓园

图 4—36 【第九笔业务——记账凭证】完成窗口

二、设置常用凭证

在单位里，会计业务都有其规范性，因而在日常填制凭证的过程中，经常会有许多凭证完全相同或部分相同，如果将这些常用的凭证存储起来，在填制会计凭证时可随时调用，必将大大提高业务处理的效率。

只有具有常用凭证控制权限的操作员才能操作。在调用常用凭证时，如果不修改直接保存凭证，此时由被调用的常用凭证生成的凭证不受任何权限的控制，例如，包括金额权限控制、不受辅助核算及辅助项内容的限制等。

业务2：请以账套主管身份设置常用凭证【提现备用】。

操作步骤：

(1)点击【重注册】按钮，以账套主管【Z01 刘慧清】身份登录【企业应用平台】，执行【财务会计】|【总账】|【凭证】|【常用凭证】命令，打开【常用凭证】窗口。

(2)点击【增加】按钮。

(3)录入编码：1，录入说明：提现备用，点击【凭证类别】栏的下三角按钮，选择【记账凭证】。

(4)点击【详细】按钮，进入【记账凭证】窗口。

(5)点击【增分】按钮，在【科目名称】栏录入：1001，再点击【增分】按钮，在第二行【科目名称】栏录入：1002，选择结算方式【现金支票】，如图4—37所示，点击【确定】按钮。

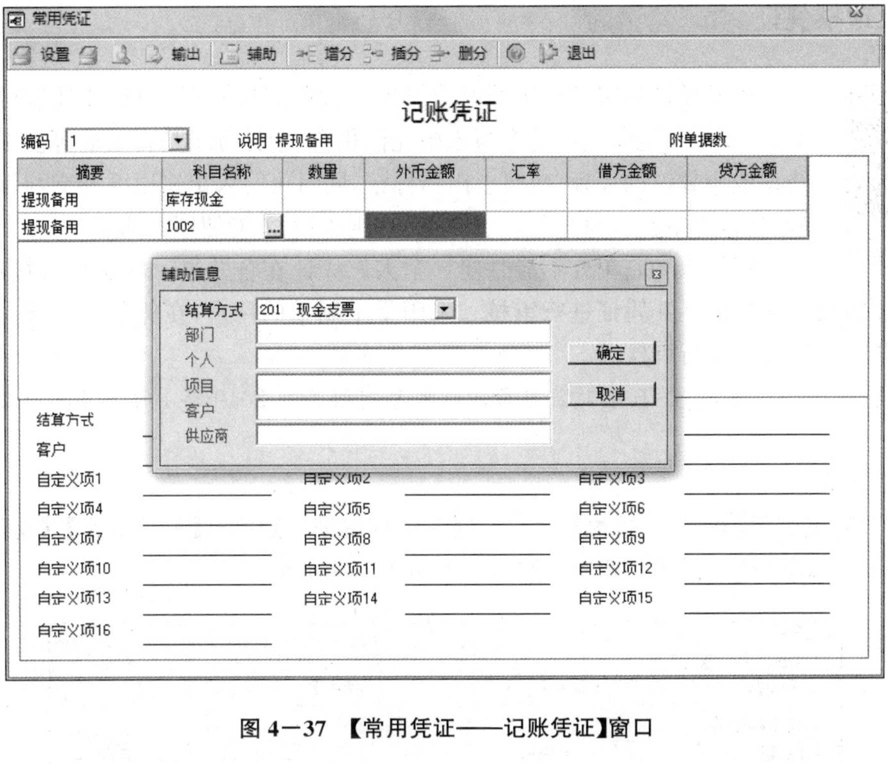

图4—37　【常用凭证——记账凭证】窗口

(6)点击【退出】按钮，在【常用凭证】窗口可以看到一条常用凭证记录，如图4—38所示。

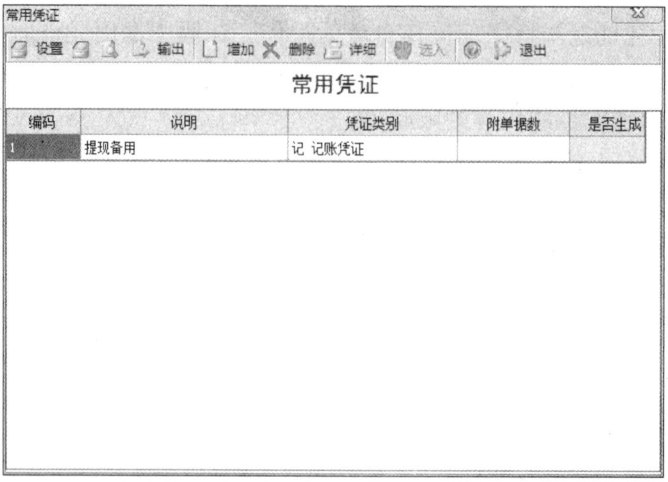

图 4—38 【常用凭证】窗口

三、审核凭证

审核凭证是审核员按照财会制度,对制单员填制的记账凭证进行检查核对,主要审核记账凭证是否与原始凭证相符、会计分录是否正确等。审查认为错误或有异议的凭证,应打上出错标记,同时可写入出错原因并交与填制人员修改后,再审核。只有具有审核凭证权限的人才能使用本功能。

扫码看资源

审核人和制单人不能是同一个人。凭证在合并显示状态可直接审核,用户可根据需要选择是否展开凭证进行审核。采用手工制单的用户,在凭单上审核完后还须对录入机器中的凭证进行审核。

业务 3:2019 年 1 月 31 日请对凯里市昀智贸易有限公司 2019 年 1 月的 9 笔业务进行审核处理。

操作步骤:

(1)以账套主管【W01 陈丽梅】身份登录【企业应用平台】,执行【财务工作】|【总账】|【凭证】|【审核凭证】命令,打开【凭证审核】窗口,如图 4—39 所示。

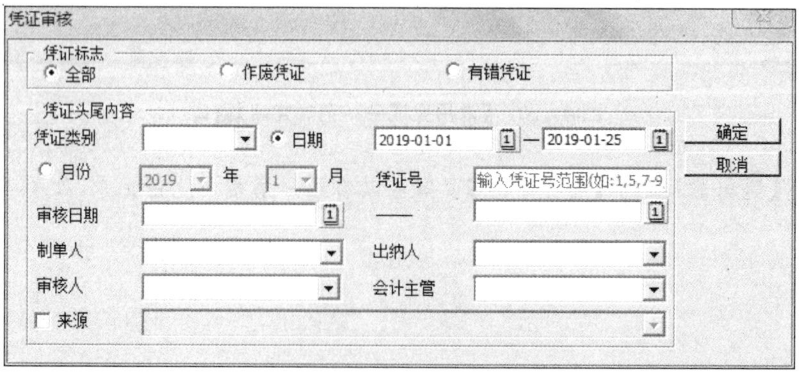

图 4—39 【凭证审核】窗口

(2)点击【确定】按钮,进入【凭证审核列表】窗口,如图4—40所示。

简易桌面　凭证审核列表

凭证共 10张　已审核 0 张　未审核 10 张

制单日期	凭证编号	摘要	借方金额合计	贷方金额合计	制单人
2019-01-02	记 - 0001	预借差旅费	5,000.00	5,000.00	李晓园
2019-01-03	记 - 0002	购入贵州茅台有限公司股	7,207,200.00	7,207,200.00	李晓园
2019-01-04	记 - 0003	发放工资	58,000.00	58,000.00	李晓园
2019-01-05	记 - 0004	购买办公用品纸张	11,600.00	11,600.00	李晓园
2019-01-10	记 - 0005	支付广告费	23,200.00	23,200.00	李晓园
2019-01-11	记 - 0006	报销差旅费	5,300.00	5,300.00	李晓园
2019-01-12	记 - 0007	提取备用金	3,000.00	3,000.00	李晓园
2019-01-15	记 - 0008	缴纳税费	99,477.32	99,477.32	李晓园
2019-01-15	记 - 0009	缴纳税费	8,382.68	8,382.68	李晓园
2019-01-31	记 - 0010	贵州茅台股票收盘日结算	300,000.00	300,000.00	李晓园

图4—40　【凭证审核列表】窗口

(3)点击打开待审核的【1号记账凭证】,如图4—41所示。

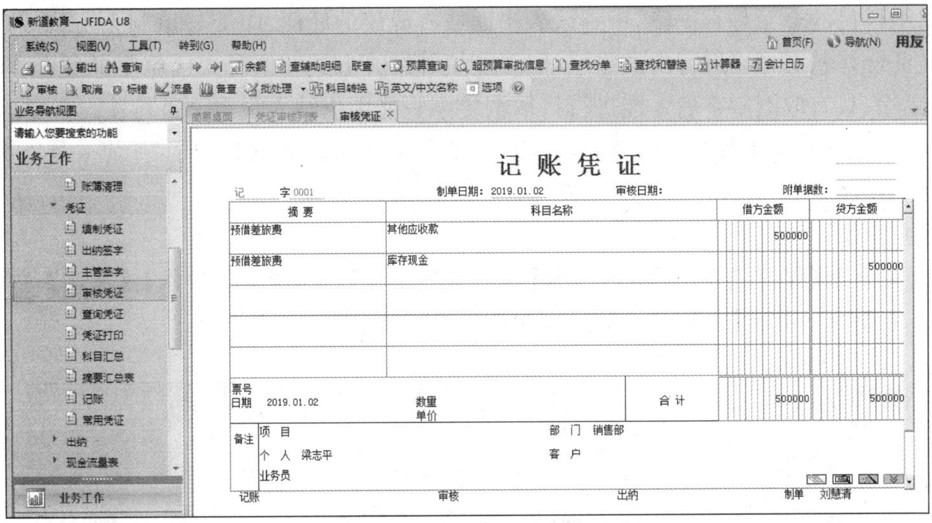

图4—41　【审核凭证】窗口

(4)点击【审核】按钮(1号记账凭证审核完成后,系统会自动翻页到第二张待审核的记账凭证),再点击【审核】按钮,或执行【批处理】|【成批审核凭证】命令,对已经填制的10张记账凭证全部进行审核签字,如图4—42所示。

图4—42　【凭证审核成功】提示框

(5)点击【确定】按钮,系统弹出【是否重新刷新凭证列表数据】提示框,如图 4—43 所示,点击【是(Y)】按钮。

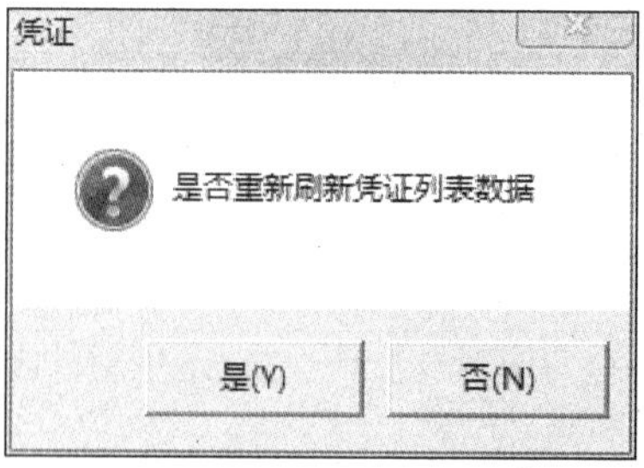

图 4—43 【是否重新刷新凭证列表数据】提示框

四、出纳签字

出纳凭证由于涉及企业现金的收入与支出,应加强对出纳凭证的管理。出纳人员可通过出纳签字功能对制单员填制的带有现金银行科目的凭证进行检查核对,主要核对出纳凭证的出纳科目的金额是否正确,审查认为错误或有异议的凭证,应交与填制人员修改后再核对。凭证合并状态可以进行出纳签字,但不能填补结算方式和票号。已签字的凭证,不能被修改、删除,只有取消签字后才能进行。取消签字只能由出纳人员自己进行。

业务 4:2019 年 1 月 31 日,请对凯里市昀智贸易有限公司 2019 年 1 月的 9 笔业务进行出纳签字处理。

操作步骤:

(1)以出纳【W03 王明涛】身份登录【企业应用平台】,执行【财务工作】|【总账】|【凭证】|【出纳签字】命令,打开【出纳签字】窗口,如图 4—44 所示。

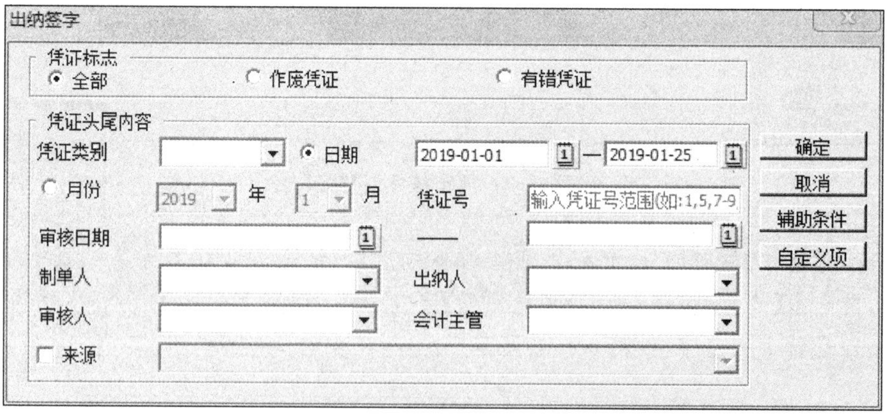

图 4—44 【出纳签字】窗口

(2)点击【确定】按钮,进入【出纳签字列表】窗口。

(3)点击打开待签字的【1 号记账凭证】,如图 4—45 所示。

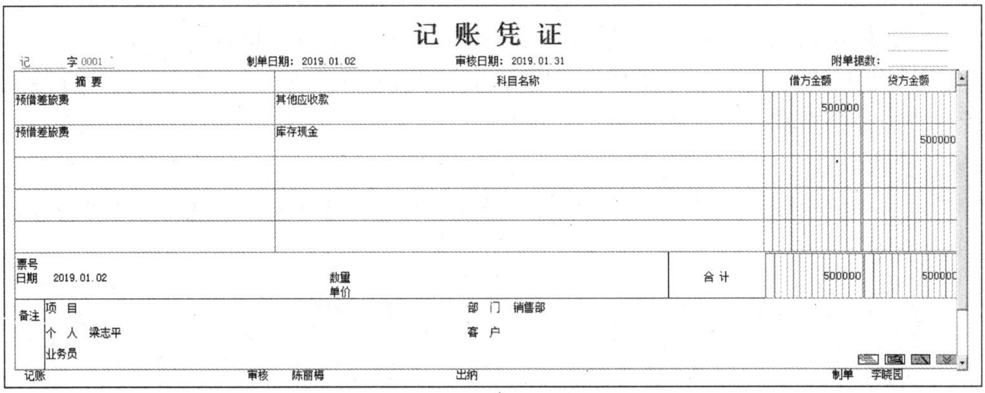

图 4—45　【1 号记账凭证】窗口

(4)点击【签字】按钮，然后点击【下张】按钮，再点击【签字】按钮，或执行【批处理】|【成批出纳签字】命令，对所有已经填制的记账凭证进行出纳签字，操作结果如图 4—46、图 4—47 所示。

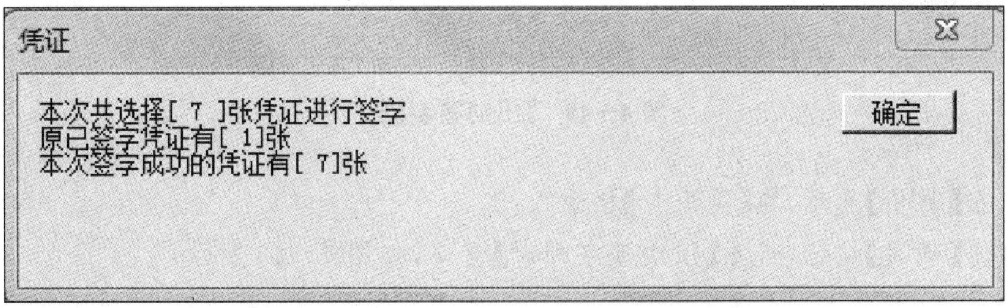

图 4—46　【签字成功的凭证】提示框

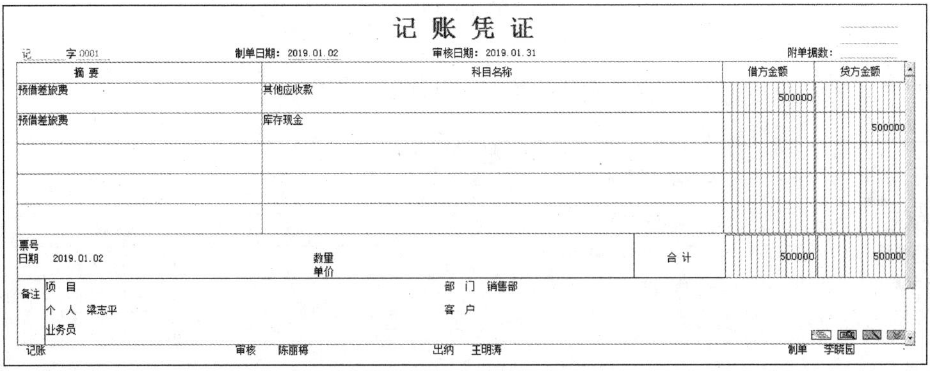

图 4—47　【已出纳签字记账凭证】窗口

五、修改已审核凭证

若想对已审核的凭证取消审核，点击【取消】按钮取消审核。取消审核签字只能由审核人员自己进行。凭证一经审核，就不能被修改、删除，只有被取消审核签字后才可以进行修改或删除。作废凭证不能被审核,也不能被标错。已标错的凭证可以直接修改、作废,但不能被审核,若想审核,需先取消标错后才能审核。已审核的凭证不能标错。

业务 5:2019 年 1 月 31 日,请修改凯里市昀智贸易有限公司 2019 年 1 月记字 5 号凭证,将【管理费用办公费】改为【销售费用广告费】。

操作步骤:

(1)由用户出纳【W03 王明涛】执行【凭证】|【出纳签字】命令,打开【出纳签字】窗口,如图 4—48 所示。

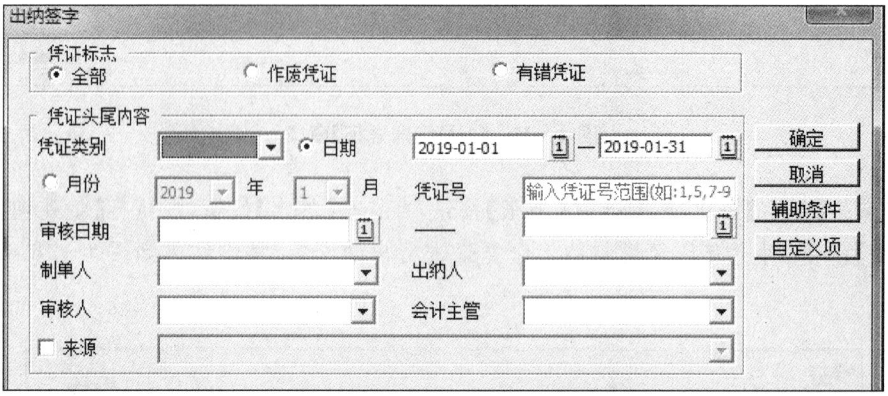

图 4—48 【出纳签字】窗口

(2)点击【月份】选项,在【凭证号】栏录入:5。

(3)点击【确定】按钮,进入【出纳签字列表】窗口,如图 4—49 所示。

凭证共 1张　已签字 1张　未签字 0张　凭证号排序　制单日期排序

制单日期	凭证编号	摘要	借方金额合计	贷方金额合计	制单人	签字人	系统名	备注	审核日期	年度
2019-01-10	记 - 0005	支付广告费	21,200.00	21,200.00	李晓园	王明涛			2019-01-31	2019

图 4—49

(4)点击进入 5 号记账凭证页面,如图 4—50 所示。

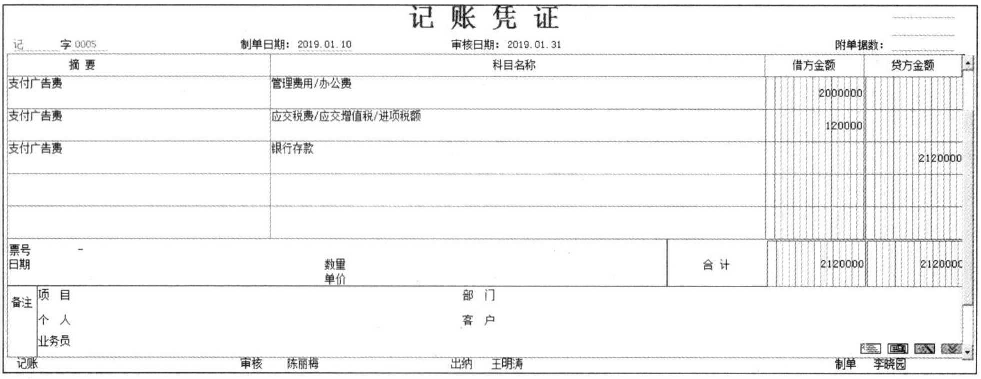

图 4—50 【5 号记账凭证】窗口

(5)点击【取消】按钮，取消出纳签字，如图 4—51 所示，再点击【退出】按钮。

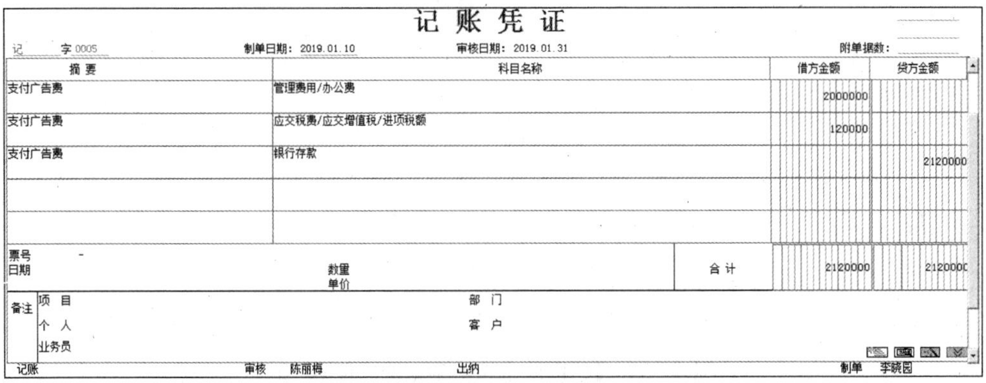

图 4—51 【已取消出纳签字记账凭证】窗口

(6)重新注册，以财务经理【W01 陈丽梅】身份登录【企业应用平台】。

(7)执行【总账】|【凭证】|【凭证审核】命令，打开【凭证审核】窗口，如图 4—52 所示。

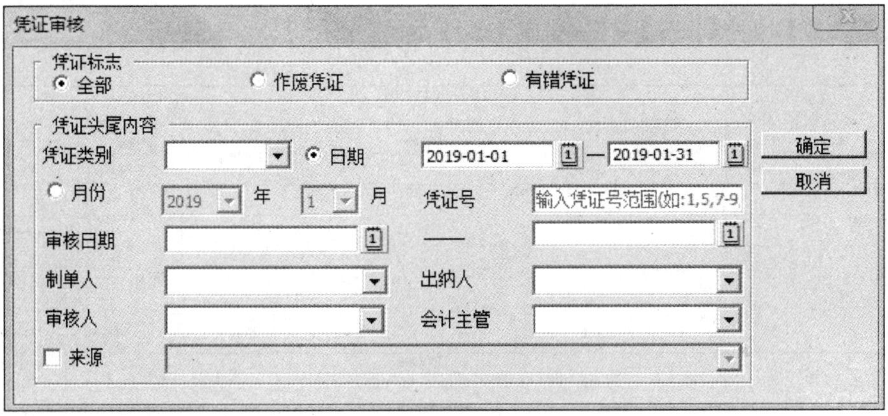

图 4—52 【凭证审核】窗口

(8)以上述方式操作，找到并打开 5 号记账凭证，如图 4—53 所示。

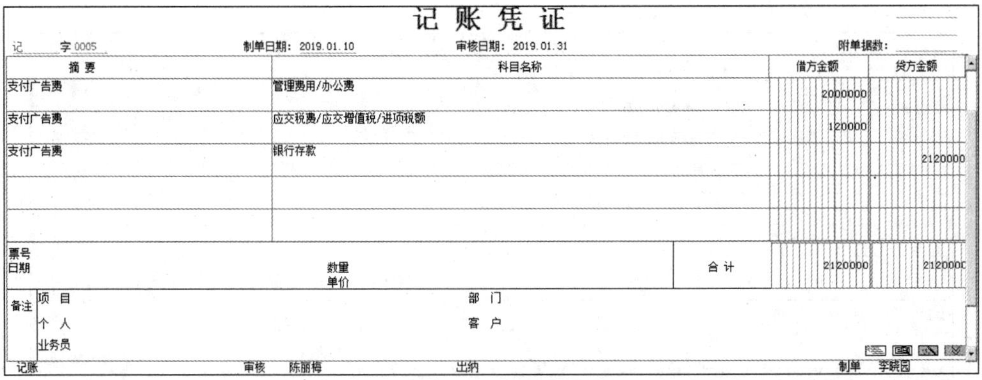

图 4—53 【5 号记账凭证】窗口

(9)点击【取消】按钮,取消审核签字,如图4—54所示,然后点击【退出】按钮。

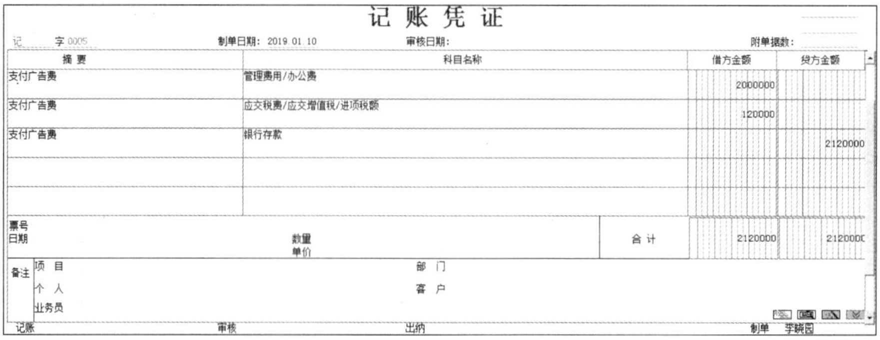

图4—54 【已取消审核签字记账凭证】窗口

(10)重新注册,以会计【W02 李晓园】身份登录【企业应用平台】。

(11)执行【总账】|【凭证】|【填制凭证】命令,打开【填制凭证】窗口。

(12)点击【上张凭证】、【下张凭证】按钮,找到5号记账凭证。

(13)在5号记账凭证中,将借方科目修改为【销售费用广告费】,在弹出的【往来项】窗口中选择【销售部】,点击【保存】按钮,如图4—55所示。

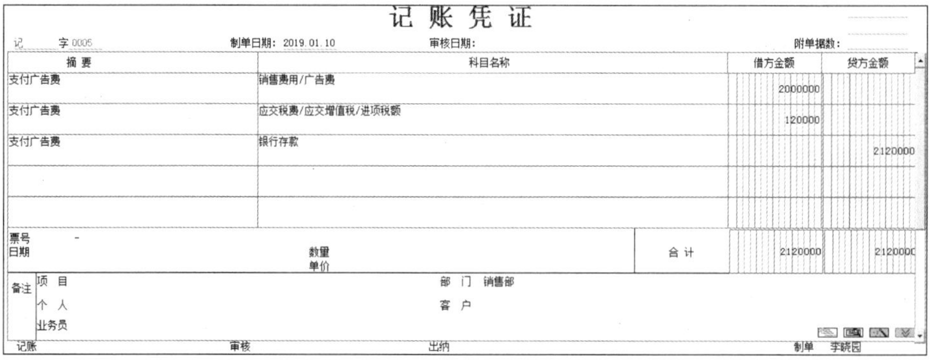

图4—55 【修改5号记账凭证】窗口

(14)重新注册,以财务经理【W01 陈丽梅】对5号记账凭证进行审核,如图4—56所示。

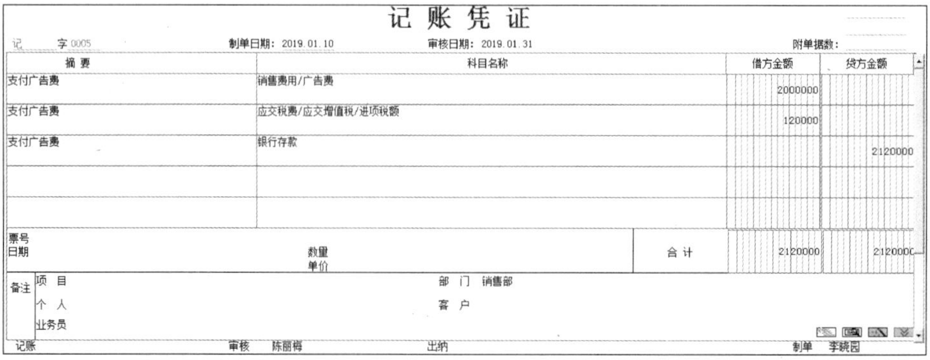

图4—56 【已审核记账凭证】窗口

(15)重新注册，以出纳【W03 王明涛】对5号凭证进行出纳签字，如图4—57所示。

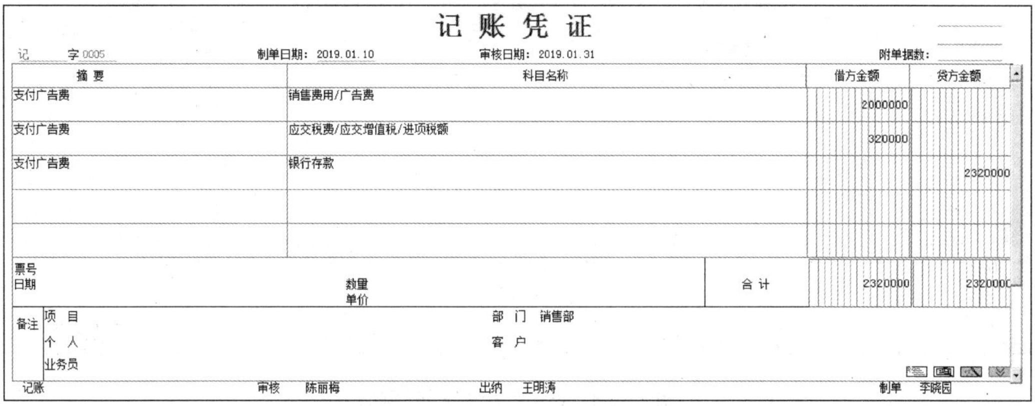

记账凭证

记　字 0005　　制单日期：2019.01.10　　审核日期：2019.01.31　　附单据数：

摘要	科目名称	借方金额	贷方金额
支付广告费	销售费用/广告费	2000000	
支付广告费	应交税费/应交增值税/进项税额	320000	
支付广告费	银行存款		2320000
票号 日期	数量 单价　合计	2320000	2320000

备注　项目　　部门　销售部
个人　　客户
业务员

记账　　审核　陈丽梅　　出纳　王明涛　　制单　李晓园

图4—57　【已出纳签字记账凭证】窗口

六、删除凭证

未审核的凭证可以直接删除，已审核或已进行出纳签字的凭证不能直接删除，必须在取消审核及出纳签字后再删除。

若要删除凭证，必须先进行【作废】操作，而后再进行整理，如果在总账系统的选项中选中【自动填补凭证断号】及【系统编号】，那么在对作废凭证整理时，若选择不整理断号，则再填制凭证时可以由系统自动填补断号。否则，将会出现凭证断号。

对于作废凭证，可以单击【作废/恢复】按钮，取消【作废】标志。

作废凭证不能修改、不能审核，但应参与记账。

只能对未记账凭证进行凭证整理。

账簿查询时查不到作废凭证的数据。

业务6：2019年1月31日，请删除凯里市昀智贸易有限公司2019年1月的记字10号凭证。

操作步骤：

(1)由财务经理【W01 陈丽梅】取消【凭证审核】。

(2)由会计【W02 李晓园】执行【凭证】|【填制凭证】命令，打开【填制凭证】窗口。

(3)点击【上张凭证】、【下账凭证】按钮，找到第10张记账凭证。

(4)执行【作废/恢复】命令，将该张凭证打上【作废】标志，如图4—58所示。

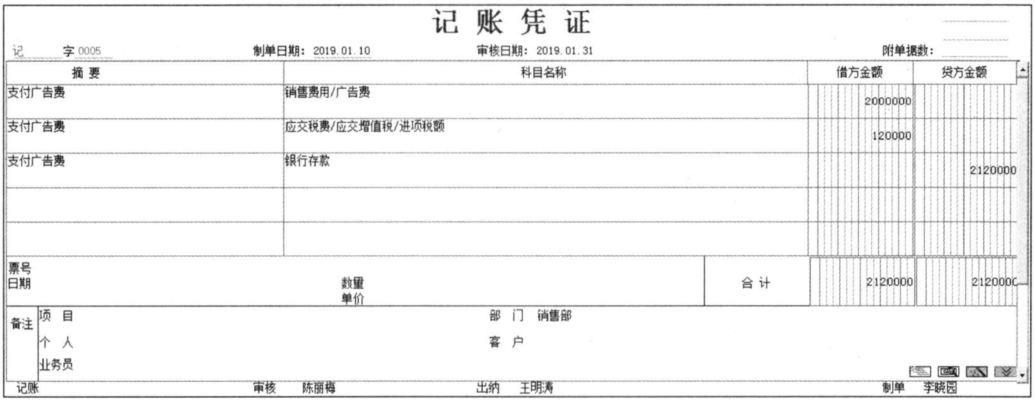

图 4—58 【作废记账凭证】窗口

(5)以会计【W02 李晓园】身份登录系统，打开【填制凭证】窗口，执行【整理凭证】命令，选择凭证期间为：2019—01，如图 4—59 所示，点击【确定】按钮，打开【作废凭证表】窗口。

图 4—59 【凭证期间选择】窗口

(6)点击【作废凭证表】窗口中【删除?】栏，如图 4—60 所示。

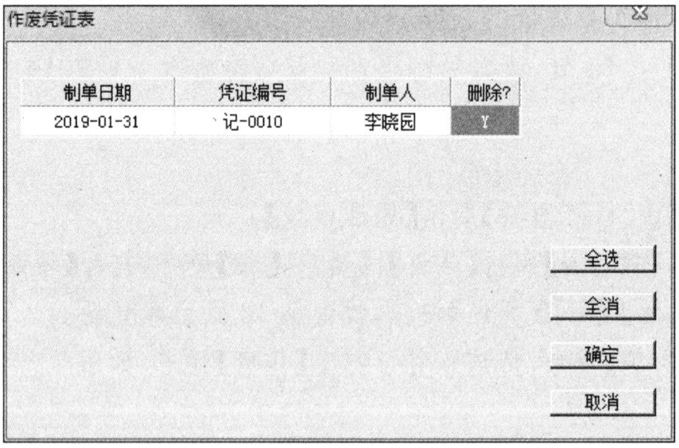

图 4—60 【作废凭证表】窗口

(7)点击【确定】按钮，系统弹出【是否还需整理凭证断号】提示框，如图 4—61 所示，并提供三种断号整理方式：【按凭证号重排】、【按凭证日期重排】、【按审核日期重排】。

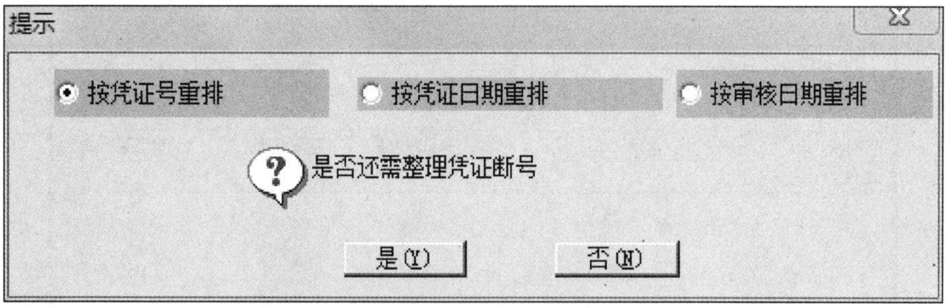

图 4—61　【是否还需整理凭证断号】提示框

(8)选择【按凭证号重排】,点击【是】按钮,系统即可完成对凭证号的重新整理,如图 4—61 所示,原来的记 10 号凭证已被删除整理,如图 4—62 所示。

图 4—62　整理后最后一张凭证——【记 9 号记账凭证】窗口

七、记账凭证

记账凭证经审核签字后,即可用来登记总账和明细账、日记账、部门账、往来账、项目账以及备查账等。选择记账范围,可输入连续编号范围,例如 1—4 表示 1 号至 4 号凭证;也可输入不连续编号,例如“5,6,9”,表示第 5 号、6 号、9 号凭证为此次要记账的凭证。单击【记账】按钮,系统开始登录总账、明细账、辅助账等有关账簿。

业务 7:2019 年 1 月 31 日,请对凯里市昀智贸易有限公司 2019 年 1 月的 9 张凭证进行记账处理。

操作步骤:

(1)由账套主管【Z01 刘慧清】执行【凭证】|【记账】命令,打开【记账】窗口。选择【2019—01 月份凭证】,【记账范围】为:全选,如图 4—63 所示。

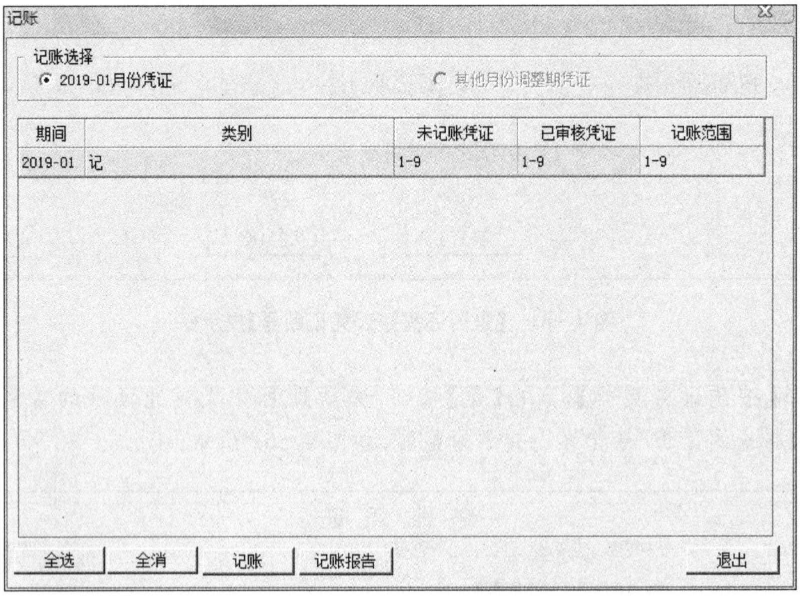

图 4—63 【记账——记账选择】窗口

(2)点击【记账】按钮,打开【期初试算平衡表】窗口,如图 4—64 所示。

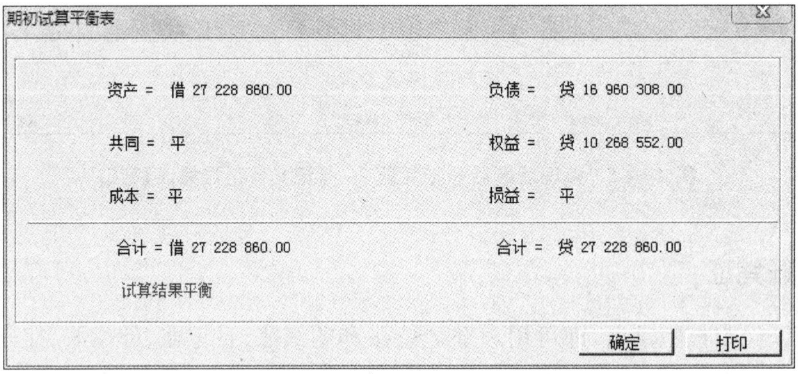

图 4—64 【期初试算平衡表】窗口

(3)点击【确定】按钮,系统自动进行记账,记账完成后,系统弹出【记账完毕!】提示框。

(4)点击【确定】按钮,再点击【退出】按钮。

八、查询凭证

查询凭证主要用于查询企业记账及未记账凭证。选择【凭证】|【查询凭证】,显示查询条件窗口。

输入要查询的凭证类别,选择在凭证类别中定义的类别名称;选择查询月份和凭证号范围;如果要专门查询某一段时间的凭证,请选择【日期范围】,此时凭证号范围不可选。选择【全部】显示所有符合条件的凭证列表,选择【作废凭证】或【有错凭证】显示所有符合条件的作废或有错的凭证,三者任选其一。

若选【已记账凭证】，则可在已记账凭证中查询；若选【未记账凭证】，则可在未记账凭证中查询。输入查询凭证的条件确认后，显示符合条件的凭证列表。

业务8：2019年1月31日，请查询凯里市昀智贸易有限公司2019年1月的记7号凭证。

操作步骤：

(1)执行【凭证】|【查询凭证】命令，打开【凭证查询】窗口。

(2)选择【已记账凭证】，点击【月份】复选框，在【凭证号】栏录入：7，如图4—65所示。

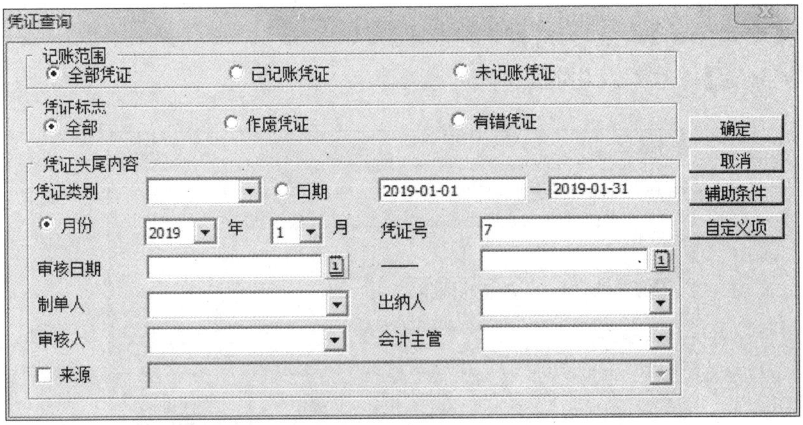

图4—65　【凭证查询】窗口

(3)点击【确定】按钮，进入【查询凭证列表】窗口，如图4—66所示。

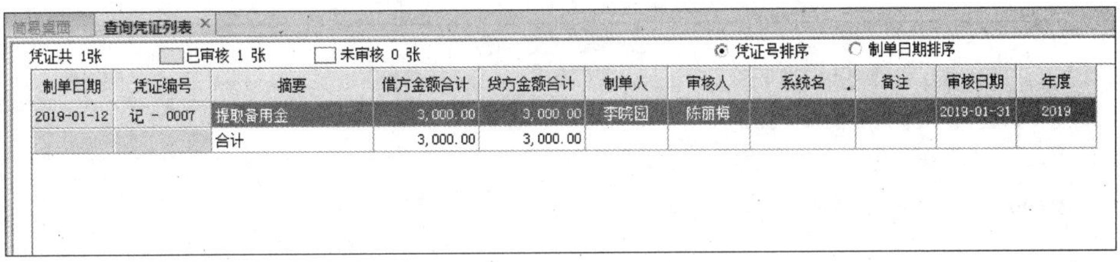

制单日期	凭证编号	摘要	借方金额合计	贷方金额合计	制单人	审核人	系统名	备注	审核日期	年度
2019-01-12	记 - 0007	提取备用金	3,000.00	3,000.00	李晓园	陈丽梅			2019-01-31	2019
		合计	3,000.00	3,000.00						

图4—66　【查询凭证列表】窗口

(4)点击打开记7号凭证进行查看，如图4—67所示。

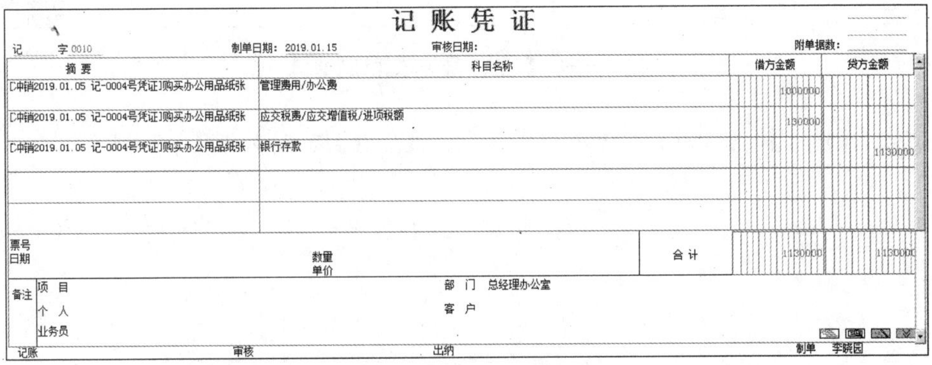

图4—67　【记7号记账凭证】窗口

九、冲销凭证

业务 9:2019 年 1 月 31 日,请修改记 4 号凭证借方科目为【销售费用——办公费】,部门辅助项为【销售部】。

操作步骤:

(1)以会计【W02 李晓园】身份登录【企业应用平台】,执行【凭证】|【填制凭证】命令,打开【填制凭证】窗口。

(2)执行【冲销凭证】命令,打开【冲销凭证】窗口。

(3)在【凭证号】栏录入:4,如图 4—68 所示。

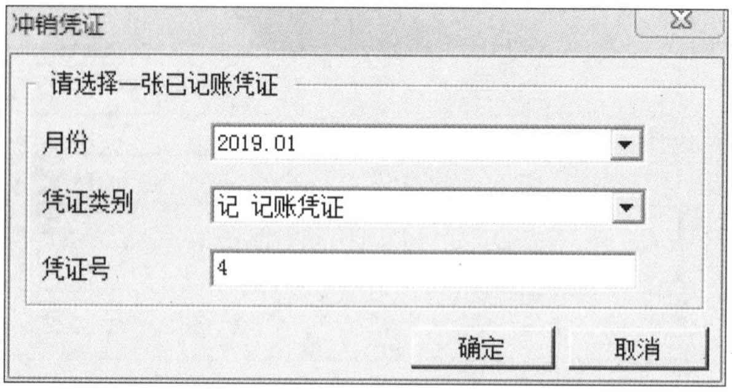

图 4—68 【冲销凭证】窗口

(4)点击【确定】按钮,弹出如图 4—69 所示记账凭证窗口。

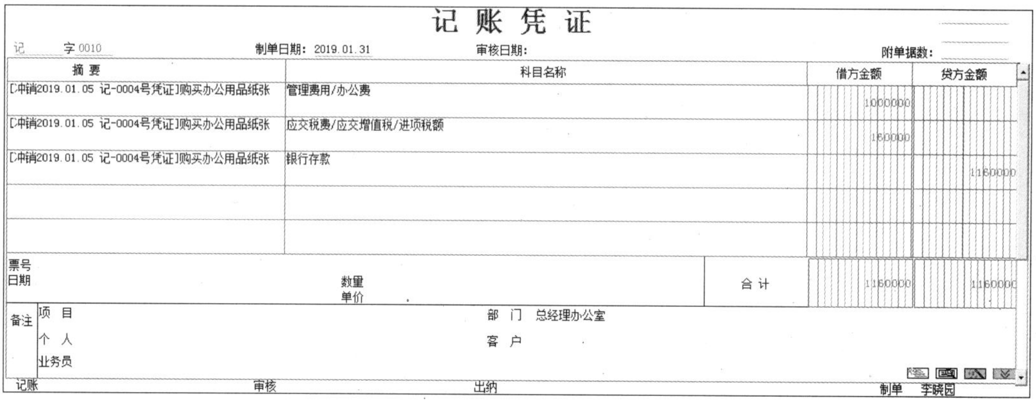

图 4—69 【记 10 号记账凭证】窗口

(5)点击【增加】按钮,填制一张正确凭证,点击【保存】按钮,如图 4—70 所示。

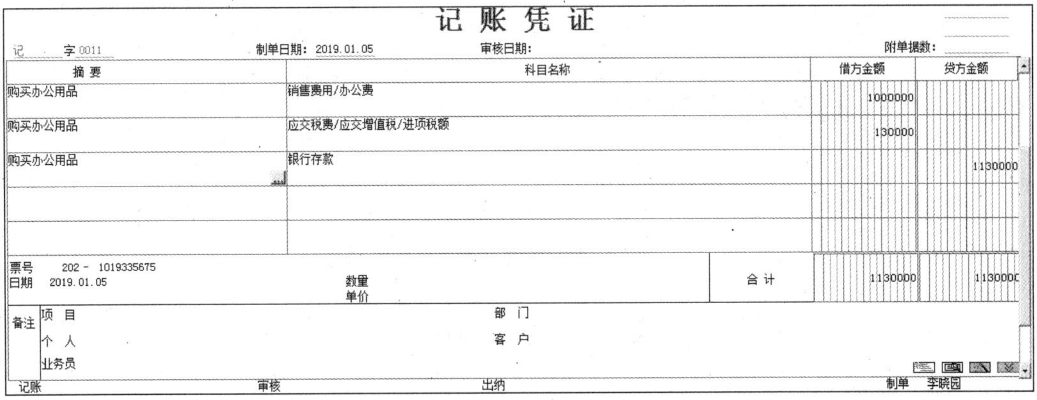

图 4—70　【记 11 号记账凭证】窗口

(6)以出纳【W03 王明涛】身份登录【企业应用平台】，执行【凭证】|【出纳签字】命令，打开【出纳签字】窗口，如图 4—71 所示。

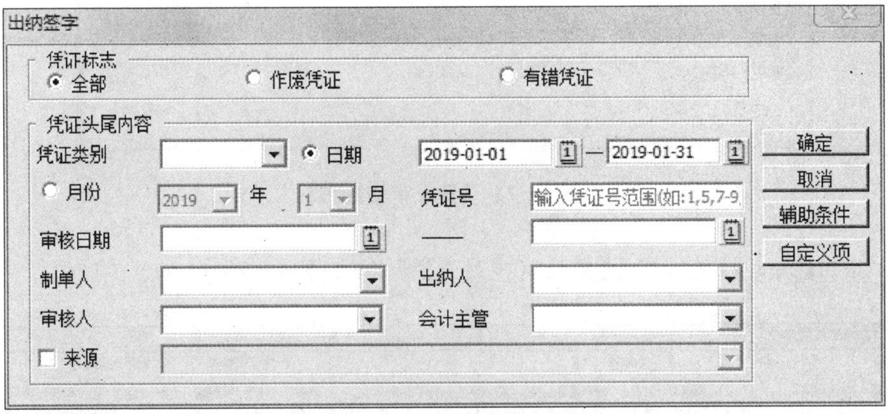

图 4—71　【出纳签字】窗口

(7)点击【确定】按钮，打开【出纳签字列表】窗口，如图 4—72 所示。

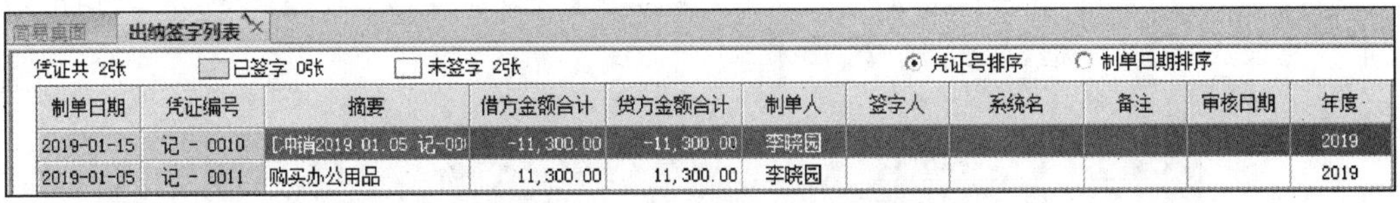

图 4—72　【出纳签字列表】窗口

(8)点击打开【记 11 号凭证】窗口，执行【批处理】|【成批出纳签字】命令，系统弹出【成批出纳签字成功】提示框，如图 4—73 所示。

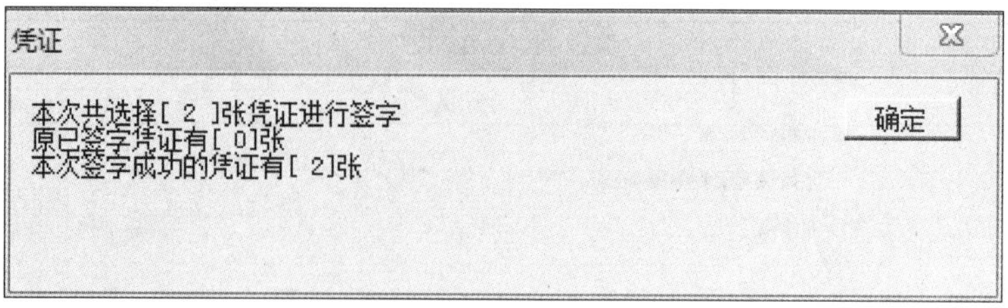

图 4—73 【出纳签字成功】提示框

(9)以【W01 陈丽梅】身份登录【企业应用平台】,执行【凭证】|【审核凭证】命令,打开【凭证审核】窗口,如图 4—74 所示。

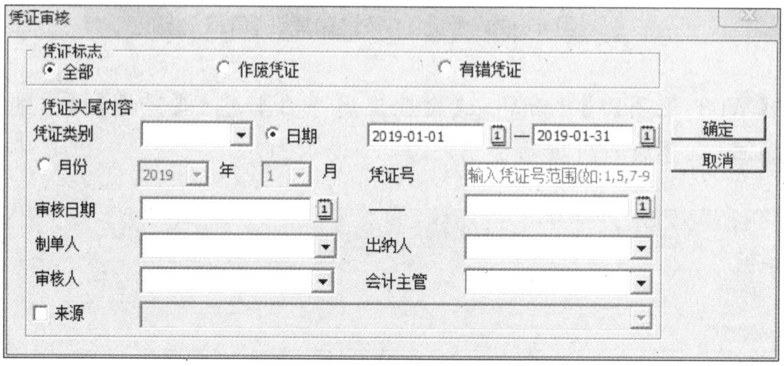

图 4—74 【凭证审核】窗口

(10)点击【确定】按钮,打开【凭证审核列表】窗口,如图 4—75 所示。

图 4—75 【凭证审核列表】窗口

(11)点击打开【记 11 号凭证】窗口,执行【批处理】|【成批审核凭证】命令,系统弹出【成批审核凭证成功】提示框,如图 4—76 所示。

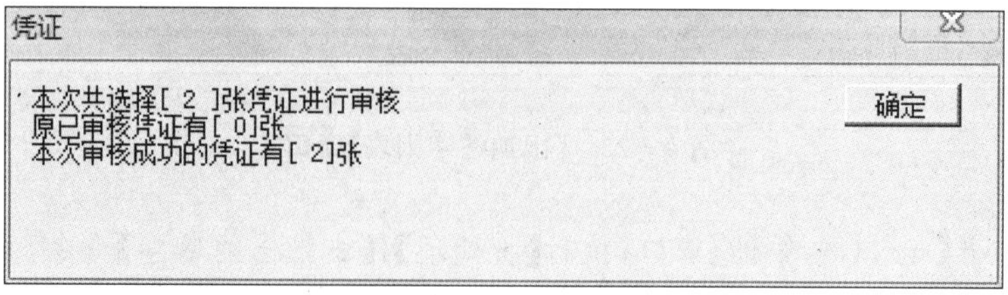

图 4—76 【成批审核凭证成功】提示框

(12)以【Z01 刘慧清】身份登录【企业应用平台】,执行【凭证】|【记账】命令,打开【记账】

窗口，如图 4—77 所示。

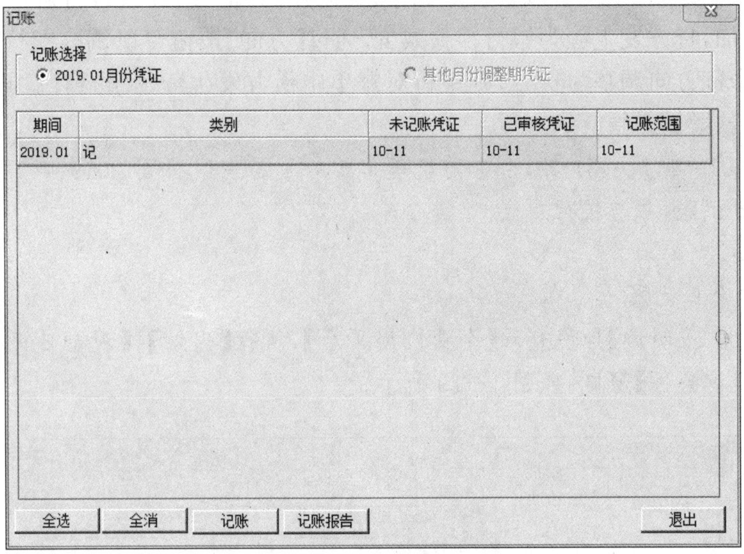

图 4—77 【记账】窗口

(13)点击【记账】按钮，系统弹出【记账完毕!】提示框，如图 4—78 所示。

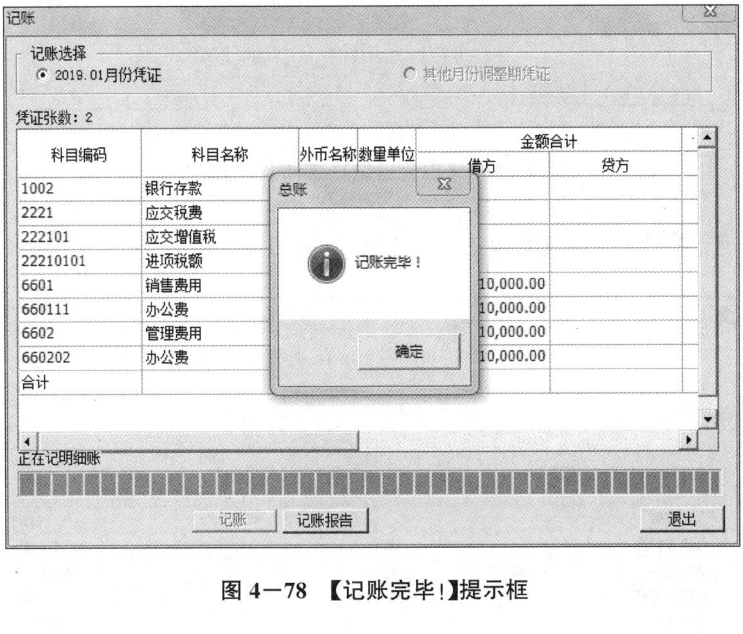

图 4—78 【记账完毕!】提示框

十、出纳管理

出纳业务处理主要包括现金日记账、银行存款日记账及资金日报的查询，银行对账及余额调节表的调整、支票登记簿的录入。

只有在总账系统的【初始设置】选项中已选择【支票控制】，并在【结算方式】设置中已设置【票据结算】标志，在【会计科目】中已指定银行账的科目，才能使用支票登记簿。

在第一次使用银行对账功能时,应录入单位日记账及银行对账单的期初数据,包括期初余额及期初未达账项。系统默认银行对账单余额方向为借方,即银行对账单中借方发生额为银行存款增加,贷方发生额为银行存款减少,通过【方向】按钮可以调整银行对账单的余额方向,如果把余额方向调整为贷方,则银行对账单中借方发生额为银行存款减少,而贷方发生额为银行存款增加。

业务 10:2019 年 1 月 31 日,请查询凯里市昀智贸易有限公司 2019 年 1 月的现金日记账、银行存款日记账,并与银行对账。

操作步骤:

1. 查询现金日记账

(1)以【W03 王明涛】身份登录【企业应用平台】,执行【出纳】|【现金日记账】命令,打开【现金日记账查询条件】窗口,如图 4—79 所示。

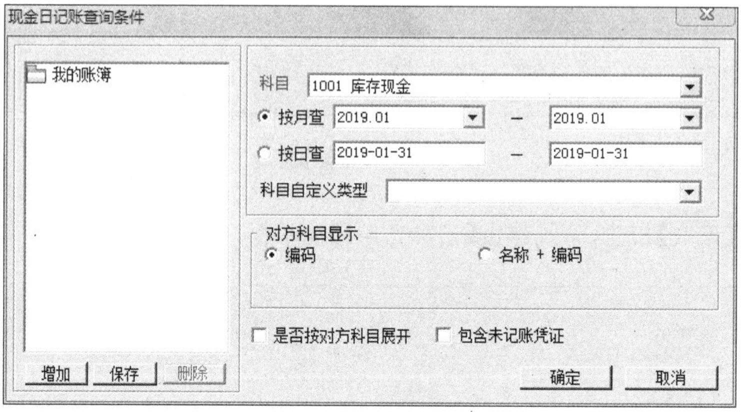

图 4—79 【现金日记账查询条件】窗口

(2)点击【确定】按钮,打开【现金日记账】窗口,如图 4—80 所示。

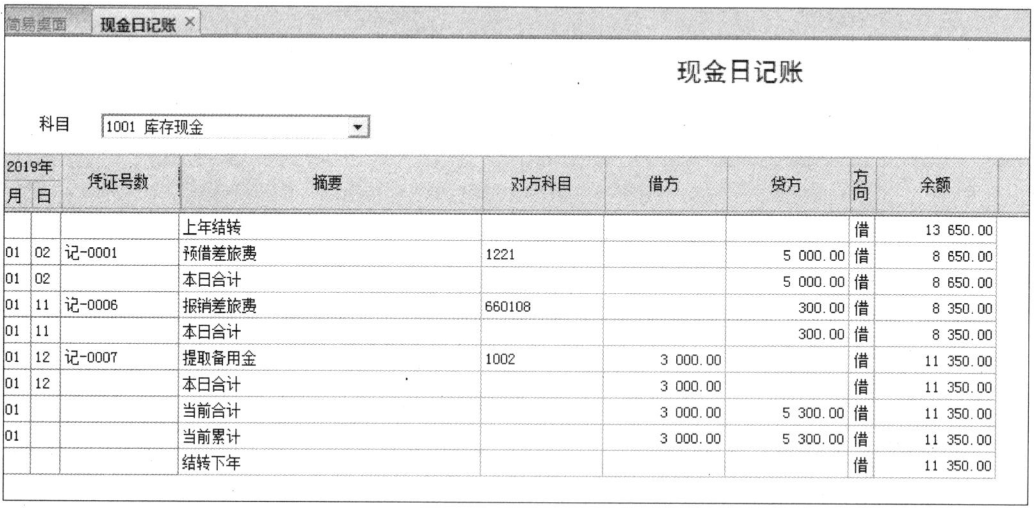

2019年 月	日	凭证号数	摘要	对方科目	借方	贷方	方向	余额
			上年结转				借	13 650.00
01	02	记-0001	预借差旅费	1221		5 000.00	借	8 650.00
01	02		本日合计			5 000.00	借	8 650.00
01	11	记-0006	报销差旅费	660108		300.00	借	8 350.00
01	11		本日合计			300.00	借	8 350.00
01	12	记-0007	提取备用金	1002	3 000.00		借	11 350.00
01	12		本日合计		3 000.00		借	11 350.00
01			当前合计		3 000.00	5 300.00	借	11 350.00
01			当前累计		3 000.00	5 300.00	借	11 350.00
			结转下年				借	11 350.00

图 4—80 【现金日记账】窗口

(3)执行【出纳】|【银行存款日记账】命令,打开【银行存款日记账查询条件】窗口,点击【确定】按钮,打开【银行存款日记账】窗口,如图4—81所示。

银行日记账

科目 1002 银行存款

2019年 月	日	凭证号数	摘要	结算号	对方科目	借方	贷方	方向	余额
			上年结转					借	15,598,368.00
01	04	记-0003	发放工资_202_1009055442_2019.01.04	转账支票-100905	221101		58,000.00	借	15,540,368.00
01	04		本日合计				58,000.00	借	15,540,368.00
01	05	记-0004	购买办公用品纸张_202_1019335675_2019.01	转账支票-101933	660202,22210101		11,300.00	借	15,529,068.00
01	05	记-0011	购买办公用品_202_1019335675_2019.01.05	转账支票-101933	660111,22210101		11,300.00	借	15,517,768.00
01	05		本日合计				22,600.00	借	15,517,768.00
01	10	记-0005	支付广告费_202_101953617_2019.01.10	转账支票-101953	660110,22210101		21,200.00	借	15,496,568.00
01	10		本日合计				21,200.00	借	15,496,568.00
01	12	记-0007	提取备用金_201_1004785825_2019.01.12	现金支票-100478	1001		3,000.00	借	15,493,568.00
01	12		本日合计				3,000.00	借	15,493,568.00
01	15	记-0008	缴纳税费_9_20989078_2019.01.15	其他-20989078	222102,222110		99,477.32	借	15,394,090.68
01	15	记-0009	缴纳税费_9_20989079_2019.01.15	其他-20989079	222112,222113,2		8,382.68	借	15,385,708.00
01	15	记-0010	[冲销2019.01.05 记-0004号凭证]购买办公用	转账支票-101933	660202,22210101		-11,300.00	借	15,397,008.00
01	15		本日合计				96,560.00	借	15,397,008.00
01			当前合计				201,360.00	借	15,397,008.00
01			当前累计				201,360.00	借	15,397,008.00
			结转下年					借	15,397,008.00

图4—81　【银行存款日记账】窗口

2. 查询1月5日的资金日报表

(1)执行【出纳】|【资金日报】命令,打开【资金日报表】窗口。

(2)选择日期:2019—01—05,点击【确定】按钮,进入【资金日报表】窗口,如图4—82所示。

简易桌面　资金日报表 ×

打印日报单

资金日报表

科目编码	科目名称	币种	今日共借	今日共贷	方向	今日余额	借方笔数	贷方笔数
1002	银行存款			22,600.00	借	15,517,768.00		2
合计				22,600.00	借	15,517,768.00		2

图4—82　【资金日报表】窗口

3. 登记支票登记簿

(1)执行【出纳】|【支票登记簿】命令,打开【银行科目选择】窗口,点击【确定】。

(2)点击【增加】按钮,录入或选择领用日期:2019.01.04,领用部门:财务部,领用人出纳【W03 王明涛】,支票号:1009055442,预计金额:58 000,用途:发放工资,点击【保存】,以同样的方法录入另外三条信息,结果如图4—83所示。

支票登记簿

科目:银行存款(1002)　　支票张数:4(其中:已报0 未报

领用日期	领用部门	领用人	支票号	预计金额	用途	收款人	对方科目	付款银行名称	银行账号
2019.01.04	财务部	王明涛	1009055442	58,000.00	发放工资				
2019.01.05	销售部	肖丽丽	1019335675	11,300.00	购买办公用品				
2019.01.10	销售部	肖丽丽	101953617	21,600.00	支付广告费				
2019.01.12	财务部	王明涛	1004785825	3,000.00	提取备用金				

图4—83　【支票登记簿】窗口

4. 录入银行对账期初数据

(1)执行【出纳】|【银行对账】|【银行对账期初录入】命令,打开【银行科目选择】窗口。

(2)选择【银行存款(1002)】,如图 4—84 所示,点击【确定】按钮,打开【银行科目选择】窗口。

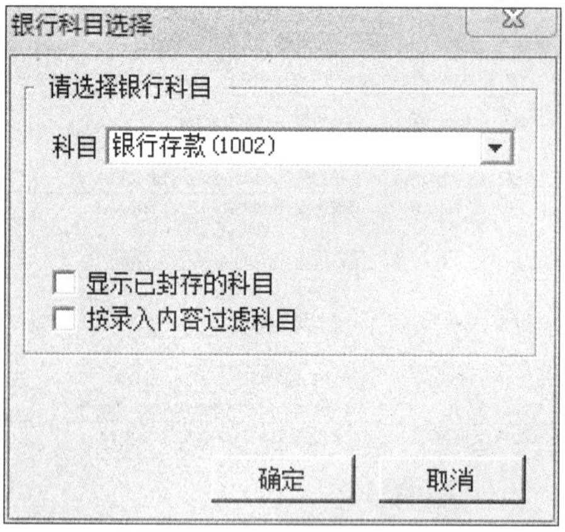

图 4—84 【银行科目选择】窗口

(3)点击【方向】按钮,调整银行对账单的余额方向为【贷方】,如图 4—85 所示。

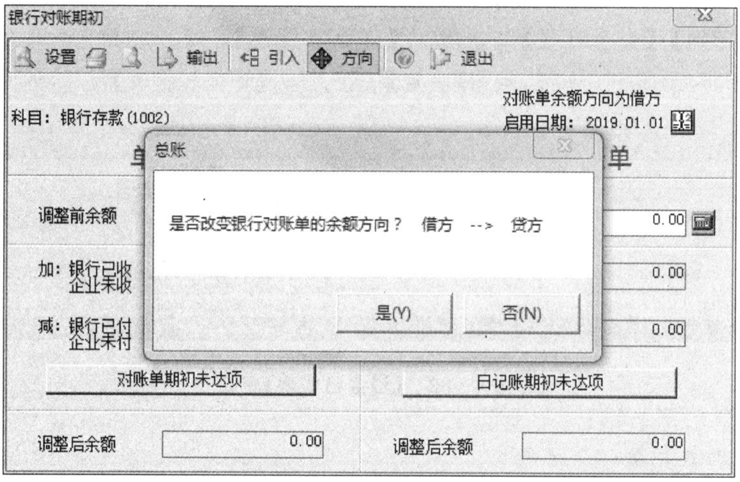

图 4—85 【是否改变银行对账单的余额方向?】提示框

(4)在单位日记账的【调整前余额】栏录入:15 598 368.00,在银行对账单的【调整前余额】栏录入:15 582 368.00,如图 4—86 所示。

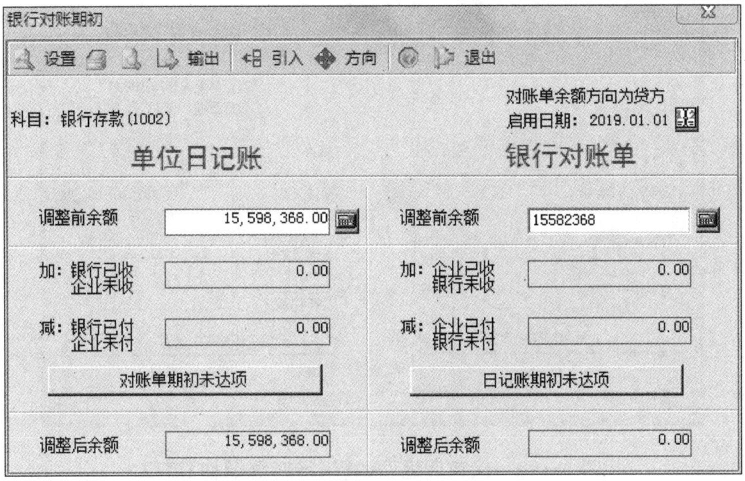

图 4—86 【银行对账期初】窗口

(5)点击【对账单期初未达项】按钮，打开【银行方期初】窗口。

(6)点击【增加】按钮，在【日期】栏录入或选择【2018.12.27】，在【结算方式】栏选择【202 转账支票】，在【票号】栏录入：10991530，在【借方金额】栏录入：3 000，如图 4—87 所示，点击【保存】按钮，再点击【退出】按钮返回。

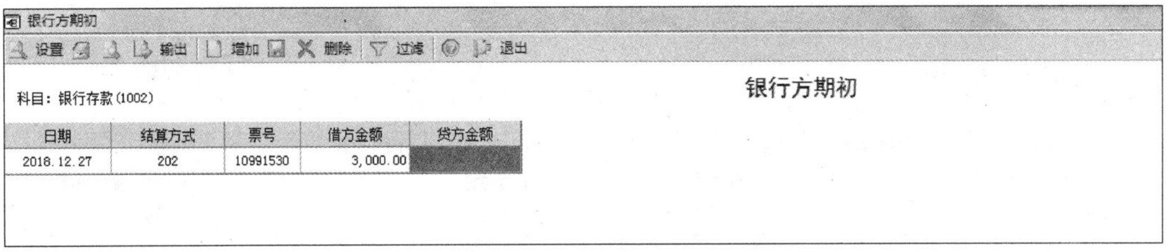

图 4—87 【银行方期初】窗口

(7)点击【日记账期初未达账项】按钮，打开【企业方期初】窗口。

(8)点击【增加】按钮，在【凭证日期】栏录入或选择【2018.12.27】，凭证类别为【记】，凭证号【21】；在【结算方式】栏选择【202 转账支票】，【票号】栏录入：10996028，【借方金额】栏录入：13 000，票据日期录入：2018.12.27，摘要栏录入：销货款，如图 4—88 所示。

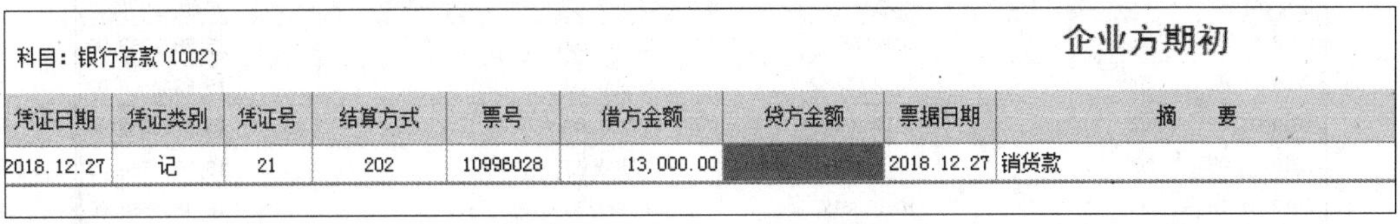

图 4—88 【企业方期初】窗口

(9)点击【保存】按钮，再点击【退出】按钮，返回【银行对账期初】窗口，如图 4—89 所示。

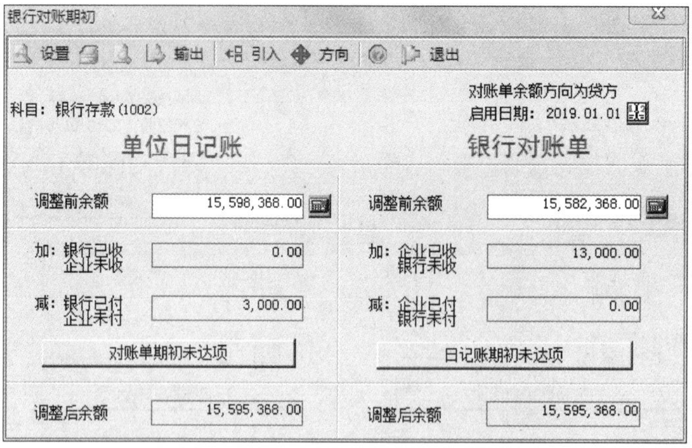

图 4—89　保存后返回的【银行对账期初】窗口

5. 录入银行对账单

(1)执行【出纳】|【银行对账】|【银行对账单】命令，打开【银行科目选择】窗口。

(2)点击【确定】按钮，打开【银行对账单】窗口。

(3)点击【增加】按钮。

(4)在【日期】栏录入或选择【2019.01.04】，在【结算方式】栏选择【202 转账支票】，在【票号】栏录入：1009055442，在【借方金额】栏录入：58 000，如图 4—90 所示。

科目：银行存款(1002)　　银行对账单

日期	结算方式	票号	借方金额	贷方金额	余额
2018.12.27	202	10991530	3,000.00		15,582,368.00
2019.01.04	202	1009055442	58,000.00		15,524,368.00

图 4—90　【银行对账单】窗口

(5)按照以上步骤，依次录入银行对账单其他记录，点击【保存】按钮，如图 4—91 所示，再点击【退出】按钮。

科目：银行存款(1002)　　银行对账单

日期	结算方式	票号	借方金额	贷方金额	余额
2018.12.27	202	10991530	3,000.00		15,582,368.00
2019.01.04	202	1009055442	58,000.00		15,524,368.00
2019.01.05	202	1019335675	11,300.00		15,513,068.00
2019.01.05	202	1019335675	11,300.00		15,501,768.00
2019.01.10	202	101953617	21,200.00		15,480,568.00
2019.01.12	201	1004785825	3,000.00		15,477,568.00
2019.01.15	9	20989078	99,477.32		15,378,090.68
2019.01.15	9	20989079	8,382.68		15,369,708.00
2019.01.31	202	1019335675	-11,300.00		15,381,008.00

图 4—91　【银行对账单】窗口(已完成)

6. 银行对账

(1)执行【出纳】|【银行对账】命令,打开【银行科目选择】窗口,选择【银行存款(1002)】。

(2)点击【确定】按钮,打开【银行对账】窗口,如图 4—92 所示。

科目:1002(银行存款)

单位日记账

票据日期	结算方式	票号	方向	金额	两清	凭证号数	摘　要
2019.01.04	202	1009055442	贷	58,000.00		记-0003	发放工资
2019.01.05	202	1019335675	贷	11,300.00		记-0004	购买办公用品纸张
2019.01.10	202	101953617	贷	21,200.00		记-0005	支付广告费
2019.01.12	201	1004785825	贷	3,000.00		记-0007	提取备用金
2019.01.15	9	20989078	贷	99,477.32		记-0008	缴纳税费
2019.01.15	9	20989079	贷	8,382.68		记-0009	缴纳税费
2019.01.05	202	1019335675	贷	-11,300.00		记-0010	[冲销2019.01.05 记
2019.01.05	202	1019335675	贷	11,300.00		记-0011	购买办公用品
2018.12.27	202	10996028	借	13,000.00		记-0021	销货款

银行对账单

日期	结算方式	票号	方向	金额	两清	对账序号
2018.12.27	202	10991530	借	3,000.00		
2019.01.04	202	1009055442	借	58,000.00		
2019.01.05	202	1019335675	借	11,300.00		
2019.01.05	202	1019335675	借	11,300.00		
2019.01.10	202	101953617	借	21,200.00		
2019.01.12	201	1004785825	借	3,000.00		
2019.01.15	9	20989078	借	99,477.32		
2019.01.15	9	20989079	借	8,382.68		
2019.01.31	202	1019335675	借	-11,300.00		

图 4—92　【银行科目选择——银行存款(1002)】窗口

(3)点击【对账】按钮,打开【自动对账】窗口,如图 4—93 所示。

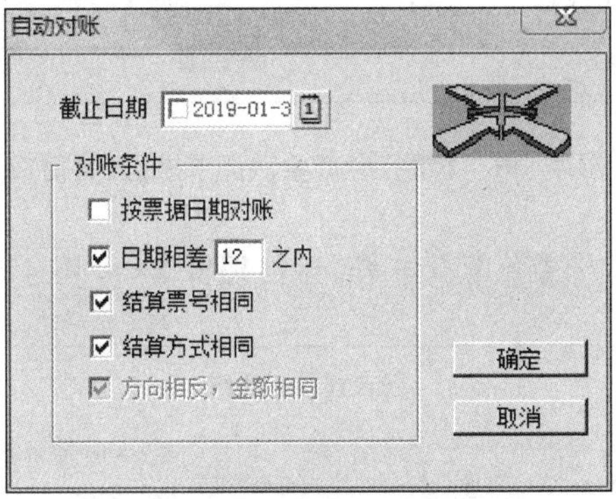

图 4—93　【自动对账】窗口

(4)在【自动对账】窗口中,点击【确定】按钮。

(5)点击【对账】按钮,出现对账结果,如图 4—94 所示。

科目:1002(银行存款)

单位日记账

票据日期	结算方式	票号	方向	金额	两清	凭证号数	摘　要
2019.01.04	202	1009055442	贷	58,000.00	○	记-0003	发放工资
2019.01.05	202	1019335675	贷	11,300.00	○	记-0004	购买办公用品纸张
2019.01.10	202	101953617	贷	21,200.00	○	记-0005	支付广告费
2019.01.12	201	1004785825	贷	3,000.00	○	记-0007	提取备用金
2019.01.15	9	20989078	贷	99,477.32	○	记-0008	缴纳税费
2019.01.15	9	20989079	贷	8,382.68	○	记-0009	缴纳税费
2019.01.05	202	1019335675	贷	-11,300.00	○	记-0010	[冲销2019.01.05 记
2019.01.05	202	1019335675	贷	11,300.00	○	记-0011	购买办公用品
2018.12.27	202	10996028	借	13,000.00		记-0021	销货款

银行对账单

日期	结算方式	票号	方向	金额	两清	对账序号
2018.12.27	202	10991530	借	3,000.00		
2019.01.04	202	1009055442	借	58,000.00	○	2019013100002
2019.01.05	202	1019335675	借	11,300.00	○	2019013100003
2019.01.05	202	1019335675	借	11,300.00	○	2019013100004
2019.01.10	202	101953617	借	21,200.00	○	2019013100005
2019.01.12	201	1004785825	借	3,000.00	○	2019013100001
2019.01.15	9	20989078	借	99,477.32	○	2019013100006
2019.01.15	9	20989079	借	8,382.68	○	2019013100007
2019.01.31	202	1019335675	借	-11,300.00	○	2019013100008

图 4—94　【银行对账勾对】窗口

7. 查看余额调节表

(1)执行【出纳】|【银行对账】|【余额调节表查询】命令,打开【银行存款余额调节表】窗口,如图 4—95 所示。

				银行存款余额调节表
银行科目（账户）	对账截止日期	单位账账面余额	对账单账面余额	调整后存款余额
银行存款(1002)		15,397,008.00	15,381,008.00	15,394,008.00

图 4—95 【银行存款余额调节表】窗口

(2)点击【查看】按钮,进入【银行存款余额调节表】窗口,如图 4—96 所示。

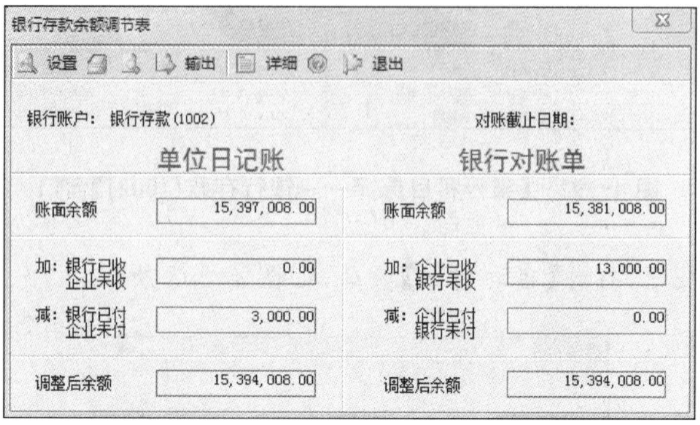

图 4—96 【银行存款余额调节表】查看窗口

(3)点击【详细】按钮,打开【余额调节表(详细)】窗口,如图 4—97 所示。

余额调节表(详细)

科目：银行存款(1002)　　对账截止日期:

企业账面存款余额:15,397,008.00						银行账面存款余额:15,381,008.00											
加：银行已收企业未收			减：银行已付企业未付			加：企业已收银行未收						减：企业已付银行未付					
日期	票号	金额	日期	票号	金额	凭证日期	凭证号	票据日期	票号	摘要	金额	凭证日期	凭证号	票据日期	票号	摘要	金额
			2018.12.27	10991530	3,000.00	2018.12.27	记-0021	2018-12-27	10996028	销货款	13,000.00						
	合计	0.00		合计	3,000.00					合计	13,000.00					合计	0.00
		调整后企业账面	存款余额:		15,394,008.00						调整后银行账面	存款余额:					15,394,008.00

图 4—97 【余额调节表(详细)】窗口

任务三　总账账表管理

在账表管理中,主要掌握总账、明细账及往来账的查询。总账查询不但可以查询各总账科目的年初余额、各月发生额合计和月末余额,而且还可查询所有二至六级明细科目的年初余额、各月发生额合计和月末余额。查询总账时,标题显示为"所查科目的一级科目名称+总账",如应收账款总账。联查总账对应的明细账时,明细账显示为应收账款明细账。本功能用于平时查询各账户的明细发生情况,及按任意条件组合查询明细账。在查询过程中可以包含未记账凭证。

明细账提供了三种明细账的查询格式:普通明细账、按科目排序明细账、月份综合明细账。普通明细账是按科目查询,按发生日期排序的明细账;按科目排序明细账是按非末级科目查询，按其有发生额的末级科目排序的明细账；月份综合明细账是按非末级科目查询，包含非末级科目总账数据及末级科目明细数据的综合明细账，使您对各级科目的数据关系一目了然。

客户部门明细账用于查询某客户往来科目下各部门及其往来客户的明细账。供应商科目明细账用于查询指定科目下各往来供应商的明细账情况。提供科目明细账查询可以按科目相同合并或按科目、摘要相同查询、打印。供应商项目明细账用于查询带有供应商、项目辅助核算科目的明细账。

一、总账查询

业务1：2019年1月31日，请查询凯里市昀智贸易有限公司2019年1月的现金总账和银行存款总账。

操作步骤：

(1)以【W02 李晓园】身份登录【企业应用平台】，执行【业务工作】|【总账】|【账表】|【我的账簿】|【科目账】|【总账】命令，如图4—98所示。

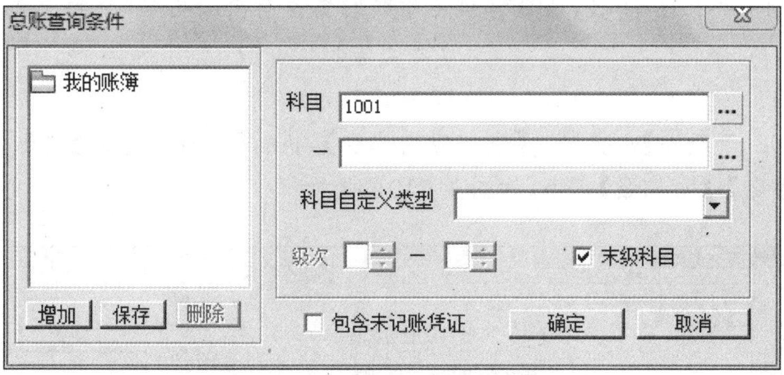

图4—98　【总账查询条件】窗口

(2)在【科目】栏录入：1001，勾选【末级科目】及【包含未记账凭证】，点击【确定】按钮，进入【库存现金总账】窗口，如图4—99所示。

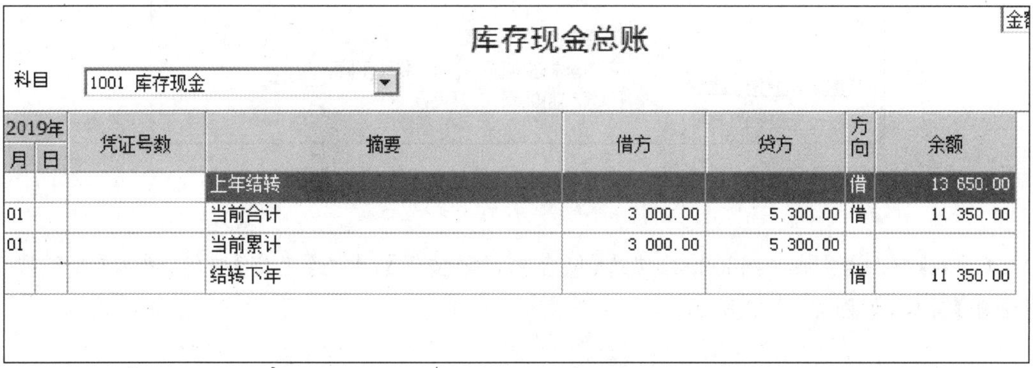

库存现金总账

科目 1001 库存现金

2019年 月	日	凭证号数	摘要	借方	贷方	方向	余额
			上年结转			借	13 650.00
01			当前合计	3 000.00	5,300.00	借	11 350.00
01			当前累计	3 000.00	5,300.00		
			结转下年			借	11 350.00

图4—99　【库存现金总账】窗口

(3)点击左上角【查询】按钮,在【总账查询条件】窗口的【科目】栏录入:1002,点击【确定】按钮,进入【银行存款总账】,如图 4—100 所示。

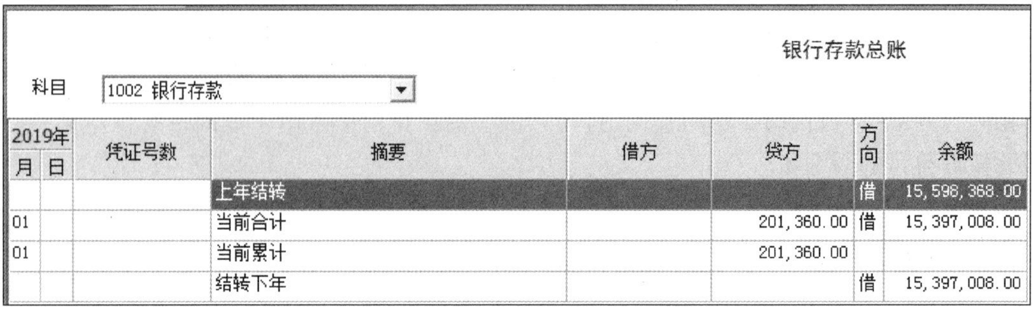

银行存款总账

科目 1002 银行存款

2019年 月	日	凭证号数	摘要	借方	贷方	方向	余额
			上年结转			借	15,598,368.00
01			当前合计		201,360.00	借	15,397,008.00
01			当前累计		201,360.00		
			结转下年			借	15,397,008.00

图 4—100 【银行存款总账】窗口

二、明细账查询

业务 2:2019 年 1 月 31 日,请查询凯里市昀智贸易有限公司 2019 年 1 月的管理费用办公费明细账。

操作步骤:

(1)以【W02 李晓园】身份登录【企业应用平台】,执行【业务工作】|【总账】|【账表】|【我的账簿】|【科目账】|【明细账】命令,如图 4—101 所示。

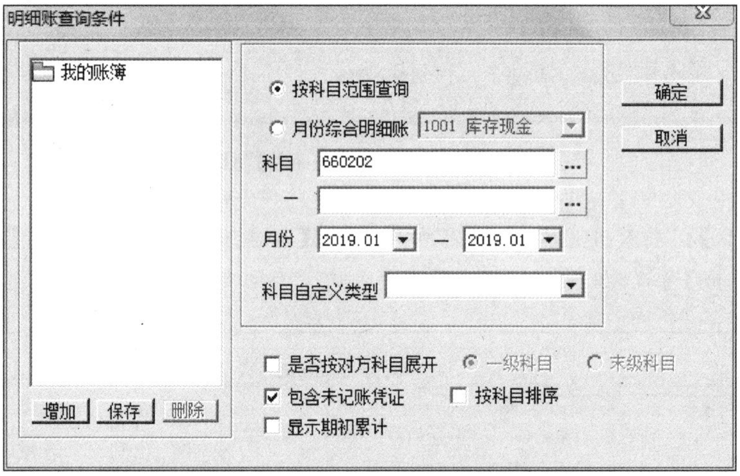

图 4—101 【明细账查询条件】窗口

(2)在【科目】栏录入:660202,勾选【包含未记账凭证】,点击【确定】按钮,进入【管理费用明细账】窗口,如图 4—102 所示。

金额

管理费用明细账

科目 660202 办公费　　　　月份：2019.01-2019.01

2019年 月	日	凭证号数	摘要	借方	贷方	方向	余额
01	05	记-0004	购买办公用品纸张_总经理办公室	10 000.00		借	10 000.00
01	15	记-0010	[冲销2019.01.05 记-0004号凭证]购买办公用	-10 000.00		平	
01			当前合计			平	
01			当前累计			平	
			结转下年			平	

图 4—102 【管理费用明细账】窗口

三、往来账查询

业务 3：2019 年 1 月 31 日，请查询凯里市昀智贸易有限公司 2019 年 1 月的客户明细账。

操作步骤：

（1）以【W02 李晓园】身份登录【企业应用平台】，执行【业务工作】|【总账】|【账表】|【我的账簿】|【客户往来辅助账】|【客户往来明细账】|【客户明细账】命令，如图 4—103 所示。

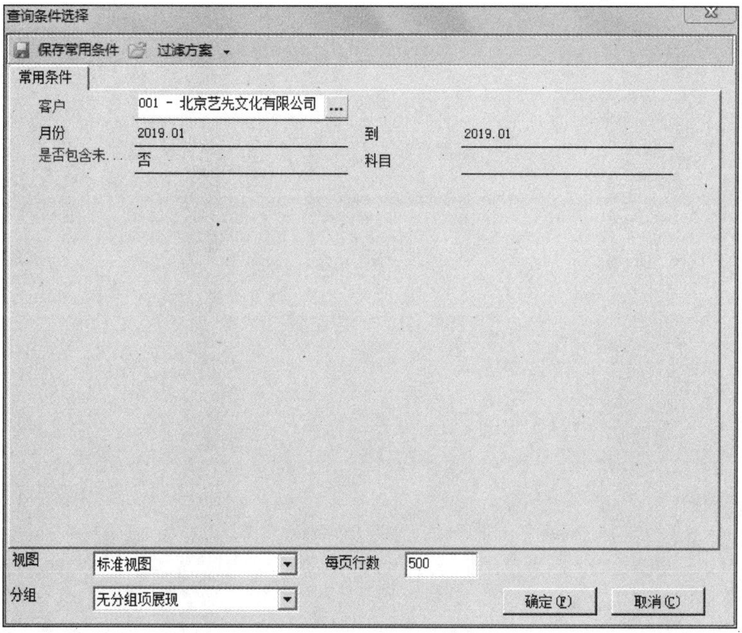

图 4—103 【查询条件选择】窗口

（2）在【客户】栏选择【001 北京艺先文化有限公司】，点击【确定】按钮，进入【客户明细账】窗口，如图 4—104 所示。

客户明细账

月份: 2019.01 - 2019.01

年	月	日	凭证号	客户		科目		摘要	借 方	贷 方	方向	余 额
				编码	名称	编码	名称		本币	本币		本币
				001	北京艺先	112101	银行承兑汇票	期初余额			借	58 000.00
								合计:			借	58 000.00

图 4—104 【客户明细账】窗口

项目五　固定资产管理

任务一　固定资产初始化管理

一、固定资产系统初始化

扫码看资源

固定资产系统初始化是使用固定资产系统管理资产的首要操作，是根据您单位的具体情况，建立一个适合您需要的固定资产子账套的过程。要设置的操作步骤主要包括约定及说明、启用月份、折旧信息、编码方式、账务接口和完成设置六部分。

业务1：2019年1月1日，以账套主管【Z01 刘慧清】身份登录【企业应用平台】，设置固定资产参数。

● 约定及说明：同意。

● 启用月份：2019年1月。

● 折旧信息：本账套计提折旧；折旧方法：平均年限法(一)；折旧汇总分配周期：1个月。

● 编码方式：资产类别的编码方式，2112；固定资产编码方式，自动编码及类别编号＋序号。

● 账务接口：与账务系统进行对账，固定资产对账科目：1601 固定资产；累计折旧对账科目：1602 累计折旧。在对账不平情况下允许固定资产月末结账。

● 完成设置：固定资产缺省入账科目：1601 固定资产；累计折旧缺省入账科目：1602 累计折旧；固定资产减值准备缺省入账科目：1603 固定资产减值准备；增值税进项税额缺省入账科目：22210101 进项税额；固定资产清理缺省入账科目：1606 固定资产清理。

操作步骤：

(1)以账套主管【Z01 刘慧清】身份登录【企业应用平台】，执行【业务工作】|【财务会计】|【固定资产】命令，系统弹出【这是第一次打开此账套，还未进行初始化，是否进行初始化?】提示框，如图5—1所示。

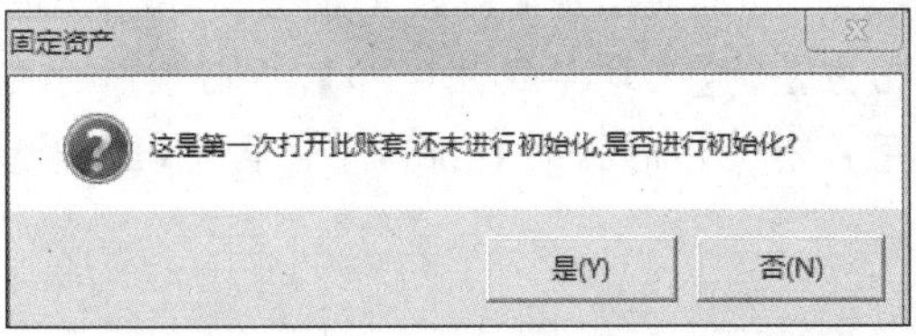

图5—1　【这是第一次打开此账套，还未进行初始化，是否进行初始化?】提示框

(2)点击【是(Y)】按钮,打开固定资产【初始化账套向导——约定及说明】,选择【我同意】如图 5—2 所示。

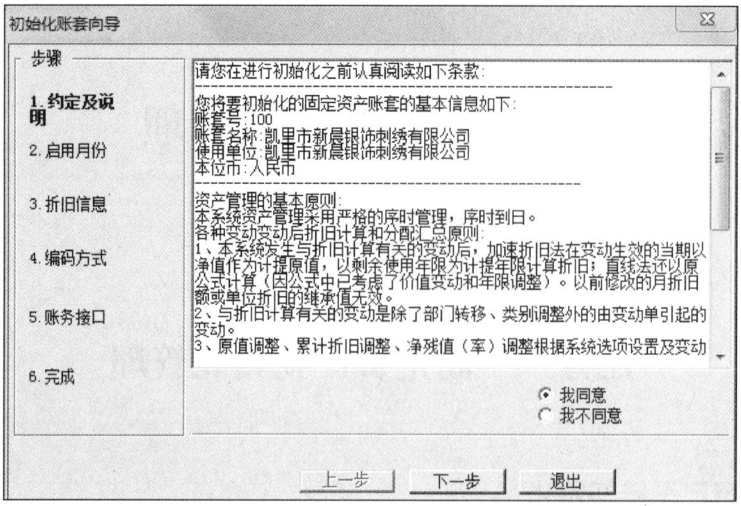

图 5—2 【初始化账套向导——约定及说明】窗口

(3)点击【下一步】按钮,打开固定资产【初始化账套向导——启用月份】,系统默认账套启用月份【2019.01】如图 5—3 所示。

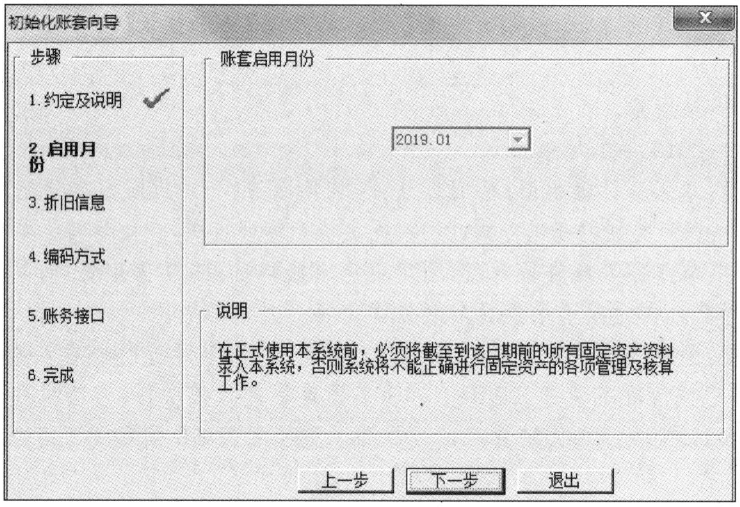

图 5—3 【初始化账套向导——启用月份】窗口

(4)点击【下一步】按钮,打开固定资产【初始化账套向导——折旧信息】窗口,勾选本账套计提折旧,选择主要折旧方法为【平均年限法(一)】,折旧汇总分配周期【1 个月】,选中【当(月初已计提月份=可使用月份—1)时将剩余折旧全部提足(工作量法除外)】,如图 5—4 所示。

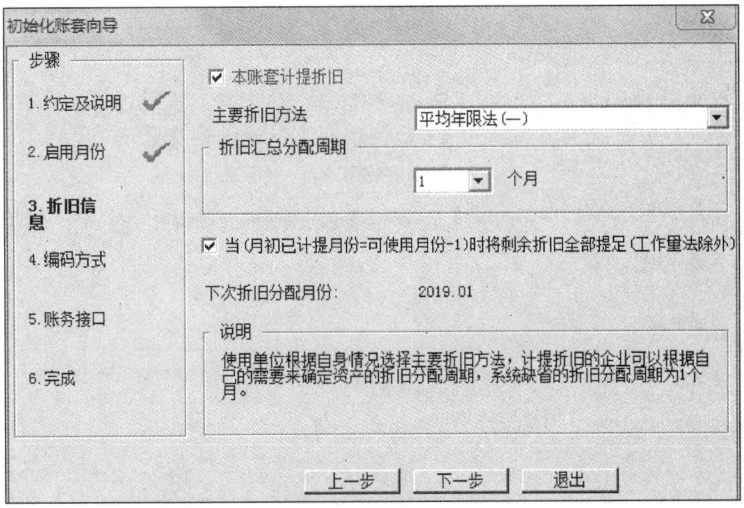

图5—4 【初始化账套向导——折旧信息】窗口

(5)点击【下一步】按钮，打开固定资产【初始化账套向导——编码方式】，资产类别的编码方式:2112;固定资产编码方式:自动编码及类别编号+序号，序号长度为【5】，如图5—5所示。

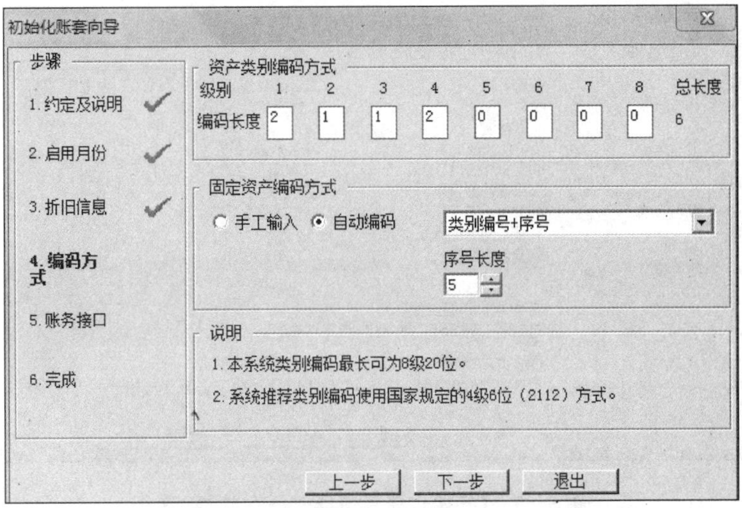

图5—5 【初始化账套向导——编码方式】窗口

(6)点击【下一步】按钮，打开固定资产【初始化账套向导——账务接口】，勾选【与账务系统进行对账】，固定资产对账科目:1601 固定资产，累计折旧对账科目:1602 累计折旧。勾选【在对账不平情况下允许固定资产月末结账】，如图5—6所示。

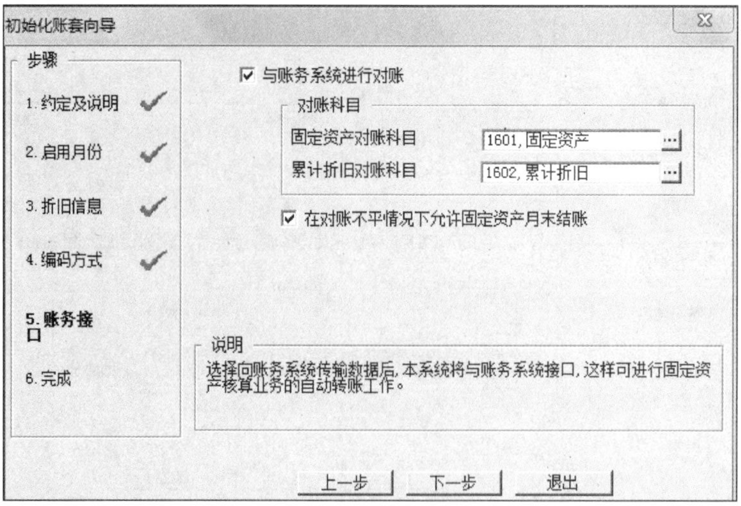

图 5—6 【初始化账套向导——账务接口】窗口

(7)单击【下一步】按钮,打开固定资产【初始化账套向导——完成】窗口。如图 5—7 所示。

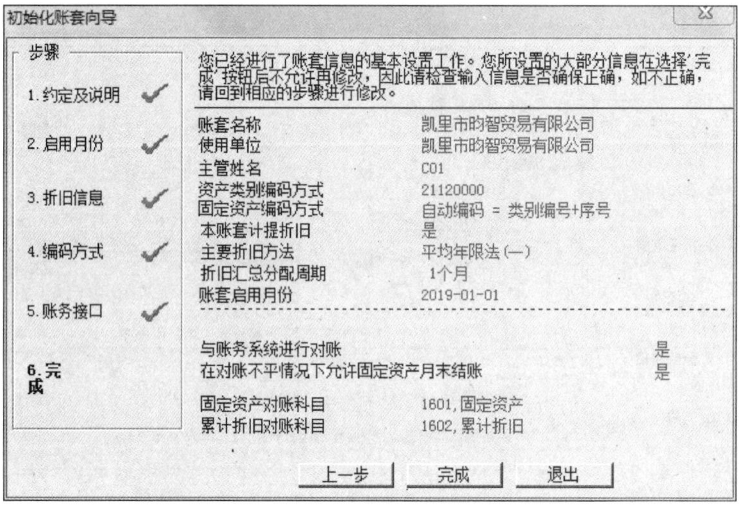

图 5—7 【初始化账套向导——完成】窗口

(8)单击【完成】按钮,弹出【已经完成了新账套的所有设置工作,是否确定所设置的信息完全正确并保存对新账套的所有设置?】提示框。

(9)单击【是(Y)】按钮,系统提示【已成功初始化本固定资产账套!】,单击【确定】按钮,固定资产建账完成。

(10)单击【固定资产】|【设置】|【选项】|【与财务系统接口】|【编辑】,设置固定资产缺省入账科目:1601 固定资产,累计折旧缺省入账科目:1602 累计折旧,固定资产减值准备缺省入账科目:1603 固定资产减值准备,增值税进项税额缺省入账科目:22210101 进项税额,固定资产清理缺省入账科目:1606 固定资产清理,如图 5—8 所示。

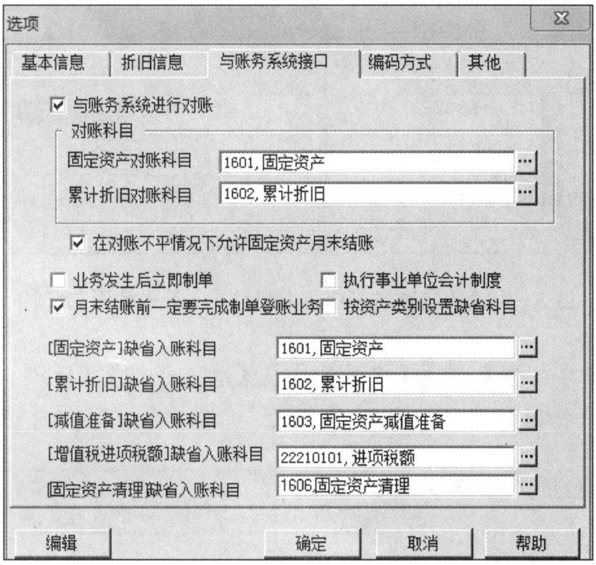

图 5—8 【固定资产——选项】窗口

二、固定资产基础设置

(一)设置部门对应折旧科目

固定资产计提折旧后必须把折旧归入成本或费用,根据不同使用者的具体情况按部门或按类别归集。当按部门归集折旧费用时,某一部门所属的固定资产折旧费用将归集到一个比较固定的科目,所以部门对应折旧科目设置就是给部门选择一个折旧科目,录入卡片时,该科目自动显示在卡片中,不必一个一个录入,可提高工作效率。然后,在生成部门折旧分配表时,每一部门按折旧科目汇总,生成记账凭证。

注意:在使用本功能前,必须已建立好部门档案,可在基础设置中设置,也可在本系统的【部门档案】中完成。

业务 2:2019 年 1 月 1 日,请以账套主管【Z01 刘慧清】身份登录【企业应用平台】,根据表 5—1 在固定资产系统中设置固定资产部门对应折旧科目。

表 5—1　　固定资产部门对应折旧科目

部门名称	对应折旧科目
总经理办公室	660205 管理费用——折旧费
财务部	660205 管理费用——折旧费
采购部	660205 管理费用——折旧费
销售部	660107 销售费用——折旧费
库管部	660205 管理费用——折旧费

操作步骤:

(1)打开固定资产系统,点击【设置】|【部门对应折旧科目】,进入列表视图,如图 5—9 所示。

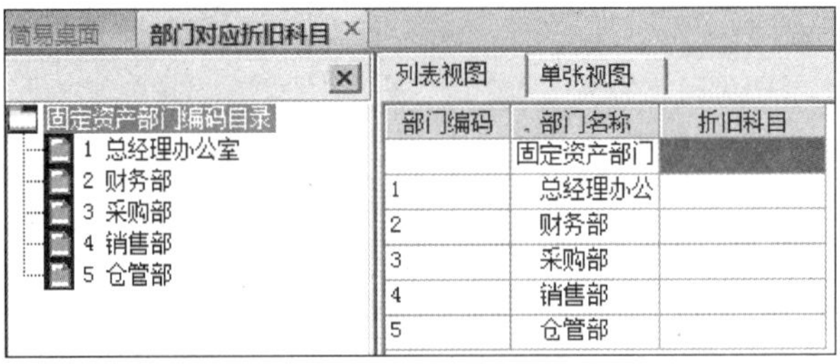

图 5—9 【固定资产对应折旧科目——列表视图】窗口 1

(2)点击【总经理办公室】,点击【修改】,打开【单张视图】对话框,在【折旧科目】录入:660205 管理费用——折旧费,如图 5—10 所示。

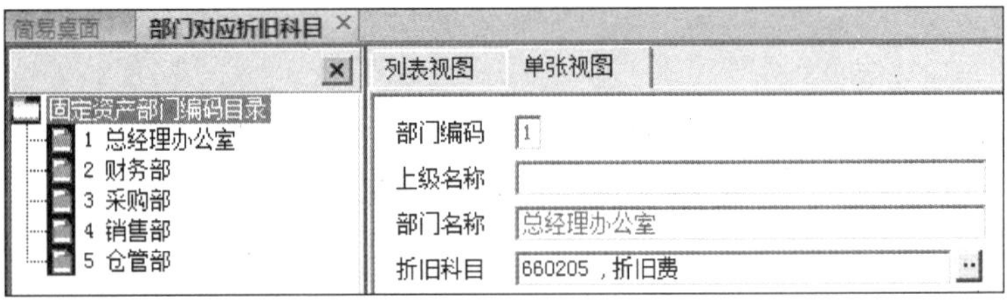

图 5—10 【固定资产对应折旧科目——单张视图】窗口

(3)点击【保存】按钮,以同样的方式把其他部门对应折旧科目全部录入,全部录入结果如图 5—11 所示。

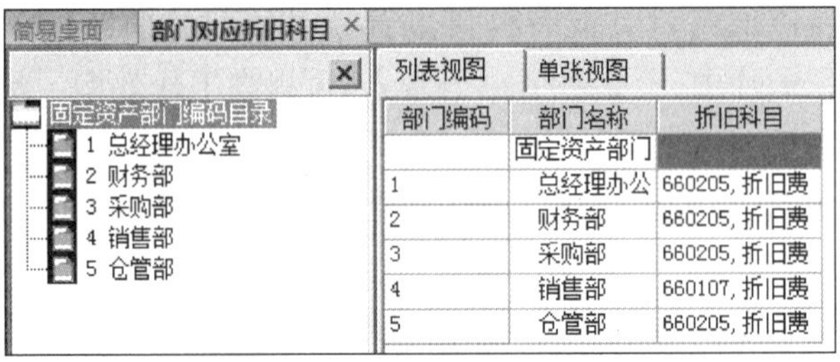

图 5—11 【固定资产对应折旧科目——列表视图】窗口 2

(二)设置资产类别

固定资产的种类繁多、规格不一,要强化固定资产管理,及时准确做好固定资产核算,必须建立科学的固定资产分类体系,为核算和统计管理提供依据。企业可根据自身的特点和管理要求,确定一个较为合理的资产分类方法。

业务 3:2019 年 1 月 1 日,请以账套主管【Z01 刘慧清】身份登录【企业应用平台】,根据表 5—2 在固定资产系统中设置固定资产类别。

表 5—2　　　　　　　　　　　　**固定资产类别**

编码	类别名称	折旧年限	净残值率	计提属性	折旧方法	卡片样式
01	房屋及建筑物	30 年	5%	正常计提	平均年限法(一)	含税卡片样式
02	运输设备	10 年	2%	正常计提	平均年限法(一)	含税卡片样式
03	办公设备	3 年	2%	正常计提	平均年限法(一)	含税卡片样式

操作步骤：

(1)打开固定资产系统，点击【设置】|【资产类别】，进入【资产类别——列表视图】，如图 5—12 所示。

图 5—12　【资产类别——列表视图】窗口 1

(2)点击【增加】按钮，进入【资产类别——列表视图】，如图 5—13 所示。

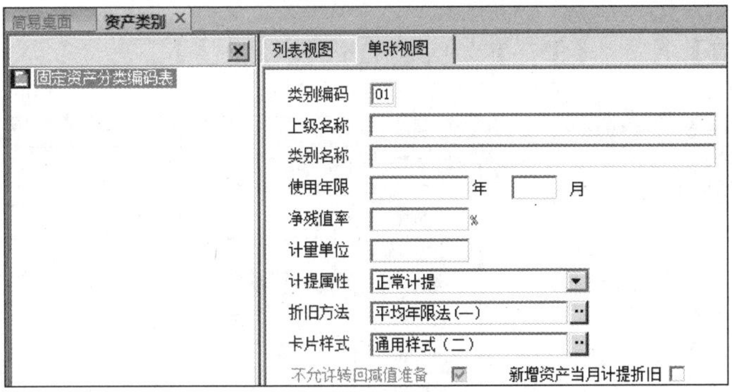

图 5—13　【资产类别——单张视图】窗口 1

(3)在【类别名称】处录入：房屋及建筑物，在【使用年限】处录入：30 年，在【净残值率】处录入：5，如图 5—14 所示。

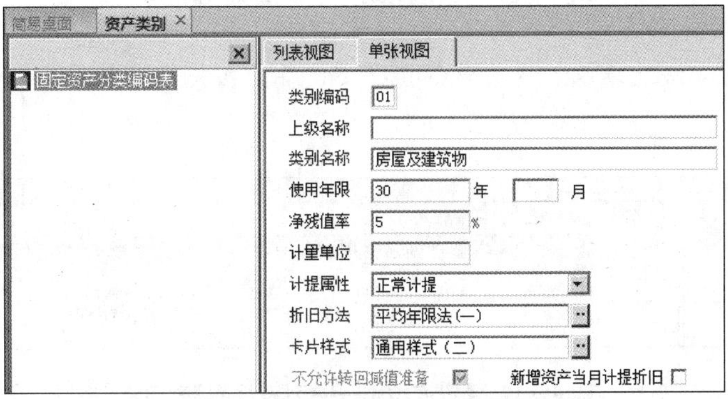

图 5—14　【资产类别——单张视图】窗口 2

(4)点击【卡片样式】选项卡,选择【含税卡片样式】,如图 5—15 所示。

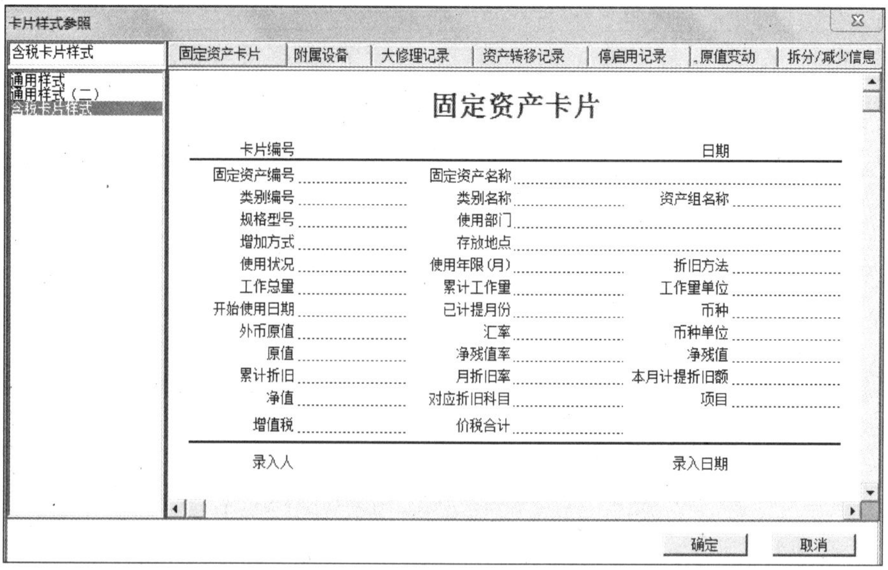

图 5—15 【卡片样式参照】窗口

(5)点击【确定】,再点击【保存】,如图 5—16 所示。

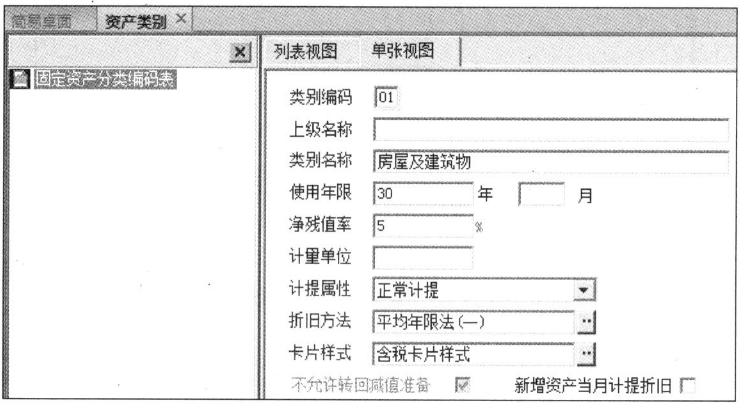

图 5—16 【资产类别——单张视图】窗口 3

(6)以同样的方法继续录入运输设备和办公设备的相关信息并保存,结果如图 5—17 所示。

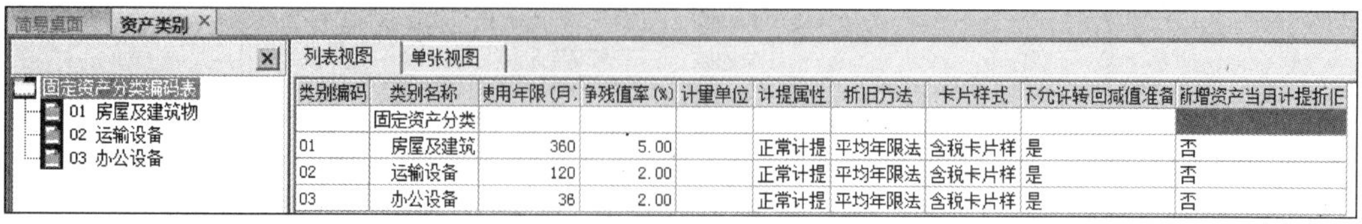

图 5—17 【资产类别——列表视图】窗口 2

(三)设置固定资产增减方式及对应入账科目

增减方式包括增加方式和减少方式两类。增加的方式主要有直接购入、投资者投入、捐赠、盘盈、在建工程转入、融资租入。减少的方式主要有出售、盘亏、投资转出、捐赠转出、报废、毁损、融资租出、拆分减少等。

业务4:2019年1月1日,请以账套主管【Z01 刘慧清】身份登录【企业应用平台】,根据表5—3所示,在固定资产系统中设置固定资产增减方式。

表5—3 **固定资产增减方式对应入账科目**

增加方式	对应入账科目	减少方式	对应入账科目
直接购入	1002,银行存款	出售	1606,固定资产清理
投资者投入	4001,实收资本	盘亏	1901,待处理财产损溢
捐赠	6301,营业外收入	投资转出	1511,长期股权投资
盘盈	6901,以前年度损益调整	捐赠转出	1606,固定资产清理
在建工程转入	1604,在建工程	报废	1606,固定资产清理
融资租入	2701,长期应付款	毁损	1606,固定资产清理
		融资租出	1531,长期应收款
		拆分减少	1606,固定资产清理

操作步骤:

(1)打开固定资产系统,点击【设置】|【增减方式】,进入【增减方式——列表视图】,如图5—18所示。

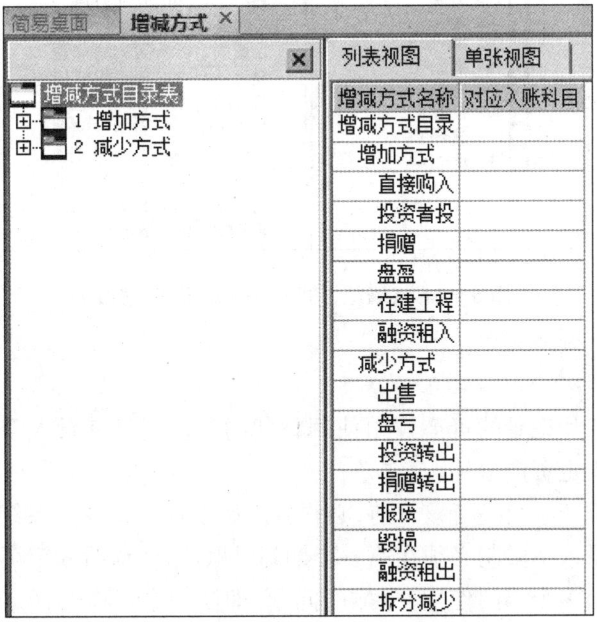

图5—18 【增减方式——列表视图】窗口1

(2)选择【直接购入】,点击【修改】,打开【增减方式——单张视图】对话框,在【对应入账科目】栏目录入:1002 银行存款,如图 5—19 所示。点击【保存】按钮。

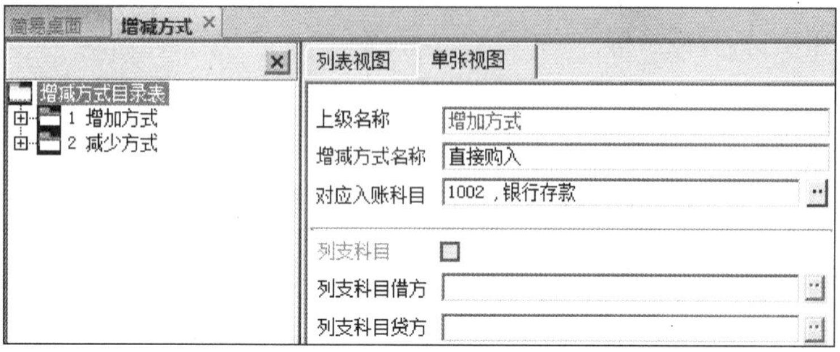

图 5—19 【增减方式——单张视图】窗口

(3)以同样的方法继续录入其他增减方式对应入账科目相关信息并保存,结果如图 5—20 所示。

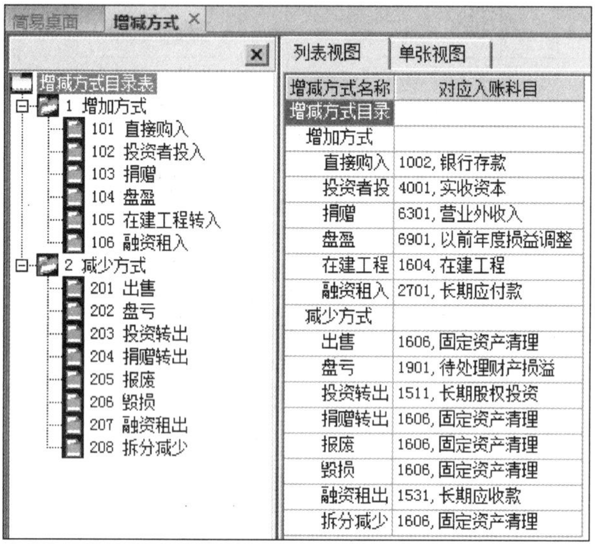

图 5—20 【增减方式——列表视图】窗口 2

(四)原始卡片录入

原始卡片是指卡片记录的资产开始使用日期的月份先于其录入系统的月份,即已使用过并已计提折旧的固定资产卡片。

您在使用固定资产系统进行核算前,必须将原始卡片资料录入系统,保持历史资料的连续性。原始卡片的录入不限制必须在第一个期间结账前,任何时候都可以录入原始卡片。

一个固定资产由多个部门使用、分摊的问题,即为一个资产选择多个"使用部门",并且当资产为多部门使用时,累计折旧可以在多部门间按设置的比例分摊。各部门的使用比例之和必须为 100%。可以为一个资产选择多个"使用部门",并且当资产为多部门使用时,累计折旧采用与使用比例(%)相同的比例在多部门间分摊。

业务5:2019年1月1日,请以账套主管【Z01 刘慧清】身份登录【企业应用平台】,根据表5—4所示,在固定资产系统中录入固定资产原始卡片。

表5—4　　2019年1月固定资产使用及折旧情况

固定资产编号	0100001	0100002	0200001	0300001	0300002	0300003	0300004
固定资产名称	办公楼	仓库	东风货车	打印机	惠普电脑	惠普电脑	惠普电脑
类别编号	01	01	02	03	03	03	03
所在部门	总经理办公室、财务部、采购部、销售部(各占25%)	仓管部	销售部	财务部	总经理办公室	财务部	销售部
增加方式	在建工程转入	在建工程转入	直接购入	直接购入	直接购入	直接购入	直接购入
可使用年限	30.00	30.00	10.00	3.00	3.00	3.00	3.00
开始使用日期	2018-07-01	2018-01-01	2018-01-01	2018-12-01	2018-12-01	2018-12-01	2018-12-01
单位	栋	栋	辆	台	台	台	台
数量	1.00	1.00	1.00	1.00	1.00	1.00	1.00
使用状况	在用	在用	在用	在用	在用	在用	在用
原值	1 070 000.00	550 000.00	205 000.00	4 659.00	5 500.00	5 500.00	5 500.00
累计折旧	53 375.40	22 250.00	20 090.00	0.00	0.00	0.00	0.00
净残值率	5.00%	5.00%	2.00%	2.00%	2.00%	2.00%	2.00%

操作步骤:

(1)打开固定资产系统,点击【卡片】|【录入原始卡片】,进入【固定资产类别档案】窗口,如图5—21所示。

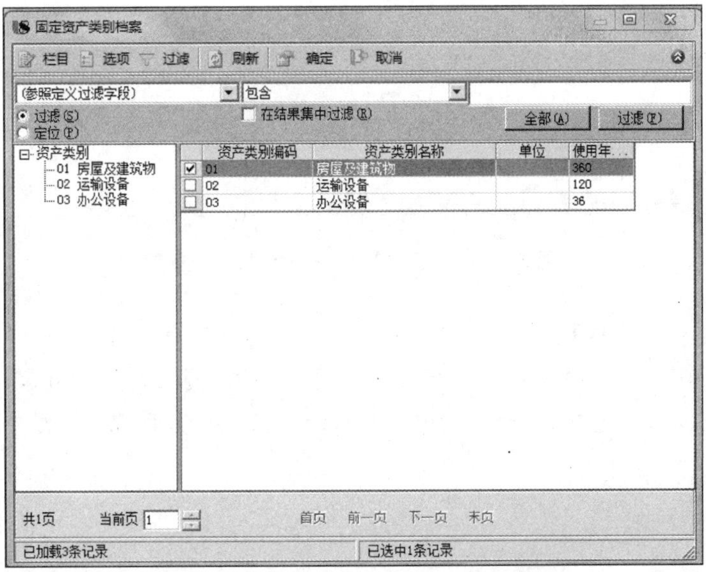

图5—21　【固定资产类别档案】窗口

(2)选中【01 房屋及建筑物】,点击【确定】按钮打开【固定资产卡片】录入界面。点击【使用部门】,弹出【本资产部门使用方式】,选择【多部门使用】,如图 5—22 所示。点击【确定】进入【使用部门】窗口、点击【增加】,录入相应使用部门及使用比例,如图 5—23 所示,点击【确定】返回。

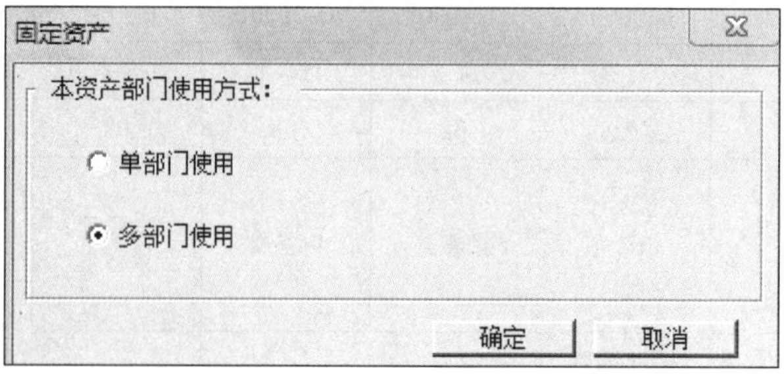

图 5—22 【固定资产部门使用方式】窗口

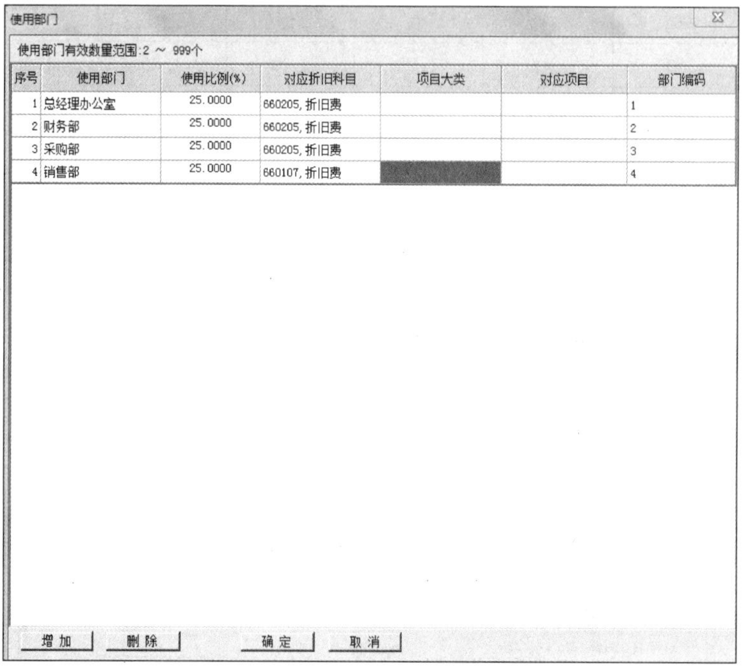

图 5—23 【固定资产——使用部门】窗口

(3)在【固定资产名称】录入:办公楼,在【增加方式】录入:在建工程转入,在【开始使用日期】录入:2018—07—01,在【使用状况】录入:在用,在【原值】录入:1 070 000.00,在【累计折旧】录入:53 375.40,其他默认,如图 5—24 所示,点击【保存】,系统提示数据保存成功,点击【确定】。

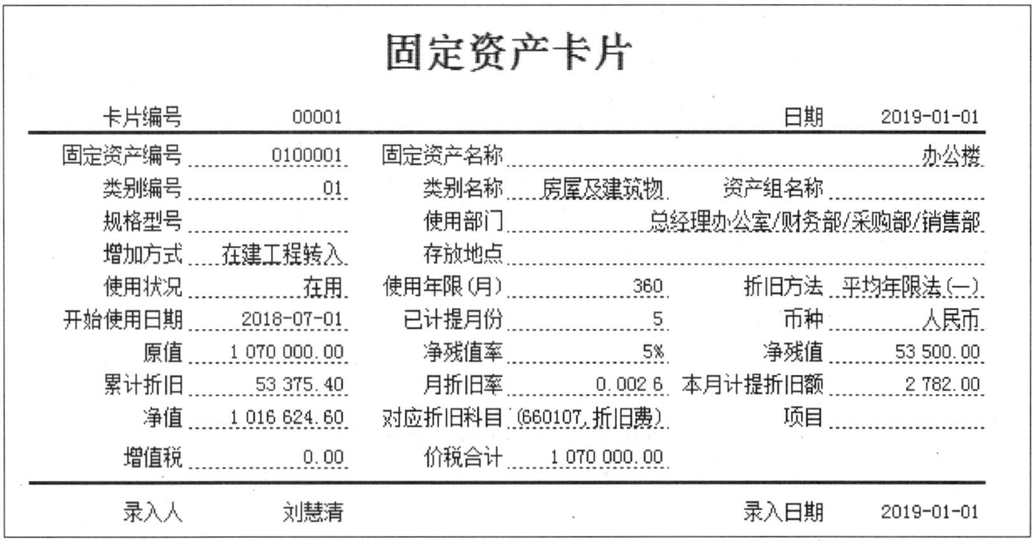

固定资产卡片

卡片编号	00001			日期	2019-01-01
固定资产编号	0100001	固定资产名称	办公楼		
类别编号	01	类别名称	房屋及建筑物	资产组名称	
规格型号		使用部门	总经理办公室/财务部/采购部/销售部		
增加方式	在建工程转入	存放地点			
使用状况	在用	使用年限(月)	360	折旧方法	平均年限法(一)
开始使用日期	2018-07-01	已计提月份	5	币种	人民币
原值	1 070 000.00	净残值率	5%	净残值	53 500.00
累计折旧	53 375.40	月折旧率	0.002 6	本月计提折旧额	2 782.00
净值	1 016 624.60	对应折旧科目	(660107,折旧费)	项目	
增值税	0.00	价税合计	1 070 000.00		
录入人	刘慧清			录入日期	2019-01-01

图 5—24　【固定资产卡片】窗口

(4)以同样的方法继续录入其他固定资产卡片相关信息并保存,打开固定资产系统,点击【卡片】|【卡片管理】,打开【查询条件选择——卡片管理】窗口,在【开始使用日期】录入:2019.01.01,点击【确定】查询信息,如图 5—25 所示。

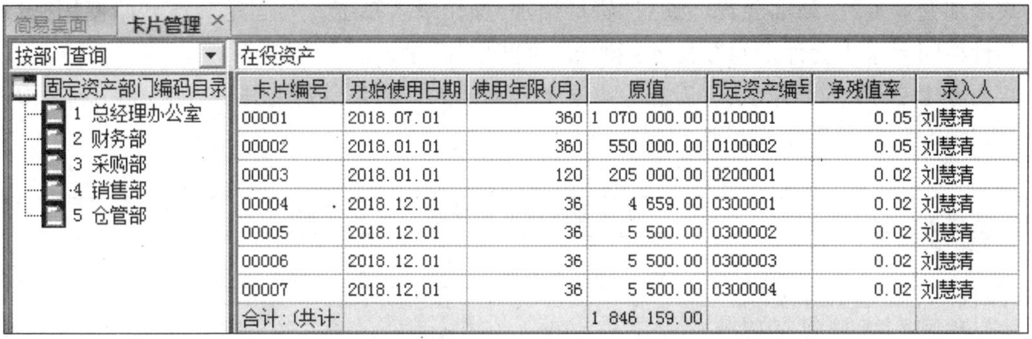

卡片编号	开始使用日期	使用年限(月)	原值	固定资产编号	净残值率	录入人
00001	2018.07.01	360	1 070 000.00	0100001	0.05	刘慧清
00002	2018.01.01	360	550 000.00	0100002	0.05	刘慧清
00003	2018.01.01	120	205 000.00	0200001	0.02	刘慧清
00004	2018.12.01	36	4 659.00	0300001	0.02	刘慧清
00005	2018.12.01	36	5 500.00	0300002	0.02	刘慧清
00006	2018.12.01	36	5 500.00	0300003	0.02	刘慧清
00007	2018.12.01	36	5 500.00	0300004	0.02	刘慧清
合计:(共计			1 846 159.00			

图 5—25　【固定资产——卡片管理】窗口

(五)固定资产期初对账

系统在运行过程中,应保证本系统管理的固定资产的价值和账务系统中固定资产科目的数值相等。而两个系统的资产价值是否相等,通过执行本系统提供的对账功能实现。对账操作不限制执行的时间,任何时候均可进行对账。

业务 6:请以账套主管【Z01 刘慧清】身份登录【企业应用平台】,执行固定资产期初对账。

操作步骤:

(1)打开固定资产系统,点击【处理】|【对账】,如图 5—26 所示。

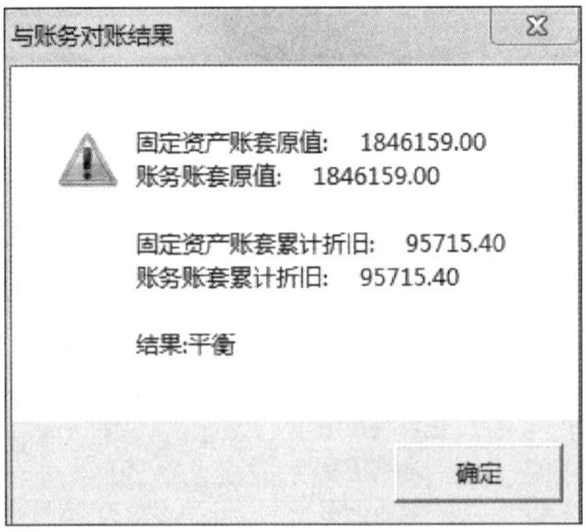

图 5—26 【固定资产——与财务对账结果】窗口

任务二　固定资产日常管理

一、资产增加处理

"资产增加",即新增加固定资产卡片,在系统日常使用过程中,可能会购进或通过其他方式增加企业资产,该部分资产通过"资产增加"操作录入系统。当固定资产开始使用"日期的会计期间=录入会计期间"时,才能通过"资产增加"录入。

业务 1:2019 年 1 月 1 日,因业务需要采购部购入一辆解放牌货车。相关业务单据如图 5—27、图 5—28 和图 5—29 所示。

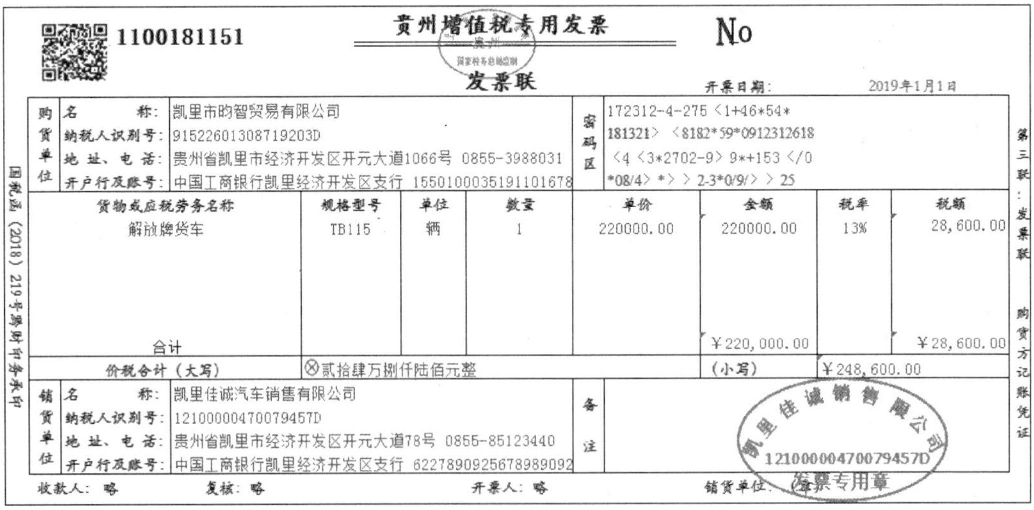

1100181151　　贵州增值税专用发票　　No

发票联

开票日期:2019年1月1日

购货单位	名　称:凯里市昀智贸易有限公司 纳税人识别号:91522601308719203D 地址、电话:贵州省凯里市经济开发区开元大道1066号 0855-3988031 开户行及账号:中国工商银行凯里经济开发区支行 1550100035191101678	密码区	172312-4-275 <1+46*54* 181321> <8182*59*0912312618 <4 <3*2702-9> 9*+153 </0 *08/4> *> > 2-3*0/9/> > 25

货物或应税劳务名称	规格型号	单位	数量	单价	金额	税率	税额
解放牌货车	TB115	辆	1	220000.00	220000.00	13%	28,600.00
合计					¥220,000.00		¥28,600.00
价税合计(大写)	⊗贰拾肆万捌仟陆佰元整				(小写)	¥248,600.00	

销货单位	名　称:凯里佳诚汽车销售有限公司 纳税人识别号:121000004700794570 地址、电话:贵州省凯里市经济开发区开元大道78号 0855-85123440 开户行及账号:中国工商银行凯里经济开发区支行 6227890925678989092	备注	

收款人:略　　复核:略　　开票人:略　　销货单位:(章)

国税函(2018)219号票财印务承印

第三联:发票联　购货方记账凭证

凯里佳诚销售有限公司 12100000470079457D 发票专用章

图 5—27　增值税专用发票

ICBC　　中国工商银行电汇凭证（回单）

日期 2019年1月1日　　　　NO 3586652901

汇款人	全　称	凯里市昀智贸易有限公司		收款人	全　称	凯里佳诚汽车销售有限公司		
	账号或住址	1550100035191101678			账号或住址	6227890925678989092		
	汇出地点	凯里	汇出行全称：中国工商银行凯里经济开发区支行		汇入地点	凯里	汇入行名称：中国工商银行凯里经济开发区支行	
金额	人民币（大写）	贰拾肆万捌仟陆佰元整						¥248600.00
	单位主管	会计	复核	记账	中国工商银行凯里经济开发区支行 2019.01.01 转账 转讫	汇出行盖章 2019年1月1日		

此联汇出行给汇款人的回单

图 5—28　电汇凭证

固定资产卡片

卡片编号：	日期：2019年1月1日	
固定资产编号：	固定资产名称：解放牌货车	
类别编号：	类别名称：	
规格型号：TB115	增加方式：直接购入	存放地点：采购部
	使用年限：10	折旧方法：平均年限法（一）
使用状况：在用	累计工作量：	工作量单位：
工作总量：	已提月份：	币种：人民币
开始使用日期：	汇率：	币种单位：
外币原值：	净残值率：2%	净残值：
原值：220000 元	月折旧率：	月折旧额：
累计折旧：	对应折旧科目：	项目：
净值：220000元		

图 5—29　固定资产卡片

操作步骤：

(1)以【W02 李晓园】身份登录【企业应用平台】打开固定资产系统，点击【卡片】|【资产增加】，进入【固定资产类别档案】窗口，选择【02 运输设备】，如图 5—30 所示。

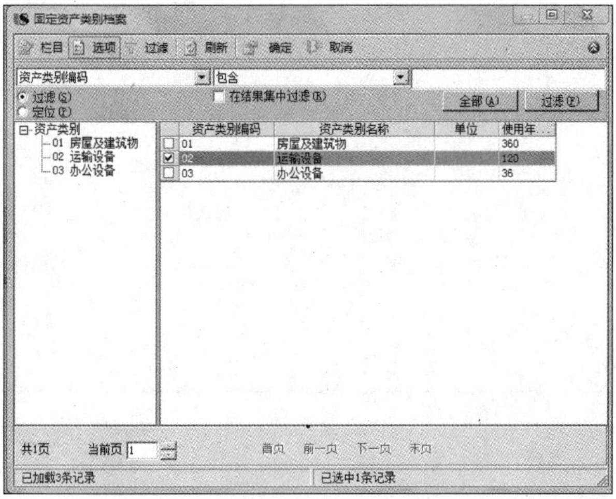

图 5—30　【固定资产类别档案】窗口

(2)点击【确定】,在【固定资产名称】录入:解放牌货车,在【规格型号】录入:TB115,在【增加方式】录入:直接购入,在【使用部门】录入:采购部,在【开始使用日期】录入:2019—01—01,在【使用状况】录入:在用,在【原值】录入:220 000.00;在【增值税】录入:28 600.00;其他默认,如图 5—31 所示,点击【保存】,系统提示数据保存成功,点击【确定】。

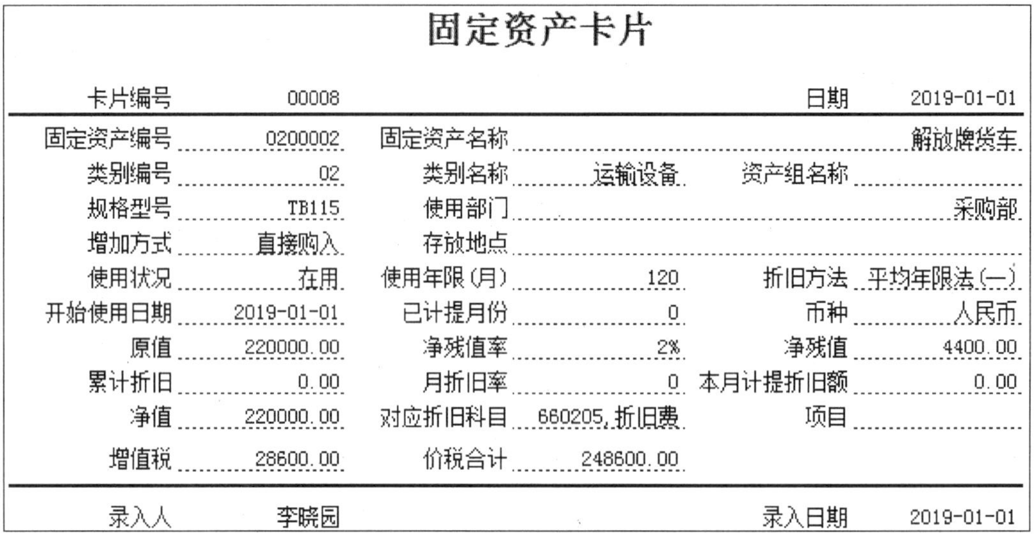

图 5—31 【固定资产卡片】窗口

(3)打开固定资产系统,点击【处理】|【批量制单】,打开【查询条件选择——批量制单】,【业务类型】选择【新增资产】,如图 5—32 所示。

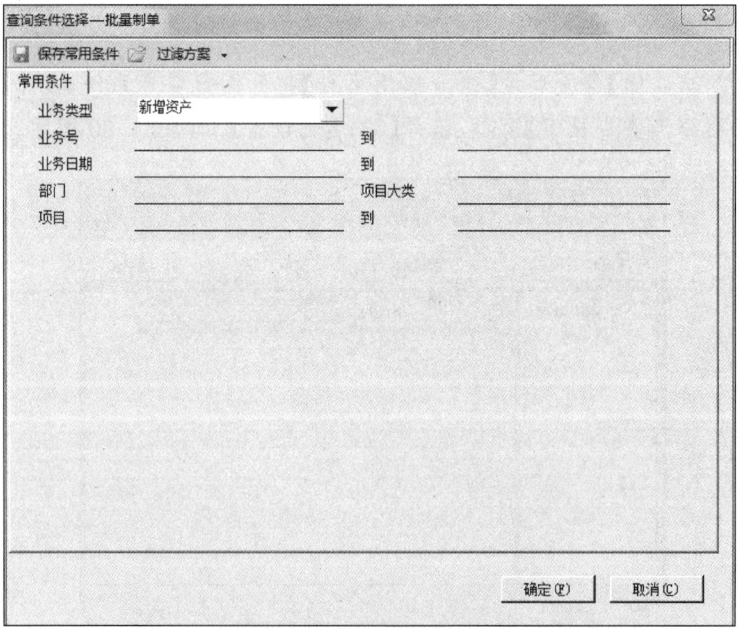

图 5—32 【查询条件选择——批量制单】窗口

(4)点击【确定】,进入【批量制单】对话框,双击选择需要生成凭证的业务对应的【选择】栏,打上【Y】标识,如图5—33所示。

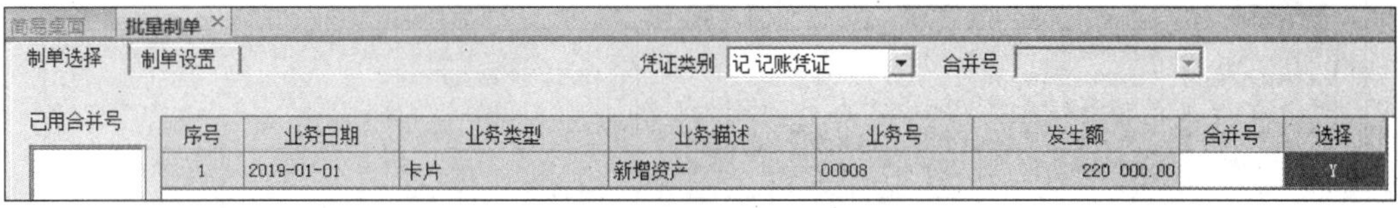

图5—33　【批量制单——制单选择】窗口

(5)点击【制单设置】,如图5—34所示。

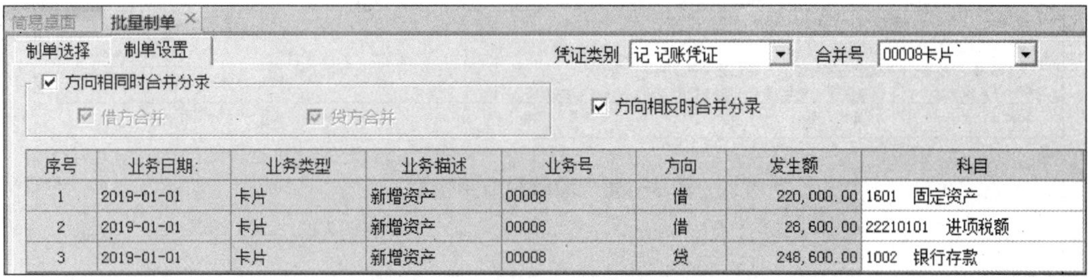

图5—34　【批量制单——制单设置】窗口

(6)点击【凭证】按钮,生成凭证,根据中国工商银行电汇凭证,修改【1002 银行存款】的辅助项,如图5—35所示,点击【保存】。

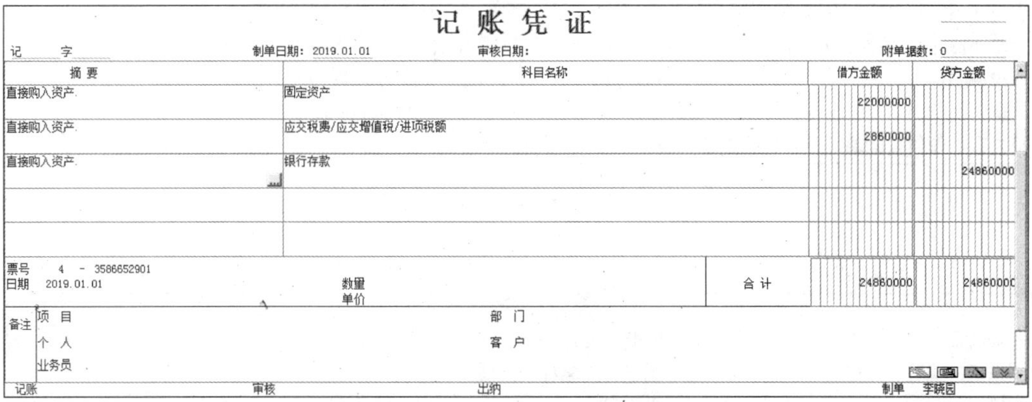

图5—35　【记账凭证】窗口

业务2:2019年1月2日,销售部因业务需要采购部购入一套房屋。相关业务单据如图5—36～图5—39所示。

1100182152　　贵州增值税专用发票　　No

发票联　　开票日期：2019年1月2日

购货单位	名　　称：凯里市昀智贸易有限公司 纳税人识别号：91522601308719203D 地 址、电 话：贵州省凯里市经济开发区开元大道1066号 0855-3988031 开户行及账号：中国工商银行凯里经济开发区支行 1550100035191101678	密码区	172312-421312321321321-275 <1+46*54* 181321> <8182*59*09618 <4 <3*2702-9> 9*+153333 </0 *08/4> *> > 2-3*0/9/> > 25

货物或应税劳务名称	规格型号	单位	数量	单价	金额	税率	税额
房　屋	三室一厅	m^2	130	5600.00	728000.00	9%	65520.00
合计					¥728,000.00		¥65,520.00
价税合计（大写）	⊗柒拾玖万叁仟伍佰贰拾元整				（小写）	¥793,520.00	

销货单位	名　　称：凯里碧桂园房地产股份有限公司 纳税人识别号：1233389098526450 地 址、电 话：贵州省凯里市滨江大道66号 0855-85670342 开户行及账号：中国建设银行凯里市大十字支行6225903301227868935	备注	

收款人：略　　复核：略　　开票人：略　　销货单位：（章）

国税函（2018）216号财务承印

第一联：发票联　销货方记账凭证

图 5—36　增值税专用发票

中国工商银行凯里经济开发区支行	电子缴税付款凭证
转账日期：20190102	凭证字号：20989090
纳税人全称及纳税人识别号：凯里市昀智贸易有限公司	91522601308719203D
付款人全称：凯里市昀智贸易有限公司	
付款人账号：1550100035191101678	征收机关名称：贵州省凯里市经济开发区国家税务局
付款人开户银行：中国工商银行凯里经济开发区支行	收款国库（银行）名称：国家金库凯里市开发区支库
小写（合计）　金额：¥14 560.00	缴款书交易流水号：10008978
大写（合计）　金额：人民币壹万肆仟伍佰陆拾元整	税票号码：20908978565

税种名称	所属时间	实缴金额
契　税	2019.01	¥14 560.00

第二联　作付款回单（无银行收讫章无效）　复核　记账

图 5—37　电子缴税付款凭证

固定资产卡片

卡片编号：	日期：2019年1月2日	
固定资产编号：	固定资产名称：房屋	
类别编号：	类别名称：	
规格型号：三室一厅	增加方式：直接购入	存放地点：
	使用年限：30	折旧方法：平均年限法（一）
使用状况：在用	累计工作量：	工作量单位：
工作总量：	已提月份：	币种：人民币
开始使用日期：	汇率：	币种单位：
外币原值：	净残值率：　5%	净残值：
原值：742 560 元	月折旧率：	月折旧额：
累计折旧：	对应折旧科目：	项目：
净值：742 560元		

图 5—38　固定资产卡片

ICBC　中国工商银行电汇凭证（回单）

日期 2019年1月2日　　NO 3586652902

汇款人	全称	凯里市昀智贸易有限公司			收款人	全称	凯里碧桂园房地产股份有限公司	
	账号或住址	1550100035191101678				账号或住址	6225903301227868935	
	汇出地点	凯里	汇出行全称	中国工商银行凯里经济开发区支行		汇入地点	凯里	汇入行名称：中国建设银行凯里市大十字支行
金额	人民币（大写）	柒拾玖万叁仟伍佰贰拾元整					百十万千百十元角分	¥ 7 9 3 5 2 0 0 0
单位主管　会计　复核　记账						中国工商银行凯里经济开发区支行 2019.01.02 转账 转讫	汇出行盖章 2019年1月2日	

此联汇出行给汇款人的回单

图 5—39　电汇凭证

操作步骤：

(1)以【W02 李晓园】身份登录【企业应用平台】打开固定资产系统，点击【卡片】|【资产增加】，进入【固定资产类别档案】，选择【01 房屋及建筑物】，如图 5—40 所示。

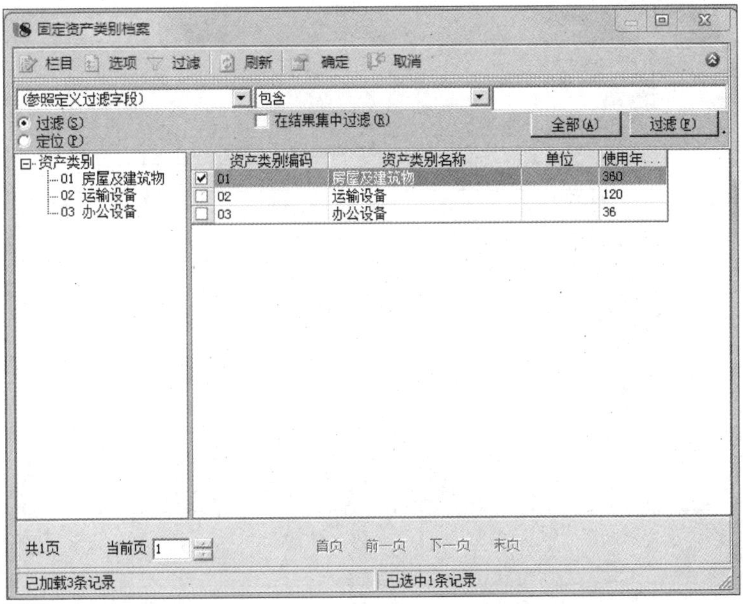

图 5—40　【固定资产类别档案】窗口

(2)点击【确定】，在【固定资产名称】录入：房屋，在【规格型号】录入：三室一厅，在【增加方式】录入：直接购入，在【使用部门】录入：销售部，在【开始使用日期】录入：2019—01—02，在【使用状况】录入：在用，在【原值】录入：742 560.00，在【增值税】录入：65 520.00，其他默认，如图 5—41 所示。点击【保存】，系统提示数据保存成功，点击【确定】。

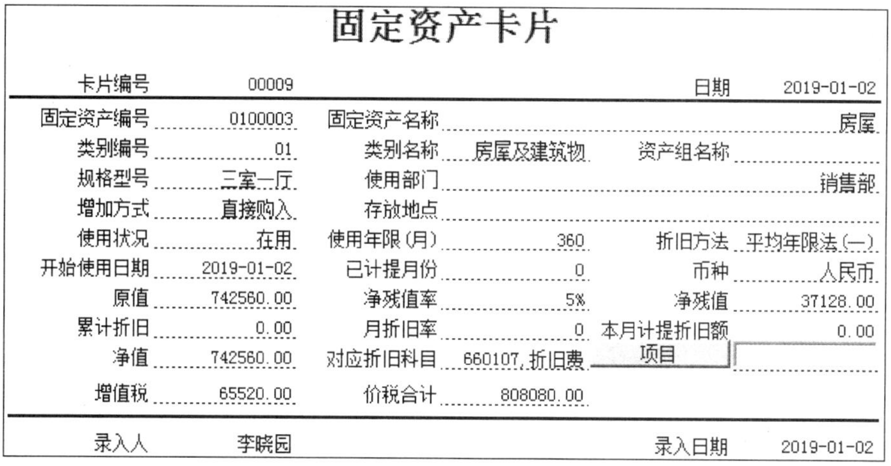

图 5—41　固定资产卡片

(3)打开固定资产系统,点击【处理】|【批量制单】,打开【查询条件选择——批量制单】,【业务类型】选择【新增资产】,如图 5—42 所示。

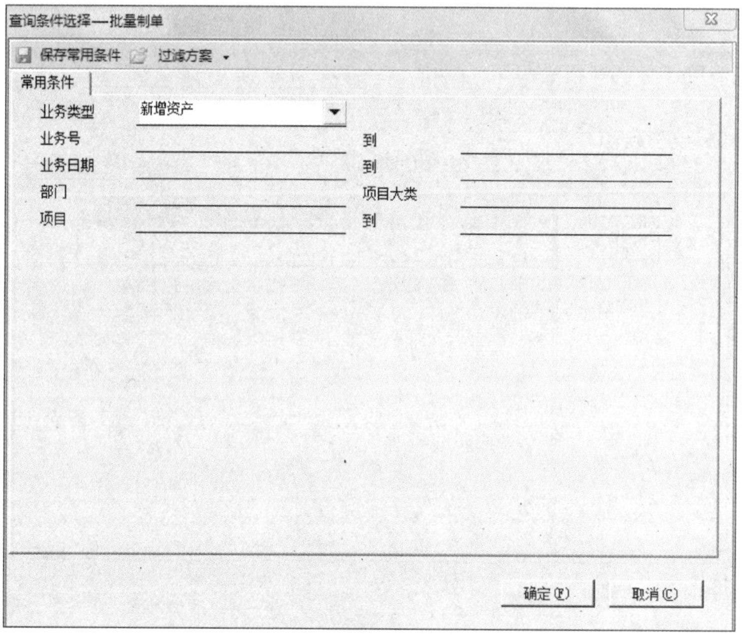

图 5—42　【查询条件选择——批量制单】窗口

(4)点击【确定】,进入【批量制单】对话框,双击选择需要生成凭证的业务对应的【选择】栏,打上【Y】标识,如图 5—43 所示。

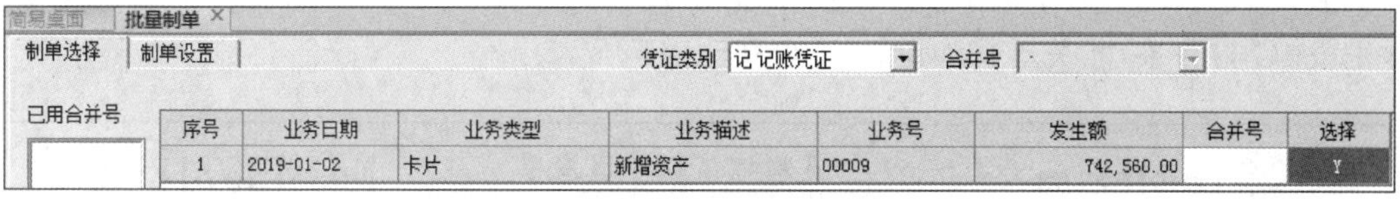

序号	业务日期	业务类型	业务描述	业务号	发生额	合并号	选择
1	2019-01-02	卡片	新增资产	00009	742,560.00		Y

图 5—43　【批量制单——制单选择】窗口

(5)点击【制单设置】,如图 5—44 所示。

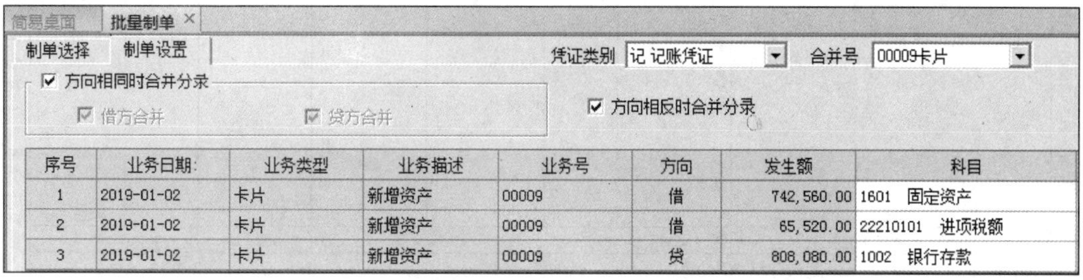

序号	业务日期	业务类型	业务描述	业务号	方向	发生额	科目
1	2019-01-02	卡片	新增资产	00009	借	742,560.00	1601　固定资产
2	2019-01-02	卡片	新增资产	00009	借	65,520.00	22210101　进项税额
3	2019-01-02	卡片	新增资产	00009	贷	808,080.00	1002　银行存款

图 5—44　【批量制单——制单设置】窗口

(6)点击【凭证】按钮,生成凭证,点击【插分】|【科目名称】:222104 应交税费——待抵扣进项税额,【借方金额】:29120,修改【22210101 应交税费——应交增值税——进项税额】的【借方金额】为:43680,点击【插分】|【科目名称】:1002 银行存款,根据中国工商银行电汇凭证及电子缴税付款凭证,修改【1002 银行存款】的辅助项,如图 5—45 所示,点击【保存】。

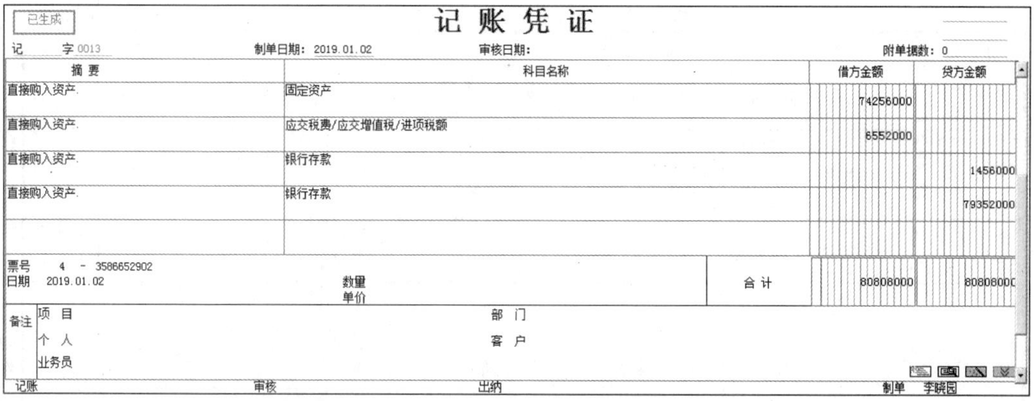

摘要	科目名称	借方金额	贷方金额
直接购入资产	固定资产	74256000	
直接购入资产	应交税费/应交增值税/进项税额	6552000	
直接购入资产	银行存款		1456000
直接购入资产	银行存款		79352000
	合计	80808000	80808000

图 5—45　【记账凭证】窗口

二、固定资产变动处理

(一)资产原值处理

资产在使用过程中,除发生下列情况外,价值不得任意变动:根据国家规定对固定资产重新估价,增加补充设备或改良设备,将固定资产的一部分拆除;根据实际价值调整原来的暂估价值,发现原记固定资产价值有误的。

业务3:2019年1月3日,财务部电脑为满足会计软件的处理效率,财务部电脑需要增加一根4G内存条,相关单据如图5—46、图5—47所示。

1100182153 贵州增值税专用发票 No 45671853

发票联

开票日期: 2019年1月3日

购货单位	名称:凯里市昀智贸易有限公司 纳税人识别号:91522601308719203D 地址、电话:贵州省凯里市经济开发区开元大道1066号 0855-3988031 开户行及账号:中国工商银行凯里经济开发区支行 1550100035191101678			密码区	172312-421312321321321-275 <1+46*54*181321> <8182*59*09618 <4 <3*2702-9> 9*+153312333 </0 *08/4> *> > 2-3*0/9/> > 25		
货物或应税劳务名称	规格型号	单位	数量	单价	金额	税率	税额
内存条	4G		1	500.00	500.00	13%	65.00
合计					¥500.00		¥65.00
价税合计(大写)	⊗伍佰陆拾伍元整				(小写) ¥565.00		
销货单位	名称:凯里新凯科技贸易有限公司 纳税人识别号:1233389098523670 地址、电话:贵州省凯里市大十字66号 0855-85670442 开户行及账号:中国建设银行凯里市大十字支行6225903301427868935			备注	凯里新凯科技贸易有限公司 1233389098523670 发票专用章		

收款人:略　复核:略　开票人:略　销货单位:(章)

国税函(2018)216号鹏财印务承印　第一联:发票联　销货方记账凭证

图5—46　增值税专用发票

ICBC　中国工商银行电汇凭证(回单)

日期 2019年1月3日　NO 3587652903

汇款人	全称	凯里市昀智贸易有限公司		收款人	全称	凯里新凯科技贸易有限公司	
	账号或住址	1550100035191101678			账号或住址	6225903301427868935	
	汇出地点	凯里	汇出行全称:中国工商银行凯里经济开发区支行		汇入地点	凯里	汇入行名称:中国建设银行凯里市大十字支行
金额	人民币(大写)	伍佰陆拾伍元整				¥565.00	
单位主管	会计	复核	记账		中国工商银行凯里经济开发区支行 2019.01.03 转账 转讫	汇出行盖章 2019年1月3日	

此联汇出行给汇款人的回单

图5—47　电汇凭证

操作步骤:

(1)打开固定资产系统,点击【卡片】|【变动单】|【原值增加】,打开固定资产变动单。【卡片编号】选择:00006,【增加金额】录入:500.00,【变动原因】录入:满足会计软件运行,如图5—48所示,点击【保存】,弹出【数据保存成功!】提示框。

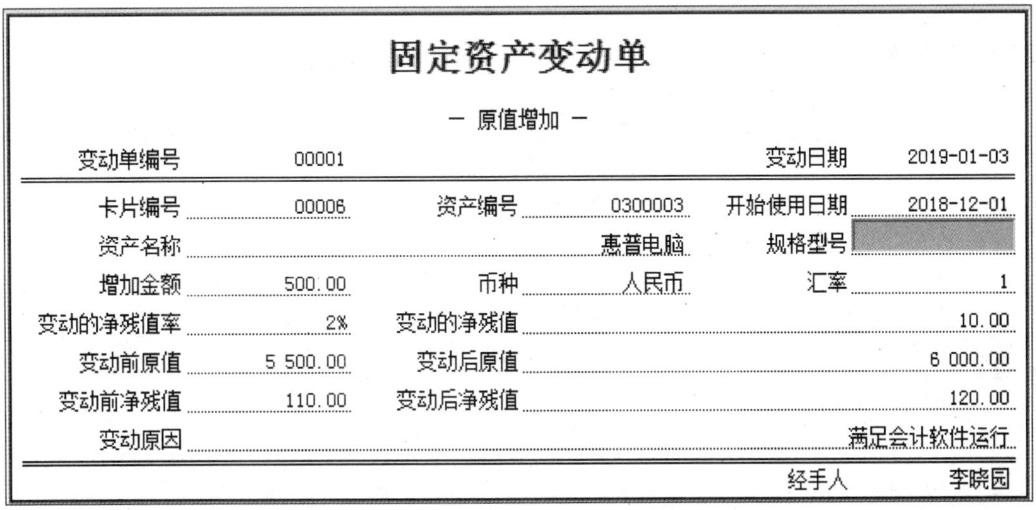

固定资产变动单

— 原值增加 —

变动单编号	00001			变动日期	2019-01-03
卡片编号	00006	资产编号	0300003	开始使用日期	2018-12-01
资产名称			惠普电脑	规格型号	
增加金额	500.00	币种	人民币	汇率	1
变动的净残值率	2%	变动的净残值			10.00
变动前原值	5 500.00	变动后原值			6 000.00
变动前净残值	110.00	变动后净残值			120.00
变动原因					满足会计软件运行
				经手人	李晓园

图 5—48 【固定资产变动单】窗口

(2)打开固定资产系统，点击【处理】|【批量制单】，打开【查询条件选择——批量制单】，【业务类型】选择【原值增加】，如图 5—49 所示。

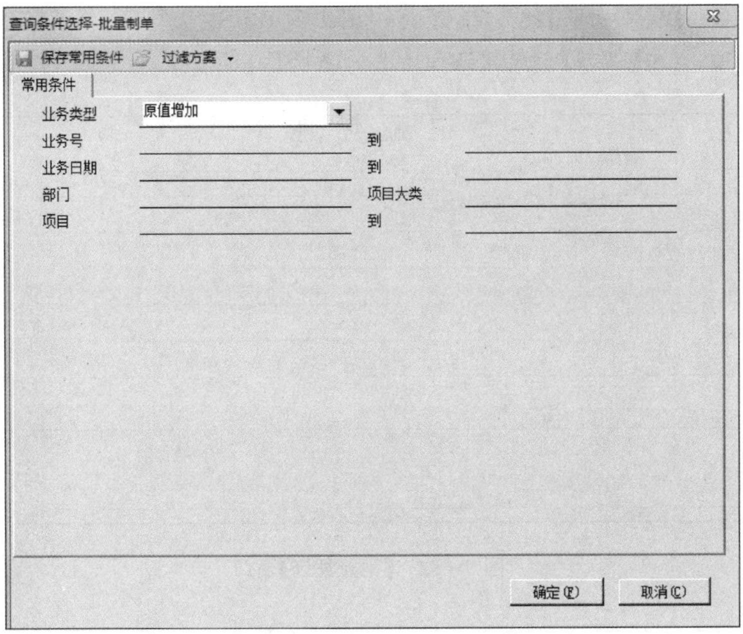

图 5—49 【查询条件选择——批量制单】窗口

(3)点击【确定】，进入【批量制单】窗口，双击选择需要生成凭证的业务对应的【选择】栏，打上【Y】标识，如图 5—50 所示。

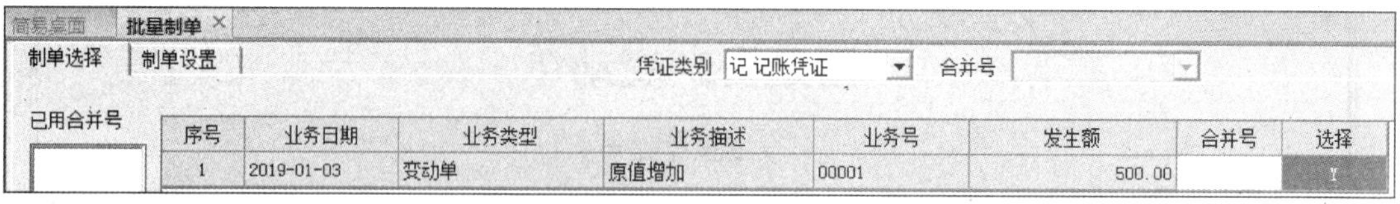

图 5—50 【批量制单——制单选择】窗口

(4)点击【制单设置】,录入贷方科目:1002 银行存款。如图 5—51 所示。

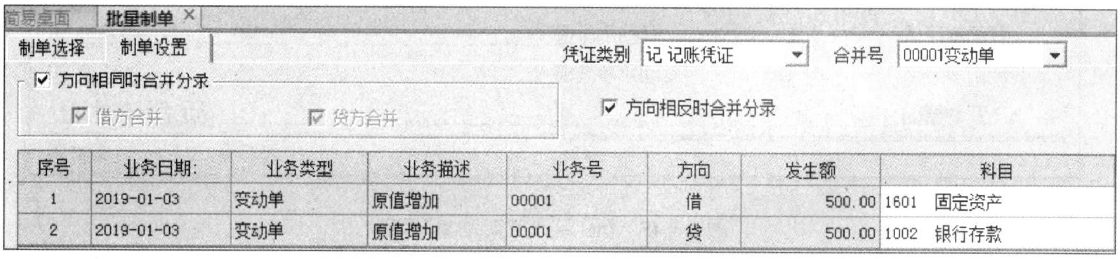

图 5—51 【批量制单——制单设置】窗口

(5)点击【凭证】按钮,点击【插分】|【科目名称】:22210101 应交税费——应交增值税——进项税额。【借方金额】:80.00,根据中国工商银行电汇凭证,修改【1002 银行存款】的金额和辅助项,点击【保存】生成凭证如图 5—52 所示。

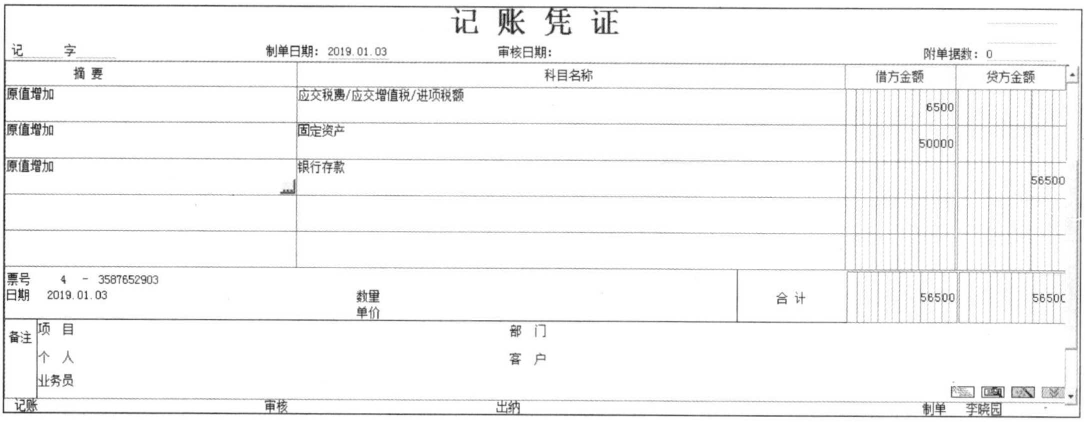

图 5—52 【记账凭证】窗口

(二)资产部门转移处理

资产在使用过程中,因内部调配而发生的部门变动,通过部门转移功能实现。

业务 4:2019 年 1 月 3 日,东风货车的使用部门由“销售部”变更为“采购部”。相关单据如图 5—53 所示。

资产使用部门变更决议书

为优化资产的配置，提高资产的使用效率，经过研究决定，原来由销售部使用的“东风货车”即日起交付给采购部门使用。

凯里市昀智贸易有限公司
2019年1月3日

图 5—53　变更决议书

操作步骤：

(1)打开固定资产系统，点击【卡片】|【变动单】|【部门转移】，打开固定资产变动单。卡片编号选择【00003】，【变动后部门】录入：采购部，【变动原因】录入：优化资产的配置，如图5—54所示，点击【保存】，弹出【数据保存成功!】提示框。

固定资产变动单

— 部门转移 —

变动单编号	00002			变动日期	2019-01-03
卡片编号	00003	资产编号	0200001	开始使用日期	2018-01-01
资产名称			东风货车	规格型号	
变动前部门		销售部		变动后部门	采购部
存放地点				新存放地点	
变动原因					优化资产的配置。
				经手人	李晓园

图 5—54　【固定资产——固定资产变动单】窗口

(三)计提减值准备处理

企业应当在期末至少在每年年度终了，对固定资产逐项进行检查，如果由于市价持续下跌，或技术陈旧等原因导致其可回收金额低于账面价值的，应当将可回收金额低于账面价值的差额作为固定资产减值准备。固定资产减值准备按单项资产计提。

业务5：2019年1月31日，月末对固定资产逐项进行检查，对减值资产做出固定资产减值准备决议。相关单据如图5—55所示。

固定资产减值准备决议书

月末对固定资产逐项进行检查，发现解放牌货车的可回收金额低于账面价值。经过研究决定对其计提10 000元减值准备。

凯里市昀智贸易有限公司
2019年1月31日

图 5—55　固定资产减值准备决议书

操作步骤：

(1)打开固定资产系统，点击【卡片】|【变动单】|【计提减值准备】，打开【固定资产变动单】。卡片编号选择【00008】，【减值准备金额】录入：10 000.00，【变动原因】录入：可回收金额低于账面价值，如图 5—56 所示，点击【保存】，弹出【数据保存成功!】提示框。

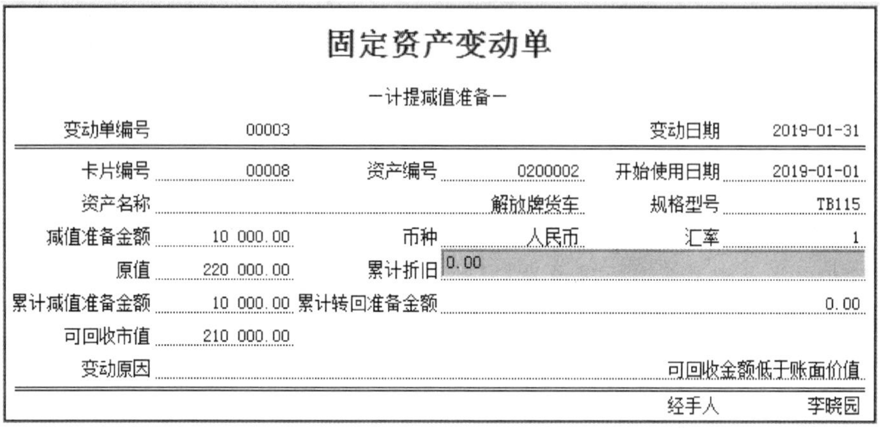

图 5—56 【固定资产——固定资产变动单】窗口

(2)打开固定资产系统，点击【处理】|【批量制单】，打开【查询条件选择——批量制单】，【业务类型】选择【计提减值准备】，如图 5—57 所示。

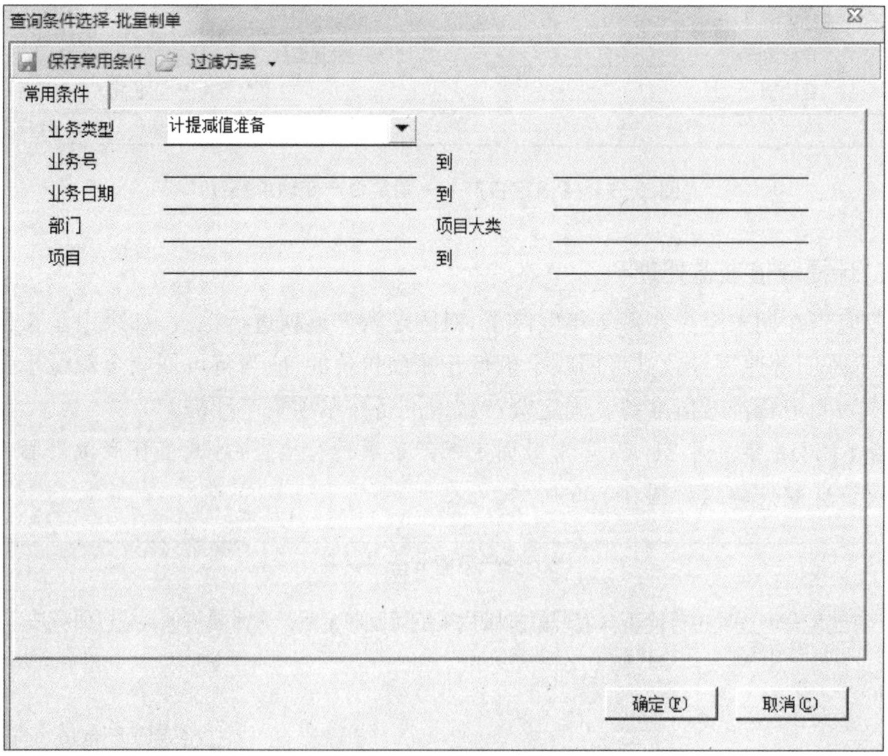

图 5—57 【固定资产——查询条件选择】窗口

(3)点击【确定】,进入【批量制单】窗口,双击选择需要生成凭证的业务对应的【选择】栏,打上【Y】标识,如图5—58所示。

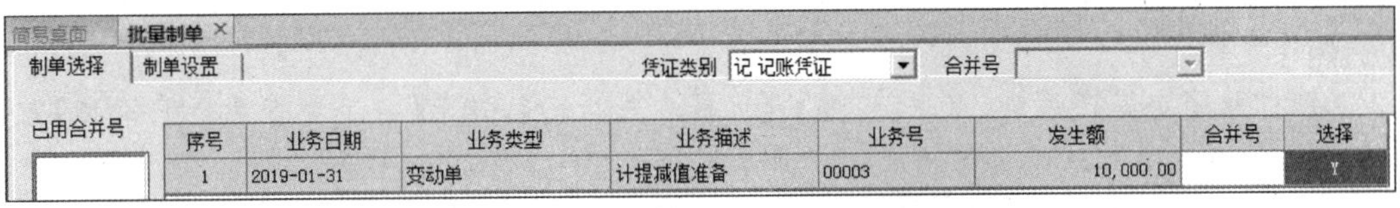

图5—58　【批量制单——制单设置】窗口

(4)点击【制单设置】,录入借方科目:6701资产减值损失,如图5—59所示。

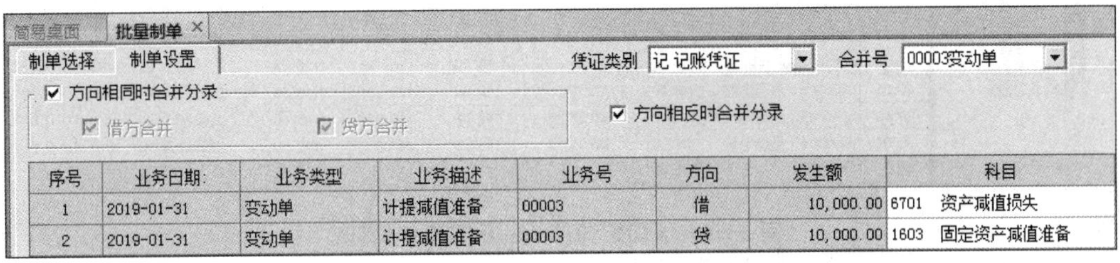

图5—59　【批量制单——制单选择】窗口

(5)点击【凭证】按钮,如图5—60所示,点击【保存】。

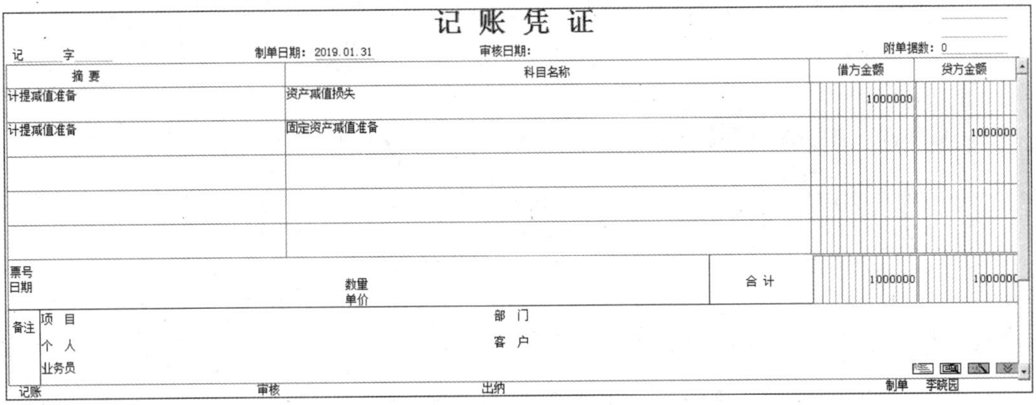

图5—60　【记账凭证】窗口

任务三　固定资产期末管理

扫码看资源

一、计提固定资产折旧

自动计提折旧是固定资产系统的主要功能之一。系统每期计提折旧一次,根据您录入系统的资料自动计算每项资产的折旧,并自动生成折旧分配表,然后制作记账凭证,将本期的折旧费用自动登账。执行此功能后,系统将自动计提各个资产当期的折旧额,并将当期的折旧额自动累加到累计折旧项目。

业务 1:2019 年 1 月 31 日,计提折旧

操作步骤:

(1)打开固定资产系统,点击【处理】|【计提本月折旧】,弹出【是否要查看折旧清单】对话框。

(2)点击【是】,弹出【本操作将计提本月折旧,并花费一定时间,是否要继续】对话框。

(3)点击【是】,打开【折旧清单】,如图 5—61 所示。

按部门查询

固定资产部门编码目录
1 总经理办公室
2 财务部
3 采购部
4 销售部
5 仓管部

卡片编号	资产编号	资产名称	原值	计提原值	本月计提折旧额	累计折旧	本年计提折旧	减值准备	净值	净残值	折旧率
00001	0100001	办公楼	000.00	070 000.00	2 782.00	56 157.40	2 782.00	0.00	842.60	3 500.00	0.0026
00002	0100002	仓库	000.00	550 000.00	1 430.00	23 680.00	1 430.00	0.00	320.00	7 500.00	0.0026
00003	0200001	东风货车	000.00	205 000.00	1 681.00	21 771.00	1 681.00	0.00	229.00	4 100.00	0.0082
00004	0300001	打印机	659.00	4 659.00	126.72	126.72	126.72	0.00	532.28	93.18	0.0272
00005	0300002	惠普电脑	500.00	5 500.00	149.60	149.60	149.60	0.00	350.40	110.00	0.0272
00006	0300003	惠普电脑	000.00	5 500.00	149.60	149.60	149.60	0.00	850.40	120.00	0.0272
00007	0300004	惠普电脑	500.00	5 500.00	149.60	149.60	149.60	0.00	350.40	110.00	0.0272
合计			659.00	846 159.00	6 468.52	102 183.92	6 468.52	0.00	475.08	5 533.18	

图 5—61 【固定资产——折旧清单】窗口

(4)点击【退出】,系统弹出【计提折旧完成!】提示框。

(5)点击【确定】,打开【折旧分配表】窗口,如图 5—62 所示。

简易桌面 折旧分配表 ×

◉ 按部门分配
○ 按类别分配

部门分配条件...

01 (2019.01-->2019.01)

部门编号	部门名称	项目编号	项目名称	科目编号	科目名称	折旧额
1	总经理办公			660205	折旧费	845.10
2	财务部			660205	折旧费	971.82
3	采购部			660205	折旧费	2,376.50
4	销售部			660107	折旧费	845.10
5	仓管部			660205	折旧费	1,430.00
合计						6,468.52

图 5—62 【固定资产——折旧分配表】窗口

(6)点击【凭证】,生成凭证,修改凭证类别为:记账凭证,如图 5—63 所示,点击【保存】,凭证保存成功。

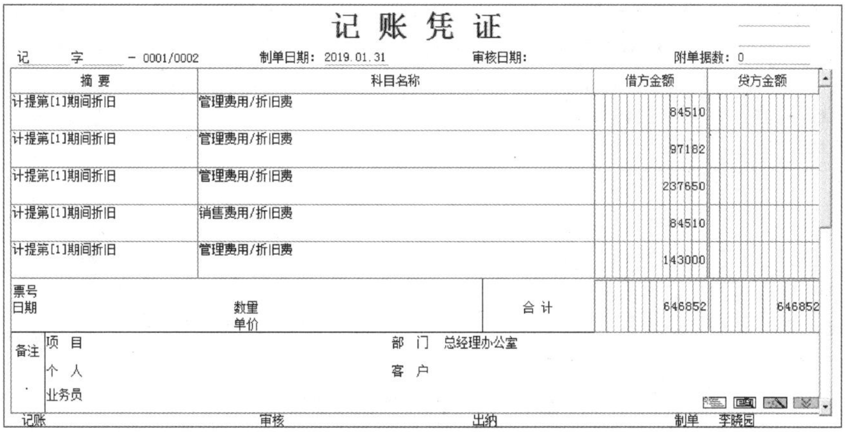

记账凭证

记 字 - 0001/0002 制单日期：2019.01.31 审核日期： 附单据数：0

摘要	科目名称	借方金额	贷方金额
计提第[1]期间折旧	管理费用/折旧费	84510	
计提第[1]期间折旧	管理费用/折旧费	97182	
计提第[1]期间折旧	管理费用/折旧费	237650	
计提第[1]期间折旧	销售费用/折旧费	84510	
计提第[1]期间折旧	管理费用/折旧费	143000	
票号 日期	数量 单价 合计	646852	646852

备注 项目 部门 总经理办公室
个人 客户
业务员

记账 审核 出纳 制单 李晓园

图 5—63 【记账凭证】窗口

二、固定资产减少处理

资产在使用过程中，总会由于各种原因，如毁损、出售、盘亏等，退出企业，该部分操作称为“资产减少”。本系统提供资产减少的批量操作，为同时清理一批资产提供方便。

扫码看资源

业务 2：固定资产报废

2019 年 1 月 31 日，将总经理办公室的电脑报废，残值收入 800 元。

操作步骤：

(1)打开固定资产系统，点击【卡片】|【资产减少】，打开【资产减少】对话框，在【卡片编号】处录入：00005，点击【增加】；在【减少方式】选择：报废；在【清理原因】录入：无法使用。如图 5—64 所示。

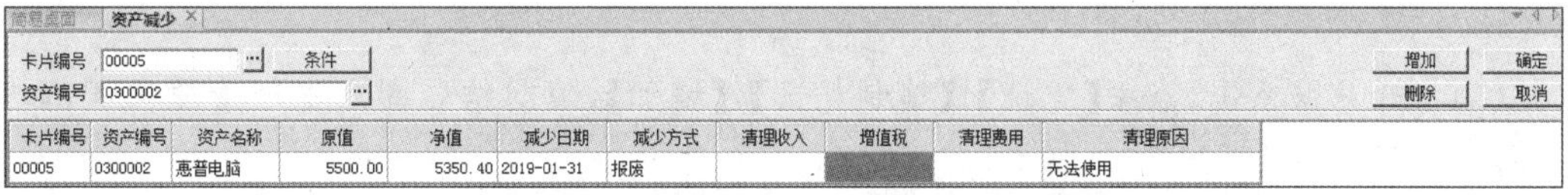

卡片编号	资产编号	资产名称	原值	净值	减少日期	减少方式	清理收入	增值税	清理费用	清理原因
00005	0300002	惠普电脑	5500.00	5350.40	2019-01-31	报废				无法使用

图 5—64 【固定资产——资产减少】窗口

(2)点击【确定】，弹出【所选择的卡片已经减少成功！】提示框，点击【确定】。

(3)打开固定资产系统，点击【处理】|【批量制单】，打开【查询条件选择——批量制单】窗口，【业务类型】选择：减少资产，点击【确定】，进入【批量制单对话框】，双击选择需要生成凭证的业务对应的选择栏，打上【Y】标识，打开【制单设置】，点击【凭证】，生成一张记账凭证，如图 5—65 所示，点击【保存】。

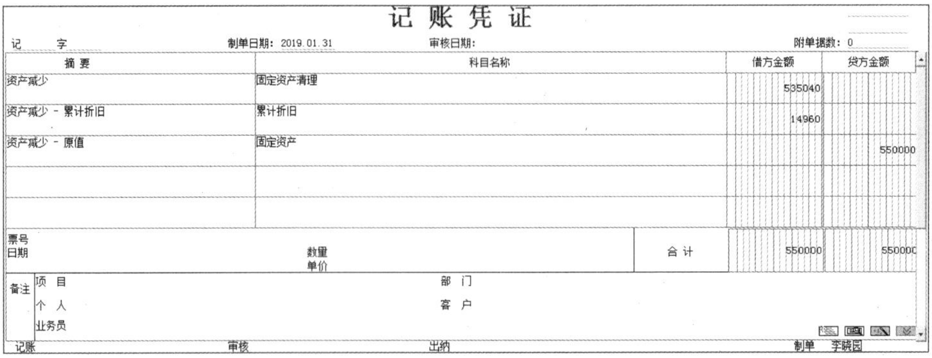

记 账 凭 证

记 字　　制单日期：2019.01.31　　审核日期：　　附单据数：0

摘要	科目名称	借方金额	贷方金额
资产减少	固定资产清理	535040	
资产减少 - 累计折旧	累计折旧	14960	
资产减少 - 原值	固定资产		550000
票号 日期　数量 单价	合计	550000	550000

备注　项目　部门　个人　客户　业务员

记账　审核　出纳　制单　李晓园

图 5—65　【记账凭证】窗口

(4)打开总账系统,点击【凭证】|【填制凭证】|【增加】,填制残值收入凭证,如图 5—66 所示,点击【保存】。

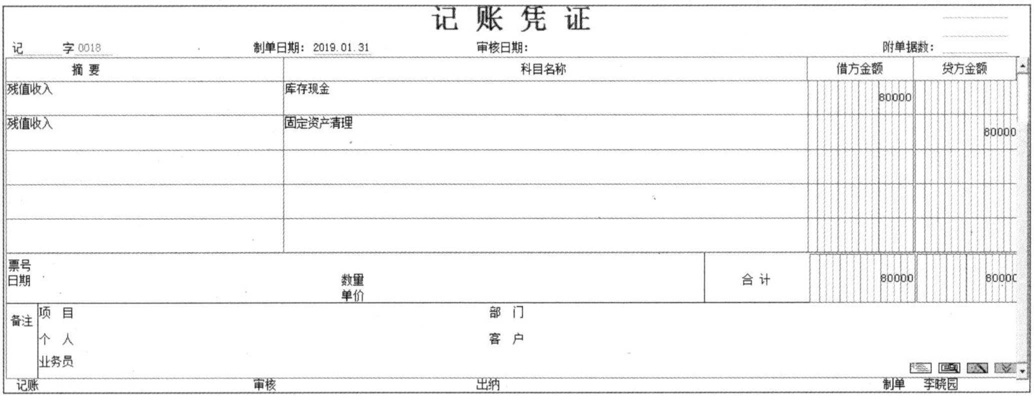

记 账 凭 证

记 字 0018　　制单日期：2019.01.31　　审核日期：　　附单据数：

摘要	科目名称	借方金额	贷方金额
残值收入	库存现金	80000	
残值收入	固定资产清理		80000
票号 日期　数量 单价	合计	80000	80000

备注　项目　部门　个人　客户　业务员

记账　审核　出纳　制单　李晓园

图 5—66　【记账凭证】窗口

(5)打开总账系统,点击【凭证】|【填制凭证】|【增加】,填制结转固定资产清理凭证,如图 5—67 所示。

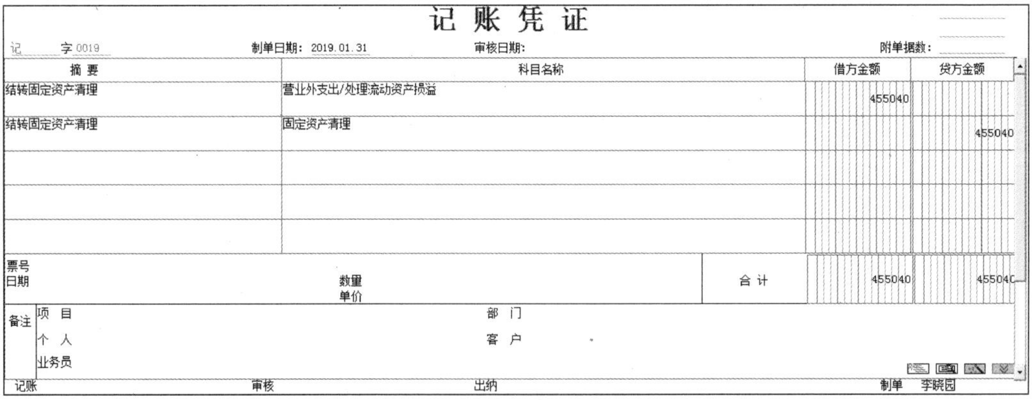

记 账 凭 证

记 字 0019　　制单日期：2019.01.31　　审核日期：　　附单据数：

摘要	科目名称	借方金额	贷方金额
结转固定资产清理	营业外支出/处理流动资产损溢	455040	
结转固定资产清理	固定资产清理		455040
票号 日期　数量 单价	合计	455040	455040

备注　项目　部门　个人　客户　业务员

记账　审核　出纳　制单　李晓园

图 5—67　【记账凭证】窗口

任务四　固定资产账表管理

固定资产管理过程中，需要及时掌握资产的统计、汇总和其他各方面的信息。本系统根据用户对系统的日常操作，自动提供这些信息，以报表的形式提供给财务人员和资产管理人员。本系统提供的报表分为五类：账簿、折旧表、汇总表、分析表、减值准备表。

业务1：查询1月固定资产价值结构分析表、减值准备明细账、固定资产变动情况表和（部门、类别）明细账。

操作步骤：

（1）打开固定资产系统，点击【账表】|【我的账表】|【分析表】|【价值结构分析表】，弹出【价值结构分析表】，期间选择：2019.01，点击【确定】，如图5—68所示。

简易桌面 | 报表 | 价值结构分析表 ×

恢复缺省格式　保存格式　锁定格式　格式锁定状态:未锁定

价值结构分析表

使用单位:凯里市昀智贸易有限公司　　期间: 2019.01

资产类别	数量	计量单位	期末原值	期末累计折旧	期末减值准备	期末净值	累计折旧占原值百分比(%)	减值准备原值百分比(%)	净值率(%)
房屋及建筑物(01)	3		362 560.00	79 837.40		282 722.60	3.38		96.62
运输设备(02)	2		425 000.00	21 771.00	10 000.00	393 229.00	5.12	2.35	92.52
办公设备(03)	3		16 159.00	425.92		15 733.08	2.64		97.36
合计	8		803 719.00	102 034.32	10 000.00	691 684.68	3.64	0.36	96.00

图5—68　【固定资产——价值结构分析表】窗口

（2）打开固定资产系统，点击【账表】|【我的账表】|【减值准备表】|【减值准备明细账】，弹出【减值准备明细账】，期间选择：2019.01～2019.01，类别名称：02运输设备，点击【确定】，如图5—69所示。

简易桌面 | 报表 | 减值准备明细账 ×

恢复缺省格式　保存格式　锁定格式　格式锁定状态:未锁定

减值准备明细账

使用单位:凯里市昀智贸易有限公司

资产类别:运输设备(02)...　　期间:2019.01～2019.01

日期	资产编号	资产名称	业务单号	凭证号	摘要	减值准备		余额
						借方	贷方	
					上期结转			
2019-01-31	0200002	解放牌货车	00003	记--14	计提减值准备		10,000.00	10,000.00
					本期合计		10,000.00	10,000.00

图5—69　【固定资产——减值准备明细账】窗口

（3）打开固定资产系统，点击【账表】|【我的账表】|【统计表】|【固定资产变动情况表】，弹出【固定资产变动情况表】，期间选择：2019.01～2019.01，其他默认，点击【确定】，如图5—70

所示。

简易桌面 | 报表 | 固定资产变动情况表 ×

恢复缺省格式 保存格式 锁定格式 格式锁定状态:未锁定

固定资产变动情况表

统计方式:资产类别　　期间:2019.01~2019.01

资产类别:　　使用部门:　　类别级次:1---1

项目	原值				累计折旧				减值准备			
	期初余额	本年增加	本年减少	期末余额	期初余额	本年增加	本年减少	期末余额	期初余额	本年增加	本年减少	期末余额
房屋及建筑物(01)	1 620 000.00	742 560.00		2 362 560.00	75 625.40	4 212.00		79 837.40				
运输设备(02)	205 000.00	220 000.00		425 000.00	20 090.00	1 681.00		21 771.00		10 000.00		10 000.00
办公设备(03)	21 159.00	500.00	5 500.00	16 159.00		575.52	149.60	425.92				
合计	1 846 159.00	963 060.00	5 500.00	2 803 719.00	95 715.40	6 468.52	149.60	102 034.32		10 000.00		10 000.00

图 5－70 【固定资产——固定资产变动情况表】窗口

(4)打开固定资产系统,点击【账表】|【我的账表】|【账簿】|【(部门、类别)明细账】,弹出【(部门、类别)明细账】,期间选择:2019.01～2019.01,其他默认,点击【确定】,如图 5－71 所示。

简易桌面 | 报表 | (部门、类别)明细账 ×

恢复缺省格式 保存格式 锁定格式 格式锁定状态:未锁定

(部门、类别)明细账

使用单位:凯甲市昀智贸易有限公司　　期间:2019.01~2019.01

资产类别:　　使用部门:

日期	资产编号	业务单号	凭证号	摘要	资产名称	数量	原值			累计折旧			减值准备			余额	
							借方	贷方	余额	借方	贷方	余额	借方	贷方	余额	数量	净值
2019-01-01	0100001	00001		录入原始卡片	办公楼	1.00	1 070 000.00		1 070 000.00		53 375.40	53 375.40				1.00	1 016 624.60
2019-01-01	0100002	00002		录入原始卡片	仓库	1.00	550 000.00		1 620 000.00		22 250.00	75 625.40				2.00	1 544 374.60
2019-01-01	0200001	00003		录入原始卡片	东风货车	1.00	205 000.00		1 825 000.00		20 090.00	95 715.40				3.00	1 729 284.60
2019-01-01	0300001	00004		录入原始卡片	打印机	1.00	4 659.00		1 829 659.00			95 715.40				4.00	1 733 943.60
2019-01-01	0300002	00005		录入原始卡片	惠普电脑	1.00	5 500.00		1 835 159.00			95 715.40				5.00	1 739 443.60
2019-01-01	0300003	00006		录入原始卡片	惠普电脑	1.00	5 500.00		1 840 659.00			95 715.40				6.00	1 744 943.60
2019-01-01	0300004	00007		录入原始卡片	惠普电脑	1.00	5 500.00		1 846 159.00			95 715.40				7.00	1 750 443.60
2019-01-01	0200002	00008	记-11	新增固定资产	解放牌货车	1.00	220 000.00		2 066 159.00			95 715.40				8.00	1 970 443.60
2019-01-02	0100003	00009	记-12	新增固定资产	房屋	1.00	742 560.00		2 808 719.00			95 715.40				9.00	2 713 003.60
2019-01-03	0300003	00001	记-13	原值增加	惠普电脑		500.00		2 809 219.00			95 715.40				9.00	2 713 503.60
2019-01-31	0200002	00003		计提减值准备	解放牌货车				2 809 219.00			95 715.40		10 000.00	10 000.00	9.00	2 703 503.60
2019-01-31	0300002	00005	记-16	资产减少	惠普电脑	-1.00		5 500.00	2 803 719.00	149.60		95 565.80			10 000.00	8.00	2 698 153.20
2019-01-31		01	记-15	计提折旧					2 803 719.00		6 468.52	102 034.32			10 000.00	8.00	2 691 684.68
				本期合计		8.00	2 809 219.00	5 500.00	2 803 719.00	149.60	102 183.92	102 034.32		10 000.00	10 000.00	8.00	2 691 684.68

图 5－71 【固定资产——(部门、类别)明细账】窗口

项目六　薪资管理

任务一　薪资初始化管理

一、工资账套的建立

扫码看资源

建账工作是整个薪资管理正确运行的基础。建立一个完整的账套，是系统正常运行的根本保证。您可通过系统提供的建账向导，逐步完成整套工资的建账工作。当启动薪资管理系统，如所选择账套为首次使用，系统将自动进入建账向导。

选择本账套处理的工资类别个数：单个或多个。如单位按周或月发多次工资，或者是单位中有多种不同类别（部门）的人员，工资发放项目不尽相同，计算公式也不相同，但需进行统一工资核算管理，应选择“多个”工资类别。如果单位中所有人员的工资统一管理，而人员的工资项目、工资计算公式全部相同，选择“单个”工资类别，可提高系统的运行效率。

确定是否进行扣零处理。若选择进行扣零处理，系统在计算工资时将依据所选择的扣零类型将零头扣下，并在积累成整时补上。扣零的计算公式将由系统自动定义，无须设置。

人员编码与公共平台的人员编码保持一致，无须在本系统设置。

业务 1：2019 年 1 月 1 日，以账套主管【Z01 刘慧清】身份登录【企业应用平台】，建立工资账套。

参数设置：本账套所需处理的工资类别个数为单个；币别：人民币 RMB。

扣税设置：从工资中代扣个人所得税。

扣零设置：不扣零。

人员编码：默认人员编码设置。

操作步骤：

(1)登录【企业应用平台】，执行【业务工作】|【人力资源】|【薪资管理】命令，弹出【建立工资账套】窗口，【建立工资账套——参数设置】：请选择本账套所需处理的工资类别个数为【单个】，币别：人民币 RMB，如图 6—1 所示。

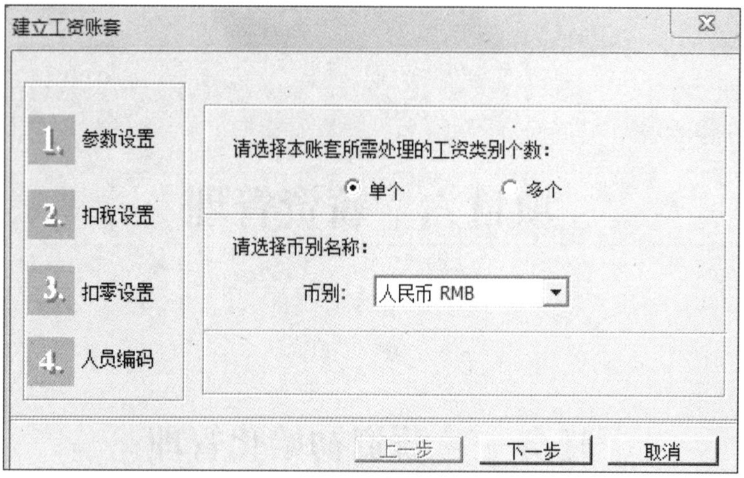

图 6—1 【建立工资账套——参数设置】窗口

(2)点击【下一步】,进入【建立工资账套——扣税设置】:勾选【是否从工资中代扣个人所得税】,如图 6—2 所示。

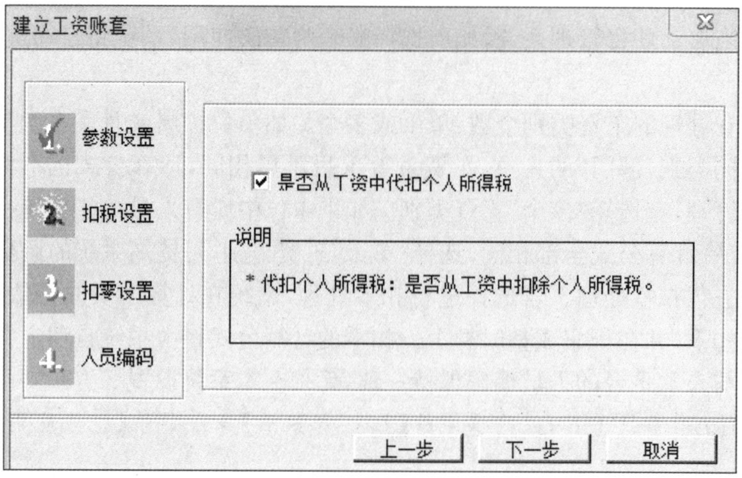

图 6—2 【建立工资账套——扣税设置】窗口

(3)点击【下一步】,进入【建立工资账套——扣零设置】:取消扣零勾选,如图 6—3 所示。

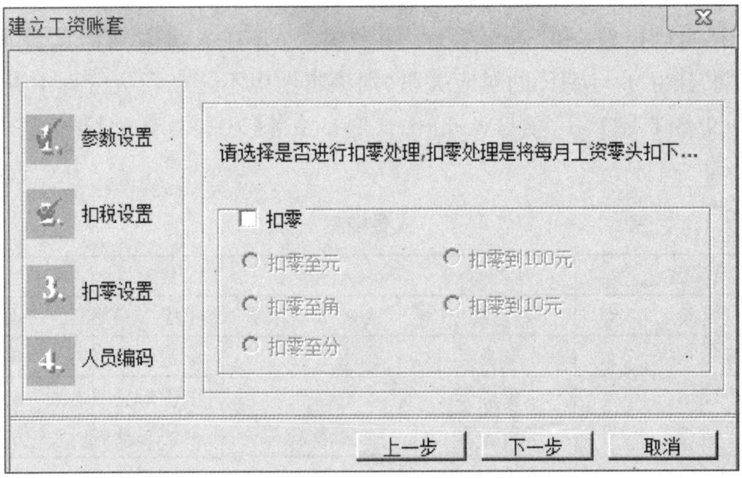

图 6－3　【建立工资账套——扣零设置】窗口

(4)点击【下一步】,进入【建立工资账套——人员编码】:默认人员编码设置,如图 6－4 所示。

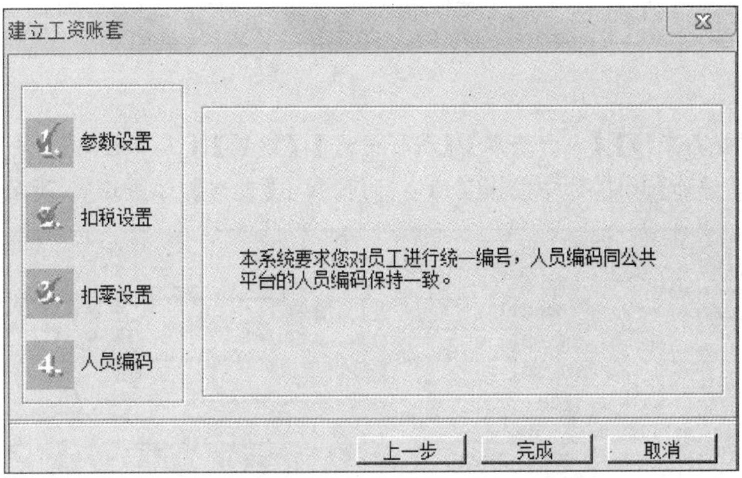

图 6－4　【建立工资账套——人员编码】窗口

(5)点击【完成】,完成工资账套的建立。

二、设置人员档案

人员档案用于登记工资发放人员的姓名、职工编号、所在部门、人员类别等信息,处理员工的增减变动等。如果某一附加信息设置成了“必输”项,则在输入时必须输入,否则不予保存。不影响以前的附加信息,即如果以前的人员档案中该附加信息没有输入,系统不自动更新数据库,只是在输入和修改时进行判断。当未启用“HR 基础设置”以及“人事管理”时,只有人员新增时才能体现在“通知”的信息中。

人员编号、人员姓名、人员类别来源于公共平台的人员档案信息,薪资管理系统不能修改,要在公共平台中修改,系统会自动将修改信息同步到薪资管理系统。如果启用了人力资源系统下的"HR基础设置"和"人事管理"两个模块,并在人员附加信息设置中对"进入日期"或"离开日期"建立了与HR的对应关系,则该属性也不能在薪资管理中进行编辑。

业务2:2019年1月1日,根据表6—1以账套主管【Z01 刘慧清】身份登录【企业应用平台】设置人员档案。

表6—1 **人员档案**

人员编码	人员名称	性别	所在部门	人员类别	银行名称	银行卡号
101	刘慧清	女	总经理办公室	企业管理人员	中国工商银行	62212200012501
201	陈丽梅	女	财务部	企业管理人员	中国工商银行	62212200012502
202	李晓园	女	财务部	企业管理人员	中国工商银行	62212200012503
203	王明涛	男	财务部	企业管理人员	中国工商银行	62212200012504
301	戚诚	男	采购部	企业管理人员	中国工商银行	62212200012505
302	杨智	女	采购部	采购人员	中国工商银行	62212200012506
401	肖丽丽	女	销售部	企业管理人员	中国工商银行	62212200012507
402	徐敏敏	女	销售部	销售人员	中国工商银行	62212200012508
403	梁志平	男	销售部	销售人员	中国工商银行	62212200012509
501	李军钧	男	仓管部	企业管理人员	中国工商银行	62212200012510
502	张莉	女	仓管部	企业管理人员	中国工商银行	62212200012511

操作步骤:

(1)执行【业务工作】|【人力资源】|【薪资管理】|【设置】|【人员档案】命令,点击【批增】,弹出【人员批量增加】窗口,选中左上角所有部门,点击【查询】,如图6—5所示。

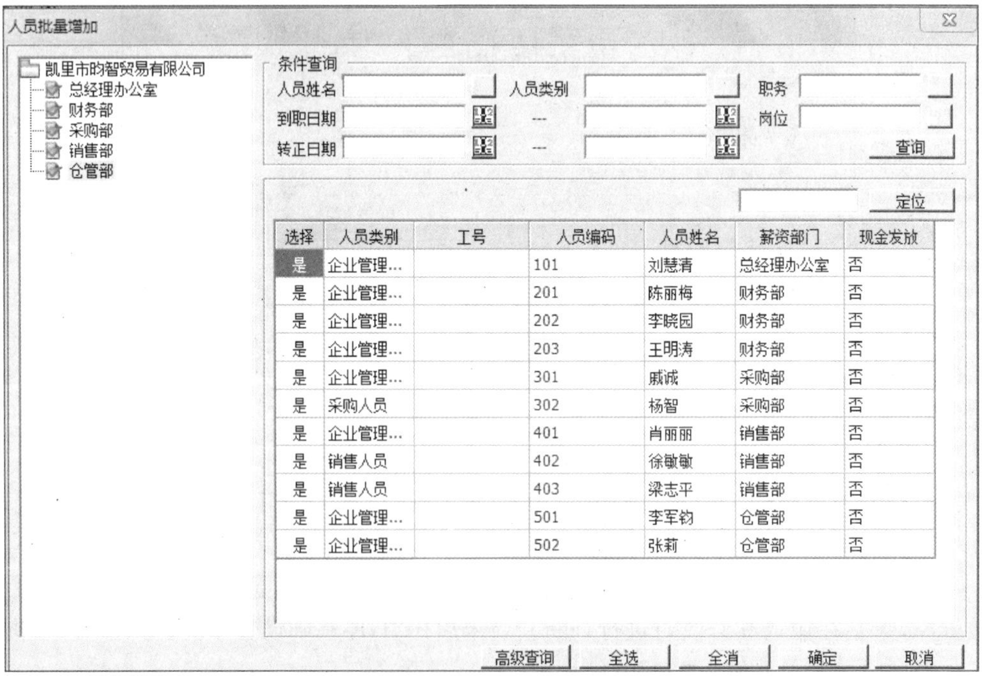

图6—5 【人员批量增加】窗口

(2)点击【确定】,返回【人员档案】窗口,选中【101 刘慧清】在其【选择】栏目打上【Y】标识,点击【修改】,选择银行名称:中国工商银行,录入银行账号:62212200012501,如图6—6所示。

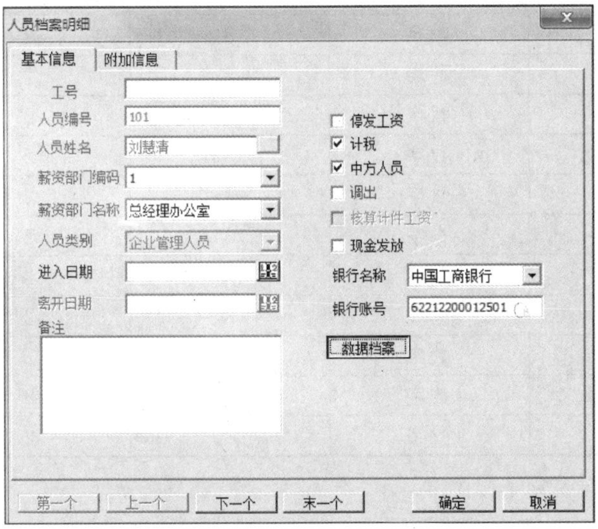

图6—6 【人员档案明细】窗口

(3)点击【确定】,弹出【写入该人员档案信息吗?】提示框。

(4)点击【确定】,以同样的方法继续完善其他人员的信息。

三、设置工资项目

工资项目设置即定义工资项目的名称、类型、宽度,可根据需要自由设置工资项目,如,基本工资、岗位工资、扣款合计等。项目名称必须唯一。工资项目一经使用,数据类型不允许修改。如果在【选项】设置中勾选【是否核算计件工资】,则在此界面可以看到【计件工资】项目属性。如果在【选项】设置中勾选【代扣个人所得税】,则在此可以看到【扣税合计】【代扣税】【代付税】等预置工资项目。

业务3:2019年1月1日,根据表6—2以账套主管【Z01 刘慧清】身份登录【企业应用平台】设置工资项目。

表6—2　　工资项目

名　称	类型	长度	小数	增减项
基本工资	数字	8	2	增项
奖金	数字	8	2	增项
交通补贴	数字	8	2	增项
岗位工资	数字	8	2	增项
福利费	数字	8	2	增项
事假天数	数字	8	2	其他
事假扣款	数字	8	2	减项
病假天数	数字	8	2	其他

续表

名　称	类型	长度	小数	增减项
病假扣款	数字	8	2	减项
养老保险	数字	8	2	减项
医疗保险	数字	8	2	减项
失业保险	数字	8	2	减项
住房公积金	数字	8	2	减项
“五险一金”计提基数	数字	8	2	其他
日工资	数字	8	2	其他
白班加班天数	数字	8	2	其他
白班加班工资	数字	8	2	增项
夜班加班天数	数字	8	2	其他
夜班加班工资	数字	8	2	增项
个人所得税计提基数	数字	8	2	其他
工资费用分配	数字	8	2	其他

操作步骤：

(1)执行【业务工作】|【人力资源】|【薪资】|【设置】|【工资项目设置】命令，弹出【工资项目设置】窗口，如图 6—7 所示。

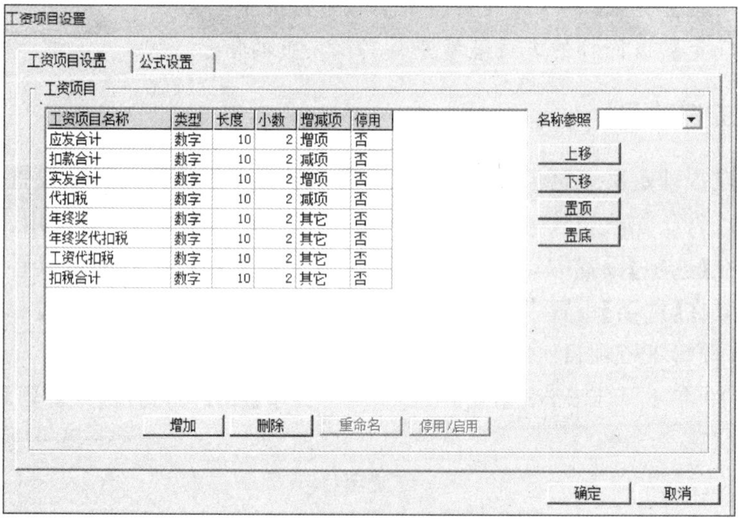

图 6—7 【工资项目设置】窗口

(2)点击【增加】，录入工资项目名称：基本工资；类型：数字；长度：8；小数位：2；增加项：增项；是否停用：否。以同样的方法录入其他工资项目信息，如图 6—8 所示。

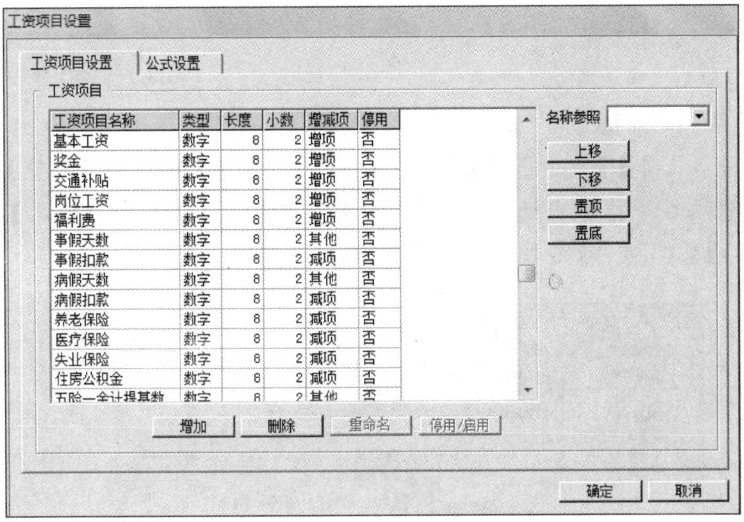

图 6—8 【工资项目设置】窗口(已录入)

四、设置薪资公式

扫码看资源

薪资管理可独立使用,也可以作为人力资源系统的一部分,与人力资源系统集成应用。可从人力资源系统获取数据计算绩效奖金、加班费、出差补助、考勤扣款、社保和公积金个人扣款等。但系统固定项目不能设置取数公式。计算表达式可含有加、减、乘、除四则运算,也含有合法的函数,运行结果为一个数值、数字或字符。算术运算符为:+, −, *, /。在计算式中,相同类型的数值(数字或字符)才能进行运算。条件表达式即表示某种条件的运算式,可以含有逻辑运算符及合法的函数,结果为一个逻辑值,真(.T.)或假(.F.),即条件满足或不满足,满足为真,不满足为假。

业务 4:2019 年 1 月 1 日,以账套主管【Z01 刘慧清】身份登录【企业应用平台】,根据以下资料设置薪资公式:

(1)交通补贴:采购人员为 400 元,其他人员为 300 元;

(2)个人所得税计提基数=基本工资+岗位工资+奖金+白班加班工资+夜班加班工资+交通补贴−事假扣款−病假扣款−养老保险−失业保险−医疗保险−住房公积金;

(3)工资费用分配=基本工资+岗位工资+奖金+白班加班工资+夜班加班工资+交通补贴−事假扣款−病假扣款;

(4)病假扣款=日工资×病假天数×0.2;

(5)事假扣款=日工资×事假天数;

(6)白班加班工资=白班加班天数×日工资;

(7)夜班加班工资=夜班加班天数×日工资;

(8)养老保险="五险一金"计提基数×8%;

(9)医疗保险="五险一金"计提基数×2%;

(10)失业保险="五险一金"计提基数×0.2%;

(11)住房公积金="五险一金"计提基数×12%;

(12)"五险一金"计提基数=基本工资+岗位工资;

(13)日工资=基本工资/21.75。

操作步骤:

1. 交通补贴公式设置

(1)执行【业务工作】|【人力资源】|【薪资管理】|【设置】|【工资项目设置】命令,点击【公式设置】,在工资项目下拉框中选中【交通补贴】,点击【函数公式向导输入】,打开【函数向导——步骤之1】窗口,选中【函数名】中的【iff】函数,如图6—9所示。

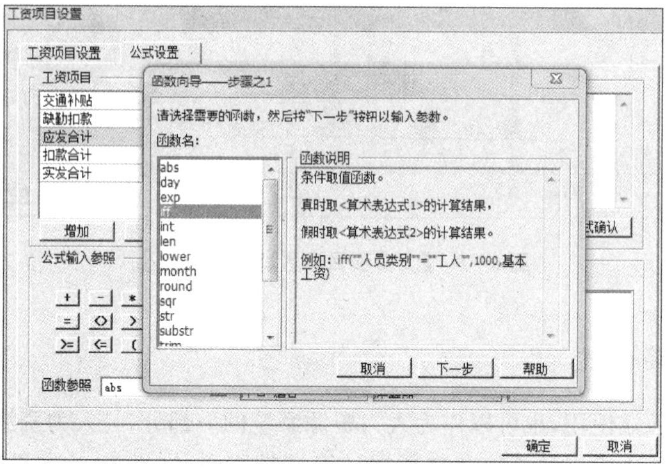

图6—9 【函数向导——步骤之1】窗口

(2)点击【下一步】,打开【函数向导——步骤之2】窗口,有可编辑的逻辑表达式、算数表达式1和算数表达式2,如图6—10所示。

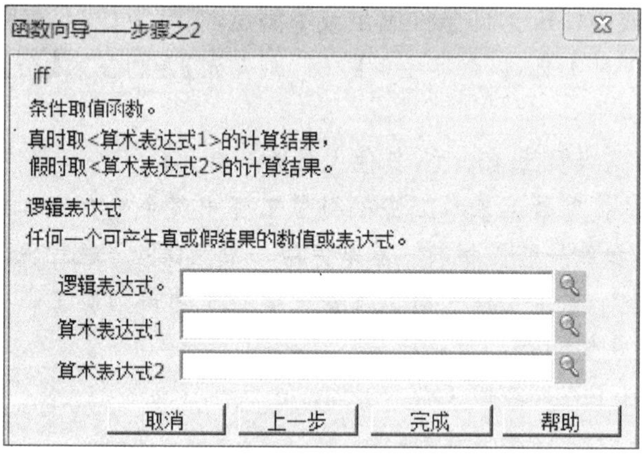

图6—10 【函数向导——步骤之2】窗口

(3)点击【逻辑表达式】右侧的【参照】按钮,打开【参照】窗口,在【参照列表】下拉框中选中【人员类别】,选中公式所需的【采购人员】,如图6—11所示,点击【确定】,也可以在【逻辑表达式】直接录入:人员类别="采购人员"。

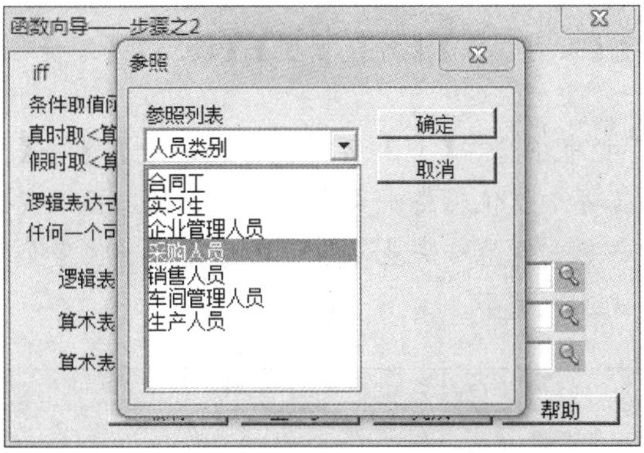

图 6—11　【参照列表】窗口

(4)在【算术表达式 1】录入:400,在【算术表达式 2】录入:300,如图 6—12 所示。

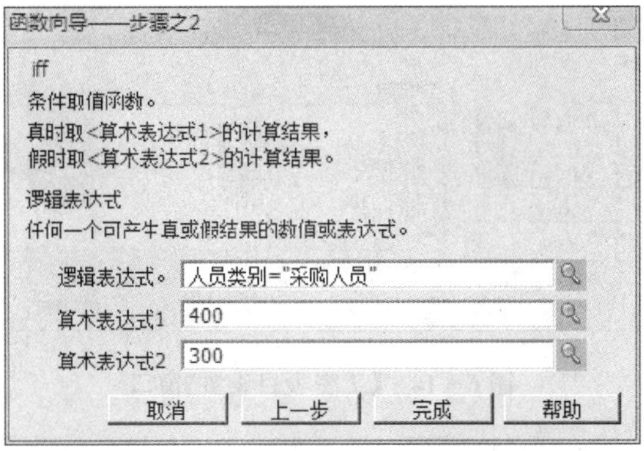

图 6—12　【函数向导——步骤之 2】窗口

(5)点击【完成】,返回【工资项目设置】窗口。点击【公式确认】,交通补贴公式设置完毕。如图 6—13 所示。

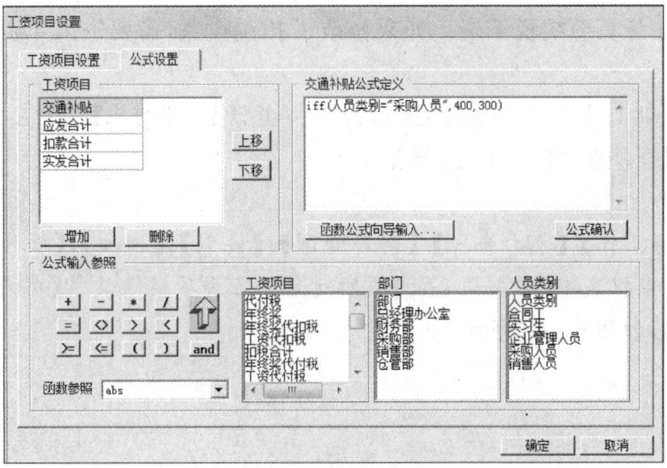

图 6—13　【工资项目设置】窗口

2. 个人所得税计提基数

(1)执行【业务工作】|【人力资源】|【薪资管理】|【设置】|【工资项目设置】命令,点击【公式设置】。

(2)在【工资项目】下拉框中选中【个人所得税计提基数】,点击【个人所得税计提基数公式定义】直接录入:基本工资+岗位工资+奖金+白班加班工资+夜班加班工资+交通补贴-事假扣款-病假扣款-养老保险-失业保险-医疗保险-住房公积金,如图 6—14 所示。以同样的方法将其他公式录入完毕。

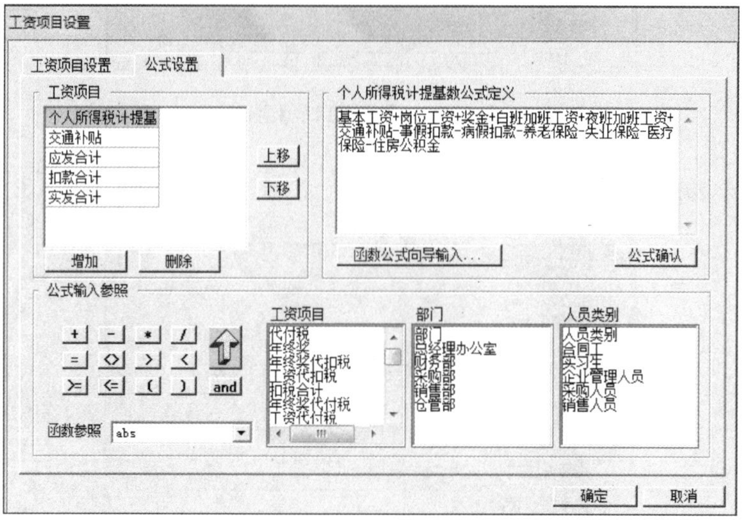

图 6—14 【工资项目设置】窗口

五、设置扣税依据

选择"是否从工资中代扣个人所得税",选择此项,工资核算时系统会根据录入的税率自动计算个人所得税额。设置工资的扣税工资项目,系统默认为"实发合计"。在实际业务中,因可能存在免税收入项目(如政府特殊津贴、院士津贴等)和税后列支项目,有时需要单独设置一个工资项目来计算应纳税工资。如果修改了扣税设置,需要进入工资变动重新计算个人所得税。

业务 5:2019 年 1 月 1 日,以账套主管【Z01 刘慧清】身份登录【企业应用平台】,把【个人所得税】的扣税依据修改为【应纳税基数】。

操作步骤:

(1)执行【业务工作】|【人力资源】|【薪资管理】|【设置】|【选项】|【扣税设置】|【编辑】命令,把个人所得税申报表中【收入额合计】项所对应的工资项目默认是【实发工资】改为【个人所得税计提基数】,如图 6—15 所示。

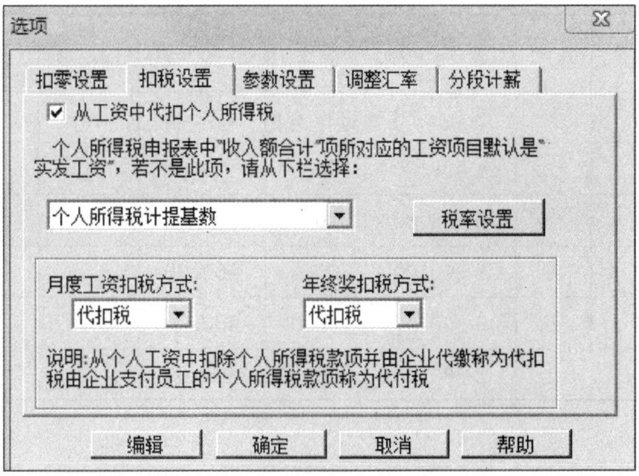

图 6—15　【薪资管理——选项】窗口

(2)点击【确定】,完成扣税设置。

任务二　薪资日常管理

一、工资数据变动

扫码看资源

用于日常工资数据的调整变动以及工资项目增减等。比如,平常水电费扣发、事病假扣发、奖金录入等。首次进入本功能前,需先进行工资项目设置,然后再录入数据。

若在选项中修改了【税率表】或重新选择了【收入额合计项】则在退出选项设置后,需要到本功能中执行重新计算功能,否则系统将保留修改个人所得税前的数据状态。

工资数据替换可以将符合条件的人员的某个工资项目的数据,统一替换成某个数据。所输入的替换表达式所含字符,此处需用双引号括起来。表达式中可包含系统提供的函数。如未输入替换条件而进行替换,则所选择人员都参与数据替换。

业务 1:2019 年 1 月 1 日,根据表 6—3 以账套主管【Z01 刘慧清】身份登录【企业应用平台】计算本月应付工资,代扣个人所得税和"五险一金"。

表 6—3　　　　2019 年 1 月工作人员工资数据表

人员编码	人员名称	性别	基本工资	奖金	岗位工资	白班加班天数	夜班加班天数	事假天数	病假天数
101	刘慧清	女	5 000.00	300.00	500.00	4			
201	陈丽梅	女	4 000.00	300.00	400.00	3	4		
202	李晓园	女	4 000.00	300.00	400.00	2	3		
203	王明涛	男	2 500.00	300.00	400.00	2	2		
301	戚　诚	男	3 500.00	300.00	400.00	4	2	1	

续表

人员编码	人员名称	性别	基本工资	奖金	岗位工资	白班加班天数	夜班加班天数	事假天数	病假天数
302	杨　智	女	3 000.00	300.00	400.00	6			2
401	肖丽丽	女	4 500.00	300.00	400.00	1			
402	徐敏敏	女	3 500.00	300.00	400.00	2	2	2	
403	梁志平	男	2 500.00	300.00	400.00	5	4	2	
501	李军钧	男	3 500.00	300.00	400.00	5	6		
502	张　莉	女	2 500.00	300.00	400.00	3			

操作步骤：

执行【业务工作】|【人力资源】|【薪资管理】|【业务处理】|【工资变动】命令，打开【工资变动】窗口，分别把基本工资、奖金、白班加班天数、夜班加班天数、事假天数和病假天数等项目内容录入，录完之后点击【全选】|【计算】|【汇总】，全部工资项目内容计算汇总如图 6—16 所示。

简易桌面　工资变动 ×

工资变动

过滤器　所有项目　　定位器

选择	人员编号	姓名	部门	人员类别	应发合计	扣款合计	实发合计	代扣税	工资代扣税	扣税合计	基本工资	奖金	交通补贴	岗位工资
	101	刘慧清	总经理办公	企业管理人员	7 019.56	1 345.86	5 673.70	124.86	124.86	124.86	5 000.00	300.00	300.00	500.00
	201	陈丽梅	财务部	企业管理人员	6 287.37	1 052.86	5 234.51	76.06	76.06	76.06	4 000.00	300.00	300.00	400.00
	202	李晓园	财务部	企业管理人员	5 919.55	1 020.08	4 899.47	43.28	43.28	43.28	4 000.00	300.00	300.00	400.00
	203	王明涛	财务部	企业管理人员	3 959.76	643.80	3 315.96				2 500.00	300.00	300.00	400.00
	301	戚诚	采购部	采购人员	5 565.52	1 057.88	4 507.64	31.16	31.16	31.16	3 500.00	300.00	400.00	400.00
	302	杨智	采购部	采购人员	4 927.58	828.50	4 099.08	18.53	18.53	18.53	3 000.00	300.00	400.00	400.00
	401	肖丽丽	销售部	销售人员	5 706.90	1 121.37	4 585.53	33.57	33.57	33.57	4 500.00	300.00	300.00	400.00
	402	徐敏敏	销售部	销售人员	5 143.68	1 201.32	3 942.36	13.68	13.68	13.68	3 500.00	300.00	300.00	400.00
	403	梁志平	销售部	销售人员	4 534.46	878.50	3 655.96	4.82	4.82	4.82	2 500.00	300.00	300.00	400.00
	501	李军钧	仓管部	企业管理人员	6 270.12	951.23	5 318.89	85.43	85.43	85.43	3 500.00	300.00	300.00	400.00
	502	张莉	仓管部	企业管理人员	3 844.82	643.80	3 201.02				2 500.00	300.00	300.00	400.00
合计					59 179.32	10 745.20	48 434.12	431.39	431.39	431.39	38 500.00	3 300.00	3 500.00	4 500.00

图 6—16　【工资变动】窗口

二、工资分摊设置

根据工资费用分配表，将工资费用根据用途进行分配，并编制转账会计凭证，传递到总账系统供登账处理之用。

扫码看资源

业务 2：2019 年 1 月 1 日，根据表 6—4 至表 6—13 进行工资分摊设置，包括工资费用分配、代扣个人所得税、单位负担养老保险、单位负担医疗保险、单位负担失业保险、单位负担工伤保险、单位负担生育保险、单位负担住房公积金、工会经费和职工教育经费。

表 6—4　工资费用分配设置

计提类型名称	计提比例(%)	部门名称	人员类别	工资项目	借方科目	贷方科目
工资费用分配	100.00	总经理办公室 财务部 仓管部	企业管理人员	工资费用分配	管理费用——职工薪酬(660201)	应付职工薪酬——工资(221101)
		采购部	采购人员	工资费用分配	管理费用——职工薪酬(660201)	应付职工薪酬——工资(221101)
		销售部	销售人员	工资费用分配	销售费用——职工薪酬(660101)	应付职工薪酬——工资(221101)

表 6—5　代扣个人所得税设置

计提类型名称	计提比例(%)	部门名称	人员类别	工资项目	借方科目	贷方科目
代扣个人所得税	100.00	总经理办公室 财务部 仓管部	企业管理人员	代扣税	应付职工薪酬——工资(221101)	应交税费——应交个人所得税(222111)
		采购部	采购人员	代扣税	应付职工薪酬——工资(221101)	应交税费——应交个人所得税(222111)
		销售部	销售人员	代扣税	应付职工薪酬——工资(221101)	应交税费——应交个人所得税(222111)

表 6—6　单位负担养老保险设置

计提类型名称	计提比例(%)	部门名称	人员类别	工资项目	借方科目	贷方科目
单位负担养老保险	20.00	总经理办公室 财务部 仓管部	企业管理人员	“五险一金”计提基数	管理费用——职工薪酬(660201)	应付职工薪酬——养老保险——企业部分(22110501)
		采购部	采购人员	“五险一金”计提基数	管理费用——职工薪酬(660201)	应付职工薪酬——养老保险——企业部分(22110501)
		销售部	销售人员	“五险一金”计提基数	销售费用——职工薪酬(660101)	应付职工薪酬——养老保险——企业部分(22110501)

表 6—7　单位负担医疗保险设置

计提类型名称	计提比例(%)	部门名称	人员类别	工资项目	借方科目	贷方科目
单位负担医疗保险	10.00	总经理办公室 财务部 仓管部	企业管理人员	“五险一金”计提基数	管理费用——职工薪酬(660201)	应付职工薪酬——医疗保险——企业部分(22110601)
		采购部	采购人员	“五险一金”计提基数	管理费用——职工薪酬(660201)	应付职工薪酬——医疗保险——企业部分(22110601)
		销售部	销售人员	“五险一金”计提基数	销售费用——职工薪酬(660101)	应付职工薪酬——医疗保险——企业部分(22110601)

表 6—8　　单位负担失业保险设置

计提类型名称	计提比例(%)	部门名称	人员类别	工资项目	借方科目	贷方科目
单位负担失业保险	1.00	总经理办公室 财务部 仓管部	企业管理人员	"五险一金"计提基数	管理费用——职工薪酬(660201)	应付职工薪酬——失业保险(221107)
		采购部	采购人员	"五险一金"计提基数	管理费用——职工薪酬(660201)	应付职工薪酬——失业保险(221107)
		销售部	销售人员	"五险一金"计提基数	销售费用——职工薪酬(660101)	应付职工薪酬——失业保险(221107)

表 6—9　　单位负担工伤保险设置

计提类型名称	计提比例(%)	部门名称	人员类别	工资项目	借方科目	贷方科目
单位负担工伤保险	1.00	总经理办公室 财务部 仓管部	企业管理人员	"五险一金"计提基数	管理费用——职工薪酬(660201)	应付职工薪酬——工伤保险(221108)
		采购部	采购人员	"五险一金"计提基数	管理费用——职工薪酬(660201)	应付职工薪酬——工伤保险(221108)
		销售部	销售人员	"五险一金"计提基数	销售费用——职工薪酬(660101)	应付职工薪酬——工伤保险(221108)

表 6—10　　单位负担生育保险设置

计提类型名称	计提比例(%)	部门名称	人员类别	工资项目	借方科目	贷方科目
单位负担生育保险	0.80	总经理办公室 财务部 仓管部	企业管理人员	"五险一金"计提基数	管理费用——职工薪酬(660201)	应付职工薪酬——生育保险(221109)
		采购部	采购人员	"五险一金"计提基数	管理费用——职工薪酬(660201)	应付职工薪酬——生育保险(221109)
		销售部	销售人员	"五险一金"计提基数	销售费用——职工薪酬(660101)	应付职工薪酬——生育保险(221109)

表 6—11　　单位负担住房公积金设置

计提类型名称	计提比例(%)	部门名称	人员类别	工资项目	借方科目	贷方科目
单位负担住房公积金	12.00	总经理办公室 财务部 仓管部	企业管理人员	"五险一金"计提基数	管理费用——职工薪酬(660201)	应付职工薪酬——住房公积金(221110)
		采购部	采购人员	"五险一金"计提基数	管理费用——职工薪酬(660201)	应付职工薪酬——住房公积金(221110)
		销售部	销售人员	"五险一金"计提基数	销售费用——职工薪酬(660101)	应付职工薪酬——住房公积金(221110)

表 6—12　　　　　　　　　　　　　　**工会经费设置**

计提类型名称	计提比例（%）	部门名称	人员类别	工资项目	借方科目	贷方科目
工会经费	2.00	总经理办公室 财务部 仓管部	企业管理人员	应发合计	管理费用——职工薪酬（660201）	应付职工薪酬——工会经费（221111）
		采购部	采购人员	应发合计	管理费用——职工薪酬（660201）	应付职工薪酬——工会经费（221111）
		销售部	销售人员	应发合计	销售费用——职工薪酬（660101）	应付职工薪酬——工会经费（221111）

表 6—13　　　　　　　　　　　　　**职工教育经费设置**

计提类型名称	计提比例（%）	部门名称	人员类别	工资项目	借方科目	贷方科目
职工教育经费	2.5	总经理办公室 财务部 仓管部	企业管理人员	应发合计	管理费用——职工薪酬（660201）	应付职工薪酬——职工教育经费（221112）
		采购部	采购人员	应发合计	管理费用——职工薪酬（660201）	应付职工薪酬——职工教育经费（221112）
		销售部	销售人员	应发合计	销售费用——职工薪酬（660101）	应付职工薪酬——职工教育经费（221112）

操作步骤：

(1)执行【业务工作】|【人力资源】|【薪资管理】|【业务处理】|【工资分摊】命令，打开【工资分摊】窗口，点击【工资分摊设置】，打开【分摊类型设置】，点击【增加】，打开【分摊计提比例设置】，录入计提类型名称：工资费用分配，录入分摊计提比例：100%，如图 6—17 所示。

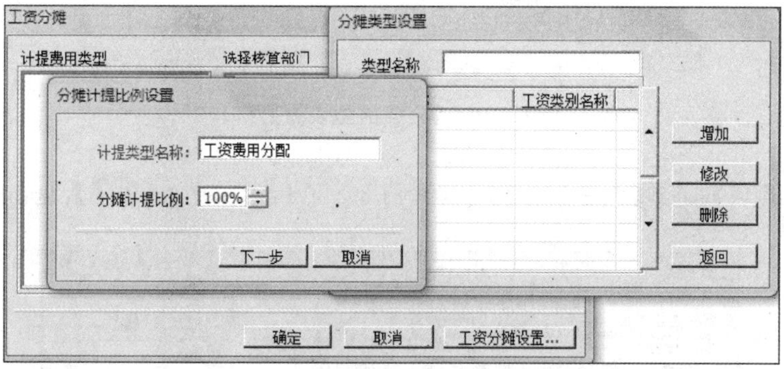

图 6—17　【分摊计提比例设置】窗口

(2)点击【下一步】，打开【分摊构成设置】，录入部门名称、人员类别、工资项目、借方科目、借方项目大类、贷方科目等，如图 6—18 所示。

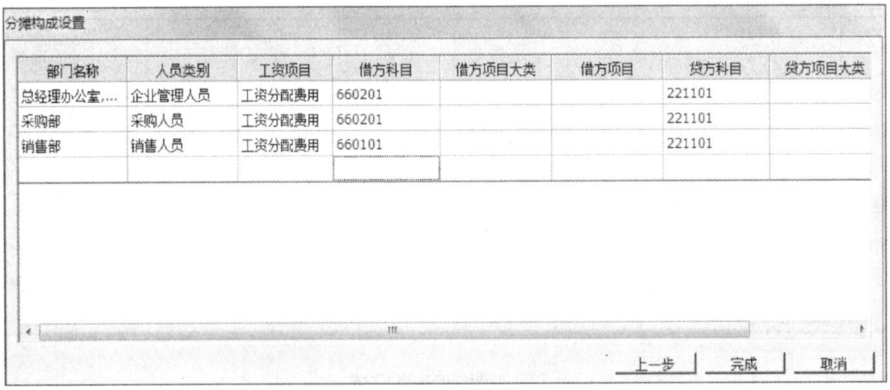

部门名称	人员类别	工资项目	借方科目	借方项目大类	借方项目	贷方科目	贷方项目大类
总经理办公室,…	企业管理人员	工资分配费用	660201			221101	
采购部	采购人员	工资分配费用	660201			221101	
销售部	销售人员	工资分配费用	660101			221101	

图 6—18 【分摊构成设置】窗口

(3)点击【完成】,返回到【分摊类型设置】窗口。以同样的方式继续增加代扣个人所得税、单位负担养老保险、单位负担医疗保险、单位负担失业保险、单位负担工伤保险、单位负担生育保险、单位负担住房公积金、工会经费和职工教育经费,结果如图 6—19 所示。

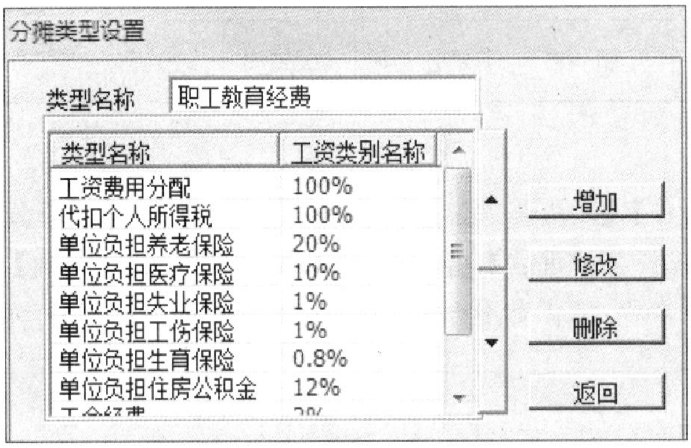

图 6—19 【分摊类型设置】窗口

(4)点击【返回】,退到【工资分摊】窗口,如图 6—20 所示。点击【取消】,退出【工资分摊】。

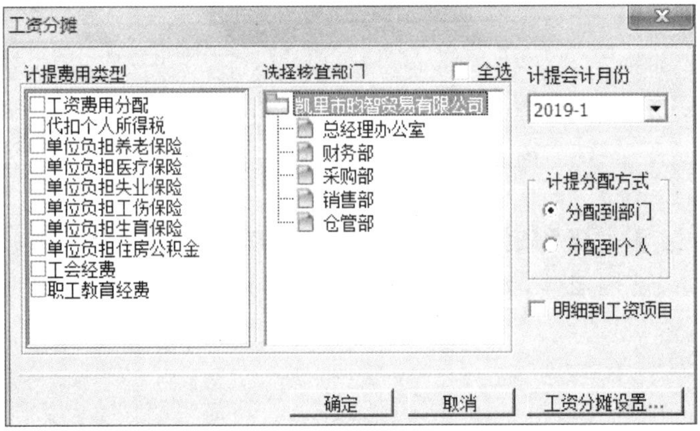

图 6—20 【工资分摊】窗口

三、工资分摊生成凭证

点击【制单】按钮，生成当前所选择的一种“分摊类型”所对应的一张凭证。也可以点击【批制】按钮，即批量制单，可一次将所有本次参与分摊的“分摊类型”所对应的凭证全部生成。

业务3：2019年1月31日，根据工资分摊设置生成工资费用分配代扣个人所得税、单位负担养老保险、单位负担医疗保险、单位负担失业保险、单位负担工伤保险、单位负担生育保险、单位负担住房公积金、工会经费和职工教育经费凭证，生成凭证前勾选【合并科目相同，辅助项相同的分录】。

操作步骤：

(1)执行【业务工作】|【人力资源】|【薪资管理】|【业务处理】|【工资分摊】命令，打开【工资分摊】窗口，选择工资费用分配、代扣个人所得税、单位负担养老保险、单位负担医疗保险、单位负担失业保险、单位负担工伤保险、单位负担生育保险、单位负担住房公积金、工会经费和职工教育经费的复选框，选择【总经理办公室】|【财务部】|【采购部】|【销售部】和【仓管部】，勾选【明细到工资项目】、勾选【按项目核算】，如图6—21所示。

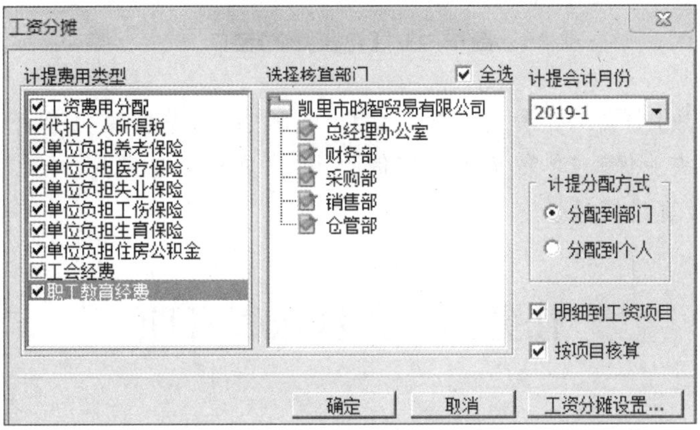

图6—21 【工资分摊】窗口

(2)点击【确定】，进入【工资分摊明细】窗口，类型选择：工资费用分配，勾选【合并科目相同，辅助项相同的分录】，如图6—22所示。

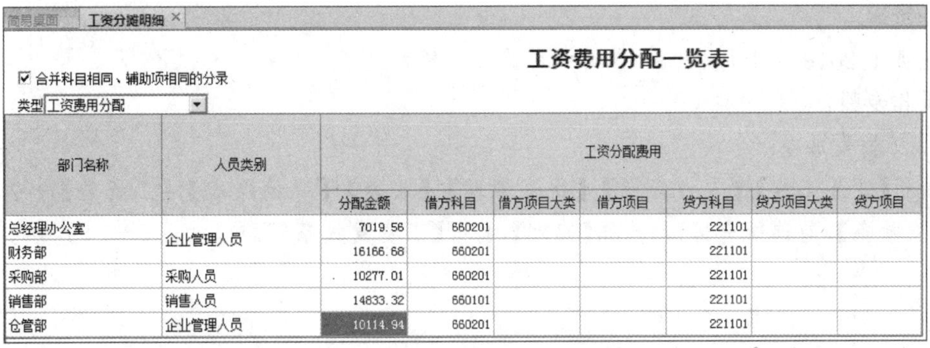

部门名称	人员类别	工资分配费用						
		分配金额	借方科目	借方项目大类	借方项目	贷方科目	贷方项目大类	贷方项目
总经理办公室	企业管理人员	7019.58	660201			221101		
财务部		16166.68	660201			221101		
采购部	采购人员	10277.01	660201			221101		
销售部	销售人员	14833.32	660101			221101		
仓管部	企业管理人员	10114.94	660201			221101		

图6—22 【工资费用分配一览表】窗口

(3)点击【制单】,生成一张凭证,凭证字修改为【记账凭证】,如图 6—23 所示,点击【保存】。

记 账 凭 证

记 字 - 0001/0002 制单日期: 2019.01.31 审核日期: 附单据数: 0

摘要	科目名称	借方金额	贷方金额
工资费用分配	应付职工薪酬/工资		5841151
工资费用分配	管理费用/职工薪酬	701956	
工资费用分配	管理费用/职工薪酬	1616668	
工资费用分配	管理费用/职工薪酬	1027701	
工资费用分配	销售费用/职工薪酬	1483332	
票号 日期 数量 单价	合计	5841151	5841151

备注 项目 部门

个人 客户

业务员

记账 审核 出纳 制单 李晓园

图 6—23 【记账凭证】窗口

(4)以同样方法,生成工资费用分配、代扣个人所得税、单位负担养老保险、单位负担医疗保险、单位负担失业保险、单位负担工伤保险、单位负担生育保险、单位负担住房公积金、工会经费和职工教育经费凭证。

任务三 薪资账表管理

一、工资表查询

工资表用于本月工资的发放和统计,本功能主要完成查询和打印各种工资表的工作。工资表包括以下一些由系统提供的原始表:工资卡、工资发放条、部门工资汇总表、部门条件汇总表、工资发放签名表、人员类别汇总表、条件统计(明细)表、工资变动汇总(明细)表、多类别工资表。

业务 1: 2019 年 1 月 31 日,查询本月员工工资发放条。

操作步骤:

1. 工资发放条

执行【业务工作】|【人力资源】|【薪资管理】|【账表】|【我的账表】|【工资表】命令,双击【工资发放条】,勾选所有部门,点击【确定】,打开【工资发放条】窗口,如图 6—24 所示。

工资发放条

2019 年 01 月

部门　全部　　会计月份　一月　　人数：

人员编号	姓名	应发合计	扣款合计	实发合计	代扣税	代付税	年终奖	年终奖代扣税	工资代扣税	扣税合计	年终奖代付税	工资代付税	基本工资	奖金	交通补贴	岗位工资
101	刘慧清	7 019.56	1 345.86	5 673.70	124.86				124.86	124.86			5 000.00	300.00	300.00	500.0
201	陈丽梅	6 287.37	1 052.86	5 234.51	76.06				76.06	76.06			4 000.00	300.00	300.00	400.0
202	李晓园	5 919.55	1 020.08	4 899.47	43.28				43.28	43.28			4 000.00	300.00	300.00	400.0
203	王明涛	3 959.76	643.80	3 315.96									2 500.00	300.00	300.00	400.0
301	戚诚	5 565.52	1 057.88	4 507.64	31.16				31.16	31.16			3 500.00	300.00	400.00	400.0
302	杨智	4 927.58	828.50	4 099.08	18.53				18.53	18.53			3 000.00	300.00	400.00	400.0
401	肖丽丽	5 706.90	1 121.37	4 585.53	33.57				33.57	33.57			4 500.00	300.00	300.00	400.0
402	徐敏敏	5 143.68	1 201.32	3 942.36	13.68				13.68	13.68			3 500.00	300.00	300.00	400.0
403	梁志平	4 534.46	878.50	3 655.96	4.82				4.82	4.82			2 500.00	300.00	300.00	400.0
501	李军钧	6 270.12	951.23	5 318.89	85.43				85.43	85.43			3 500.00	300.00	300.00	400.0
502	张莉	3 844.82	643.80	3 201.02									2 500.00	300.00	300.00	400.0
合计		59 179.32	10 745.20	48 434.12	431.39	0.00	0.00	0.00	431.39	431.39	0.00	0.00	38 500.00	3 300.00	3 500.00	4 500.0

图 6—24　【工资发放条】窗口

二、工资分析表

工资分析表以工资数据为基础，对部门、人员类别的工资数据进行分析和比较，产生各种分析表，供决策人员使用。

业务 2：2019 年 1 月 31 日，查询本月工资项目分析表（部门：销售部；分析项目：白班加班天数和白班加班工资，夜班加班天数和夜班加班工资）。

操作步骤：

执行【业务工作】|【人力资源】|【薪资管理】|【账表】|【我的账表】|【工资分析表】命令，勾选【销售部】，将项目【白班加班天数】和【白班加班工资】，【夜班加班天数】和【夜班加班工资】选入【已选项目】，点击【确定】，打开【工资项目分析(按部门)】窗口，如图 6—25 所示。

工资项目分析（按部门）

2019年度1月

部门:　销售部

项目	1 月	月均	年度合计
白班加班天数	8.00	8.00	8.00
白班加班工资	1,103.44	1,103.44	1,103.44
夜班加班天数	6.00	6.00	6.00
夜班加班工资	781.60	781.60	781.60

图 6—25　【工资项目分析(按部门)】窗口

项目七　业务子系统初始化管理

任务一　采购管理初始化

一、采购选项设置

扫码看资源

业务1：设置采购管理系统“普通业务必有订单、受托代销业务必有订单、允许超订单到货及入库”。

操作步骤：

（1）以账套主管【Z01 刘慧清】身份登录【企业应用平台】，执行【业务工作】|【供应链】|【采购管理】|【设置】|【采购选项】命令，打开【采购系统选项设置——请按照贵单位的业务认真设置】，在【业务及权限控制】中勾选【普通业务必有订单】，勾选【受托代销业务必有订单】，勾选【允许超订单到货及入库】，如图7—1所示。

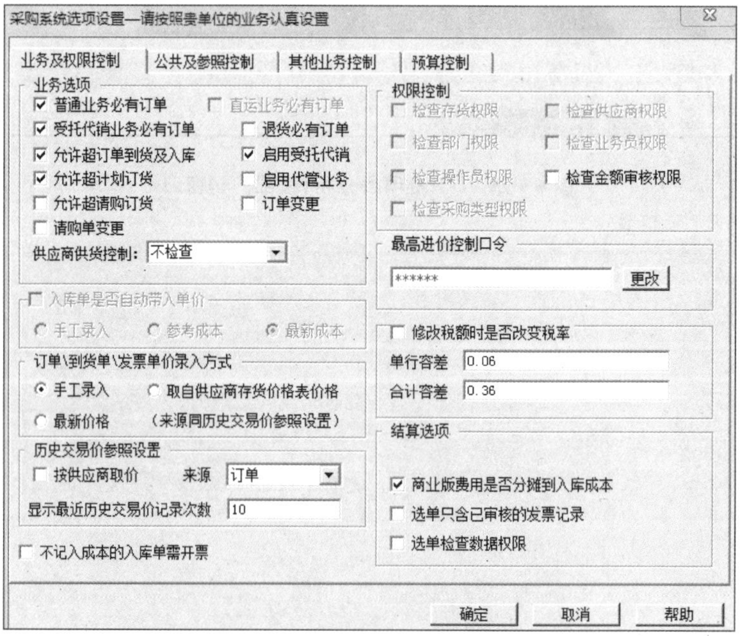

图7—1　【采购系统选项设置】窗口

(2)点击【确定】,完成设置。

二、录入期初采购入库单

业务2:2018年12月21日,采购部杨智从鑫垚银绣服装有限公司采购银绣男装160套,不含税单价203元/套,商品已经验收入库,采购发票未到,货款也尚未支付。

操作步骤:

(1)以账套主管【Z01 刘慧清】身份登录【企业应用平台】,执行【业务工作】|【供应链】|【采购管理】|【采购入库】|【采购入库单】命令,打开【期初采购入库单】。

(2)点击【增加】,录入期初采购入库单信息,如图7—2所示。

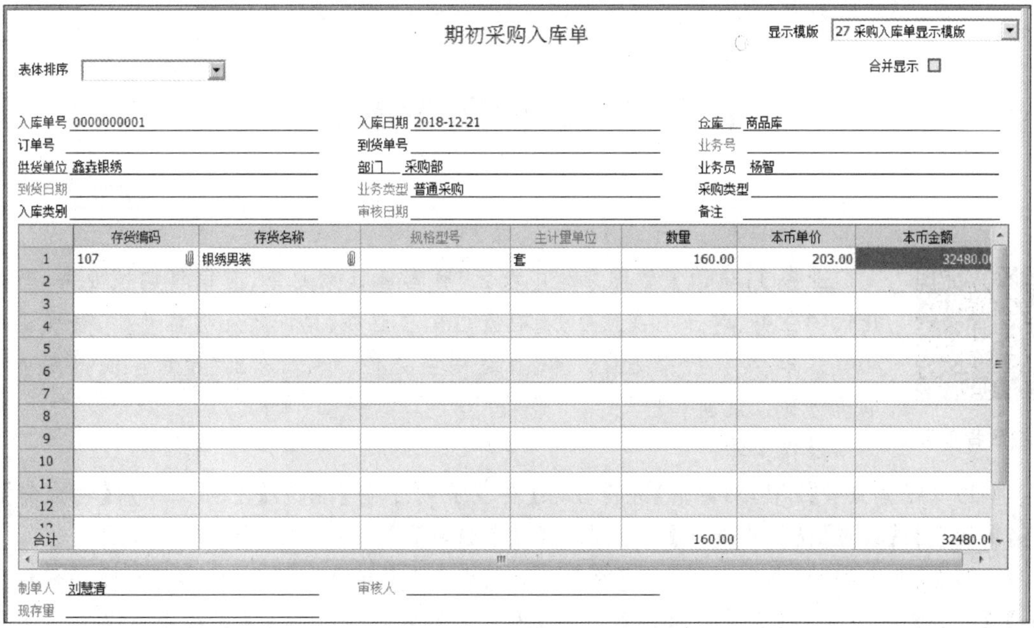

图7—2 【期初采购入库单】窗口

(3)点击【保存】,完成期初采购入库单信息录入。

三、采购期初记账

业务3:对采购管理系统进行期初记账。

操作步骤:

(1)以账套主管【Z01 刘慧清】身份登录【企业应用平台】,执行【业务工作】|【供应链】|【采购管理】|【设置】|【采购期初记账】命令,弹出【期初记账】窗口,如图7—3所示。

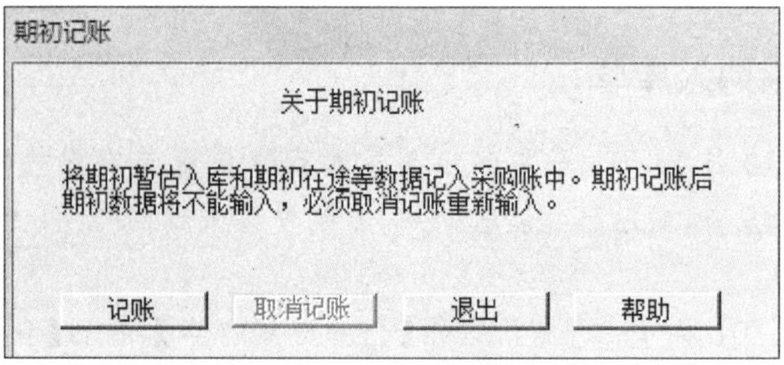

图 7—3 【期初记账】窗口

(2)点击【记账】,弹出【期初记账完毕!】提示框,点击【确定】。

任务二　销售管理初始化

扫码看资源

业务 1:在销售管理系统中设置“有零售日报业务、有销售调拨业务、有委托代销业务、有分期收款业务、有直运销售业务、允许超发货量开票、普通销售必有订单、委托代销必有订单、直运销售必有订单”,取消“销售生成出库单”,取价方式:“最新售价”。

操作步骤:

(1)以账套主管【Z01 刘慧清】身份登录【企业应用平台】,执行【业务工作】|【供应链】|【销售管理】|【设置】|【销售选项】命令,打开【销售选项】。

(2)在【业务控制】选项卡中勾选【有零售日报业务】、【有销售调拨业务】、【有委托代销业务】、【有分期收款业务】、【有直运销售业务】、【允许超发货量开票】、【普通销售必有订单】、【委托代销必有订单】、【直运销售必有订单】,取消【销售生成出库单】,如图 7—4 所示。

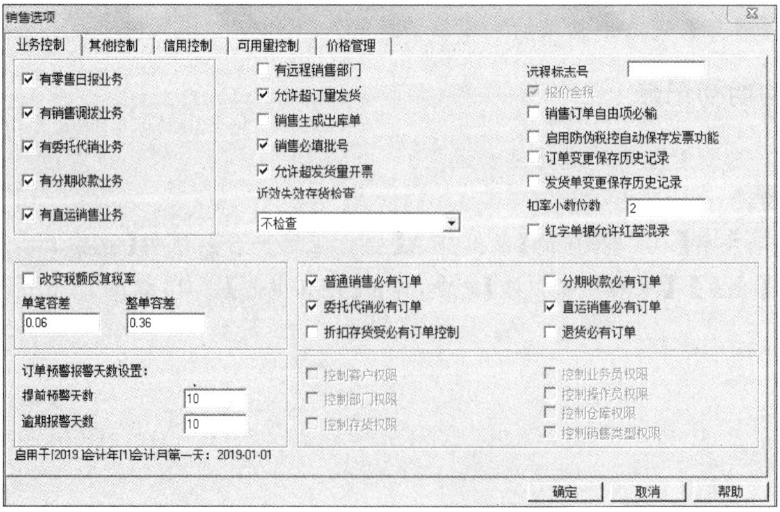

图 7—4 【销售选项——业务控制】窗口

(3)点击【价格管理】、【取价方式】选择【最新售价】，如图 7—5 所示。

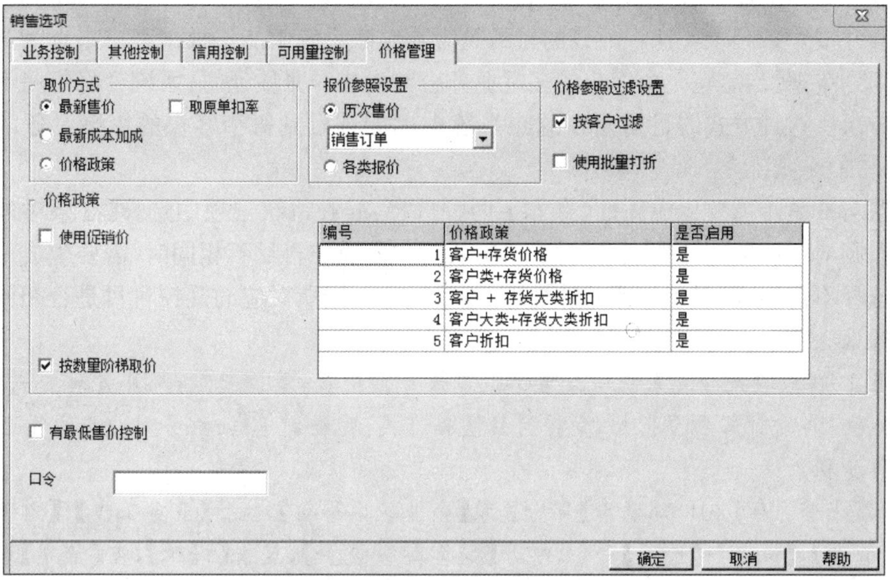

图 7—5 【销售选项——价格管理】窗口

(4)点击【确定】，完成设置。

任务三　应收款管理初始化

一、选项设置

系统提供两种确认单据审核日期的依据，即单据日期和业务日期。单据审核日期依据如果选择单据日期，则在单据处理功能中进行单据审核时，自动将单据的审核日期(即入账日期)记为该单据的单据日期；如果选择业务日期，则在单据处理功能中进行单据审核时，自动将单据的审核日期(即入账日期)记为当前业务日期(即登录日期)。

系统提供两种坏账处理的方式，即备抵法和直接转销法。如果选择备抵法，还应该选择具体的方法，系统为您提供了三种备抵的方法，即应收余额百分比法、销售收入百分比法、账龄分析法三种方法。这三种方法需要在初始设置中录入坏账准备期初和计提比例或录入账龄区间等，并在坏账处理中进行后续处理。如果选择了直接转销法，您可以直接在下拉框中选择该方法即可。当坏账发生时，直接在坏账发生处将应收账款转为费用即可。

系统提供选择是否计算现金折扣和不计算现金折扣两种方式。如果为了鼓励客户在信用期间内提前付款而采用现金折扣政策，可以在系统中选择“是否自动计算现金折扣”。若选择“自动计算”，需要在发票或应收单中录入收款条件，则在核销处理界面中系统依据收款条件自动计算该发票或应收单可享受折扣，可录入本次折扣进行结算，则原币余额＝原币金额－本次结算金额－本次折扣。如果选择了“不自动计算现金折扣”，则系统不自动计算现金折扣。

受控科目制单有两种制单方式供您选择，即明细到客户、明细到单据。明细到客户：当将一个客户的多笔业务合并生成一张凭证时，如果核算这多笔业务的控制科目相同，系统自动将其合并成一条分录。这种方式的目的是您在总账系统中能够根据客户来查询其详细信息。明细到单据：当您将一个客户的多笔业务合并生成一张凭证时，系统会将每一笔业务形成一条分录。这种方式的目的是在总账系统中也能查看到每个客户的每笔业务的详细情况。

红票对冲是否需要生成凭证，有如下两种选择：若在系统选项中选择【红票对冲需要生成凭证】，则对于红票对冲处理，当对冲单据所对应的受控科目不相同时，需要生成一张转账凭证。选择不需要，则对于红票对冲处理，不管对冲单据所对应的受控科目是否相同均不需要生成凭证。

业务 1：在应收款管理系统中设置单据审核日期依据：单据日期；坏账处理方式：应收余额百分比法；自动计算现金折扣；受控科目制单方式：明细到单据；红票对冲生成凭证。

操作步骤：

(1)以账套主管【Z01 刘慧清】身份登录【企业应用平台】，执行【业务工作】|【财务会计】|【应收款管理】|【设置】|【选项】命令，打开【账套参数设置】，点击【编辑】，在【常规】选项卡中选择【单据审核日期依据】为【单据日期】，【坏账处理方式】为【应收余额百分比法】，勾选【自动计算现金折扣】，如图 7—6 所示。

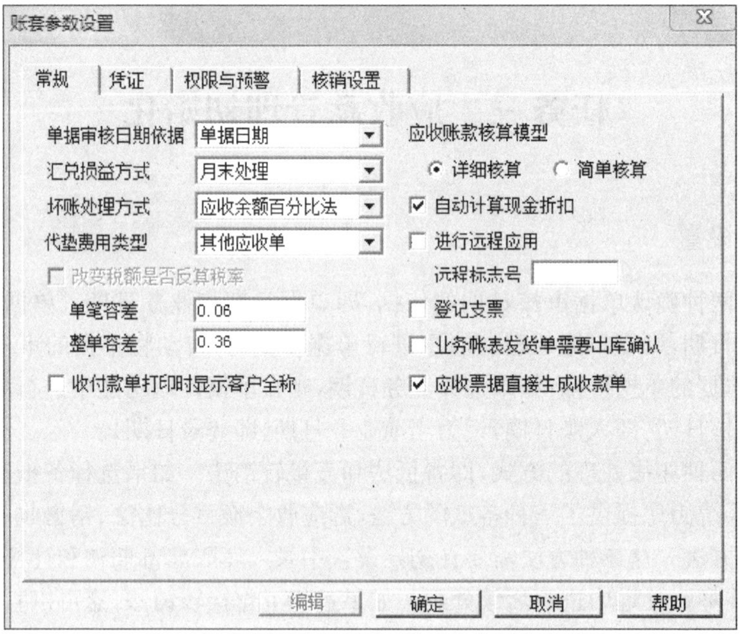

图 7—6 【账套参数设置——常规】窗口

(2)在【凭证】选项卡中选择【受控科目制单方式】为【明细到单据】，勾选【红票对冲生成凭证】，如图 7—7 所示。

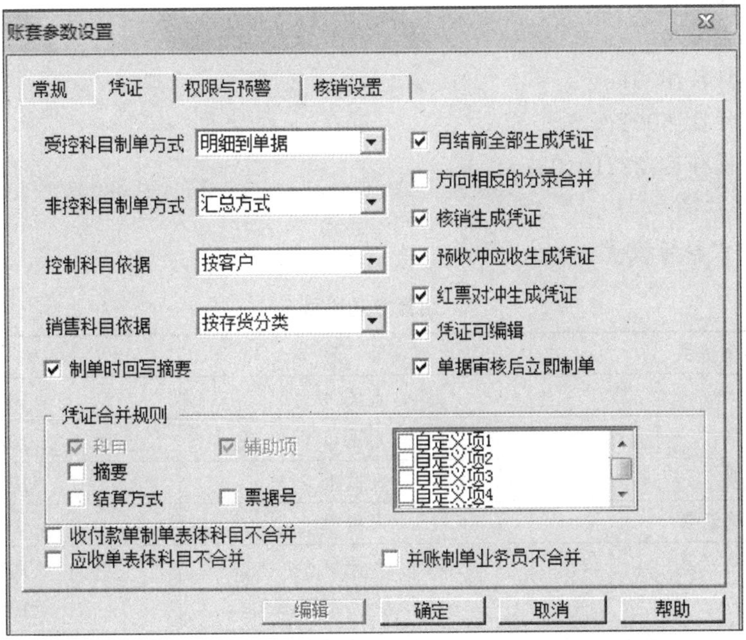

图 7—7 【账套参数设置——凭证】窗口

(3)点击【确定】,完成设置。

二、初始设置

扫码看资源

业务 2:根据表 7—1、表 7—2 和其他相关信息对应收款管理系统进行设置:

1. 基本科目

表 7—1　　基本科目

基础科目种类	科　目	币　种
应收科目	1122	人民币
预收科目	2203	人民币
税金科目	22210103	人民币
销售收入科目	6001	人民币
销售退回科目	6001	人民币
现金折扣科目	660303	人民币
坏账入账科目	1231	人民币
银行承兑科目	112101	人民币
商业承兑科目	112102	人民币

2. 控制科目设置

应收科目:1122;

预收科目:2203。

3. 产品科目设置

销售收入科目:6001;

销售退回科目:6001;

应交增值税科目:22210103;

税率:13%。

4. 结算方式科目设置

表 7—2　　结算方式科目

结算方式	币　种	科　目
1 现金	人民币	1001
201 现金支票	人民币	1002
202 转账支票	人民币	1002
301 商业承兑汇票	人民币	1002
302 银行承兑汇票	人民币	1002
4 电汇	人民币	1002
9 其他	人民币	1002

5. 坏账准备设置

提取比率:1%;

坏账准备期初余额:1 400.00;

坏账准备科目:1231;

坏账准备对方科目:6701。

操作步骤:

1. 基本科目设置

(1)以账套主管【Z01 刘慧清】身份登录【企业应用平台】,执行【财务会计】|【应收款管理】|【设置】|【初始设置】命令,打开【初始设置】窗口,如图 7—8 所示。

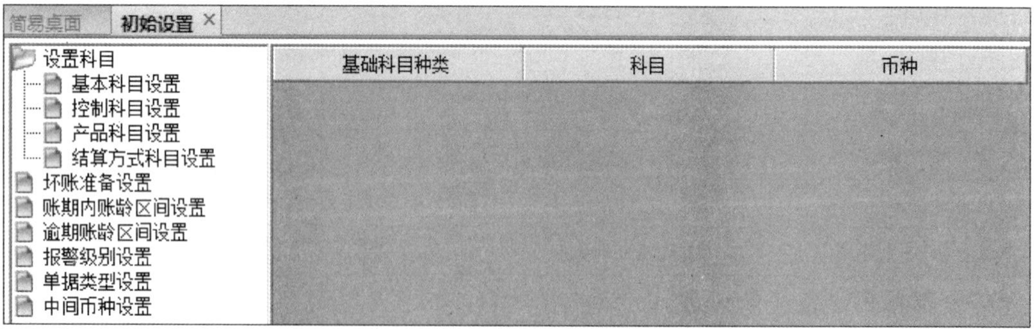

图 7—8 【应收款管理——初始设置】窗口

(2)执行【设置科目】|【基本科目设置】|【增加】命令,【基础科目种类】选择:应收科目,【科目】选择:1122,【币种】选择:人民币。以同样的方法将其他基本科目设置完毕,如图 7—9 所示。

基础科目种类	科目	币种
应收科目	1122	人民币
预收科目	2203	人民币
税金科目	22210103	人民币
销售收入科目	6001	人民币
销售退回科目	6001	人民币
现金折扣科目	660303	人民币
坏账入账科目	1231	人民币
银行承兑科目	112101	人民币
商业承兑科目	112102	人民币

图 7—9　【初始设置——基本科目设置】窗口

2. 控制科目设置

以账套主管【Z01 刘慧清】身份登录【企业应用平台】，执行【财务会计】|【应收款管理】|【设置】|【初始设置】命令，打开【初始设置】窗口。点击【设置科目】|【控制科目设置】，【应收科目】选择：1122，【预收科目】选择：2203。以同样的方法将其他控制科目设置完毕，如图 7—10 所示。

客户编码	客户简称	应收科目	预收科目
001	北京艺先	1122	2203
002	上海刺绣	1122	2203
003	广外贸易	1122	2203
004	格睛艺术	1122	2203
005	津林旅游	1122	2203
006	鼎吉文化	1122	2203
007	蓝宇装饰	1122	2203

图 7—10　【初始设置——控制科目设置】窗口

3. 产品科目设置

以账套主管【Z01 刘慧清】身份登录【企业应用平台】，执行【财务会计】|【应收款管理】|【设置】|【初始设置】命令，打开【初始设置】窗口。点击【设置科目】|【产品科目设置】，【销售收入科目】选择：6001，【应交增值税科目】选择：22210103，【销售退回科目】选择：6001，【税率】录入：13。如图 7—11 所示。

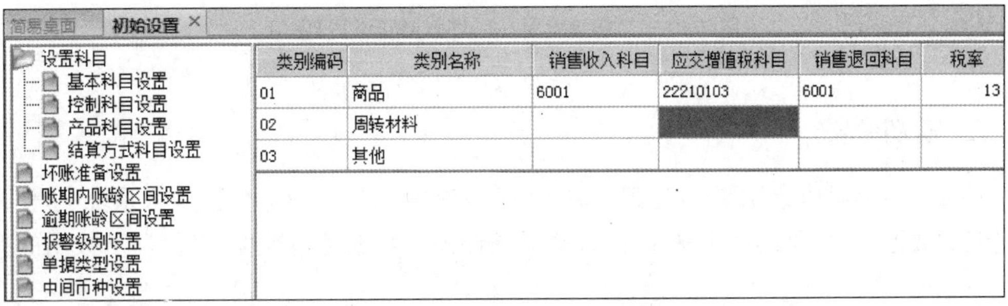

类别编码	类别名称	销售收入科目	应交增值税科目	销售退回科目	税率
01	商品	6001	22210103	6001	13
02	周转材料				
03	其他				

图 7—11　【初始设置——产品科目设置】窗口

4. 结算方式科目设置

以账套主管【Z01 刘慧清】登录【企业应用平台】,执行【财务会计】|【应收款管理】|【设置】|【初始设置】命令,打开【初始设置】窗口。点击【设置科目】|【结算方式科目设置】,【结算方式】选择:1 现金,【币种】选择:人民币,【科目】选择:1001。以同样的方法将其他结算方式科目设置完毕,如图 7—12 所示。

图 7—12 【初始设置——结算方式科目设置】窗口

5. 坏账准备设置

(1)以账套主管【Z01 刘慧清】身份登录【企业应用平台】,执行【财务会计】|【应收款管理】|【设置】|【初始设置】命令,打开【初始设置】窗口。点击【坏账准备设置】,【提取比率】录入:1%,【坏账准备科目】选择:1231,【坏账准备期初余额】录入:1 400.00,【对方科目】选择:6701,如图 7—13 所示,点击【确定】。

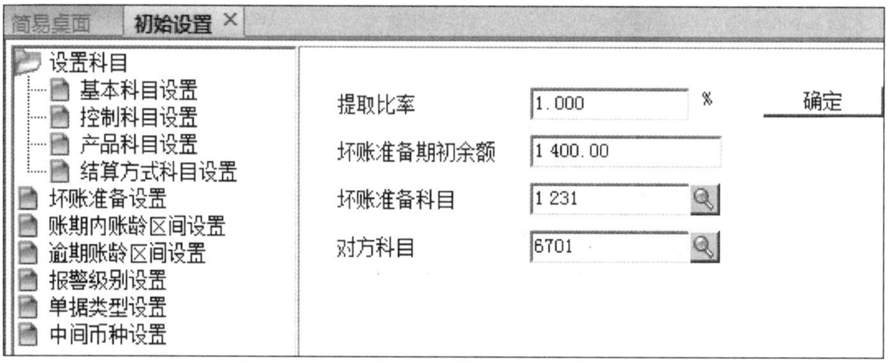

图 7—13 【初始设置——坏账准备设置】窗口

三、期初余额

通过期初余额功能,用户可将正式启用账套前的所有应收业务数据录入系统中,作为期初建账的数据,系统即可对其进行管理,这样既保证了数据的连续性,又保证了数据的完整性。

录入期初余额,包括未结算完的发票和应收单、预收款单据、未结算完的应收票据以及未结算完毕的合同金额。这些期初数据必须是账套启用会计期间前的数据。

系统通过录入期初单据的形式建立期初数据。在启用应收系统之前，将账套启用会计期间以前的未处理完的应收、收款、预收单据，录入系统中，系统对其可进行后续处理。其目的是为了详细记录每一笔往来业务，加强往来款项的处理。

期初余额录入后，可与总账系统对账。在日常业务中，可对期初发票、应收单、预收款、票据进行后续的核销、转账处理。

业务 3：根据表 7—3、表 7—4 和表 7—5 录入应收款管理系统的期初余额，并与总账系统进行对账。

1. 应收账款

表 7—3　　应收账款(1122)期初余额

日期	客户名称	摘要	方向	余额
2018—12—18	上海刺绣服装有限公司	销售银绣女装，单价 3 940 元/套，26 套，发票号 5513466	借	118 830.40
2018—12—20	广州对外贸易有限公司	销售银绣男装，单价 2 480 元/个，10 套，发票号 5513467	借	28 768.00

2. 应收票据

表 7—4　　应收票据——银行承兑汇票(112101)期初余额

日期	客户名称	摘要	方向	余额
2018—12—20	北京艺先文化有限公司	销售银制首饰，单价 50 元/克，1 160 克，银行承兑汇票，票号 5562846，票面利率 5%，到期日 2019 年 2 月 20 日，承兑银行中国工商银行	借	58 000.00

3. 预收账款

表 7—5　　预收账款(2203)

日期	客户名称	摘要	方向	余额
2018—12—18	格晴艺术文化有限公司	预收货款，电汇，票号 1054359	贷	19 000.00

操作步骤：

1. 期初销售发票的录入

(1)以账套主管【Z01 刘慧清】身份登录【企业应用平台】，执行【财务会计】|【应收款管理】|【设置】|【期初余额】命令，打开【期初余额——查询】窗口，如图 7—14 所示。

(2)点击【确定】，打开【期初余额明细表】，点击【增加】，打开【单据类别】窗口，如图 7—15 所示。

图 7—14 【期初余额——查询】窗口

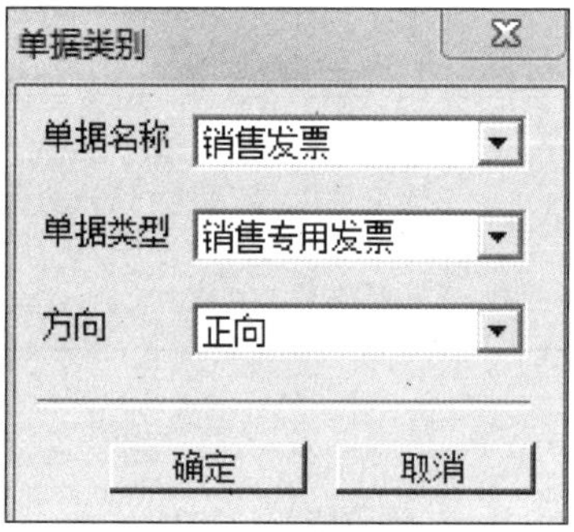

图 7—15 【单据类别】窗口

(3)【单据名称】选择:销售发票,【单据类型】选择:销售专用发票,【方向】选择:正向,点击【确定】,打开【销售专用发票】窗口。点击【增加】,【开票日期】录入:2018—12—18,【发票号】录入:5513466,【客户名称】选择:上海刺绣,【税率】录入:13%;【货物编号】选择:106,【数量】录入:26,【无税单价】录入:4 044.6,如图 7—16 所示。

(4)点击【保存】,以同样的方法录入第二笔业务销售发票。

2. 期初应收票据的录入

(1)以账套主管【Z01 刘慧清】身份登录【企业应用平台】,执行【财务会计】|【应收款管理】|【设置】命令|【期初余额】命令,打开【期初余额——查询】窗口。

(2)点击【确定】,打开【期初余额明细表】,点击【增加】,打开【单据类别】窗口。

(3)【单据名称】选择:应收票据,【单据类型】选择:银行承兑汇票,【方向】选择:正向,如图 7—17 所示。

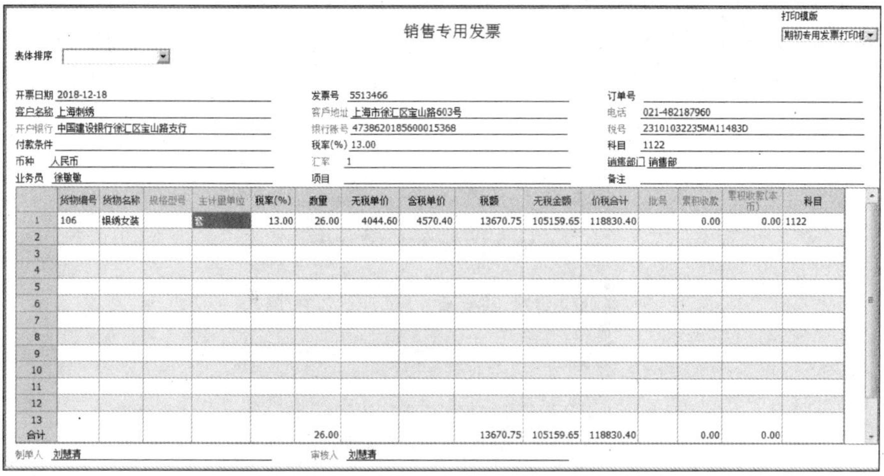

图 7—16　【销售专用发票】窗口

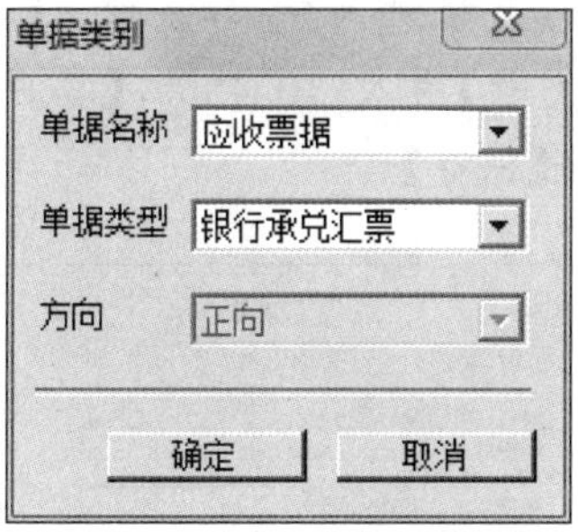

图 7—17　【单据类别】窗口

(4)点击【确定】，打开【期初票据】窗口。点击【增加】，【票据编号】录入：5562846，【开票单位】录入：北京艺先。【承兑银行】选择：中国工商银行，【票面面值】录入：58 000.00，【票面利率】选择：5％，【签发日期】录入：2018—12—20，【收到日期】录入：2018—12—20，【到期日】录入：2019—02—20，【科目】录入：112101，如图 7—18 所示，点击【保存】。

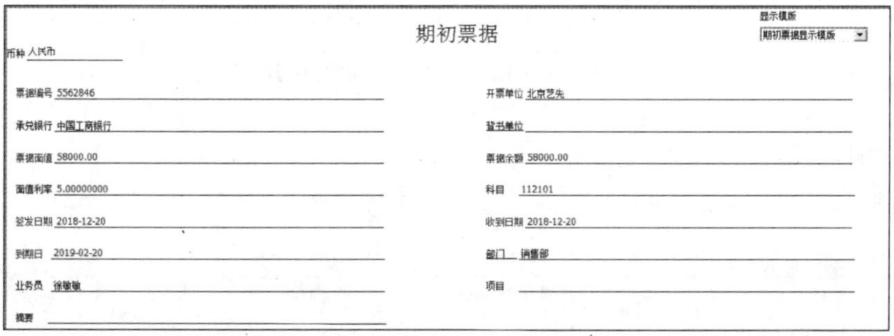

图 7—18　【期初票据】窗口

3. 预收款单录入

(1)以账套主管【Z01 刘慧清】身份登录【企业应用平台】，执行【财务会计】|【应收款管

理】|【设置】命令|【期初余额】,打开【期初余额——查询】窗口。

(2)点击【确定】,打开【期初余额明细表】,点击【增加】,打开【单据类别】窗口。

(3)【单据名称】选择:预收款,【单据类型】选择:收款单,【方向】选择:正向,如图 7—19 所示。

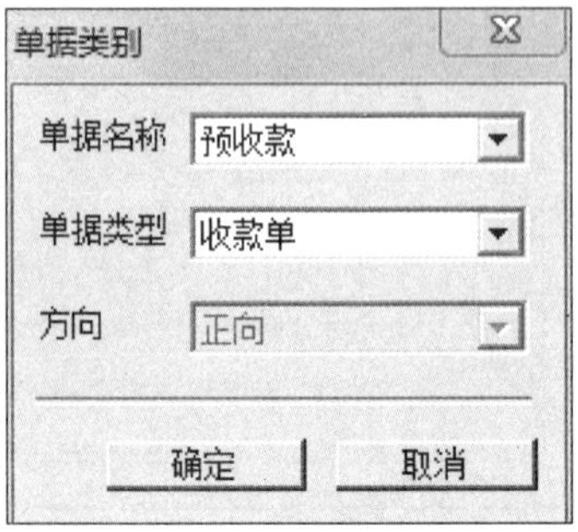

图 7—19 【单据类别】窗口

(4)点击【确定】,打开【期初收款单录入】窗口。点击【增加】,【日期】录入:2018—12—18,【结算方式】录入:电汇,【票据号】录入:1054359,【客户】选择:格晴艺术,【金额】录入:19 000.00,如图 7—20 所示,点击【保存】。

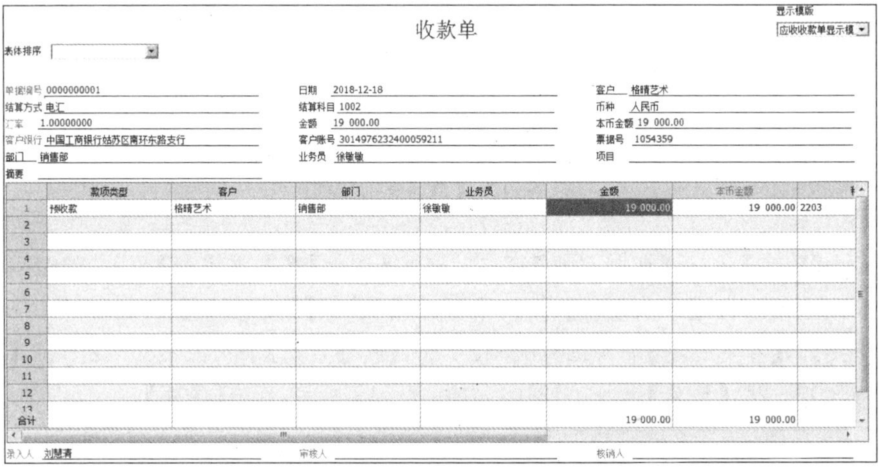

图 7—20 【期初预收款——收款单】窗口

4. 与总账系统对账

在【期初余额明细表】窗口,点击【对账】,打开【期初对账】窗口,如图 7—21 所示。

科目		应收期初		总账期初		差额	
编号	名称	原币	本币	原币	本币	原币	本币
112101	银行承兑汇票	58 000.00	58 000.00	58 000.00	58 000.00	0.00	0.00
112102	商业承兑汇票	0.00	0.00	0.00	0.00	0.00	0.00
1122	应收账款	147 598.40	147 598.40	147 598.40	147 598.40	0.00	0.00
2203	预收账款	-19 000.00	-19 000.00	-19 000.00	-19 000.00	0.00	0.00
	合计		186 598.40		186 598.40		0.00

图 7—21 【期初对账】窗口

任务四　应付款管理初始化

一、选项设置

系统提供两种确认单据审核日期的依据，即单据日期和业务日期。本系统为您提供了六种设置产品采购科目的依据，既按存货分类、按存货、按地区、按采购类型、按供应商、按供应商分类设置存货采购科目。如果供应商提供了在信用期间内提前付款可以优惠的政策，可以选择【自动计算现金折扣】，系统会在【核销处理】中显示【可享受折扣】和【本次折扣】，并计算可享受的折扣。如果选择了【不计算现金折扣】，则系统既不计算也不显示现金折扣。有两种制单方式供选择，即明细到供应商、明细到单据。明细到供应商，即当将一个供应商的多笔业务合并生成一张凭证时，如果核算这多笔业务的控制科目相同，系统将自动将其合并成一条分录；明细到单据，即当将一个供应商的多笔业务合并生成一张凭证时，系统会将每一笔业务形成一条分录。

业务 1：设置应付款管理系统，单据审核日期依据为【单据日期】，自动计算现金折扣；采购科目依据为【按存货分类】；受控科目制单方式为【明细到单据】。

操作步骤：

(1)以账套主管【Z01 刘慧清】身份登录【企业应用平台】，执行【财务会计】|【应付款管理】|【设置】|【选项】命令，打开【账套参数设置】，点击【编辑】。

(2)点击【常规】选项卡，点击【单据审核日期依据】栏目的下拉三角按钮选择：单据日期，勾选【自动计算现金折扣】，如图 7—22 所示。

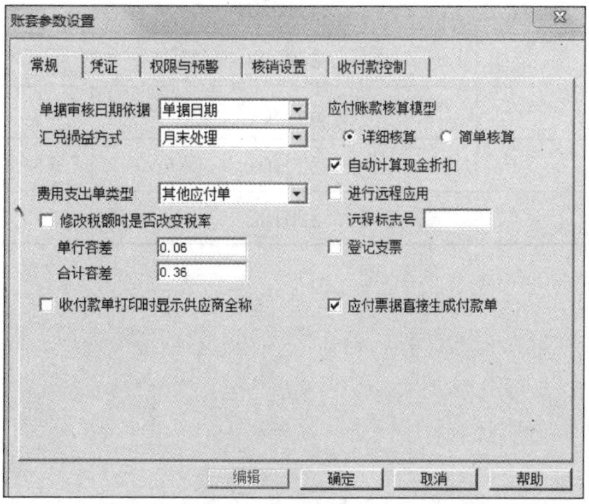

图 7—22　【账套参数设置——常规】窗口

(3)点击【凭证】选项卡，点击【受控科目制单方式】栏目的下拉三角按钮选择：明细到单据；点击【采购科目依据】栏目的下拉三角按钮选择：按存货分类，如图 7—23 所示。点击【确定】。

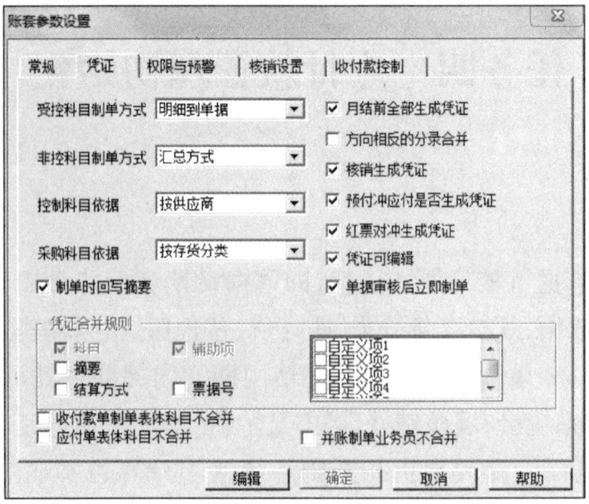

图 7—23 【账套参数设置——凭证】窗口

二、初始设置

业务 2:根据表 7—6、表 7—7 和其他相关信息对应收款管理系统进行设置:

1. 基本科目设置

表 7—6　　基本科目

基础科目种类	科　目	币　种
应付科目	220201	人民币
预付科目	1123	人民币
税金科目	22210101	人民币
现金折扣科目	660303	人民币
票据利息科目	660302	人民币
银行承兑科目	220101	人民币
商业承兑科目	220102	人民币

2. 控制科目设置

应付科目:220201;

预付科目:1123。

3. 产品科目设置

采购科目:1402;

采购税金科目:22210101。

4. 结算方式科目设置

表 7—7 结算方式科目

结算方式	币　种	科　目
1 现金	人民币	1001
201 现金支票	人民币	1002
202 转账支票	人民币	1002
301 商业承兑汇票	人民币	1002
302 银行承兑汇票	人民币	1002
4 电汇	人民币	1002
9 其他	人民币	1002

操作步骤：

1. 基本科目设置

(1)以账套主管【Z01 刘慧清】身份登录【企业应用平台】，执行【财务会计】|【应付款管理】|【设置】|【初始设置】命令，打开【初始设置】窗口。

(2)点击【设置科目】|【基本科目设置】|【增加】，【基础科目种类】选择：应付科目，【科目】选择：220201，【币种】选择：人民币。以同样的方法将其他基本科目设置完毕，如图 7—24 所示。

图 7—24 【初始设置——基本科目设置】窗口

2. 控制科目设置

(1)以账套主管【Z01 刘慧清】身份登录【企业应用平台】，执行【财务会计】|【应付款管理】|【设置】|【初始设置】命令，打开【初始设置】窗口。

(2)点击【设置科目】|【控制科目设置】，【应付科目】选择：220201，【预付科目】选择：1123。以同样的方法将其他控制科目设置完毕，如图 7—25 所示。

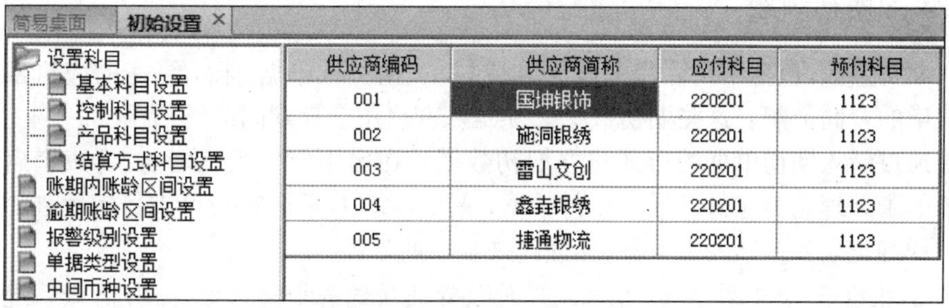

图 7—25 【初始设置——控制科目设置】窗口

3. 产品科目设置

(1)以账套主管【Z01 刘慧清】身份登录【企业应用平台】,执行【财务会计】|【应付款管理】|【设置】|【初始设置】命令,打开【初始设置】窗口。

(2)点击【设置科目】|【产品科目设置】,【类别编码】选择:01,【类别名称】选择:商品,【采购科目】选择:1402,【产品采购税金科目】选择:22210101,【税率】录入:13,如图 7—26 所示。

图 7—26 【初始设置——产品科目设置】窗口

4. 结算方式科目设置

(1)以账套主管【Z01 刘慧清】身份登录【企业应用平台】,执行【财务会计】|【应付款管理】|【设置】|【初始设置】命令,打开【初始设置】窗口。

(2)点击【设置科目】|【结算方式科目设置】,【结算方式】选择:1 现金,【币种】选择:人民币,【科目】选择:1001。以同样的方法将其他结算方式科目设置完毕,如图 7—27 所示。

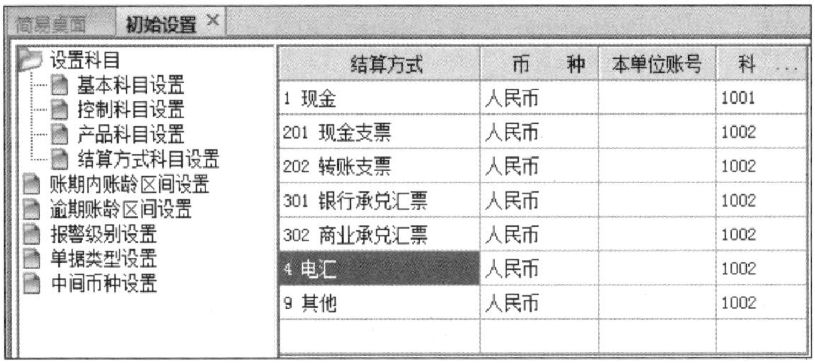

图 7—27 【初始设置——结算方式科目设置】窗口

三、录入期初余额

录入期初余额,包括未结算完的发票和应付单、预付款单据、未结算完的应付票据以及未结算完毕的合同金额。这些期初数据必须是账套启用会计期间前的数据。

系统通过录入期初单据的形式建立期初数据。在启用应付系统之前,将账套启用会计期间以前的未处理完的应付、付款、预付单据,录入系统中,系统对其可进行后续处理。其目的是为了详细记录每一笔往来业务,加强往来款项的处理。

业务 3:根据表 7—8 和表 7—9 录入应付款管理系统的期初余额,并与总账系统进行对账。

表 7—8 预付账款(1123)期初余额

日期	客户名称	摘要	方向	余额
2018—12—10	施洞银饰制作有限公司	采购银制首饰,电汇,票号 4315646	借	12 000.00

表 7—9 应付票据——银行承兑汇票(220101)期初余额

日期	客户名称	摘要	方向	余额
2018—12—20	雷山民族文创工作室	采购银绣首饰,银行承兑汇票票号 4110598,票面利率 5%,到期日 2019 年 1 月 20 日,承兑银行:中国工商银行	贷	22 968.00

1. 预付款单录入

(1)以账套主管【Z01 刘慧清】身份登录【企业应用平台】,执行【财务会计】|【应付款管理】|【设置】|【期初余额】命令,打开【期初余额——查询】窗口。

(2)点击【确定】,打开【期初余额明细表】,点击【增加】,打开【单据类别】窗口。

(3)【单据名称】选择:预付款,【单据类型】选择:付款单,【方向】选择:正向,如图 7—28 所示。

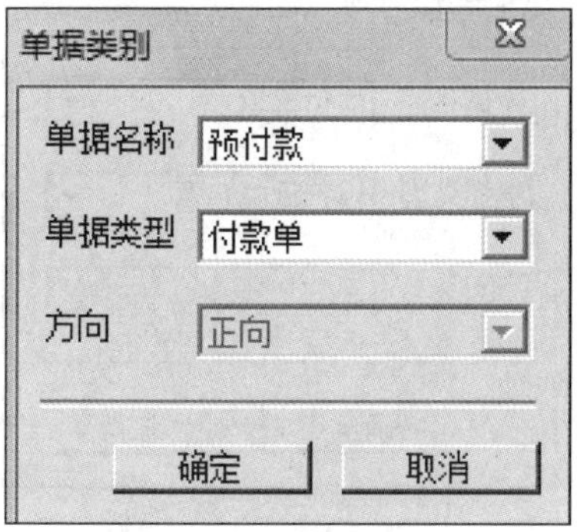

图 7—28 【单据类别】窗口

(4)点击【确定】,打开【期初付款单录入】窗口。点击【增加】,【日期】录入:2018—12—10,【结算方式】录入:电汇,【票据号】录入:4315646,【供应商】选择:施洞银绣,【金额】录入:12 000.00,如图 7—29 所示,点击【保存】。

2. 期初应付票据的录入

(1)以账套主管【Z01 刘慧清】身份登录【企业应用平台】,执行【财务会计】|【应付款管理】|【设置】|【期初余额】命令,打开【期初余额——查询】窗口。

(2)点击【确定】,打开【期初余额明细表】,点击【增加】,打开【单据类别】窗口,【单据名称】选择:应付票据,【单据类型】选择:银行承兑汇票,【方向】选择:正向,如图 7—30 所示。

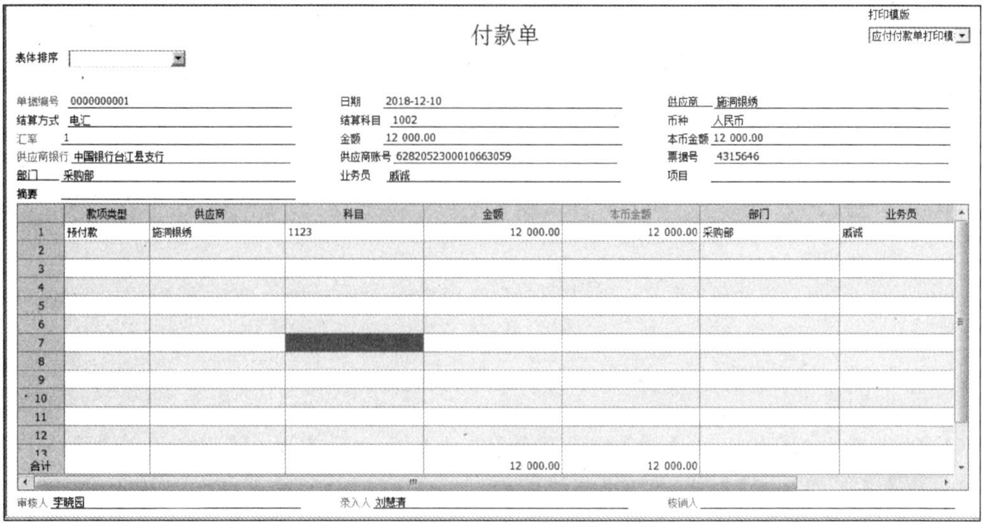

图 7—29 【预付款——付款单】窗口

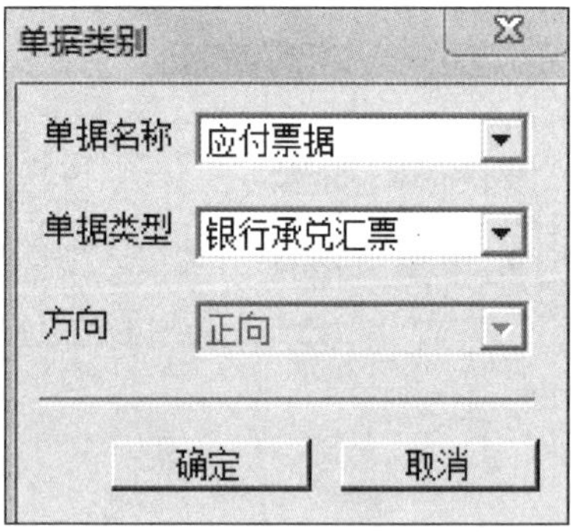

图 7—30 【单据类别】窗口

(3)点击【确定】,打开【期初票据录入】窗口,点击【增加】,【票据编号】录入:4110598,【收票单位】录入:雷山文创,【承兑银行】选择:中国工商银行,【票据面值】录入:22 968.00,【票面利率】录入:5,【签发日期】录入:2018—12—20,【到期日】录入:2019—01—20,【科目】录入:220101,如图 7—31 所示。

图 7—31 【期初票据】窗口

3. 与总账系统对账

在【期初余额明细表】窗口，点击【对账】，打开【期初对账】窗口，如图 7—32 所示。

科目		应付期初		总账期初		差额	
编号	名称	原币	本币	原币	本币	原币	本币
1123	预付账款	-12 000.00	-12 000.00	-12 000.00	-12 000.00	0.00	0.00
220101	银行承兑汇票	22 968.00	22 968.00	22 968.00	22 968.00	0.00	0.00
220102	商业承兑汇票	0.00	0.00	0.00	0.00	0.00	0.00
220201	一般应付款	0.00	0.00	0.00	0.00	0.00	0.00
	合计		10 968.00		10 968.00		0.00

图 7—32　【期初对账】窗口

任务五　库存管理初始化

一、库存选项设置

扫码看资源

企业根据实际业务的需要，有些单据在单据保存时进行实物出入库，而有些单据在单据审核时才进行实物出入库。为了解决单据和实物出入库的时间差问题，用户可以根据不同的单据制定不同的现存量更新时点。

业务 1：设置库存管理系统参数，修改现存量时点为“采购入库审核时改现存量、销售出库审核时改现存量、其他出入库审核时改现存量”。

操作步骤：

(1)以账套主管【Z01 刘慧清】身份登录【企业应用平台】，执行【业务工作】|【供应链】|【库存管理】|【初始设置】|【选项】命令，打开【库存选项设置】。

(2)点击【通用设置】选项卡，勾选【采购入库审核时改现存量】、【销售出库审核时改现存量】、【其他出入库审核时改现存量】，如图 7—33 所示。

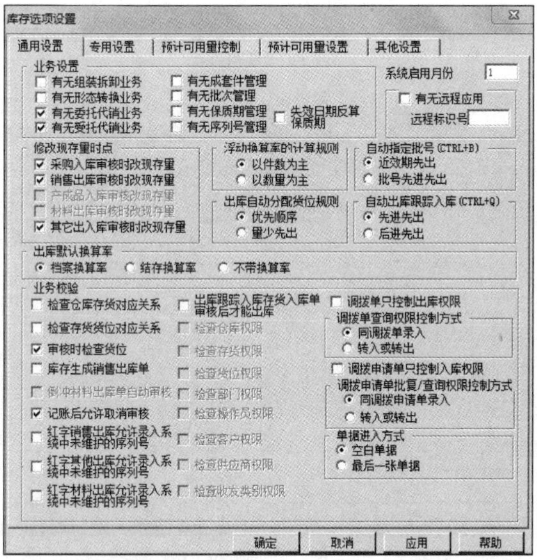

图 7—33　【库存选项设置——通用设置】窗口

(3)点击【确定】,完成设置。

二、期初数据录入

用于录入使用库存管理前各仓库各存货的期初结存情况。不进行批次、保质期管理的存货,只需录入各存货期初结存的数量。未审核的期初结存可随时更改,重新初始化结转库存期初仍可修改期初数据。

业务 2:根据表 7—10,录入库存期初数据。

表 7—10　　库存期初数据

分类编码	存货编码	存货名称	单位	数量	单价	金　额
01	101	银杯	克	2 000.00	35.00	70 000.00
	102	银碗	克	2 000.00	35.00	70 000.00
	103	银制首饰	克	3 000.00	35.00	105 000.00
	106	银绣女装	套	760.00	680.00	516 800.00
	107	银绣男装	套	750.00	420.00	315 000.00
02	201	包装盒	个	500.00	5.00	2 500.00
	202	精品礼盒	个	530.00	10.00	5 300.00
		合　计		9 540.00		1 082 000.00

操作步骤:

(1)以账套主管【Z01 刘慧清】身份登录【企业应用平台】,执行【业务工作】|【供应链】|【库存管理】|【初始设置】|【期初结存】命令,打开【库存期初数据录入】窗口。

(2)在【库存期初数据录入】窗口将仓库选为【(01)商品库】,点击【修改】,【存货编码】选择:101 银杯,【数量】录入:2 000.00,【单价】录入:35.00,以同样的方法录入【商品库】的其他数据,点击【保存】|【批审】,如图 7—34 所示。

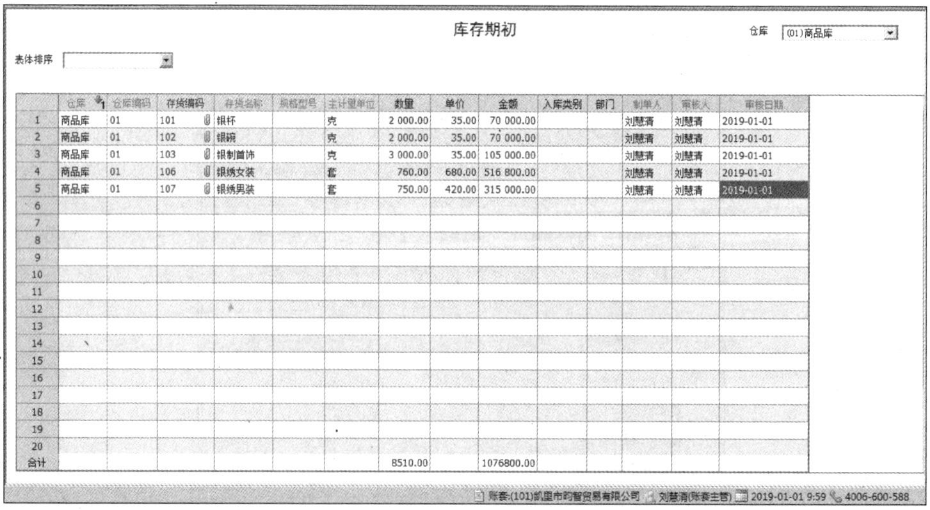
库存期初

仓库 (01)商品库

表体排序

	仓库	仓库编码	存货编码	存货名称	规格型号	主计量单位	数量	单价	金额	入库类别	部门	制单人	审核人	审核日期
1	商品库	01	101	银杯		克	2 000.00	35.00	70 000.00			刘慧清	刘慧清	2019-01-01
2	商品库	01	102	银碗		克	2 000.00	35.00	70 000.00			刘慧清	刘慧清	2019-01-01
3	商品库	01	103	银制首饰		克	3 000.00	35.00	105 000.00			刘慧清	刘慧清	2019-01-01
4	商品库	01	106	银绣女装		套	760.00	680.00	516 800.00			刘慧清	刘慧清	2019-01-01
5	商品库	01	107	银绣男装		套	750.00	420.00	315 000.00			刘慧清	刘慧清	2019-01-01
6														
7														
8														
9														
10														
11														
12														
13														
14														
15														
16														
17														
18														
19														
20														
合计							8510.00		1076800.00					

账套:(101)凯里市昀智贸易有限公司　刘慧清(账套主管)　2019-01-01 9:59　4006-600-588

图 7—34　【库存期初数据录入——商品库】窗口

(3)在【库存期初数据录入】窗口将仓库选为【02 礼品库】,点击【修改】,【存货编码】选择:201 包装盒,【数量】录入:500.00,【单价】录入:5.00,以同样的方法录入礼品库的其他数据,点击【保存】|【批审】,如图 7—35 所示。

	仓库	仓库编码	存货编码	存货名称	规格型号	主计量单位	数量	单价	金额	入库类别	部门	制单人	审核人	审核日期
1	礼品库	02	201	包装盒		个	500.00	5.00	2 500.00			刘慧清	刘慧清	2019-01-01
2	礼品库	02	202	精品礼盒		个	530.00	10.00	5 300.00			刘慧清	刘慧清	2019-01-01
3														
4														
5														
6														
7														
8														
9														
10														
11														
12														
13														
14														
15														
16														
17														
18														
19														
20														
合计							1030.00		7800.00					

图 7—35　【库存期初数据录入——礼品库】窗口

任务六　存货核算初始化

一、存货选项录入

业务 1:设置存货核算系统参数,委托代销成本核算方式:【按发出商品核算】,暂估方式:【单到回冲】。

操作步骤:

(1)以账套主管【Z01 刘慧清】身份登录【企业应用平台】,执行【业务工作】|【供应链】|【存货核算】|【初始设置】|【选项】|【选项录入】命令,打开【选项录入】窗口。

(2)点击【核算方式】选项卡,修改【委托代销成本核算方式】为:按发出商品核算;【暂估方式】:单到回冲,如图 7—36 所示,点击【确定】,完成设置。

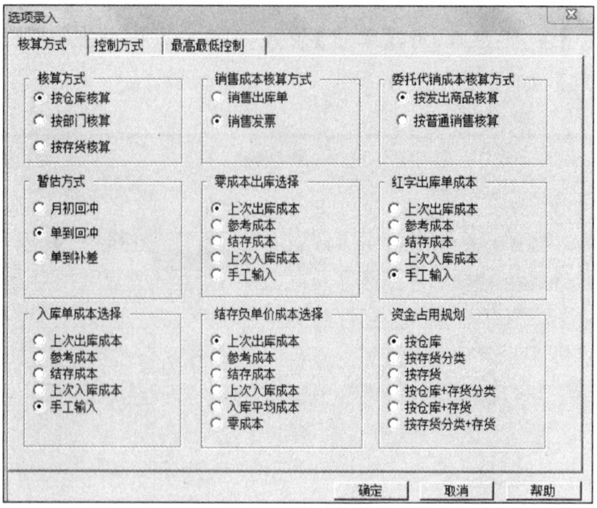

图 7—36 【选项录入——核算方式】窗口

二、期初数据录入

业务 2:录入存货核算系统的期初数据(通过库存管理取数),并进行对账。

操作步骤:

(1) 以账套主管【Z01 刘慧清】身份登录【企业应用平台】,执行【业务工作】|【供应链】|【存货核算】|【初始设置】|【期初数据】|【期初余额】命令,打开【期初余额】窗口。

(2)【仓库】选择:01 商品库,点击【取数】,系统自动从库存管理中取出该仓库的信息,如图 7—37 所示。

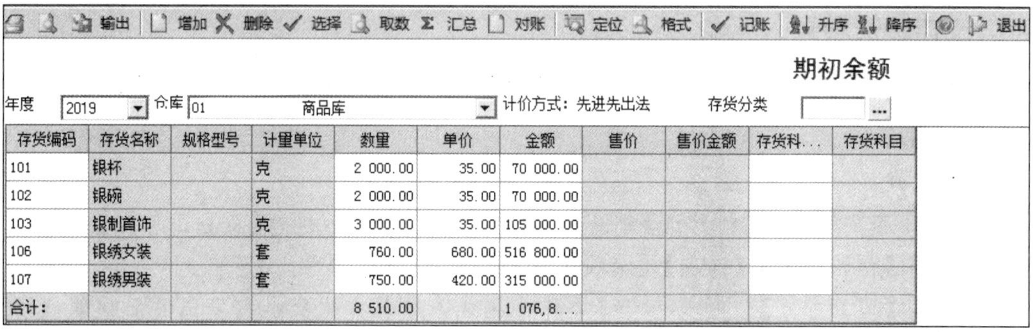

存货编码	存货名称	规格型号	计量单位	数量	单价	金额	售价	售价金额	存货科...	存货科目
101	银杯		克	2 000.00	35.00	70 000.00				
102	银碗		克	2 000.00	35.00	70 000.00				
103	银制首饰		克	3 000.00	35.00	105 000.00				
106	银绣女装		套	760.00	680.00	516 800.00				
107	银绣男装		套	750.00	420.00	315 000.00				
合计:				8 510.00		1 076,8...				

图 7—37 【期初余额——商品库】窗口

(3)【仓库】选择:02 礼品库,点击【取数】,系统自动从库存管理中取出该仓库的信息,如图 7—38 所示。

(4)【仓库】选择:03 受托代销库,点击【取数】,系统自动从库存管理中取出该仓库的信息,该仓库无数据。

(5)点击【对账】,弹出【库存与存货期初对账查询条件】,选择:所有仓库,点击【确定】,弹出【对账成功!】提示框,点击【确定】,完成对账。

期初余额

输出 增加 删除 选择 取数 汇总 对账 定位 格式 记账 升序 降序 退出

期初余额

年度 2019　仓库 02 礼品库　计价方式：先进先出法　存货分类

存货编码	存货名称	规格型号	计量单位	数量	单价	金额	售价	售价金额	存货科...	存货科目
201	包装盒		个	500.00	5.00	2 500.00				
202	精品礼盒		个	530.00	10.00	5 300.00				
合计:				1 030.00		7 800.00				

图 7—38 【期初余额——礼品库】窗口

三、科目设置

此功能用于设置本系统中生成凭证所需要的各种存货科目、差异科目、分期收款发出商品科目、委托代销科目、运费科目、税金科目、结算科目、对方科目等，因此用户在制单之前应先在本系统中将存货科目设置正确、完整，否则无法生成科目完整的凭证。

业务 3：对存货核算系统进行科目设置。

存货科目设置：商品库和礼品库的存货科目为【1405 库存商品】，发出商品科目为【1406 发出商品】，直运科目为【1402 在途物资】，受托代销库的存货科目为【1321 受托代销商品】。

存货对方科目设置：采购入库的对方科目为【1402 在途物资】，暂估科目为【220202 暂估应付款】，采购退货的对方科目为【1402 在途物资】，盘盈入库的对方科目为【1901 待处理财产损溢】，受托代销入库的对方科目和暂估科目都为【2314 受托代销商品款】，销售出库、销售退货和委托代销出库的对方科目都为【6401 主营业务成本】，盘亏出库的对方科目为【1901 待处理财产损溢】，赠品出库的对方科目为【660109 促销费】。

税金科目设置：商品、周转材料和其他的税金科目为【22210101 进项税额】。

操作步骤：

(1)以账套主管【Z01 刘慧清】身份登录【企业应用平台】，执行【业务工作】|【供应链】|【存货核算】|【初始设置】|【科目设置】|【存货科目】命令，打开【存货科目】窗口。

(2)点击【增加】，【仓库编码】选择：01，【存货科目】为：1405 库存商品，【委托代销发出商品科目】为：1406 发出商品，【直运科目】为：1402 在途物资，以同样方法设置其他仓库的信息，点击【保存】，如图 7—39 所示。

存货科目

仓库编码	仓库名称	存货分类编码	存货分类名称	存货编码	存货名称	存货科目编码	存货科目名称	差异科目编码	差异科目名称	分期收款发出...	分期收款发出...	委托代销发出...	委托代销发出...	直运科目编码	直运科目名称
01	商品库					1405	库存商品					1406	发出商品	1402	在途物资
02	礼品库					1405	库存商品					1406	发出商品	1402	在途物资
03	受托代销库					1321	受托代销商品								

图 7—39 【存货科目】窗口

(3)以账套主管【Z01 刘慧清】身份登录【企业应用平台】，执行【业务工作】|【供应链】|【存货核算】|【初始设置】|【科目设置】|【对方科目】命令，打开【对方科目】窗口。

(4)点击【增加】，【收发类别】选择：101，【对方科目】选择：1402 在途物资，【暂估科目】选择：220202 暂估应付款，以同样方法设置其他收发类别的信息，点击【保存】，如图 7—40 所示。

对方科目

收发类别编码	收发类别名称	存货分类编码	存货分类...	存货编码	存货名称	部门编码	部门名称	项目大类编码	项目大类名称	项目编码	项目名称	对方科目编码	对方科目名称	暂估科目编码	暂估科目名称
101	采购入库											1402	在途物资	220202	暂估应付款
102	采购退货											1402	在途物资		
103	盘盈入库											1901	待处理财产损溢		
104	受托代销入库											2314	受托代销商品款	2314	受托代销商品款
201	销售出库											6401	主营业务成本		
202	销售退货											6401	主营业务成本		
203	盘亏出库											1901	待处理财产损溢		
204	委托代销出库											6401	主营业务成本		
205	赠品出库											660109	促销费		

图 7—40 【对方科目】窗口

(5) 以账套主管【Z01 刘慧清】身份登录【企业应用平台】,执行【业务工作】|【供应链】|【存货核算】|【初始设置】|【科目设置】|【税金科目】命令,打开【税金科目】窗口。【科目编码】选择:22210101 应交税费——应交增值税——进项税额,点击【保存】,如图 7—41 所示。

税金科目

存货大类编码	存货大类名称	科目编码	科目名称	进项税额转出科目编码	进项税额转出科目名称	出口退税科目编码	出口退税科目名称
01	商品	22210101	进项税额				
02	周转材料	22210101	进项税额				
03	其他	22210101	进项税额				

图 7—41 【税金科目】窗口

四、期初记账

期初数据录入后,执行期初记账后,系统把期初差异分配到期初单据上,并把期初单据的数据记入存货总账、存货明细账、差异账、委托代销/分期收款发出商品明细账。期初记账后,用户才能进行日常业务、账簿查询、统计分析等操作。如果期初数据有错误,可以取消期初记账,修改期初数据,重新执行期初记账。

业务 4:对存货核算系统进行期初记账。

操作步骤:

(1)以账套主管【Z01 刘慧清】身份登录【企业应用平台】,执行【业务工作】|【供应链】|【存货核算】|【初始设置】|【期初数据】|【期初余额】命令,打开【期初余额】窗口。

(2)点击【记账】,系统自动弹出【期初记账成功!】提示框,点击【确定】,完成记账。

项目八　采购管理与应付款管理

任务一　普通采购业务

一、款项未付的完整采购业务

扫码看资源

业务1：2019年1月1日，采购部杨智与鑫垚银绣服装有限公司签订合同采购银绣女装和银绣男装各500套，相关业务单据如图8—1和图8—2所示。

操作步骤：

购销合同

合同编号：CG0001

供方：鑫垚银绣服装有限公司　　　　需方：凯里市昀智贸易有限公司

为保护买卖双方的合法权益，买卖双方根据《中华人民共和国合同法》的有关规定，经友好协商，一致同意签订本合同并共同遵守：

1、货物名称、型号、数量、价格、合同总额

序号	货物名称	规格型号	单位	数量	单价（不含税）	金额（不含税）	税率	税额
1	银绣女装		套	500	680.00	340000.00	13%	44200.00
2	银绣男装		套	500	420.00	210000.00		27300.00
合计						￥ 550,000.00		￥ 71,500.00

2、合同总金额：人民币陆拾贰万壹仟伍佰元整。　（　￥ 621,500.00　）

3、付款时间：款项月末前支付。

4、交货时间：签订合同当日。

5、交货地点：凯里市昀智贸易有限公司

6、其他：本合同一式贰份，供需双方各执壹份。本合同自双方签字盖章后生效，至本合同全部条款执行完毕后失效。

供方（盖章）：鑫垚银绣服装有限公司　　　　需方（盖章）：凯里市昀智贸易有限公司

授权代表：王建国　　　　授权代表：杨智

签订时间：2019年1月1日　　　　签订时间：2019年1月1日

图8—1　购销合同

1. 填制并审核采购订单

(1)2019年1月1日，采购部的【G01威诚】登录【企业应用平台】，执行【业务工作】|【供应链】|【采购管理】|【采购订货】|【采购订单】命令，打开【采购订单】窗口。

(2)点击【增加】，在表头【订单号】录入：CG0001，【采购类型】选择：正常采购，【供应商】选择：鑫垚银绣，【部门】录入：采购部，【业务员】录入：杨智；在表体【存货编码】分别录入：

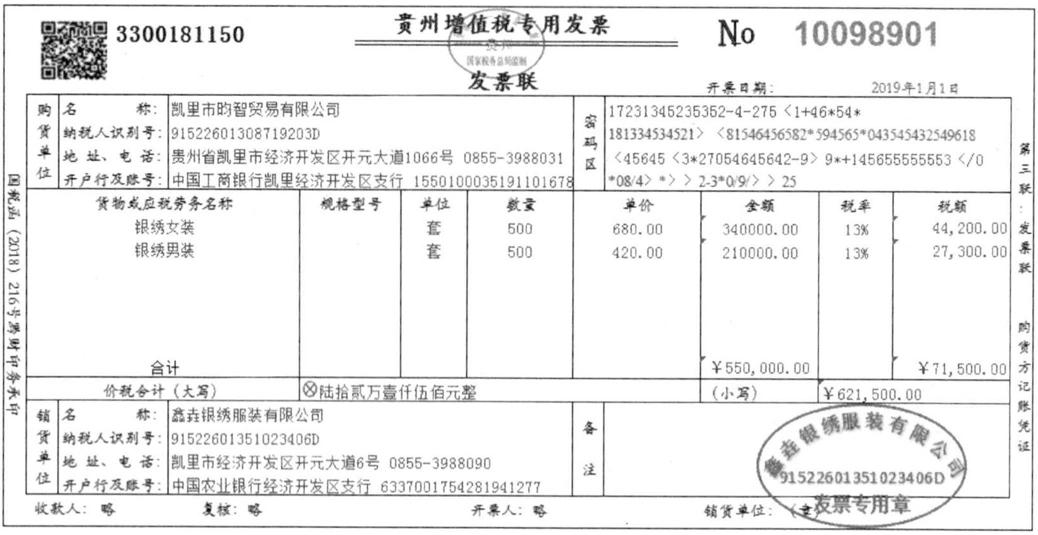

3300181150　　贵州增值税专用发票　　No 10098901

发票联　　开票日期：2019年1月1日

购货单位	名称：凯里市昀智贸易有限公司 纳税人识别号：91522601308719203D 地址、电话：贵州省凯里市经济开发区开元大道1066号 0855-3988031 开户行及账号：中国工商银行凯里经济开发区支行 1550100035191101678			密码区	17231345235352-4-275 <1+46*54* 181334534521> <81546456582*594565*043545432549618 <45645 <3*27054645642-9> 9*+145655555553 </0 *08/4> *> > 2-3*0/9/> > 25		
货物或应税劳务名称	规格型号	单位	数量	单价	金额	税率	税额
银绣女装		套	500	680.00	340000.00	13%	44,200.00
银绣男装		套	500	420.00	210000.00	13%	27,300.00
合计					￥550,000.00		￥71,500.00
价税合计（大写）	⊗陆拾贰万壹仟伍佰元整				（小写）	￥621,500.00	
销货单位	名称：鑫垚银绣服装有限公司 纳税人识别号：91522601351023406D 地址、电话：凯里市经济开发区开元大道6号 0855-3988090 开户行及账号：中国农业银行经济开发区支行 6337001754281941277			备注			

收款人：略　　复核：略　　开票人：略　　销货单位：（章）

国税函（2018）216号黔财印务承印

第三联：发票联　购货方记账凭证

鑫垚银绣服装有限公司 91522601351023406D 发票专用章

图 8—2　增值税专用发票

106、107,【数量】均录入:500.00,【原币单价】分别录入:680.00、420.00,【计划到货日期】均为:2019—01—01,点击【保存】,如图 8—3 所示。

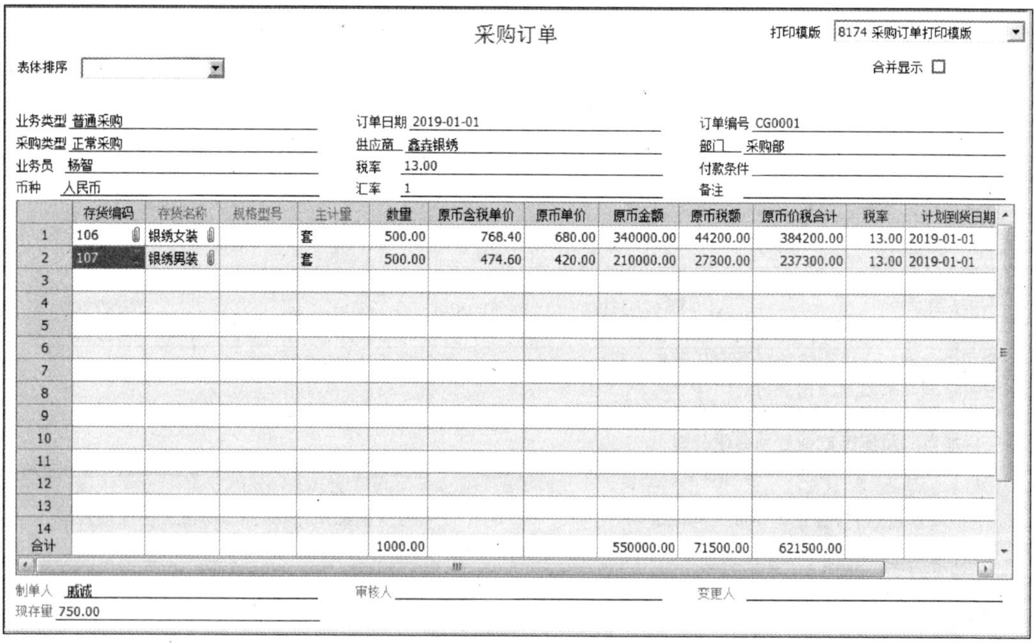

采购订单　　打印模版 8174 采购订单打印模版

表体排序　　合并显示 □

业务类型 普通采购　　订单日期 2019-01-01　　订单编号 CG0001

采购类型 正常采购　　供应商 鑫垚银绣　　部门 采购部

业务员 杨智　　税率 13.00　　付款条件

币种 人民币　　汇率 1　　备注

	存货编码	存货名称	规格型号	主计量	数量	原币含税单价	原币单价	原币金额	原币税额	原币价税合计	税率	计划到货日期
1	106	银绣女装		套	500.00	768.40	680.00	340000.00	44200.00	384200.00	13.00	2019-01-01
2	107	银绣男装		套	500.00	474.60	420.00	210000.00	27300.00	237300.00	13.00	2019-01-01
3												
4												
5												
6												
7												
8												
9												
10												
11												
12												
13												
14												
合计					1000.00			550000.00	71500.00	621500.00		

制单人 威诚　　审核人　　变更人

现存量 750.00

图 8—3　【采购订单】窗口

(3)点击【审核】。

2. 生成并审核采购到货单

(1)2019 年 1 月 1 日,采购部的【G01 威诚】登录【企业应用平台】,执行【业务工作】|【供应链】|【采购管理】|【采购到货】|【到货单】命令,打开【到货单】窗口。

(2)点击【增加】|【生单】|【采购订单】,打开【查询条件选择——采购订单列表过滤】窗口,如图 8—4 所示,点击【确定】。

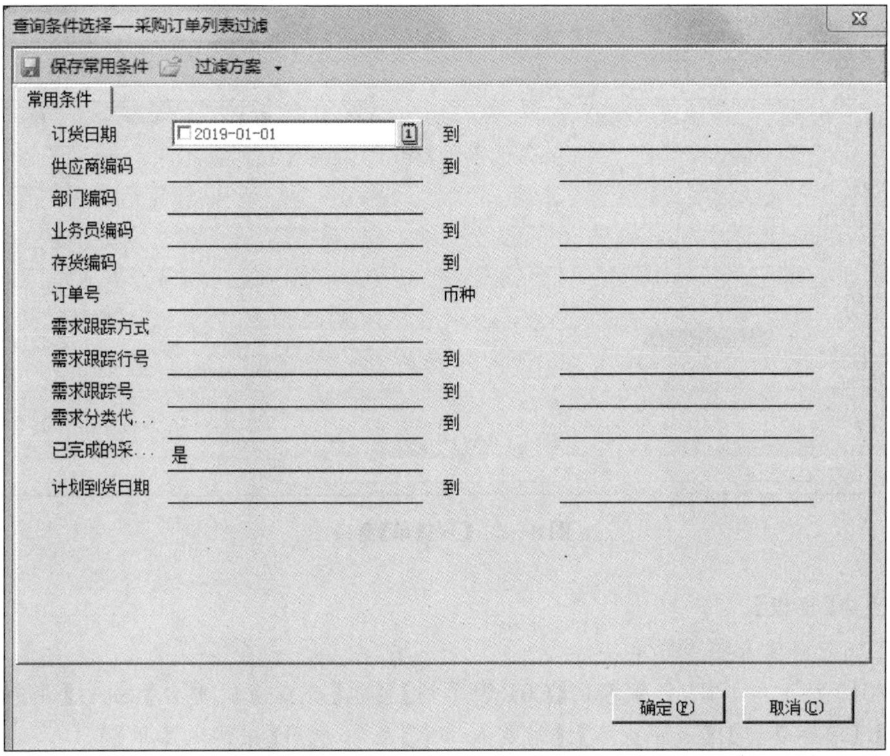

图 8—4 【查询条件选择——采购订单列表过滤】窗口

(3)系统自动弹出【拷贝并执行】窗口,选择要拷贝的采购订单,如图 8—5 所示。

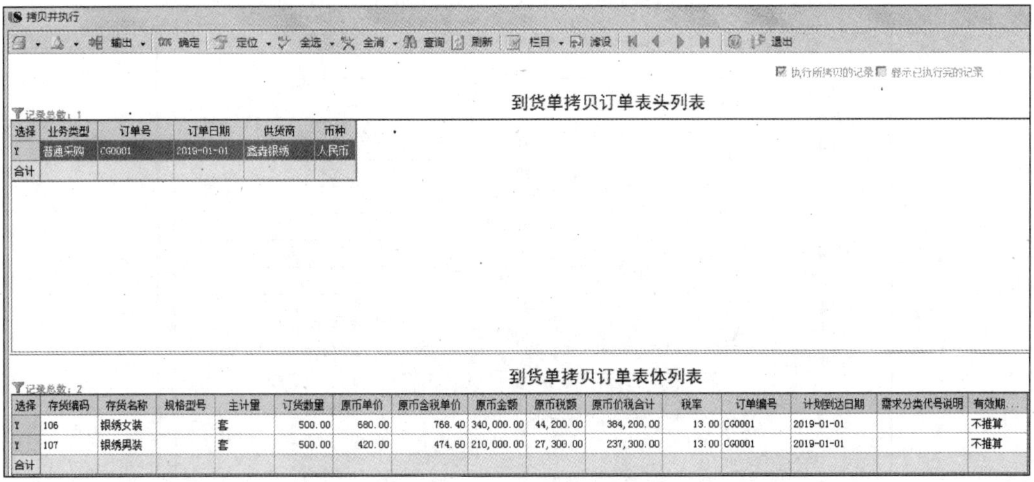

图 8—5 【拷贝并执行】窗口

(4)点击【确定】,系统自动生成到货单,点击【保存】,如图 8—6 所示。

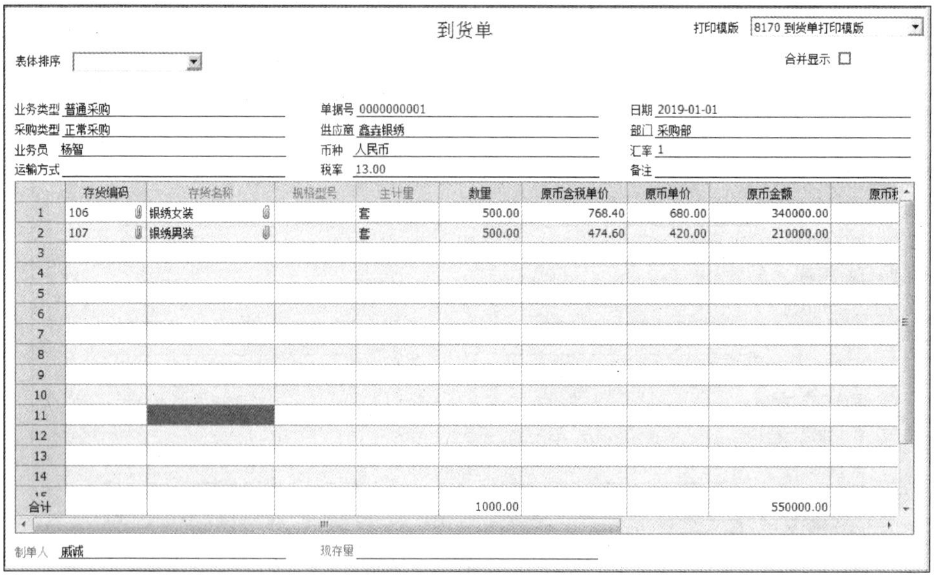

图 8—6 【到货单】窗口

(5)点击【审核】。

3. 生成并审核采购入库单

(1)2019 年 1 月 1 日,仓管部的【C01 李军钧】登录【企业应用平台】,执行【业务工作】|【供应链】|【库存管理】|【入库业务】|【采购入库单】命令,打开【采购入库单】窗口。

(2)点击【生单】|【采购到货单(蓝字)】,打开【查询条件选择——采购到货单列表过滤】,如图 8—7 所示,点击【确定】。

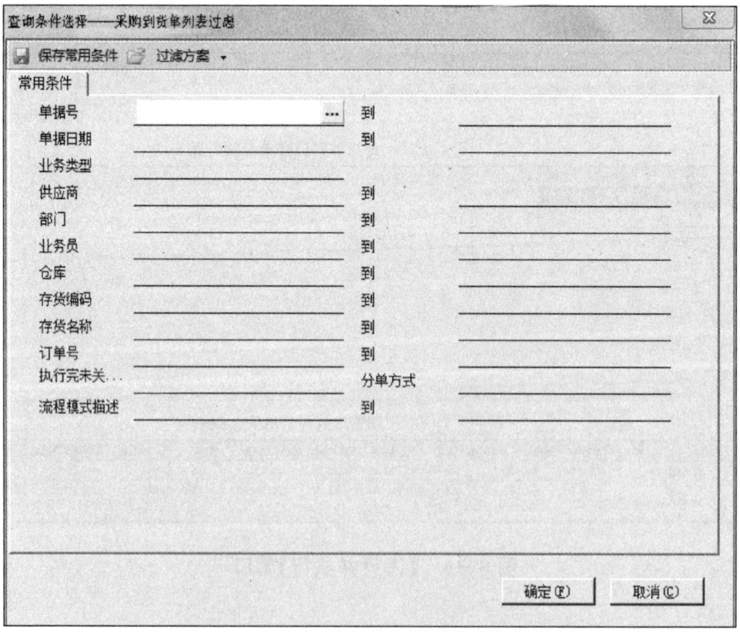

图 8—7 【查询条件选择——采购到货单列表过滤】窗口

(3)系统自动弹出【到货单生单列表】窗口，选择相应的到货单生单表头，如图8—8所示。

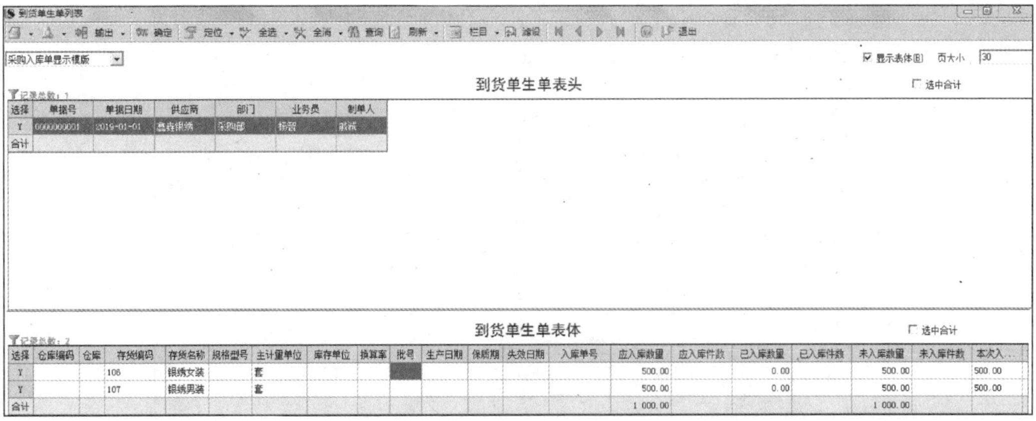

图8—8 【到货单生单列表】窗口

(4)点击【确定】，系统自动生成采购入库单，【仓库】选择：商品库，点击【保存】，如图8—9所示。

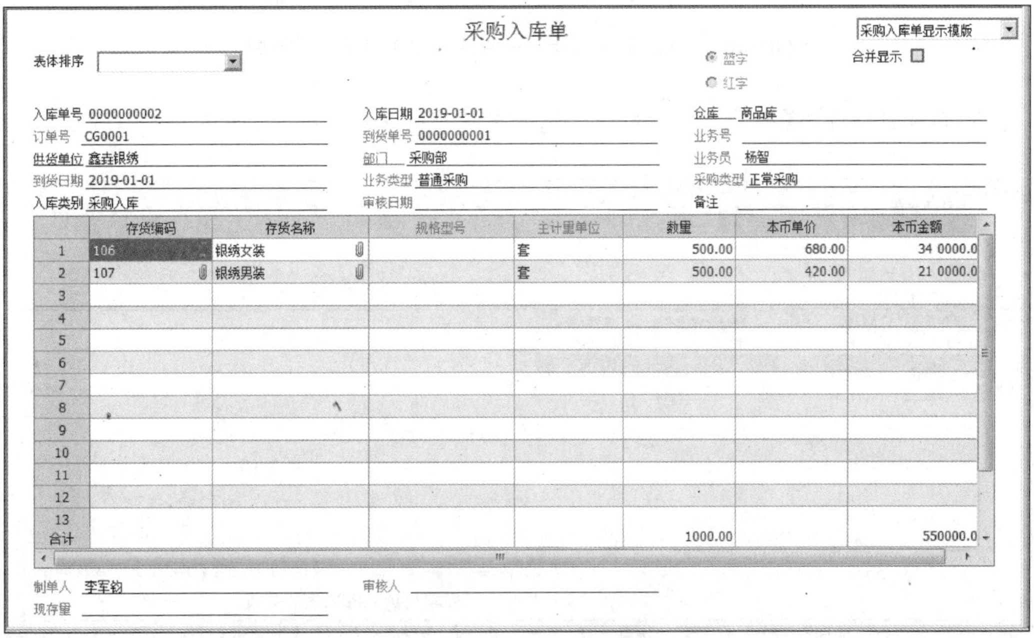

图8—9 【采购入库单】窗口

(5)点击【审核】。

4. 填制采购专用发票

(1)2019年1月1日，采购部的【G01 戚诚】登录【企业应用平台】，执行【业务工作】|【供应链】|【采购管理】|【采购发票】|【采购专用发票】命令，打开【采购专用发票】窗口。

(2)点击【增加】|【生单】|【入库单】,打开【查询条件选择——采购入库单列表过滤】,如图 8—10 所示,点击【确定】。

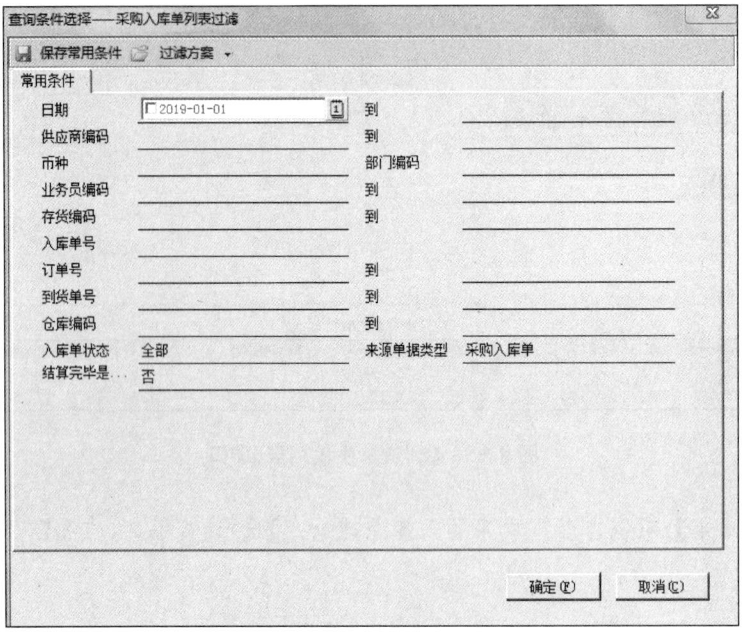

图 8—10 【查询条件选择——采购入库单列表过滤】窗口

(3)系统自动弹出【拷贝并执行】窗口,选择要拷贝的采购入库单,如图 8—11 所示。

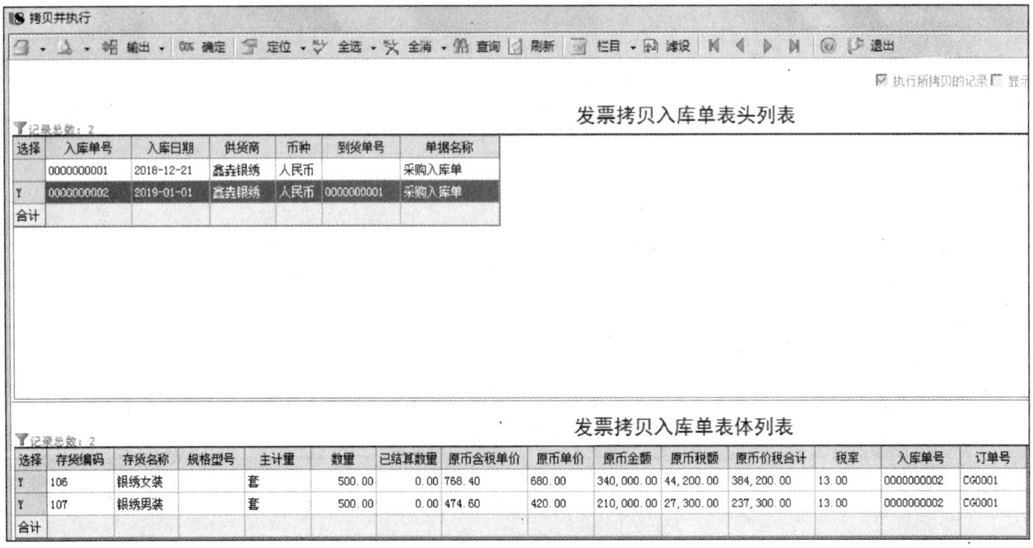

选择	入库单号	入库日期	供货商	币种	到货单号	单据名称
	0000000001	2018-12-21	鑫垚银绣	人民币		采购入库单
Y	0000000002	2019-01-01	鑫垚银绣	人民币	0000000001	采购入库单
合计						

选择	存货编码	存货名称	规格型号	主计量	数量	已结算数量	原币含税单价	原币单价	原币金额	原币税额	原币价税合计	税率	入库单号	订单号
Y	106	银绣女装		套	500.00	0.00	768.40	680.00	340,000.00	44,200.00	384,200.00	13.00	0000000002	CG0001
Y	107	银绣男装		套	500.00	0.00	474.60	420.00	210,000.00	27,300.00	237,300.00	13.00	0000000002	CG0001
合计														

图 8—11 【拷贝并执行】窗口

(4)点击【确定】,系统自动生成采购专用发票,【发票号】录入:10098901,点击【保存】,如图 8—12 所示。

图 8—12　【采购专用发票】窗口

5. 进行采购结算

(1)2019 年 1 月 1 日，采购部的【G01 戚诚】登录【企业应用平台】，执行【业务工作】|【供应链】|【采购管理】|【采购结算】|【手工结算】命令，打开【手工结算】窗口，如图 8—13 所示。

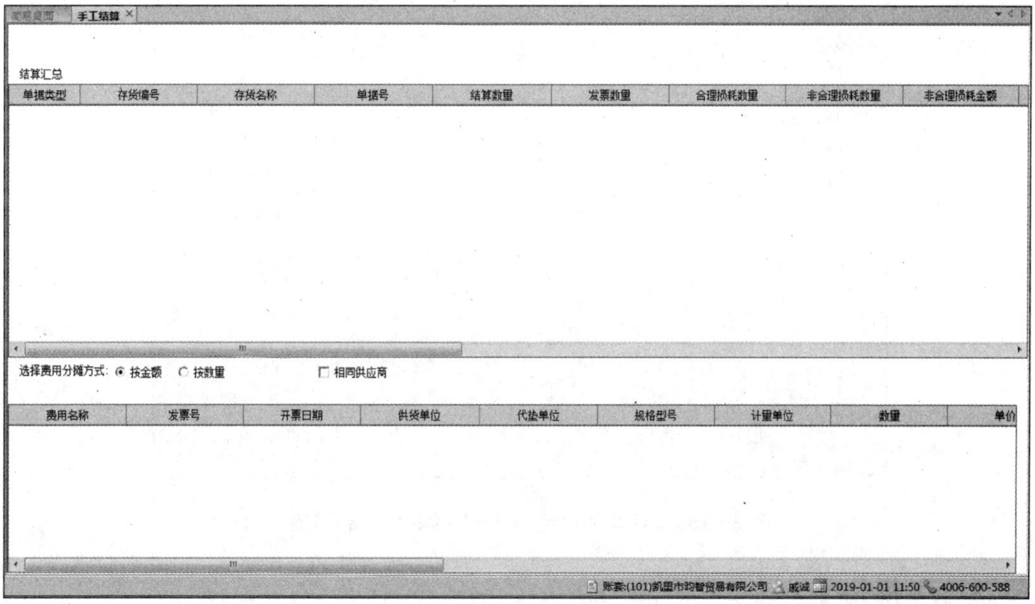

图 8—13　【手工结算】窗口

(2)点击【选单】，打开【结算选单】窗口，如图 8—14 所示。

图 8－14 【结算选单】窗口

(3)点击【查询】,打开【查询条件选择——采购手工结算】,如图 8－15 所示。

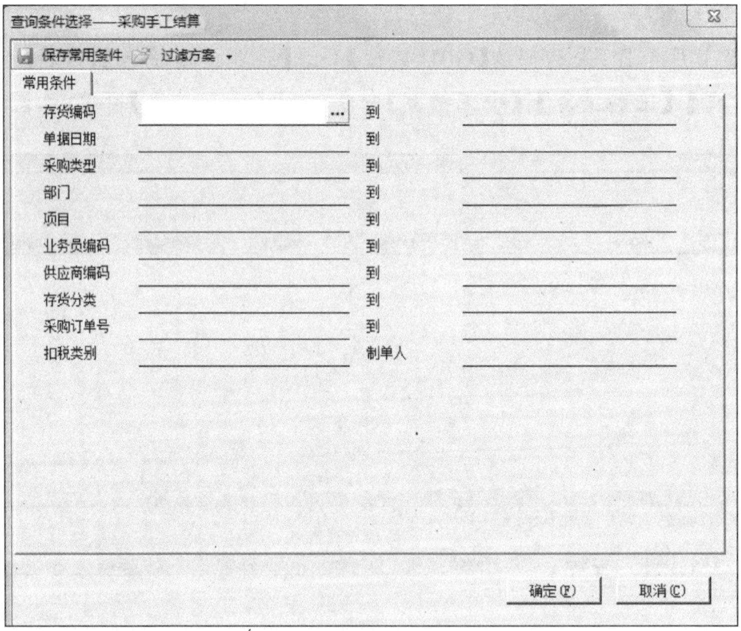

图 8－15 【查询条件选择——采购手工结算】窗口

(4)点击【确定】,选择相应的发票和入库单,如图 8－16 所示。

图 8—16 【结算选发票列表】窗口

(5)点击【确定】,返回【手工结算】窗口,如图 8—17 所示。

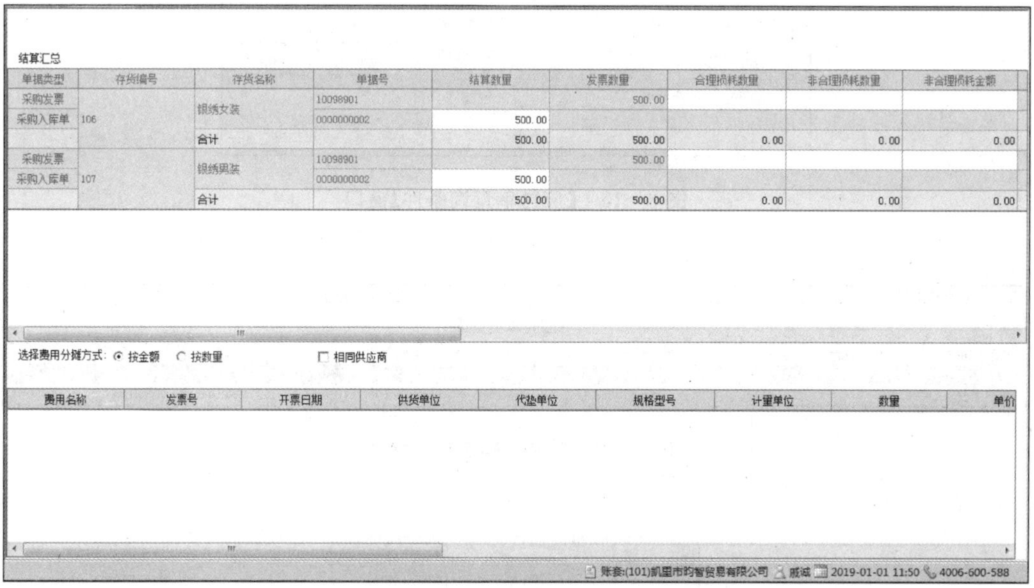

图 8—17 【手工结算】窗口

(6)点击【结算】,系统弹出【完成结算!】提示框,点击【确定】。

6. 应付款管理系统生成凭证

(1)2019 年 1 月 1 日,财务部的【W02 李晓园】登录【企业应用平台】,执行【业务工作】|【财务会计】|【应付款管理】|【应付单据处理】|【应付单据审核】命令,打开【应付单查询条件】窗口,如图 8—18 所示。

(2)点击【确定】,进入【应付单据列表】窗口,双击【选择】栏,如图 8—19 所示。

(3)点击【审核】,系统弹出提示窗口,如图 8—20 所示,点击【确定】。

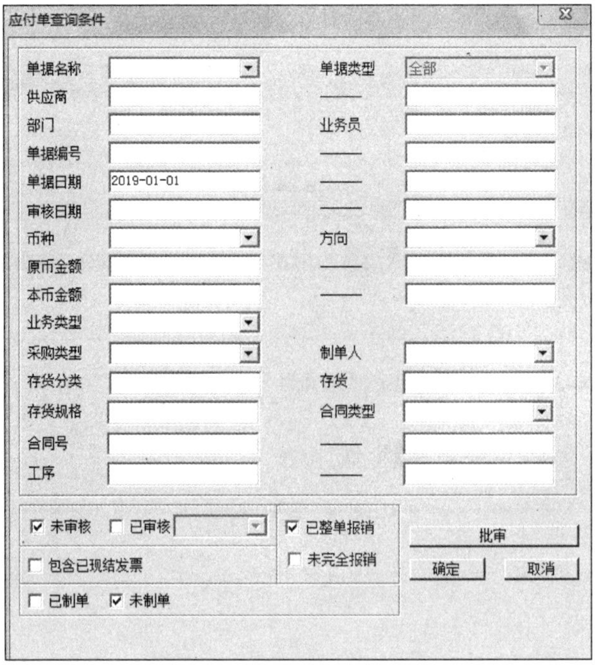

图 8—18 【应付单查询条件】窗口

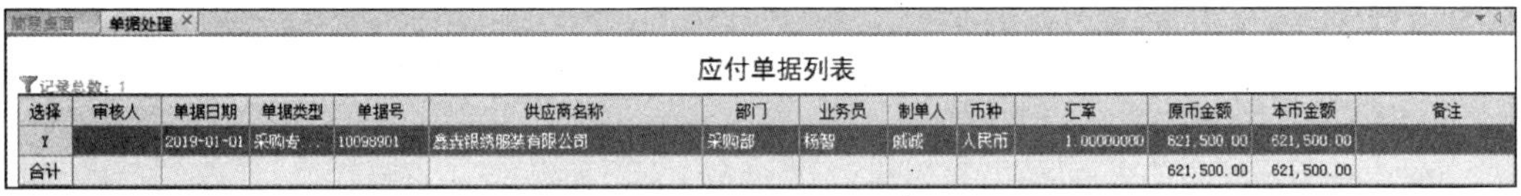

图 8—19 【应付单据列表】窗口

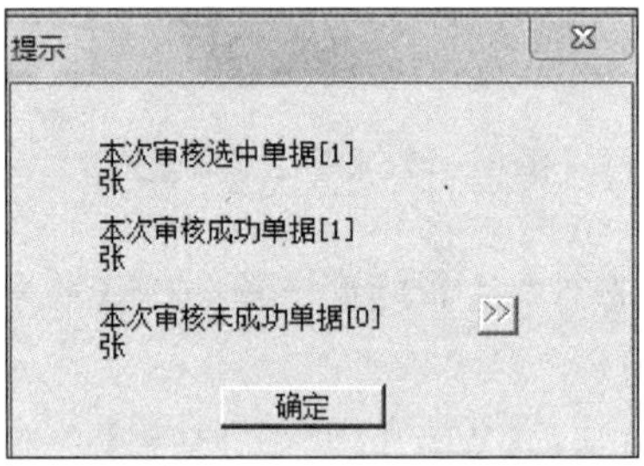

图 8—20 【应付单据审核提示】窗口

(4)点击【制单处理】,打开【制单查询】窗口,勾选【发票制单】,如图 8—21 所示。

(5)点击【确定】,打开【采购发票制单】窗口,选择要制单的【采购专用发票】,如图 8—22。

(6)点击【制单】,生成一张凭证,点击【保存】,如图 8—23 所示。

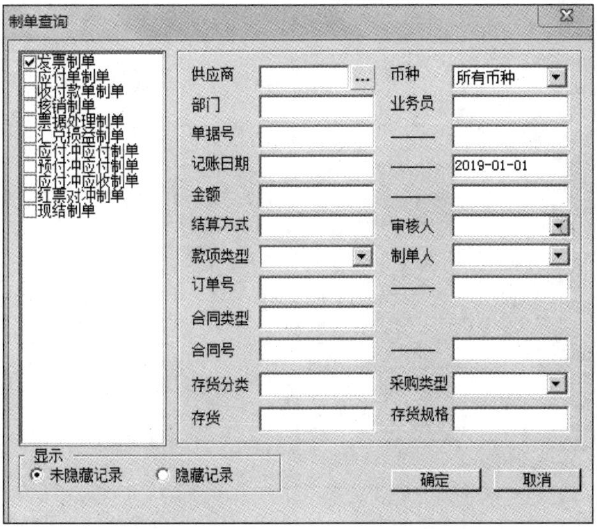

图 8－21　【制单查询】窗口

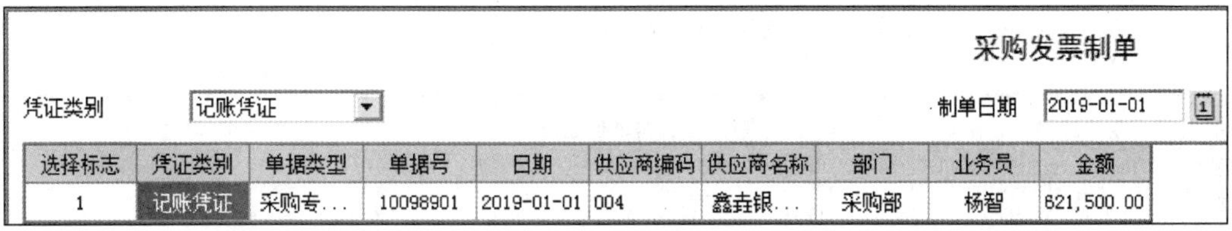

图 8－22　【采购发票制单】窗口

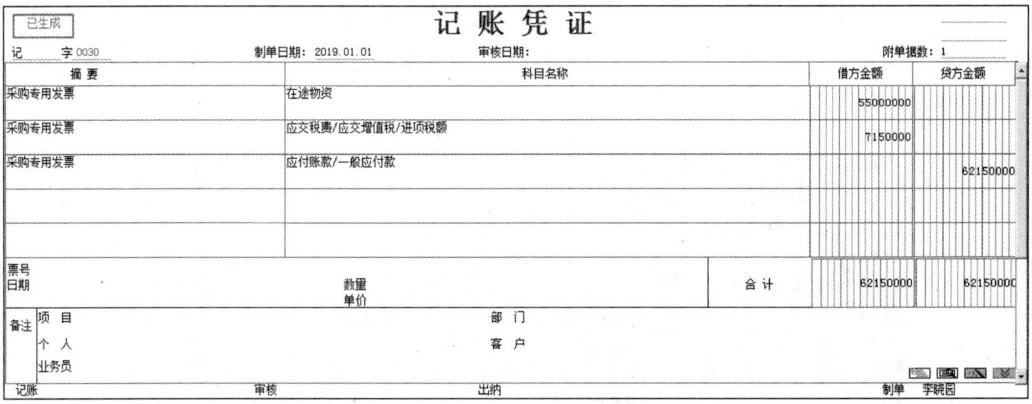

图 8－23　【记账凭证】窗口

7. 存货核算系统生成凭证

(1)2019 年 1 月 1 日，财务部的【W02 李晓园】登录企业应用平台，执行【业务工作】|【供应链】|【存货核算】|【业务核算】|【正常单据记账】命令，打开【查询条件选择】窗口，如图 8－24 所示。

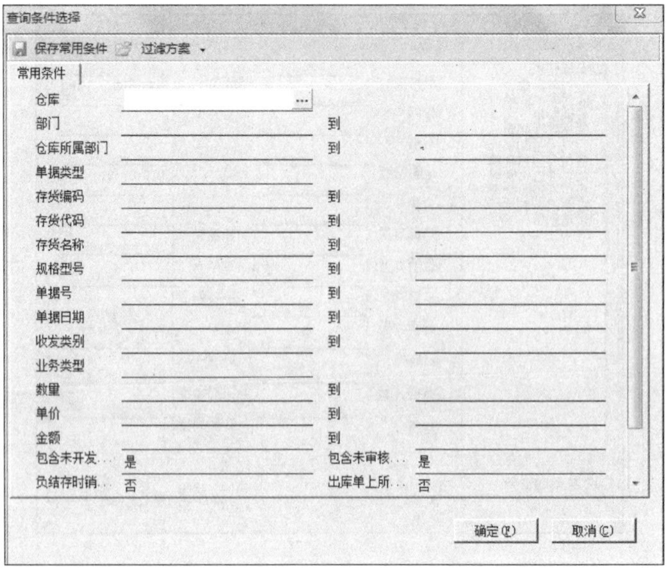

图 8—24 【查询条件选择】窗口

(2)点击【确定】,打开【正常单据记账列表】窗口,点击【全选】,如图 8—25 所示。

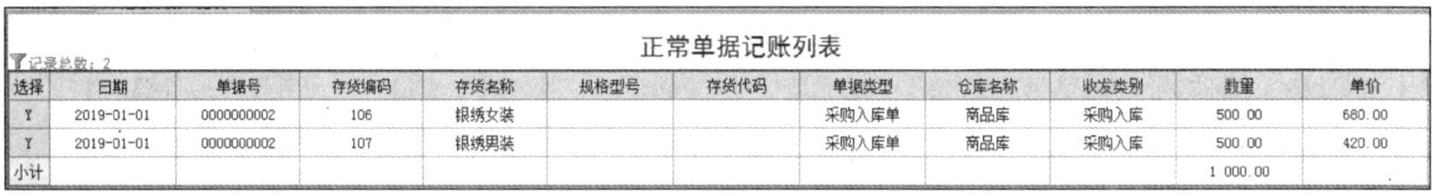
正常单据记账列表

记录总数：2

选择	日期	单据号	存货编码	存货名称	规格型号	存货代码	单据类型	仓库名称	收发类别	数量	单价
Y	2019-01-01	0000000002	106	银绣女装			采购入库单	商品库	采购入库	500.00	680.00
Y	2019-01-01	0000000002	107	银绣男装			采购入库单	商品库	采购入库	500.00	420.00
小计										1 000.00	

图 8—25 【正常单据记账列表】窗口

(3)点击【记账】,系统弹出【记账成功!】提示框,点击【确定】。

(4)点击【财务核算】|【生成凭证】,打开【生成凭证】窗口,点击【选择】,打开【查询条件】窗口,如图 8—26 所示。

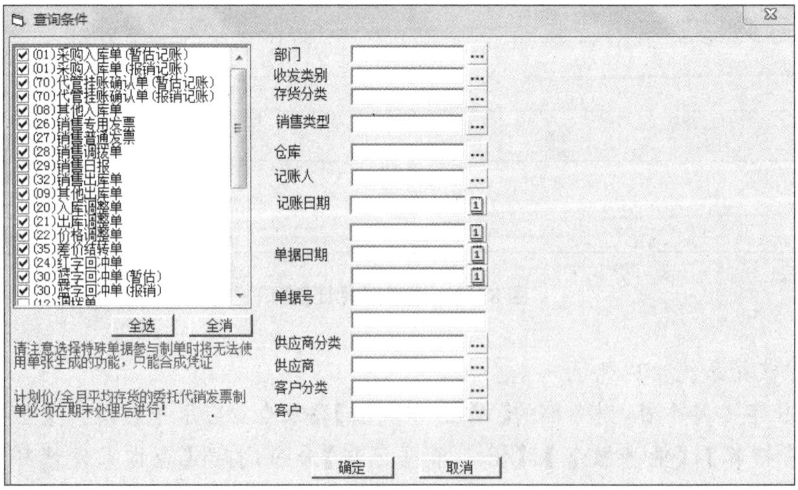

图 8—26 【查询条件】窗口

(5)点击【确定】,打开【未生成凭证单据一览表】,点击【全选】,如图 8—27 所示。

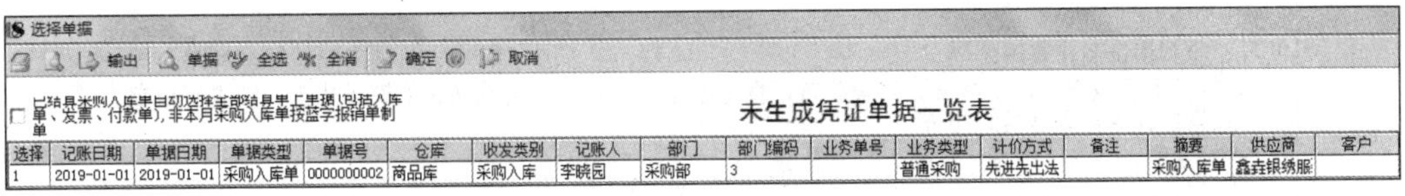

图 8—27　【未生成凭证单据一览表】窗口

(6)点击【确定】,返回【生成凭证】窗口,如图 8—28 所示。

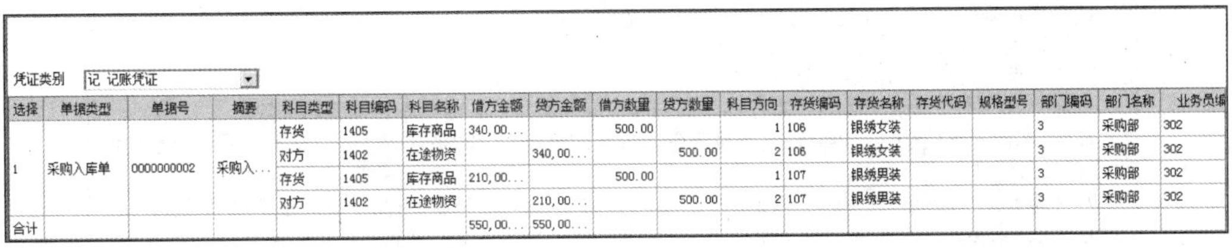

图 8—28　【生成凭证】窗口

(7)点击【生成】,生成一张记账凭证,如图 8—29 所示,点击【保存】。

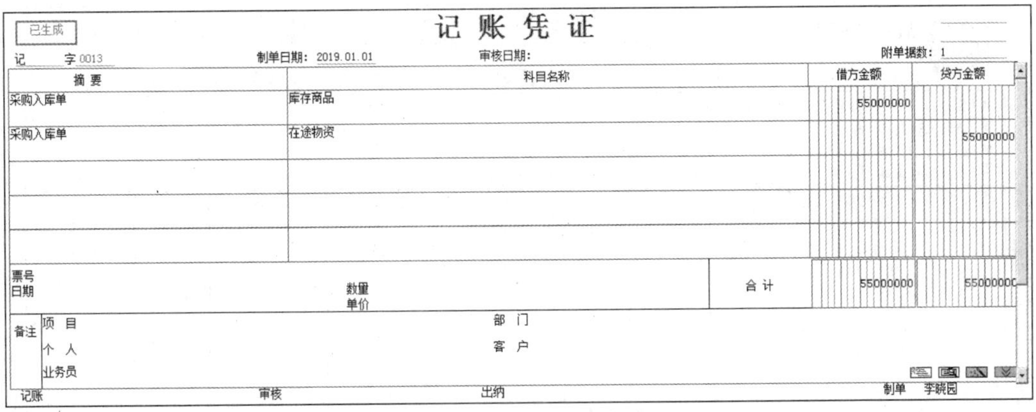

图 8—29　【记账凭证】窗口

二、带付款条件的采购

业务 2:2019 年 1 月 4 日,采购部戚诚与施洞银饰制作有限公司签订合同采购银杯、银碗和银制首饰一批,相关业务单据如图 8—30 和图 8—31 所示。

购 销 合 同

合同编号：CG0004

供方：施洞银饰制作有限公司　　需方：凯里市昀智贸易有限公司

为保护买卖双方的合法权益，买卖双方根据《中华人民共和国合同法》的有关规定，经友好协商，一致同意签订本合同并共同遵守：

1、货物名称、型号、数量、价格、合同总额

序号	货物名称	规格型号	单位	数量	单价（不含税）	金额（不含税）	税率	税额
1	银杯		克	5000	35.00	175000.00	13%	22750.00
2	银碗		克	6000	35.00	210000.00		27300.00
3	银制首饰		克	7000	35.00	245000.00		31850.00
合计						¥630,000.00		¥ 81,900.00

2、合同总金额：人民币柒拾壹万壹仟玖佰元整。（ ¥711,900.00 ）

3、现金折扣条件：2/10,1/20,n/30（不考虑增值税）。

4、交货时间：签订合同当日。

5、交货地点：凯里市昀智贸易有限公司

6、任何一方均不得修改本合同，如有修改须另行达成书面协议，否则本合同自动失效。

7、其他：本合同一式贰份，供需双方各执壹份。本合同自双方签字盖章后生效，至本合同全部条款执行完毕后失效。

供方（盖章）：施洞银饰制作有限公司　　需方（盖章）：凯里市昀智贸易有限公司

授权代表：张山　　授权代表：戚诚

签订时间：2019年1月4日　　签订时间：2019年1月4日

图 8—30　购销合同

3300181152　　**贵州增值税专用发票**　　No 10098904

发票联　　开票日期：2019年1月4日

购货单位
名　　称：凯里市昀智贸易有限公司
纳税人识别号：91522601308719203D
地址、电话：贵州省凯里市经济开发区开元大道1066号 0855-3988031
开户行及账号：中国工商银行凯里经济开发区支行 1550100035191101678

密码区：
17253565356312-4546-2754655 <1+46*54*56
181321> <818546546452*59*0956564618
<4 <3*2702-5465469> 9*+154653 </560
*0456548/4> *> > 2-3*0/546459/> > 5464525

货物或应税劳务名称	规格型号	单位	数量	单价	金额	税率	税额
银杯		克	5000	35.00	175000.00	13%	22,750.00
银碗		克	6000	35.00	210000.00	13%	27,300.00
银制首饰		克	7000	35.00	245000.00	13%	31,850.00
合计					¥630,000.00		¥81,900.00
价税合计（大写）	⊗柒拾壹万壹仟玖佰元整				（小写）	¥711,900.00	

销货单位
名　　称：施洞银饰制作有限公司
纳税人识别号：91522601355611483D
地址、电话：台江县施洞镇108号 0855-5223841
开户行及账号：中国银行台江县支行 6282052300010663059

备注：

收款人：略　　复核：略　　开票人：略　　销货单位：（章）

国税函（2018）216号鹏财印务承印

第三联：发票联　购货方记账凭证

图 8—31　增值税专用发票

操作步骤：

1. 填制并审核采购订单

(1)2019 年 1 月 4 日，采购部的【G01 戚诚】登录【企业应用平台】，执行【业务工作】|【供应链】|【采购管理】|【采购订货】|【采购订单】命令，打开【采购订单】窗口。

(2)点击【增加】，在表头【订单号】录入：CG0004，【采购类型】选择：正常采购，【供应商】选择：施洞银绣，【部门】录入：采购部，【业务员】录入：戚诚，【付款条件】选择：2/10，1/20，*n*/30；在表体【存货编码】分别录入：101、102 和 103，【数量】分别录入：5 000.00、6 000.00 和

7 000.00,【原币单价】均录入:35.00,【计划到货日期】均为:2019—01—04,如图 8—32 所示,点击【保存】。

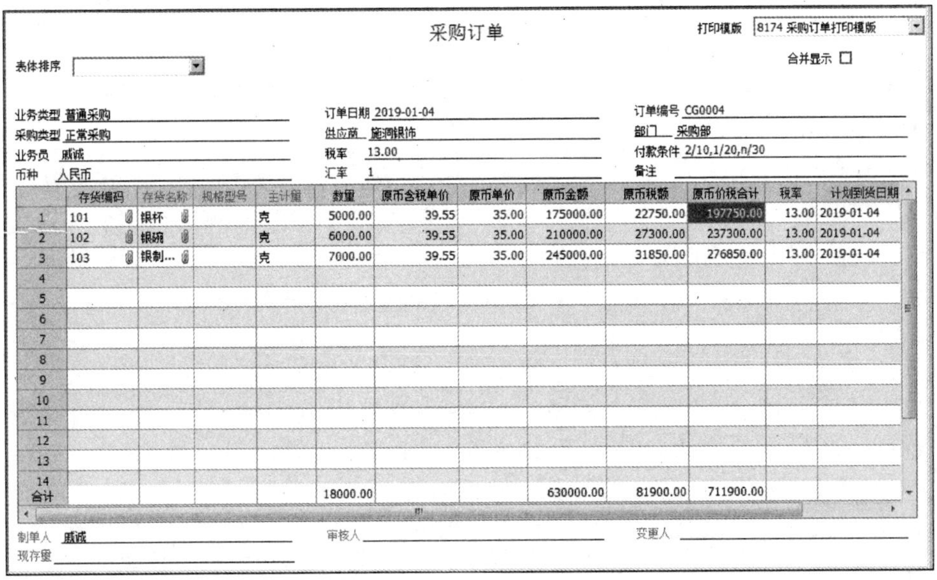

采购订单

打印模版 8174 采购订单打印模版

表体排序　　合并显示 □

业务类型 普通采购　订单日期 2019-01-04　订单编号 CG0004

采购类型 正常采购　供应商 施洞银饰　部门 采购部

业务员 戚诚　税率 13.00　付款条件 2/10,1/20,n/30

币种 人民币　汇率 1　备注

	存货编码	存货名称	规格型号	主计量	数量	原币含税单价	原币单价	原币金额	原币税额	原币价税合计	税率	计划到货日期
1	101	银杯		克	5000.00	39.55	35.00	175000.00	22750.00	197750.00	13.00	2019-01-04
2	102	银碗		克	6000.00	39.55	35.00	210000.00	27300.00	237300.00	13.00	2019-01-04
3	103	银制...		克	7000.00	39.55	35.00	245000.00	31850.00	276850.00	13.00	2019-01-04
4												
5												
6												
7												
8												
9												
10												
11												
12												
13												
14												
合计					18000.00			630000.00	81900.00	711900.00		

制单人 戚诚　审核人　变更人

现存量

图 8—32　【采购订单】窗口

(3)点击【审核】。

2. 生成并审核采购到货单

(1)2019 年 1 月 4 日,采购部的【G01 戚诚】登录【企业应用平台】,执行【业务工作】|【供应链】|【采购管理】|【采购到货】|【到货单】命令,打开【到货单】窗口。

(2)点击【增加】|【生单】|【采购订单】,打开【查询条件选择——采购订单列表过滤】,点击【确定】。

(3)系统自动弹出【拷贝并执行】窗口,选择要拷贝的采购订单,如图 8—33 所示。

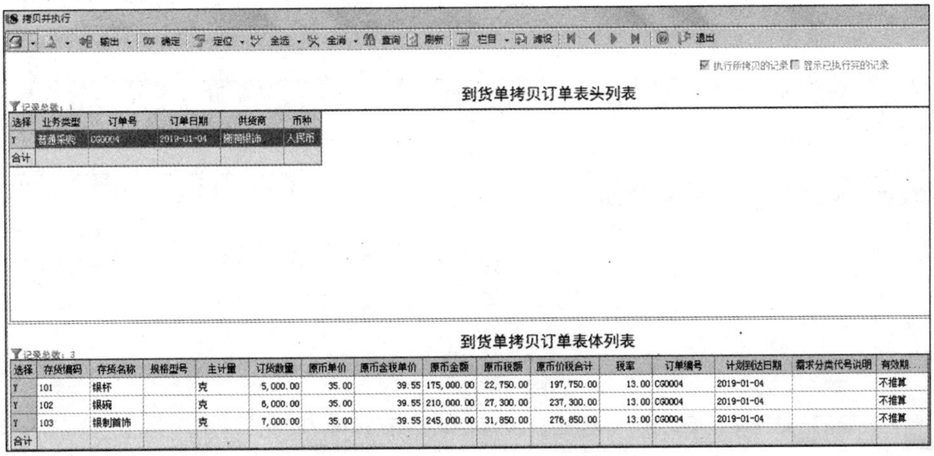

拷贝并执行

输出　确定　定位　全选　全消　查询　刷新　栏目　滤设　退出

执行所拷贝的记录　显示已执行完的记录

到货单拷贝订单表头列表

记录总数:1

选择	业务类型	订单号	订单日期	供货商	币种
Y	普通采购	CG0004	2019-01-04	施洞银饰	人民币
合计					

到货单拷贝订单表体列表

记录总数:3

选择	存货编码	存货名称	规格型号	主计量	订货数量	原币单价	原币含税单价	原币金额	原币税额	原币价税合计	税率	订单编号	计划到达日期	需求分类代号说明	有效期...
Y	101	银杯		克	5,000.00	35.00	39.55	175,000.00	22,750.00	197,750.00	13.00	CG0004	2019-01-04		不推算
Y	102	银碗		克	6,000.00	35.00	39.55	210,000.00	27,300.00	237,300.00	13.00	CG0004	2019-01-04		不推算
Y	103	银制首饰		克	7,000.00	35.00	39.55	245,000.00	31,850.00	276,850.00	13.00	CG0004	2019-01-04		不推算
合计															

图 8—33　【拷贝并执行】窗口

(4)点击【确定】,系统自动生成到货单,如图 8—34 所示,点击【保存】。

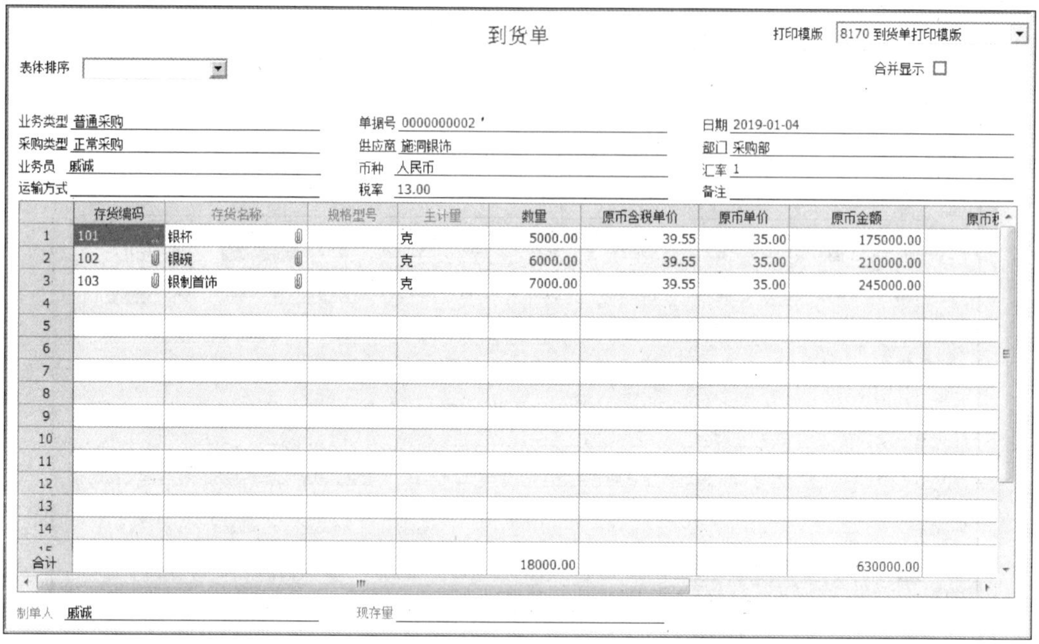

图 8—34 【到货单】窗口

(5)点击【审核】。

3. 生成并审核采购入库单

(1)2019 年 1 月 4 日,仓管部的【C01 李军钧】登录【企业应用平台】,执行【业务工作】|【供应链】|【库存管理】|【入库业务】|【采购入库单】命令,打开【采购入库单】窗口。

(2)点击【生单】|【采购到货单(蓝字)】,打开【查询条件选择——采购到货单列表】,点击【确定】。

(3)系统自动弹出【到货单生单列表】窗口,选择相应的到货单生单表头,如图 8—35 所示。

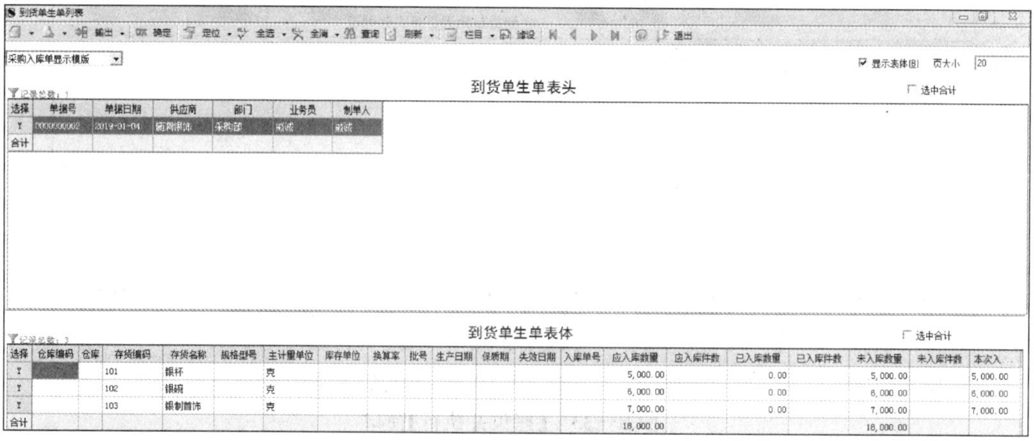

图 8—35 【到货单生单列表】窗口

（4）点击【确定】，系统自动生成采购入库单，【仓库】选择：商品库，如图 8—36 所示，点击【保存】。

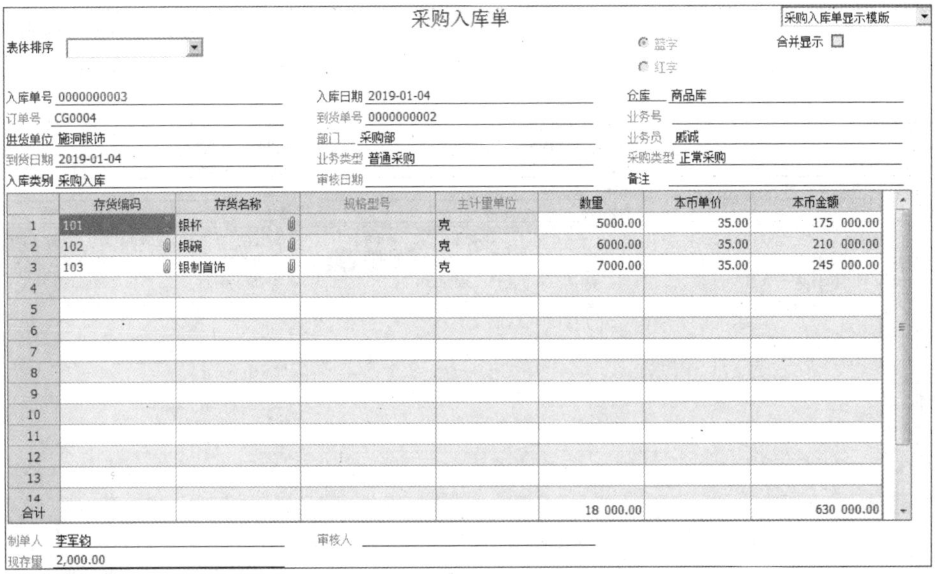

采购入库单　　采购入库单显示模版

表体排序　　◉ 蓝字　○ 红字　　合并显示 ☐

入库单号 0000000003　入库日期 2019-01-04　仓库 商品库

订单号 CG0004　到货单号 0000000002　业务号

供货单位 施洞银饰　部门 采购部　业务员 戚诚

到货日期 2019-01-04　业务类型 普通采购　采购类型 正常采购

入库类别 采购入库　审核日期　备注

	存货编码	存货名称	规格型号	主计量单位	数量	本币单价	本币金额
1	101	银杯		克	5000.00	35.00	175 000.00
2	102	银碗		克	6000.00	35.00	210 000.00
3	103	银制首饰		克	7000.00	35.00	245 000.00
4							
5							
6							
7							
8							
9							
10							
11							
12							
13							
14							
合计					18 000.00		630 000.00

制单人 李军钧　审核人

现存量 2,000.00

图 8—36　【采购入库单】窗口

（5）点击【审核】。

4. 填制采购专用发票

（1）2019 年 1 月 4 日，采购部的【G01 戚诚】登录【企业应用平台】，执行【业务工作】|【供应链】|【采购管理】|【采购发票】|【专用采购发票】命令，打开【专用发票】窗口。

（2）点击【增加】|【生单】|【入库单】，打开【查询条件选择——采购入库单列表过滤】，点击【确定】。

（3）系统自动弹出【拷贝并执行】窗口，选择要拷贝的采购入库单，如图 8—37 所示。

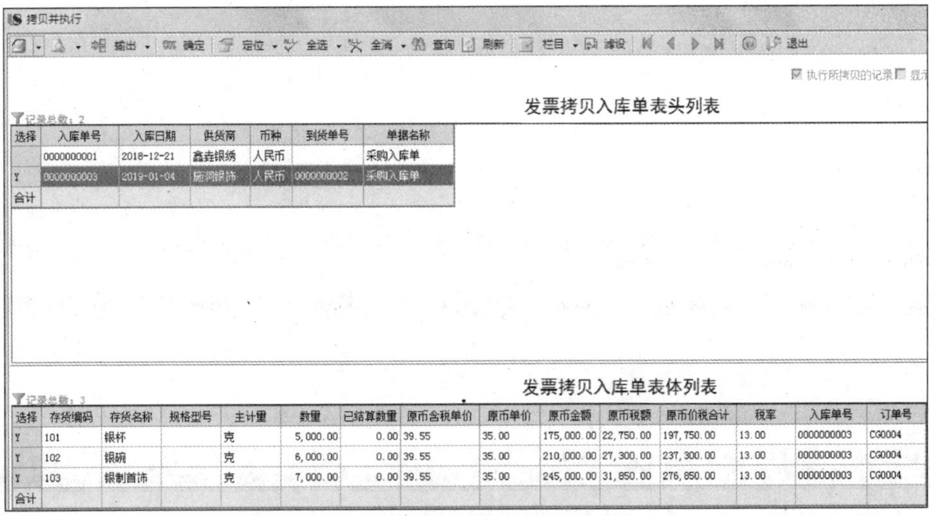

拷贝并执行

输出　确定　定位　全选　全消　查询　刷新　栏目　滤设　退出

☑ 执行所拷贝的记录 ☐ 显示

发票拷贝入库单表头列表

记录总数：2

选择	入库单号	入库日期	供货商	币种	到货单号	单据名称
	0000000001	2018-12-21	鑫垚银绣	人民币		采购入库单
Y	0000000003	2019-01-04	施洞银饰	人民币	0000000002	采购入库单
合计						

发票拷贝入库单表体列表

记录总数：3

选择	存货编码	存货名称	规格型号	主计量	数量	已结算数量	原币含税单价	原币单价	原币金额	原币税额	原币价税合计	税率	入库单号	订单号
Y	101	银杯		克	5,000.00	0.00	39.55	35.00	175,000.00	22,750.00	197,750.00	13.00	0000000003	CG0004
Y	102	银碗		克	6,000.00	0.00	39.55	35.00	210,000.00	27,300.00	237,300.00	13.00	0000000003	CG0004
Y	103	银制首饰		克	7,000.00	0.00	39.55	35.00	245,000.00	31,850.00	276,850.00	13.00	0000000003	CG0004
合计														

图 8—37　【拷贝并执行】窗口

(4)点击【确定】,系统自动生成采购专用发票,【发票号】录入:10098904,如图 8—38 所示,点击【保存】。

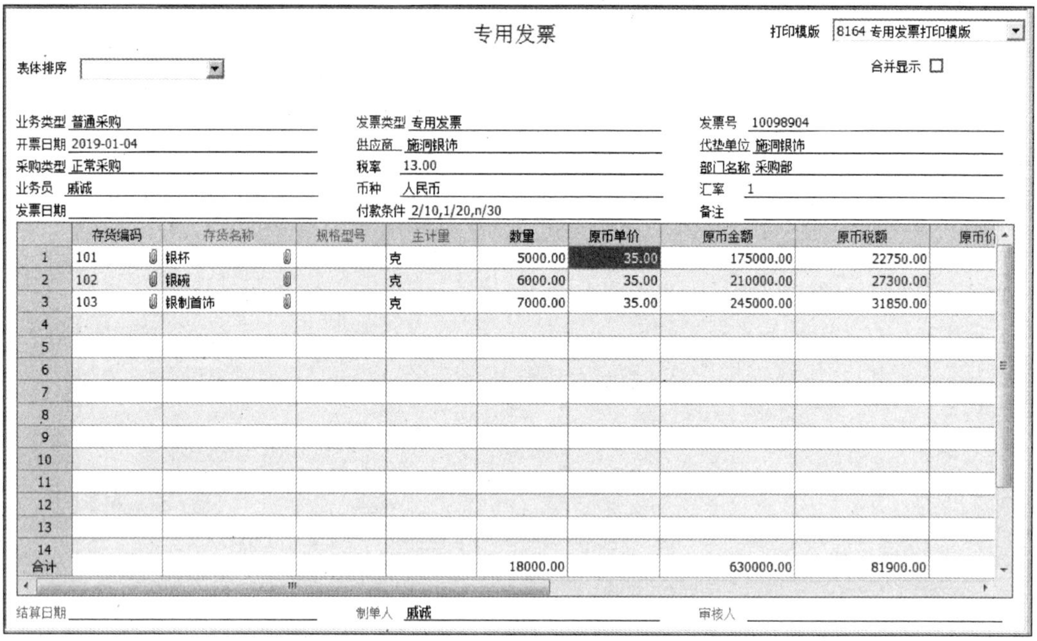
专用发票

打印模版 8164 专用发票打印模版

表体排序

合并显示 □

业务类型 普通采购　发票类型 专用发票　发票号 10098904
开票日期 2019-01-04　供应商 施洞银饰　代垫单位 施洞银饰
采购类型 正常采购　税率 13.00　部门名称 采购部
业务员 戚诚　币种 人民币　汇率 1
发票日期　付款条件 2/10,1/20,n/30　备注

	存货编码	存货名称	规格型号	主计量	数量	原币单价	原币金额	原币税额	原币价
1	101	银杯		克	5000.00	35.00	175000.00	22750.00	
2	102	银碗		克	6000.00	35.00	210000.00	27300.00	
3	103	银制首饰		克	7000.00	35.00	245000.00	31850.00	
4									
5									
6									
7									
8									
9									
10									
11									
12									
13									
14									
合计					18000.00		630000.00	81900.00	

结算日期　制单人 戚诚　审核人

图 8—38 【采购专用发票】窗口

5. 进行采购结算

(1)2019 年 1 月 4 日,采购部的【G01 戚诚】登录企业应用平台,执行【业务工作】|【供应链】|【采购管理】|【采购结算】|【手工结算】命令,打开【手工结算】窗口,如图 8—39 所示。

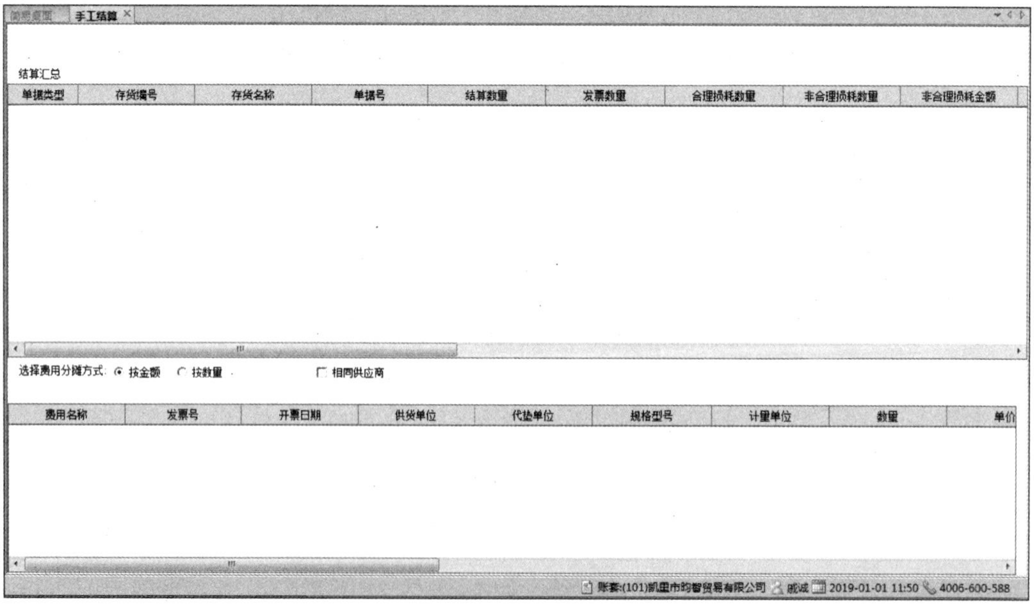

图 8—39 【手工结算】窗口

(2)点击【选单】,打开【结算选单】窗口。

(3)点击【查询】,打开【查询条件选择——采购手工结算】,如图 8—40 所示。

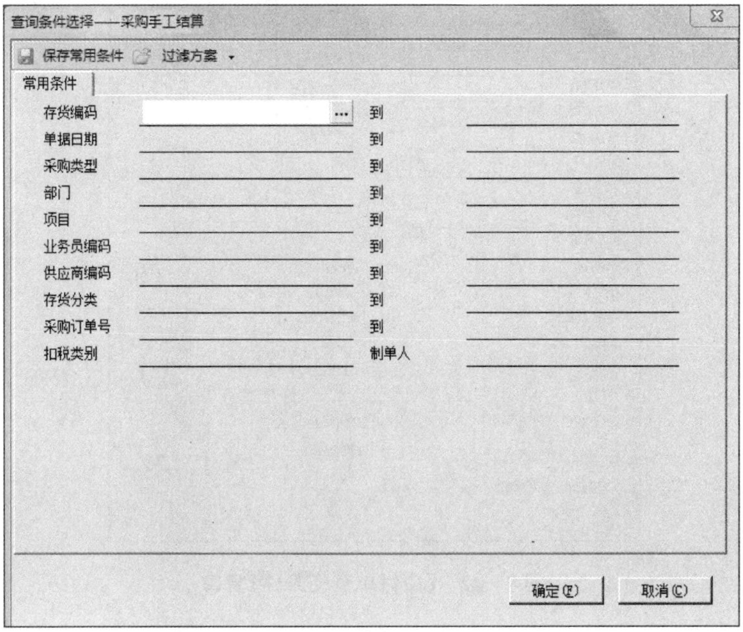

图 8—40　【查询条件选择——采购手工结算】窗口

(4)点击【确定】,选择相应的发票和入库单,如图 8—41 所示。

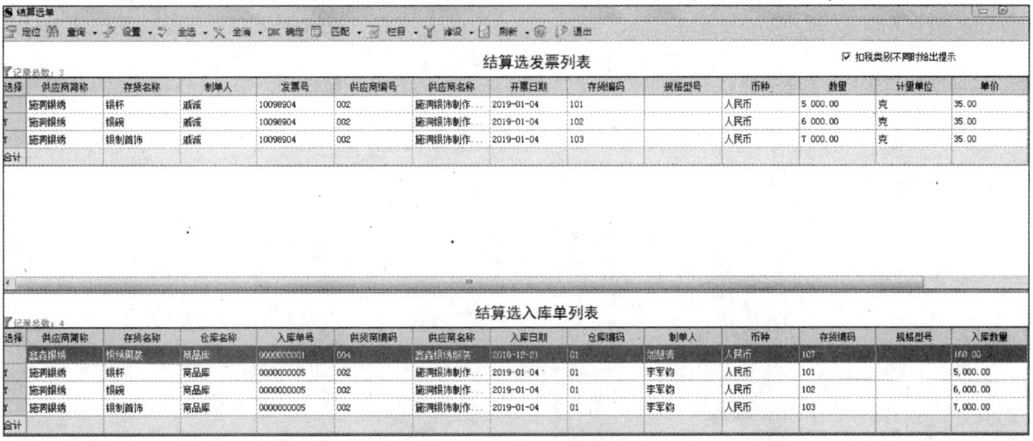

图 8—41　【结算选单】窗口

(5)点击【确定】,返回【手工结算】窗口。

(6)点击【结算】,系统弹出审核【完成结算!】提示框,点击【确定】。

6. 应付款管理系统生成凭证

(1)2019 年 1 月 4 日,财务部的【W02 李晓园】登录【企业应用平台】,执行【业务工作】|【财务会计】|【应付款管理】|【应付单据处理】|【应付单据审核】命令,打开【应付单据查询条

件】窗口,如图 8—42 所示。

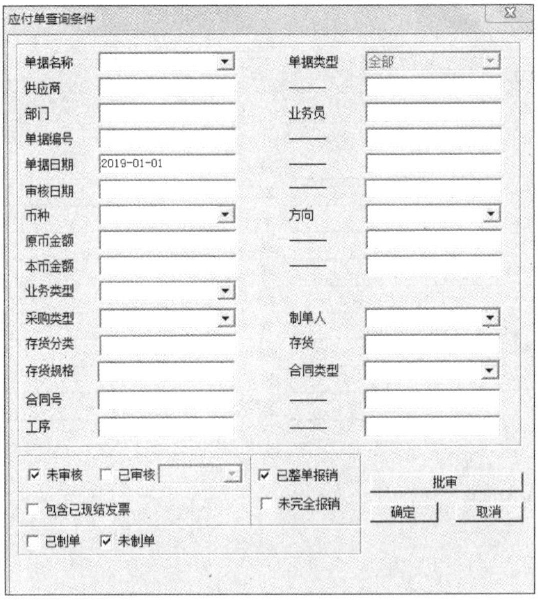

图 8—42 【应付单查询条件】窗口

(2)点击【确定】,进入【应付单据列表】窗口,双击【选择】栏,如图 8—43 所示。

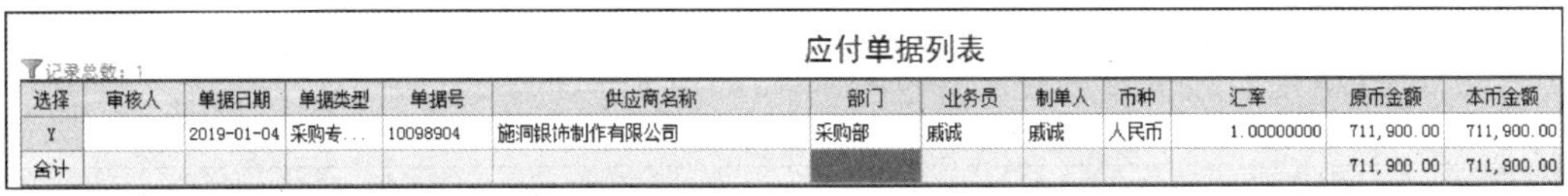

应付单据列表

记录总数:1

选择	审核人	单据日期	单据类型	单据号	供应商名称	部门	业务员	制单人	币种	汇率	原币金额	本币金额
Y		2019-01-04	采购专...	10098904	施润银饰制作有限公司	采购部	戚诚	戚诚	人民币	1.00000000	711,900.00	711,900.00
合计											711,900.00	711,900.00

图 8—43 【应付单据列表】窗口

(3)点击【审核】,系统弹出审核提示窗口,点击【确定】。

(4)点击【制单处理】,打开【制单查询】窗口,勾选【发票制单】,如图 8—44 所示。

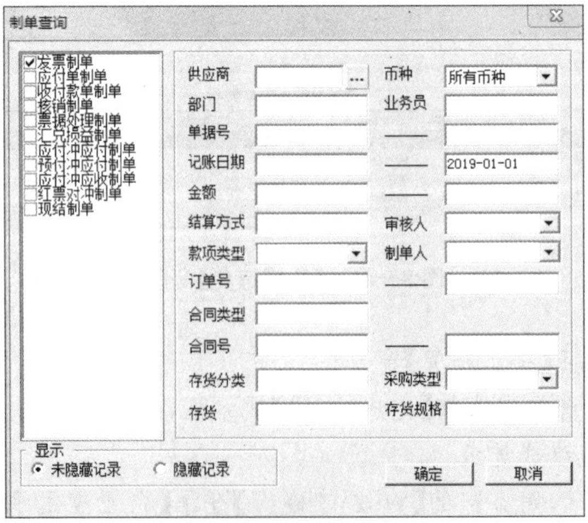

图 8—44 【制单查询】窗口

(5)点击【确定】，打开【采购发票制单】窗口，选择要制单的【采购专用发票】，如图 8—45 所示。

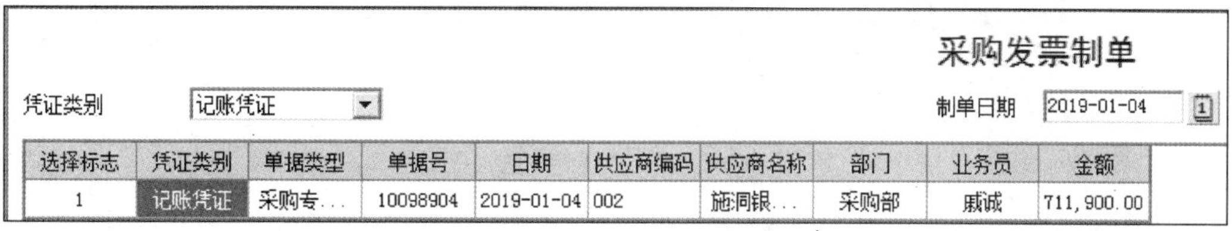

采购发票制单

凭证类别 记账凭证　　制单日期 2019-01-04

选择标志	凭证类别	单据类型	单据号	日期	供应商编码	供应商名称	部门	业务员	金额
1	记账凭证	采购专...	10098904	2019-01-04	002	施洞银...	采购部	戚诚	711,900.00

图 8—45　【采购发票制单】窗口

(6)点击【制单】，生成一张凭证，如图 8—46 所示，点击【保存】。

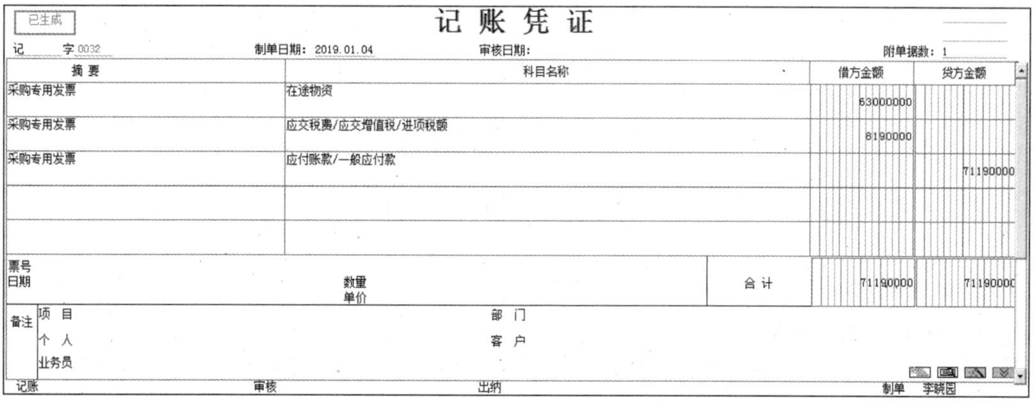

已生成　记账凭证

记　字 0032　制单日期：2019.01.04　审核日期：　附单据数：1

摘要	科目名称	借方金额	贷方金额
采购专用发票	在途物资	63000000	
采购专用发票	应交税费/应交增值税/进项税额	8190000	
采购专用发票	应付账款/一般应付款		71190000
票号 日期	数量 单价 合计	71190000	71190000

备注　项目　部门　个人　客户　业务员

记账　审核　出纳　制单 李晓园

图 8—46　【记账凭证】窗口

7. 存货核算系统生成凭证

(1)2019 年 1 月 4 日，财务部的【W02 李晓园】登录【企业应用平台】，执行【业务工作】|【供应链】|【存货核算】|【业务核算】|【正常单据记账】命令，打开【查询条件选择】窗口。

(2)点击【确定】，打开【正常单据记账列表】窗口，点击【全选】，如图 8—47 所示。

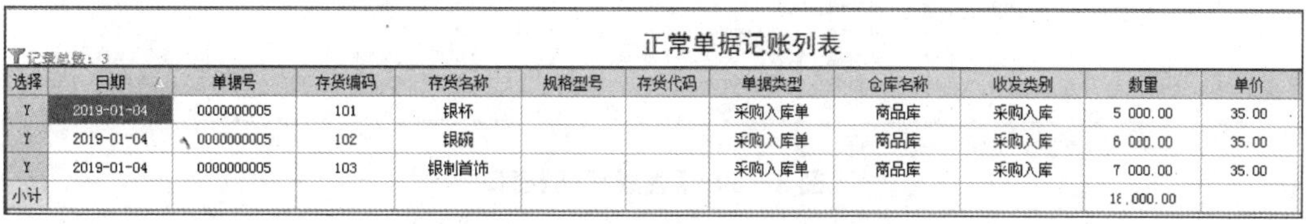

正常单据记账列表

记录总数：3

选择	日期	单据号	存货编码	存货名称	规格型号	存货代码	单据类型	仓库名称	收发类别	数量	单价
Y	2019-01-04	0000000005	101	银杯			采购入库单	商品库	采购入库	5 000.00	35.00
Y	2019-01-04	0000000005	102	银碗			采购入库单	商品库	采购入库	6 000.00	35.00
Y	2019-01-04	0000000005	103	银制首饰			采购入库单	商品库	采购入库	7 000.00	35.00
小计										18,000.00	

图 8—47　【正常单据记账列表】窗口

(3)点击【记账】，系统弹出【记账成功!】提示框，点击【确定】。

(4)点击【财务核算】|【生成凭证】，打开【生成凭证】窗口，点击【选择】，打开【查询条件】窗口，如图 8—48 所示。

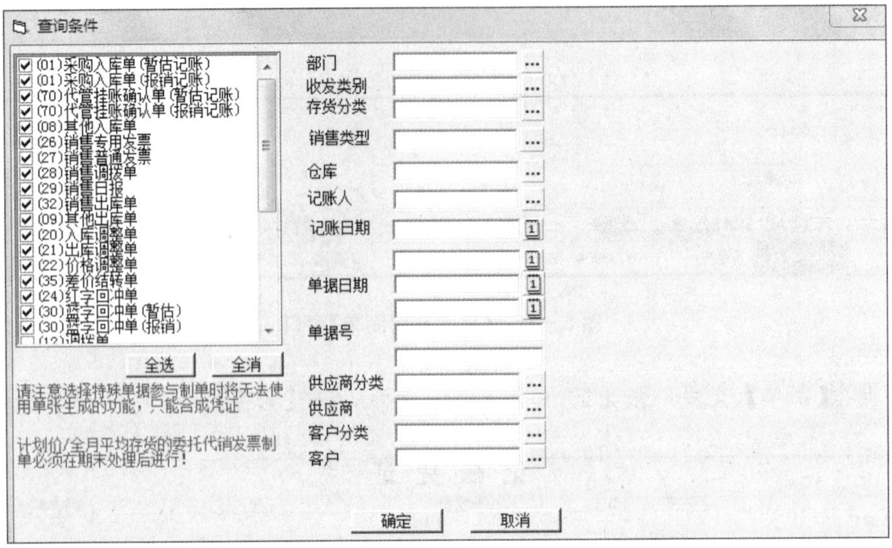

图 8—48 【查询条件】窗口

(5)点击【确定】,打开【未生成凭证单据一览表】,如图 8—49 所示,点击【全选】。

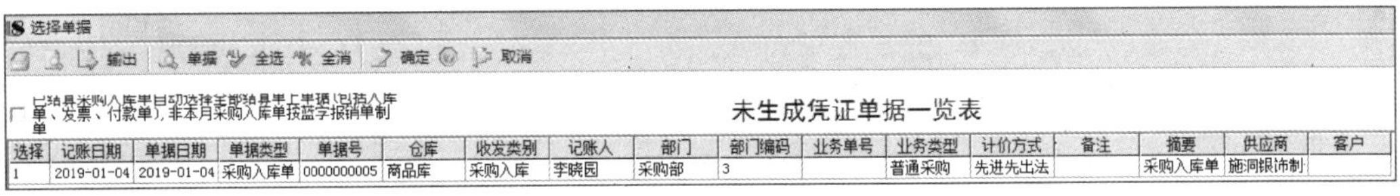

选择	记账日期	单据日期	单据类型	单据号	仓库	收发类别	记账人	部门	部门编码	业务单号	业务类型	计价方式	备注	摘要	供应商	客户
1	2019-01-04	2019-01-04	采购入库单	0000000005	商品库	采购入库	李晓园	采购部	3		普通采购	先进先出法		采购入库单	施洞银饰制	

图 8—49 【未生成凭证单据一览表】窗口

(6)点击【确定】,返回【生成凭证】窗口,如图 8—50 所示。

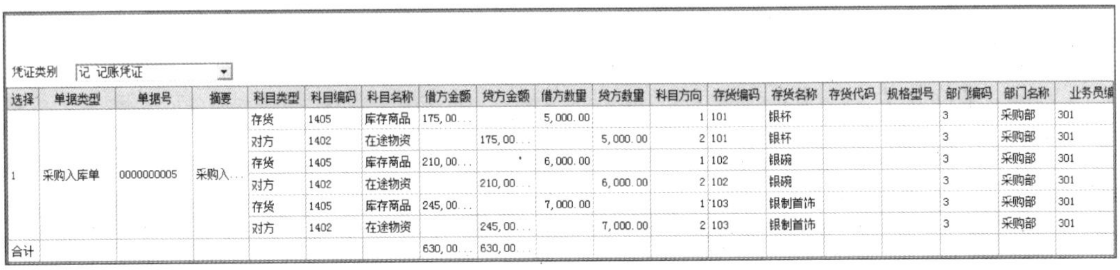

选择	单据类型	单据号	摘要	科目类型	科目编码	科目名称	借方金额	贷方金额	借方数量	贷方数量	科目方向	存货编码	存货名称	存货代码	规格型号	部门编码	部门名称	业务员编
1	采购入库单	0000000005	采购入...	存货	1405	库存商品	175,00...		5,000.00		1	101	银杯			3	采购部	301
				对方	1402	在途物资		175,00...		5,000.00	2	101	银杯			3	采购部	301
				存货	1405	库存商品	210,00...		6,000.00		1	102	银碗			3	采购部	301
				对方	1402	在途物资		210,00...		6,000.00	2	102	银碗			3	采购部	301
				存货	1405	库存商品	245,00...		7,000.00		1	103	银制首饰			3	采购部	301
				对方	1402	在途物资		245,00...		7,000.00	2	103	银制首饰			3	采购部	301
合计							630,00...	630,00...										

图 8—50 【生成凭证】窗口

(7)点击【生成】,生成一张记账凭证,如图 8—51 所示,点击【保存】。

已生成
记账凭证
记　字 0032　制单日期：2019.01.04　审核日期：　附单据数：1

摘要	科目名称	借方金额	贷方金额
采购入库单	库存商品	63000000	
采购入库单	在途物资		63000000
票号 日期	数量 单价 合计	63000000	63000000

备注　项目　部门
个人　客户
业务员
记账　审核　出纳　制单　李晓园

图 8—51　【记账凭证】窗口

业务 3：2019 年 1 月 5 日，支付施洞银饰制作有限公司购货款，相关业务单据如图 8—52 所示。

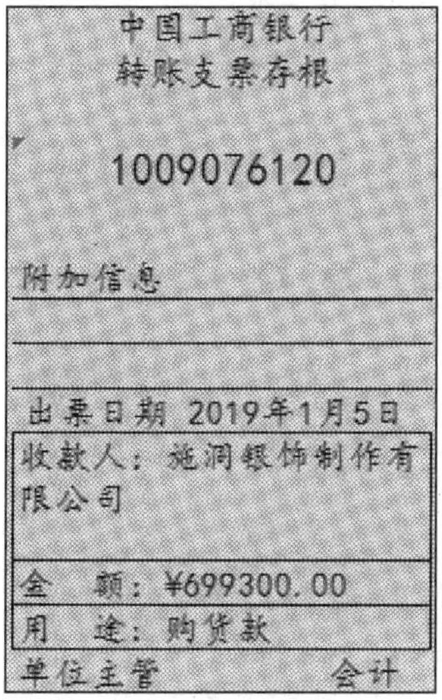
中国工商银行
转账支票存根
1009076120
附加信息
出票日期　2019年1月5日
收款人：施洞银饰制作有限公司
金　额：¥699300.00
用　途：购货款
单位主管　会计

图 8—52　转账支票存根

操作步骤：

(1)2019 年 1 月 5 日，财务部的【W03 王明涛】登录【企业应用平台】，执行【业务工作】|【财务会计】|【应付款管理】|【付款单据处理】|【付款单据录入】命令，打开【付款单】窗口。

(2)点击【增加】，【日期】录入：2019—01—05，【供应商】选择：施洞银绣，【结算方式】选择：转账支票，【金额】录入：699 300.00，【票据号】录入：1009076120，点击表体，点击【保存】，如图 8—53 所示。

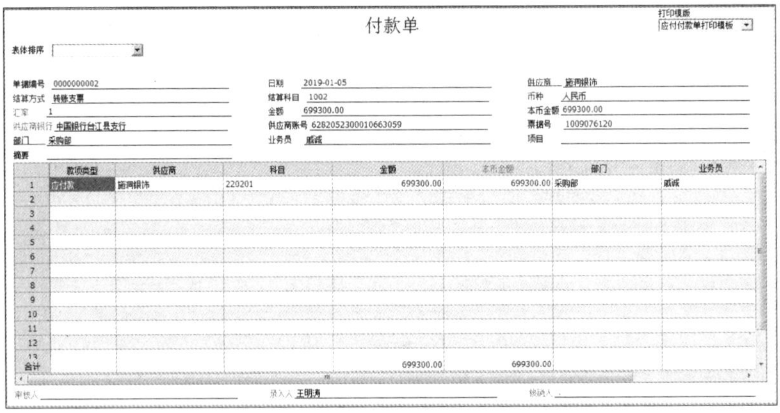

图 8—53 【付款单】窗口

(3)2019 年 1 月 5 日,财务部的【W02 李晓园】登录【企业应用平台】,执行【业务工作】|【财务会计】|【应付款管理】|【付款单据处理】|【付款单据审核】命令,打开【付款单查询条件】窗口。

(4)点击【确定】,打开【收付款单列表】窗口,如图 8—54,双击【选择】栏目。

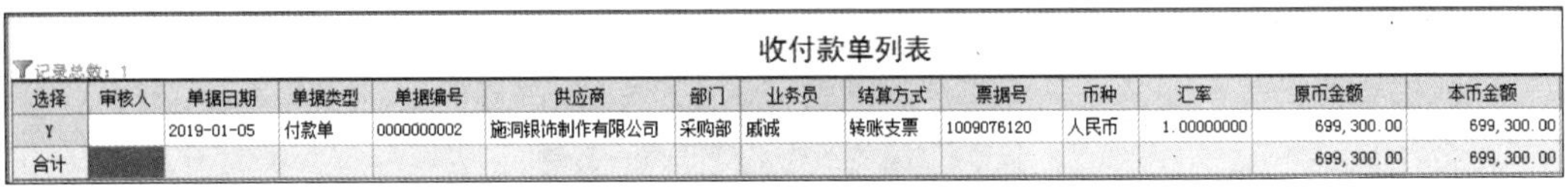

收付款单列表

记录总数:1

选择	审核人	单据日期	单据类型	单据编号	供应商	部门	业务员	结算方式	票据号	币种	汇率	原币金额	本币金额
Y		2019-01-05	付款单	0000000002	施洞银饰制作有限公司	采购部	臧诚	转账支票	1009076120	人民币	1.00000000	699,300.00	699,300.00
合计												699,300.00	699,300.00

图 8—54 【收付款单列表】窗口

(5)点击【审核】,系统弹出审核提示窗口,点击【确定】。

(6)点击【核销处理】|【手工核销】,打开【核销条件】窗口,【供应商】选择:002,如图 8—55 所示。

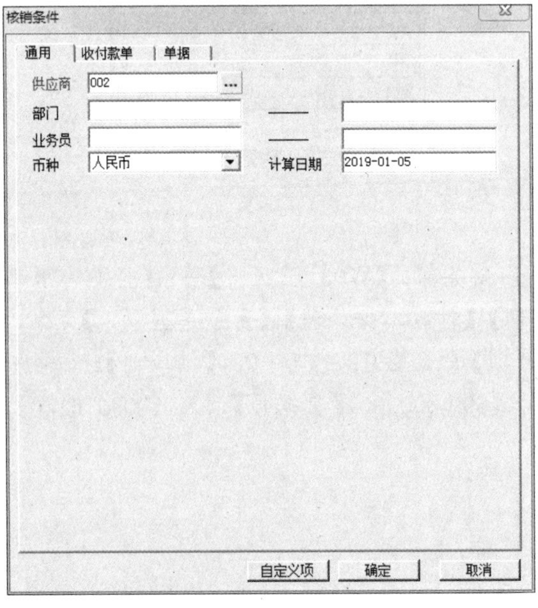

图 8—55 【核销条件】窗口

(7)点击【确定】,回到【单据核销】窗口,【本次结算】输入:699 300.00,如图 8—56 所示。

单据日期	单据类型	单据编号	供应商	款项...	结算方式	币种	汇率	原币金额	原币余额	本次结算	订单号
2018-12-10	付款单	0000000001	施洞银饰	预付款	电汇	人民币	1.00000000	12,000.00	12,000.00		
2019-01-05	付款单	0000000002	施洞银饰	应付款	转账支票	人民币	1.00000000	699,300.00	699,300.00	699,300.00	
合计								711,300.00	711,300.00	699,300.00	

单据日期	单据类型	单据编号	到期日	供应商	币种	原币金额	原币余额	可享受折扣	本次折扣	本次结算	订单号	凭证号
2019-01-04	采购专...	10098904	2019-02-03	施洞银饰	人民币	711,900.00	711,900.00	14,238.00	12,600.00	699,300.00	CG0004	记-0032
合计						711,900.00	711,900.00	14,238.00	12,600.00	699,300.00		

图 8—56 【单据核销】窗口

(8)点击【保存】。

(9)点击【制单处理】,打开【制单查询】窗口,勾选【核销制单】和【收付款单制单】,如图 8—57 所示。

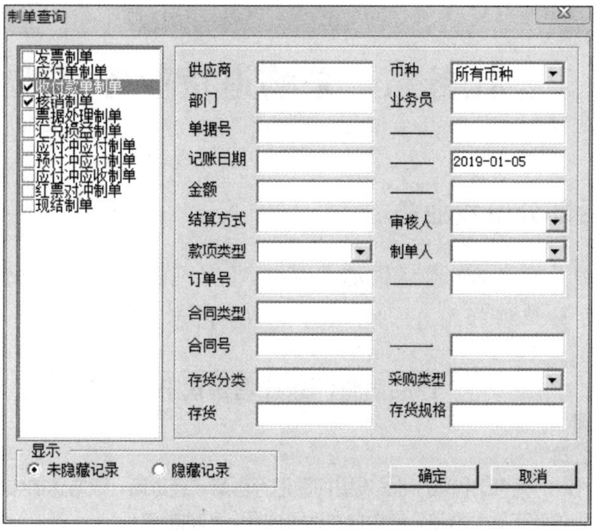

图 8—57 【制单查询】窗口

(10)点击【确定】,打开【应付制单】窗口,点击【合并】,如图 8—58 所示。

应付制单

凭证类别：记账凭证　　制单日期：2019-01-05

选择标志	凭证类别	单据类型	单据号	日期	供应商编码	供应商名称	部门	业务员	金额
1	记账凭证	付款单	0000000002	2019-01-05	002	施洞银...	采购部	戚诚	699,300.00
1	记账凭证	核销	ZKAP000...	2019-01-05	002	施洞银...	采购部	戚诚	711,900.00

图 8—58 【应付制单】窗口

(11)点击【制单】,生成一张凭证,将“财务费用/现金折扣”金额调整为借方红字,点击【保存】,如图 8—59 所示。

已生成

记 账 凭 证

记　字 0034　　制单日期：2019.01.05　　审核日期：　　附单据数：2

摘要	科目名称	借方金额	贷方金额
核销	应付账款/一般应付款	71190000	
付款单	银行存款		69930000
现金折扣	财务费用/现金折扣	1260000	
票号 日期	数量 单价 合计	69930000	69930000

备注　项　目　　部　门
个　人　　客　户
业务员

记账　　审核　　出纳　　制单　李晓园

图 8—59　【记账凭证】窗口

任务二　采购退货业务

一、采购结算后部分退货业务

业务 1：2019 年 1 月 8 日，与鑫垚银绣服装有限公司签订退货协议，收到对方开具的红字增值税发票，相关原始单据如图 8—60 和图 8—61 所示。

产品质量问题处理协议书

甲方：鑫垚银绣服装有限公司

乙方：凯里市昀智贸易有限公司

乙方于2019年1月8日，就2019年1月1日采购的商品质量问题进行协商。经协商，双方达成如下协议：

1．乙方质检部经检验认为该批商品中的部分货物存在质量问题，影响销售；

2．乙方要求对存在质量的货物进行退货处理；

3．甲方向当地税务机关申请开具红字增值税专用发票通知单，经税务机关审核后，甲方填开具红字增值税专用发票。

甲方（盖章）：鑫垚银绣服装有限公司　　乙方（盖章）：凯里市昀智贸易有限公司

法定代表人：王建国　　法定代表人：何建国

日　　期：2019年1月8日　　日　　期：2019年1月8日

图 8—60　产品质量问题处理协议书

3300181158　　**贵州增值税专用发票（红字）**　　No 10098910

发票联　　开票日期：2019年1月8日

购货单位	
名　　称：	凯里市昀智贸易有限公司
纳税人识别号：	91522601308719203D
地址、电话：	贵州省凯里市经济开发区开元大道1066号 0855-3988031
开户行及账号：	中国工商银行凯里经济开发区支行 1550100035191101678

密码区：17231345235352-4-275 <1+46*54* 181334534521> <81546456582*594565*043545432549618 <45645 <3*27054645642-9> 9*+145655555553 </0 *08/4> *> > 2-3*0/9/> > 25

货物或应税劳务名称	规格型号	单位	数量	单价	金额	税率	税额
银绣女装		套	10	680.00	6800.00	13%	884.00
银绣男装		套	10	420.00	4200.00	13%	546.00
合计					¥11,000.00		¥1,430.00
价税合计（大写）	⊗壹万贰仟肆佰叁拾元整				（小写）	¥12,430.00	

销货单位	
名　　称：	鑫垚银绣服装有限公司
纳税人识别号：	91522601351023406D
地址、电话：	凯里市经济开发区开元大道6号 0571-85113440
开户行及账号：	中国农业银行经济开发区支行 6337001754281941277

备注：（印章：鑫垚银绣服装有限公司 91522601351023406D 发票专用章）

收款人：略　　复核：略　　开票人：略　　销货单位：（章）

国税函（2018）216号郑州印务承印　　第三联：发票联　购货方记账凭证

图 8—61　增值税专用发票

操作步骤：

1. 生成并审核采购退货单

(1)2019 年 1 月 8 日，采购部的【G01 威诚】登录【企业应用平台】，执行【业务工作】|【供应链】|【采购管理】|【采购到货】|【采购退货单】命令，打开【采购退货单】窗口。

(2) 点击【增加】|【生单】|【采购订单】，打开【查询条件选择——采购订单列表过滤】，点击【确定】。

(3)系统自动弹出【拷贝并执行】窗口，选择要拷贝的采购订单，如图 8—62 所示。

拷贝并执行

输出　确定　定位　全选　全消　查询　刷新　栏目　滤设　退出

☑执行所拷贝的记录 ☐显示已执行完的记录

到货单拷贝订单表头列表

记录总数：2

选择	业务类型	订单号	订单日期	供货商	币种
Y	普通采购	CG0001	2019-01-01	鑫垚银绣	人民币
	普通采购	CG0004	2019-01-04	施洞银饰	人民币
合计					

到货单拷贝订单表体列表

记录总数：2

选择	存货编码	存货名称	规格型号	主计量	订货数量	原币单价	原币含税单价	原币金额	原币税额	原币价税合计	税率	订单编号	计划到达日期	需求分类代号说明	有效期…
Y	106	银绣女装		套	500.00	680.00	768.40	340,000.00	44,200.00	384,200.00	13.00	CG0001	2019-01-01		不推算
Y	107	银绣男装		套	500.00	420.00	474.60	210,000.00	27,300.00	237,300.00	13.00	CG0001	2019-01-01		不推算
合计															

图 8—62　【拷贝并执行】窗口

(4)点击【确定】，系统自动生成采购退货单，【数量】均修改为：－10.00，点击【保存】，如图 8—63 所示。

(5)点击【审核】。

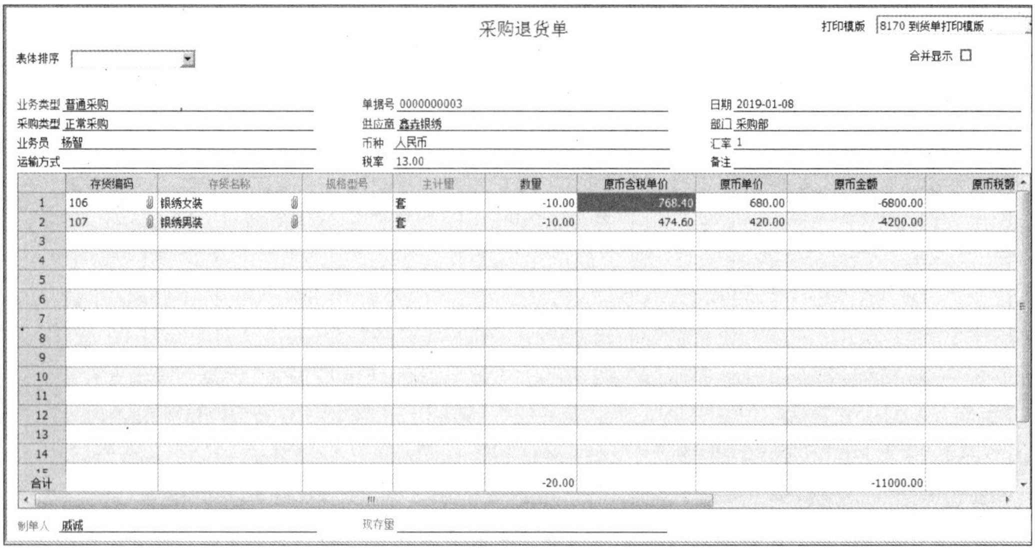

图 8—63 【采购退货单】窗口

2. 生成并审核采购入库单

(1)2019 年 1 月 8 日,仓管部的【C01 李军钧】登录【企业应用平台】,执行【业务工作】|【供应链】|【库存管理】|【入库业务】|【采购入库单】命令,打开【采购入库单】窗口。

(2)点击【生单】|【采购到货单(红字)】,打开【查询条件选择——采购到货单列表】,点击【确定】。

(3)系统自动弹出【到货单生单列表】窗口,选择相应的到货单生单表头,如图 8—64 所示。

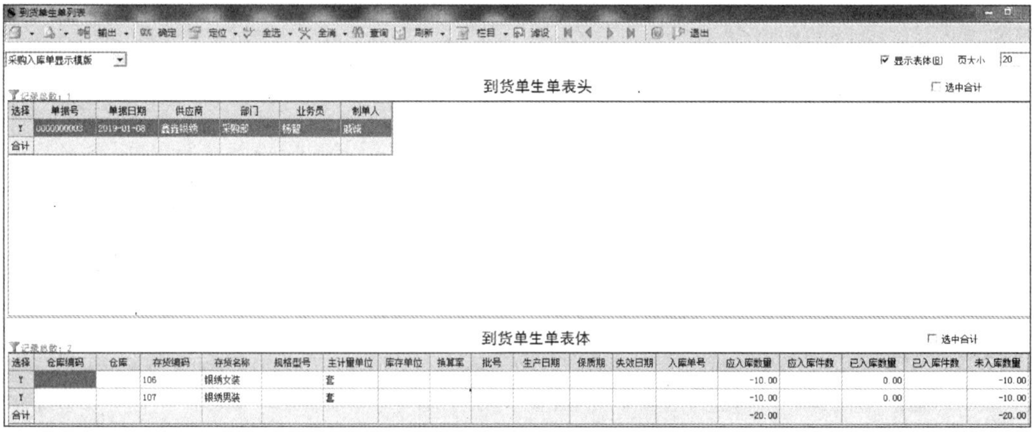

图 8—64 【到货单生单列表】窗口

(4)点击【确定】,系统自动生成采购入库单,【仓库】选择:商品库,如图 8—65 所示,点击【保存】。

(5)点击【审核】。

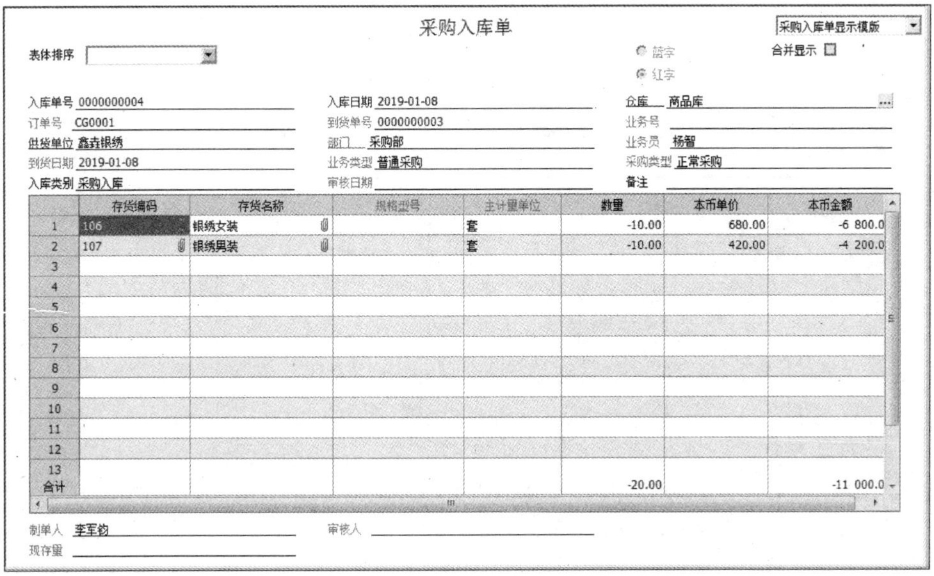

图 8—65 【采购入库单】窗口

3. 填制采购专用发票

(1)2019 年 1 月 8 日,采购部的【G01 戚诚】登录【企业应用平台】,执行【业务工作】|【供应链】|【采购管理】|【采购发票】|【红字专用采购发票】命令,打开【红字采购专用发票】窗口。

(2)点击【增加】|【生单】|【入库单】,打开【查询条件选择——采购入库单列表过滤】,点击【确定】。

(3)系统自动弹出【拷贝并执行】窗口,选择要拷贝的采购入库单,如图 8—66 所示。

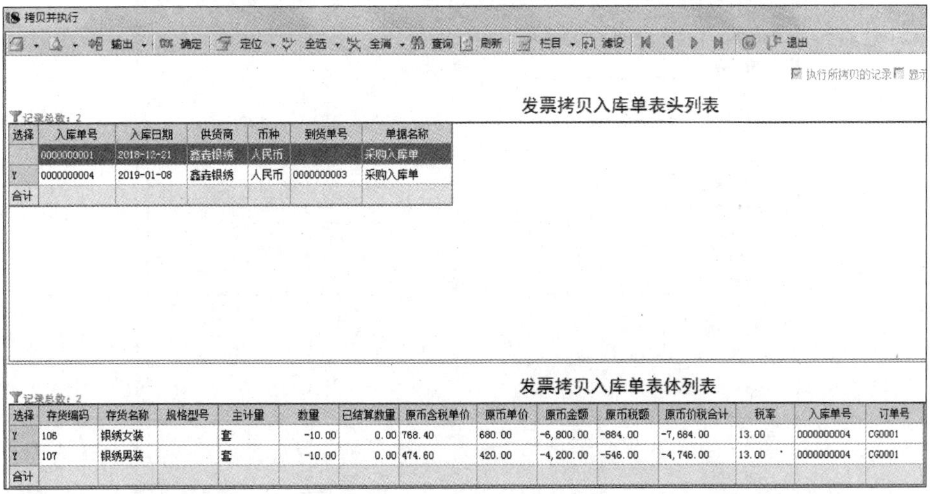

图 8—66 【拷贝并执行】窗口

(4)点击【确定】,系统自动生成采购专用发票,【发票号】录入:10098910,如图 8—67 所示,点击【保存】。

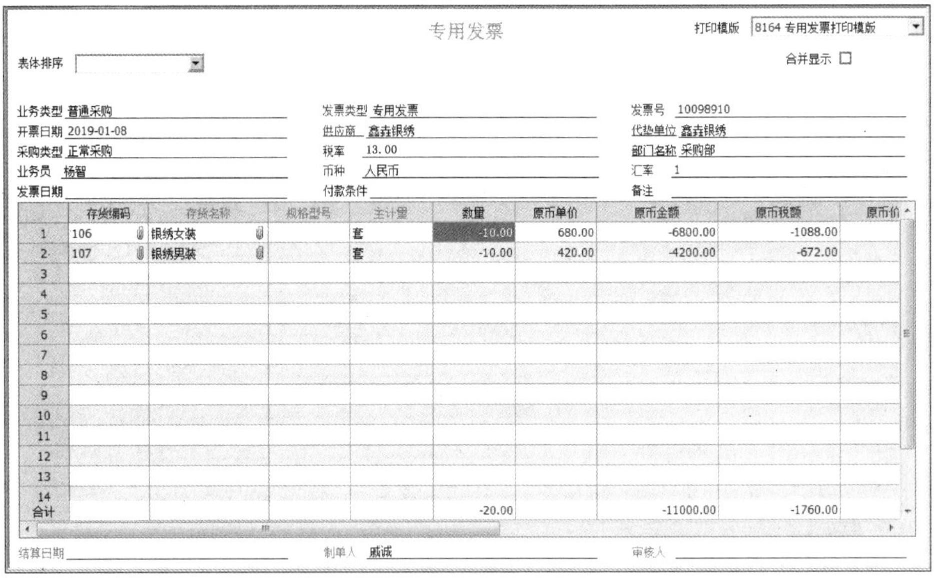

图 8—67 【红字采购专用发票】窗口

4. 进行采购结算

(1)2019 年 1 月 8 日,采购部的【G01 戚诚】登录【企业应用平台】,执行【业务工作】|【供应链】|【采购管理】|【采购结算】|【手工结算】命令,打开【手工结算】窗口。

(2)点击【选单】,打开【选单查询】窗口。

(3)点击【查询】,打开【查询条件选择——采购手工结算】,如图 8—68 所示。

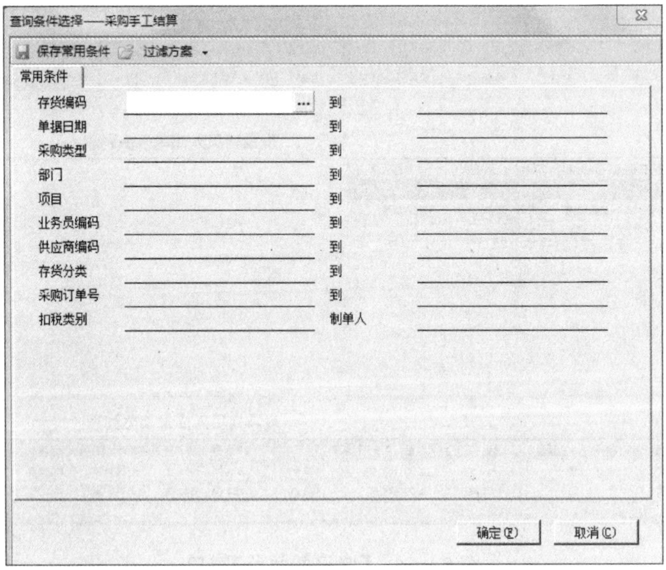

图 8—68 【查询条件选择——采购手工结算】窗口

(4)点击【确定】,选择相应的发票和入库单,如图 8—69 所示。

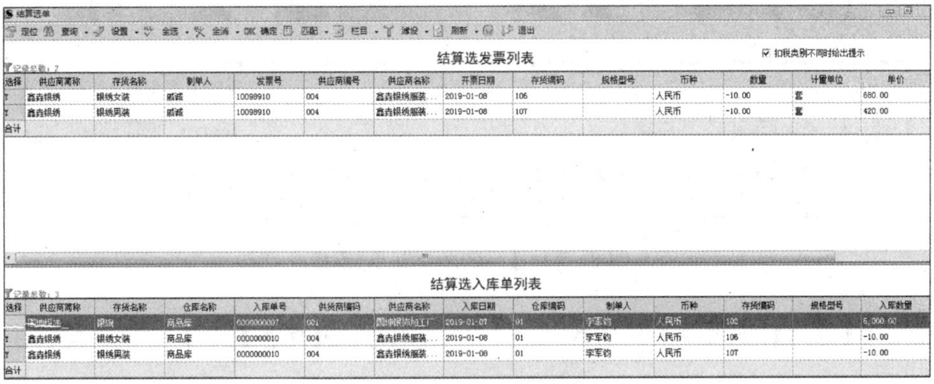

结算选发票列表

选择	供应商简称	存货名称	制单人	发票号	供应商编号	供应商名称	开票日期	存货编码	规格型号	币种	数量	计量单位	单价
Y	鑫森银绣	银绣女装	戚诚	10098910	004	鑫森银绣服装...	2019-01-08	106		人民币	-10.00	套	680.00
Y	鑫森银绣	银绣男装	戚诚	10098910	004	鑫森银绣服装...	2019-01-08	107		人民币	-10.00	套	420.00
合计													

结算选入库单列表

选择	供应商简称	存货名称	仓库名称	入库单号	供货商编码	供应商名称	入库日期	仓库编码	制单人	币种	存货编码	规格型号	入库数量
	[illegible]	银饰	商品库	0000000007	001	国坤银饰加工厂	2019-01-07	01	李军钧	人民币	102		5,000.00
Y	鑫森银绣	银绣女装	商品库	0000000010	004	鑫森银绣服装...	2019-01-08	01	李军钧	人民币	106		-10.00
Y	鑫森银绣	银绣男装	商品库	0000000010	004	鑫森银绣服装...	2019-01-08	01	李军钧	人民币	107		-10.00
合计													

图 8—69　【结算选单】窗口

(5)点击【确定】,返回【手工结算】窗口。

(6)点击【结算】,系统弹出【完成结算!】提示框,点击【确定】。

5. 应付款管理系统生成凭证

(1)2019 年 1 月 8 日,财务部的【W02 李晓园】登录【企业应用平台】,执行【业务工作】|【财务会计】|【应付款管理】|【应付单据处理】|【应付单据审核】命令,打开【应付单查询条件】窗口。

(2)点击【确定】,进入【应付单据列表】窗口,如图 8—70 所示,双击【选择】栏。

应付单据列表

记录总数：1

选择	审核人	单据日期	单据类型	单据号	供应商名称	部门	业务员	制单人	币种	汇率	原币金额	本币金额
Y		2019-01-08	采购专...	10098910	鑫森银绣服装有限公司	采购部	杨智	戚诚	人民币	1.00000000	-12,430.00	-12,430.00
合计											-12,430.00	-12,430.00

图 8—70　【应付单据列表】窗口

(3)点击【审核】,系统弹出审核提示窗口,点击【确定】。

(4)点击【制单处理】,打开【制单查询】窗口,勾选【发票制单】,如图 8—71 所示。

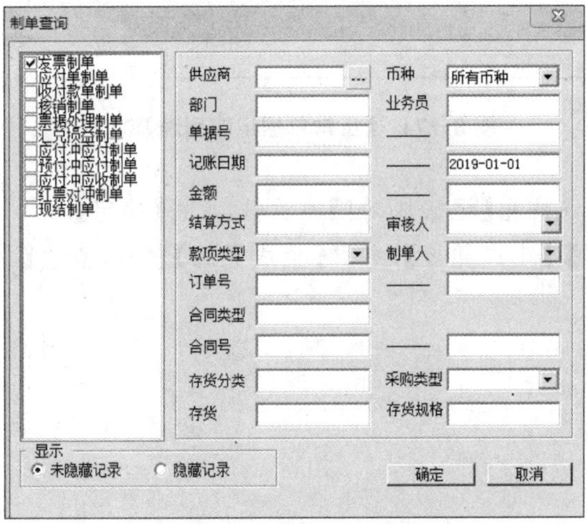

图 8—71　【制单查询】窗口

(5)点击【确定】,打开【采购发票制单】窗口,选择要制单的【采购专用发票】,如图 8—72。

采购发票制单

凭证类别 记账凭证　　　　制单日期 2019-01-08

选择标志	凭证类别	单据类型	单据号	日期	供应商编码	供应商名称	部门	业务员	金额
1	记账凭证	采购专…	10098910	2019-01-08	004	鑫垚银…	采购部	杨智	-12,430.00

图 8—72 【采购发票制单】窗口

(6)点击【制单】,生成一张凭证,如图 8—73 所示,点击【保存】。

已生成

记账凭证

记　字 0035　　制单日期:2019.01.08　　审核日期:　　附单据数:1

摘要	科目名称	借方金额	贷方金额
采购专用发票	在途物资	1100000	
采购专用发票	应交税费/应交增值税/进项税额	143000	
采购专用发票	应付账款/一般应付款		1243000
票号 日期	数量 单价 合计	1243000	1243000

备注　项目　　部门
个人　　客户
业务员

记账　　审核　　出纳　　制单 李晓园

图 8—73 【记账凭证】窗口

6. 存货核算系统生成凭证

(1)2019 年 1 月 8 日,财务部的【W02 李晓园】登录【企业应用平台】,执行【业务工作】|【供应链】|【存货核算】|【业务核算】|【正常单据记账】命令,打开【查询条件选择】窗口。

(2)点击【确定】,打开【正常单据记账列表】窗口,如图 8—74 所示,点击【全选】。

正常单据记账列表

记录总数:2

选择	日期	单据号	存货编码	存货名称	规格型号	存货代码	单据类型	仓库名称	收发类别	数量	单价
Y	2019-01-08	0000000010	106	银绣女装			采购入库单	商品库	采购入库	-10.00	680.00
Y	2019-01-08	0000000010	107	银绣男装			采购入库单	商品库	采购入库	-10.00	420.00
小计										-20.00	

图 8—74 【正常单据记账列表】窗口

(3)点击【记账】,系统弹出【记账成功!】提示框,点击【确定】。

(4)点击【财务核算】|【生成凭证】,打开【生成凭证】窗口,点击【选择】,打开【查询条件】窗口,如图 8—75 所示。

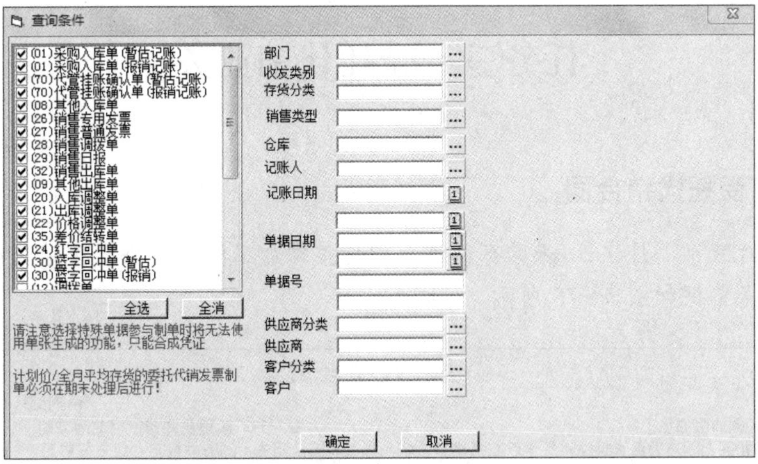

图 8—75　【查询条件】窗口

(5)点击【确定】,打开【未生成凭证单据一览表】,如图 8—76 所示,点击【全选】。

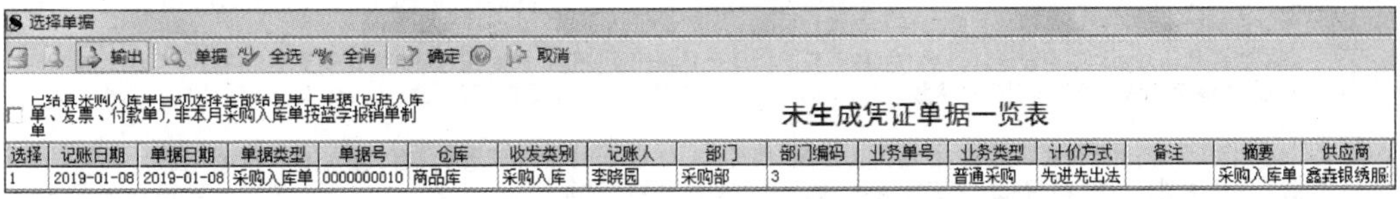

选择	记账日期	单据日期	单据类型	单据号	仓库	收发类别	记账人	部门	部门编码	业务单号	业务类型	计价方式	备注	摘要	供应商
1	2019-01-08	2019-01-08	采购入库单	0000000010	商品库	采购入库	李晓园	采购部	3		普通采购	先进先出法		采购入库单	鑫森银绣服

图 8—76　【未生成凭证单据一览表】窗口

(6)点击【确定】,返回【生成凭证】窗口,如图 8—77 所示。

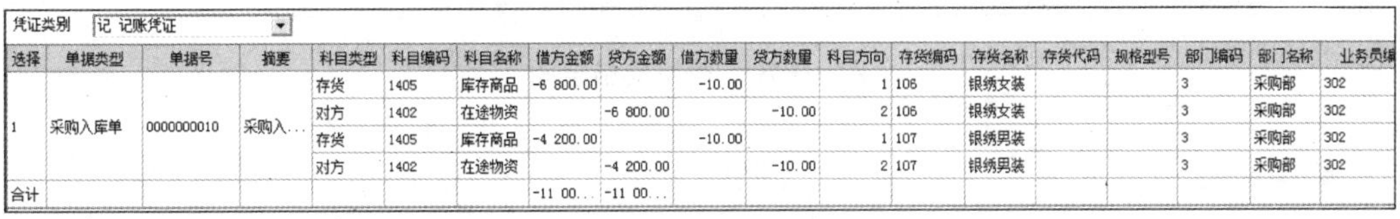

选择	单据类型	单据号	摘要	科目类型	科目编码	科目名称	借方金额	贷方金额	借方数量	贷方数量	科目方向	存货编码	存货名称	存货代码	规格型号	部门编码	部门名称	业务员编
1	采购入库单	0000000010	采购入...	存货	1405	库存商品	-6 800.00		-10.00		1	106	银绣女装			3	采购部	302
				对方	1402	在途物资		-6 800.00		-10.00	2	106	银绣女装			3	采购部	302
				存货	1405	库存商品	-4 200.00		-10.00		1	107	银绣男装			3	采购部	302
				对方	1402	在途物资		-4 200.00		-10.00	2	107	银绣男装			3	采购部	302
合计							-11 00...	-11 00...										

图 8—77　【生成凭证】窗口

(7)点击【生成】,生成一张记账凭证,如图 8—78 所示,点击【保存】。

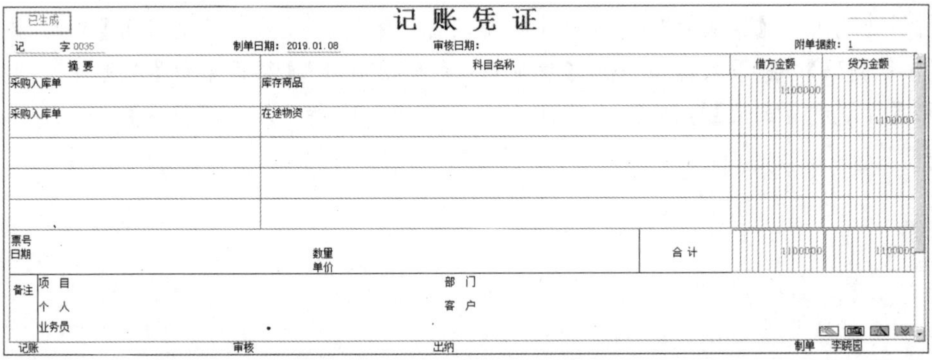

图 8—78　【记账凭证】窗口

任务三　受托代销业务

一、签订受托代销合同

业务 1:2019 年 1 月 9 日,采购部戚诚与国坤银饰加工厂签订合同代销银绣作品和刺绣制品,相关业务单据如图 8—79 所示。

委托代销合同

合同编号:WT0001

委托方:国坤银饰加工厂　　　　受托方:凯里市昀智贸易有限公司

为保护买卖双方的合法权益,买卖双方根据《中华人民共和国合同法》的有关规定,经友好协商,一致同意

1、货物名称、型号、数量、价格、合同总额

序号	货物名称	规格型号	单位	数量	单价(不含税)	金额(不含税)	税率	税额
1	银绣作品		个	300	820.00	246000.00	13%	31980.00
2	刺绣制品		个	300	660.00	198000.00		25740.00
合计						¥444,000.00		¥ 57,720.00

2、合同总金额:人民币伍拾万零壹仟柒佰贰拾元整。　(　¥501,720.00)

3、委托代销方式:采用收手续费的方式由委托方委托受托方代销货物,即受托方在取得代销商品后只能按委托方定价销售商品,不得自己定价销售。2019年1月15日,委托方按代销清单所显示售价的15%支付给受托方手续费。

4、付款时间及付款方式:受托方根据代销货物销售情况,每月15日依照结算清单结算货款;付款方式:电汇

5、交货时间:2019年1月9日　交货地点:凯里市昀智贸易有限公司

6、任何一方均不得修改本合同,如有修改须另行达成书面协议,否则本合同自动失效。

7、其他:本合同一式贰份,供需双方各执壹份。本合同自双方签字盖章后生效,至本合同全部条款执行完毕后失效。

委 托 方:国坤银饰加工厂　　　　受 托 方:凯里市昀智贸易有限公司

授权代表:黄东　　　　授权代表:戚诚

签订时间:2019年1月9日　　　　签订时间:2019年1月9日

图 8—79　委托代销合同

操作步骤:

1. 填制并审核采购订单

(1)2019 年 1 月 9 日,采购部的【G01 戚诚】登录【企业应用平台】,执行【业务工作】|【供应链】|【采购管理】|【采购订货】|【采购订单】命令,打开【采购订单】窗口。

(2)点击【增加】,在表头【订单号】录入:WT0001,【业务类型】选择:受托代销,【采购类型】选择:受托采购,【供应商】选择:国坤银饰,【部门】录入:采购部,【业务员】录入:戚诚;在表体【存货编码】分别录入:104、105,【数量】均录入:300.00,【原币单价】分别录入:820.00、660.00,【计划到货日期】均为:2019—01—09,如图 8—80 所示,点击【保存】。

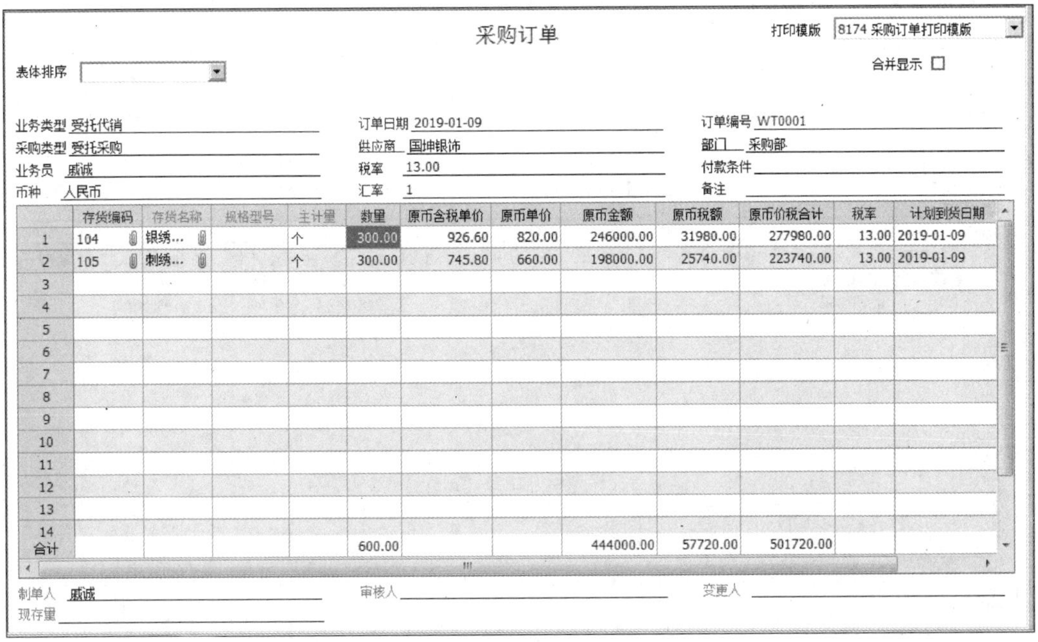

图 8—80　【采购订单】窗口

(3)点击【审核】。

2. 生成并审核采购到货单

(1)2019 年 1 月 9 日,采购部的【G01 戚诚】登录【企业应用平台】,执行【业务工作】|【供应链】|【采购管理】|【采购到货】|【到货单】命令,打开【到货单】窗口。

(2)点击【增加】,【业务类型】选择:受托代销,点击【生单】|【采购订单】,打开【查询条件选择——采购订单列表过滤】,点击【确定】。

(3)系统自动弹出【拷贝并执行】窗口,选择要拷贝的采购订单,如图 8—81 所示。

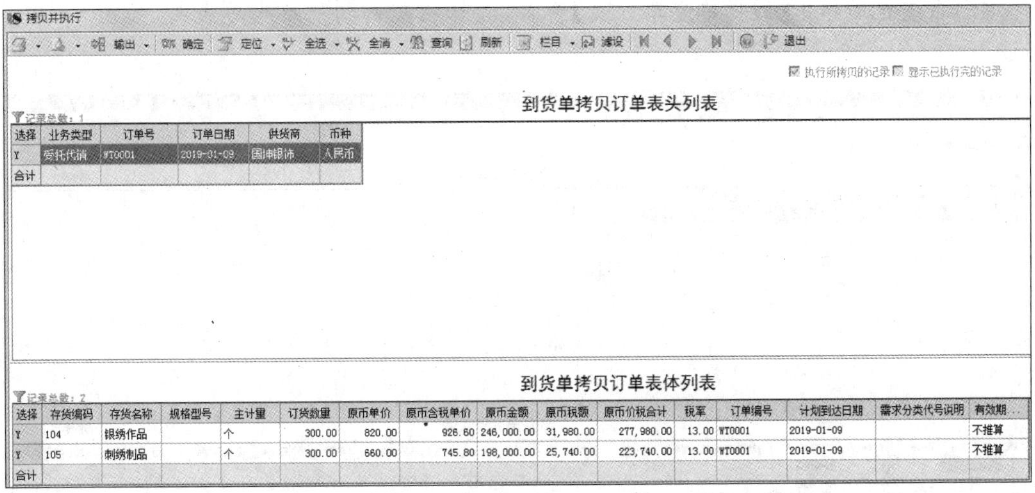

图 8—81　【拷贝并执行】窗口

(4)点击【确定】,系统自动生成到货单,如图 8—82 所示,点击【保存】。

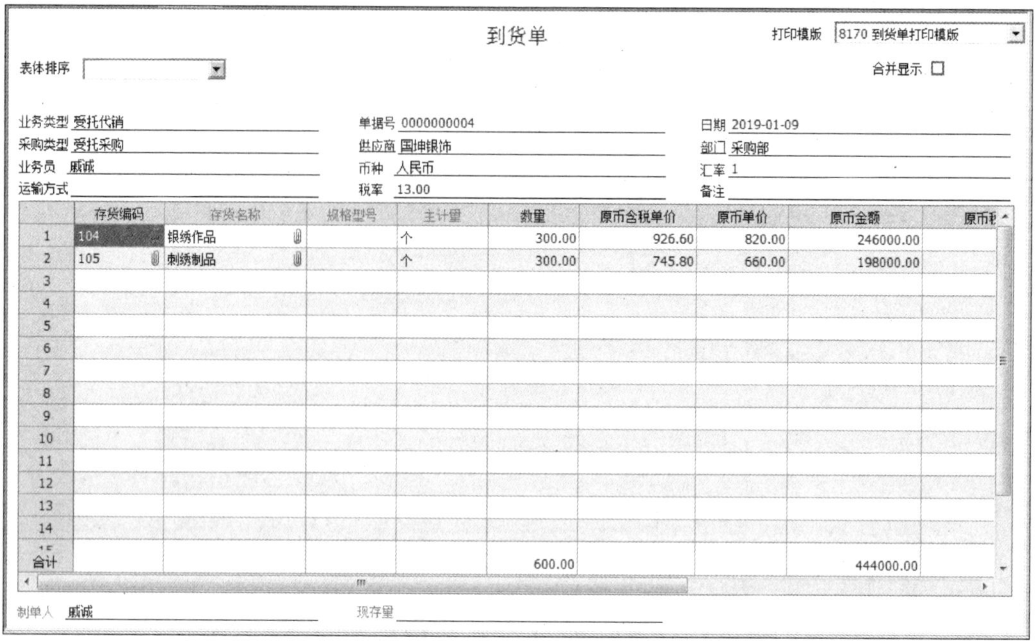

图 8—82 【到货单】窗口

(5)点击【审核】。

3. 生成并审核采购入库单

(1)2019 年 1 月 9 日,仓管部的【C01 李军钧】登录【企业应用平台】,执行【业务工作】|【供应链】|【库存管理】|【入库业务】|【采购入库单】命令,打开【采购入库单】窗口。

(2)点击【生单】|【采购到货单(蓝字)】,打开【查询条件选择——采购到货单列表】,点击【确定】。

(3)系统自动弹出【到货单生单列表】窗口,选择相应的到货单生单表头,如图 8—83 所示。

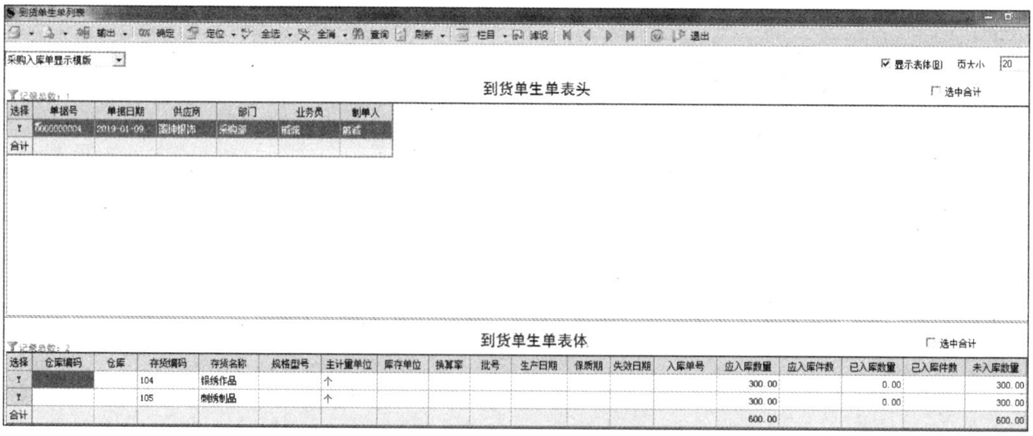

图 8—83 【到货单生单列表】窗口

(4)点击【确定】,系统自动生成采购入库单,【仓库】选择:受托代销库,如图 8—84 所示,点击【保存】。

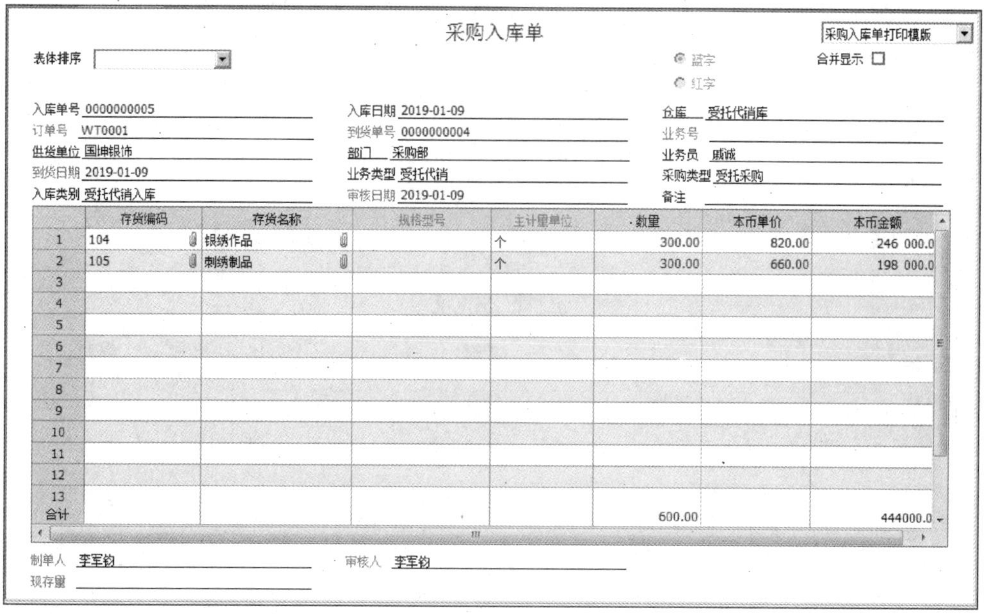

采购入库单

表体排序　　蓝字　红字　合并显示　采购入库单打印模版

入库单号 0000000005　入库日期 2019-01-09　仓库 受托代销库
订单号 WT0001　到货单号 0000000004　业务号
供货单位 国坤银饰　部门 采购部　业务员 戚诚
到货日期 2019-01-09　业务类型 受托代销　采购类型 受托采购
入库类别 受托代销入库　审核日期 2019-01-09　备注

	存货编码	存货名称	规格型号	主计量单位	数量	本币单价	本币金额
1	104	银绣作品		个	300.00	820.00	246 000.0
2	105	刺绣制品		个	300.00	660.00	198 000.0
3							
4							
5							
6							
7							
8							
9							
10							
11							
12							
13							
合计					600.00		444000.0

制单人 李军钧　审核人 李军钧
现存量

图 8—84 【采购入库单】窗口

(5)点击【审核】。

4. 存货核算系统生成凭证

(1)2019 年 1 月 9 日,财务部的【W02 李晓园】登录【企业应用平台】,执行【业务工作】|【供应链】|【存货核算】|【业务核算】|【正常单据记账】命令,打开【查询条件选择】窗口。

(2)点击【确定】,打开【正常单据记账列表】窗口,如图 8—85 所示,点击【全选】。

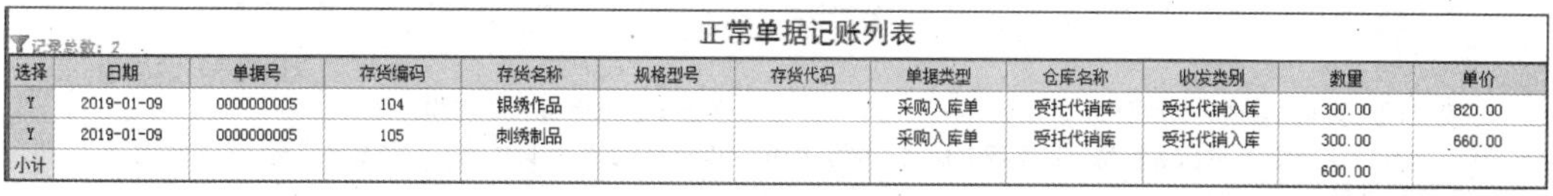

正常单据记账列表

记录总数:2

选择	日期	单据号	存货编码	存货名称	规格型号	存货代码	单据类型	仓库名称	收发类别	数量	单价
Y	2019-01-09	0000000005	104	银绣作品			采购入库单	受托代销库	受托代销入库	300.00	820.00
Y	2019-01-09	0000000005	105	刺绣制品			采购入库单	受托代销库	受托代销入库	300.00	660.00
小计										600.00	

图 8—85 【正常单据记账列表】窗口

(3)点击【记账】,系统弹出【记账成功!】提示框,点击【确定】。

(4)点击【财务核算】|【生成凭证】,打开【生成凭证】窗口,点击【选择】,打开【查询条件】窗口。

(5)点击【确定】,打开【未生成凭证单据一览表】,如图 8—86 所示,点击【全选】。

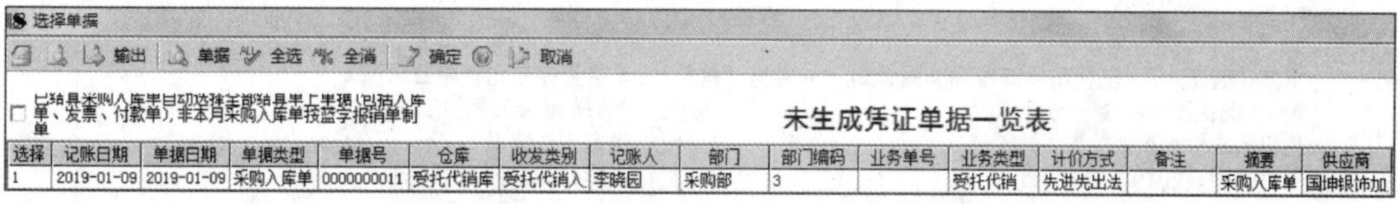

选择单据

输出　单据　全选　全消　确定　取消

已结算采购入库单自动选择全部结算单上单据(包括入库单、发票、付款单),非本月采购入库单按蓝字报销单制单

未生成凭证单据一览表

选择	记账日期	单据日期	单据类型	单据号	仓库	收发类别	记账人	部门	部门编码	业务单号	业务类型	计价方式	备注	摘要	供应商
1	2019-01-09	2019-01-09	采购入库单	0000000011	受托代销库	受托代销入	李晓园	采购部	3		受托代销	先进先出法		采购入库单	国坤银饰加

图 8—86 【未生成凭证单据一览表】窗口

(6)点击【确定】,返回【生成凭证】窗口,如图 8—87 所示。

凭证类别 记 记账凭证

选择	单据类型	单据号	摘要	科目类型	科目编码	科目名称	借方金额	贷方金额	借方数量	贷方数量	科目方向	存货编码	存货名称	存货代码	规格型号	部门编码	部门名称
1	采购入库单	0000000005	采购入…	存货	1321	受托代销商品	246,00…		300.00		1	104	银绣作品			3	采购部
				应付暂估	2314	受托代销商品款		246,00…		300.00	2	104	银绣作品			3	采购部
				存货	1321	受托代销商品	198,00…		300.00		1	105	刺绣制品			3	采购部
				应付暂估	2314	受托代销商品款		198,00…		300.00	2	105	刺绣制品			3	采购部
合计							444,00…	444,00…									

图 8—87 【生成凭证】窗口

(7)点击【生成】,生成一张记账凭证,如图 8—88 所示,点击【保存】。

已生成

记账凭证

记 字 0036　　制单日期:2019.01.09　　审核日期:　　附单据数:1

摘要	科目名称	借方金额	贷方金额
采购入库单	受托代销商品	44400000	
采购入库单	受托代销商品款		44400000
票号 日期	数量 单价 合计	44400000	44400000

备注　项目　　部门
　　　个人　　客户
　　　业务员

记账　　审核　　出纳　　制单 李晓园

图 8—88 【记账凭证】窗口

二、销售受托代销产品

业务 2:2019 年 1 月 10 日,销售部徐敏敏与北京艺先文化有限公司签订销售合同,销售银绣作品和刺绣制品一批,相关业务单据如图 8—89～图 8—91 所示。

购销合同

合同编号:XS0001

卖方:凯里市昀智贸易有限公司　　买方:北京艺先文化有限公司

为保护买卖双方的合法权益,买卖双方根据《中华人民共和国合同法》的有关规定,经友好协商,一致同意签订本合同并共同遵守:

1、货物名称、型号、数量、价格、合同总额

序号	货物名称	规格型号	单位	数量	单价(不含税)	金额(不含税)	税率	税额
1	银绣作品		个	260	820.00	213200.00	13%	27716.00
2	刺绣制品		个	280	660.00	184800.00		24024.00
合计						¥ 398,000.00		¥ 51,740.00

2、合同总金额:人民币肆拾肆万玖仟柒佰肆拾元整(¥449,740.00)。

3、付款时间:签订合同当日

4、发货时间:卖方于签订合同当日发出全部商品。

5、任何一方均不得修改本合同,如有修改须另行达成书面协议,否则本合同自动失效。

6、其他:本合同一式贰份,供需双方各执壹份。本合同自双方签字盖章后生效,至本合同全部条款执行完毕后失效。

供方(盖章):凯里市昀智贸易有限公司
电　话:0855-3[illegible]031
授权代表:徐敏敏
签订时间:2019年1月10日

需方(盖章):北京艺先文化有限公司
电　话:010-4362[illegible]896
授权代表:王慧
签订时间:2019年1月10日

图 8—89 购销合同

6800181159　　贵州增值税专用发票　　No 10098911

此联不作报销、扣税凭证使用　　开票日期：2019年1月10日

国税函（2018）216号黔财印务承印

购货单位		密码区
名　　称：	北京艺先文化有限公司	172312-4-2345435475 <1+46*54*181321> <8182*59*09618 <4 <3*2702-9> 9*+543545435/045 *08/4> *> > 2-3*0/9/> > 25
纳税人识别号：	110002353549163240	
地 址、电 话：	北京市海淀区北三环路25号　010-89667888	
开户行及账号：	中国工商银行海淀区北四环路支行3107310182400058873	

货物或应税劳务名称	规格型号	单位	数量	单价	金额	税率	税额
银绣作品		个	260	820.00	213200.00	13%	27716.00
刺绣制品		个	280	660.00	184800.00	13%	24024.00
合计					¥398,000.00		¥51,740.00
价税合计（大写）	⊗肆拾肆万玖仟柒佰肆拾元整				（小写）	¥449,740.00	

销货单位		备注
名　　称：	凯里市昀智贸易有限公司	凯里市昀智贸易有限公司 91522601308719203D 发票专用章
纳税人识别号：	91522601308719203D	
地 址、电 话：	贵州省凯里市经济开发区开元大道1066号　0855-3988031	
开户行及账号：	中国工商银行凯里经济开发区支行　1550100035191101678	

收款人：略　　复核：略　　开票人：略　　销货单位：（章）

图 8—90　增值税专用发票

ICBC　　中国工商银行电汇凭证（收账通知）

日期　2019年1月10日　　　　NO 1586652904

汇款人					收款人				
全　称	北京艺先文化有限公司				全　称	凯里市昀智贸易有限公司			
账号或住址	3107310182400058873				账号或住址	1550100035191101678			
汇出地点	北京市	汇出行全称	中国工商银行海淀区北四环路支行		汇入地点	凯里	汇入行名称	中国工商银行凯里经济开发区支行	

金额	百	十	万	千	百	十	元	角	分
人民币（大写）肆拾肆万玖仟柒佰肆拾元整	¥	4	4	9	7	4	0	0	0

中国工商银行凯里经济开发区支行　2019.01.10　转账　转讫

单位主管　　会计　　复核　　记账

图 8—91　电汇凭证

操作步骤：

1. 填制并审核销售订单

(1)2019 年 1 月 10 日，销售部的【X01 肖丽丽】登录【企业应用平台】，执行【业务工作】|【供应链】|【销售管理】|【销售订货】|【销售订单】命令，打开【销售订单】窗口。

(2)点击【增加】，在表头【订单号】录入：XS0001，【销售类型】选择：正常销售，【客户简称】选择：北京艺先，【部门】录入：销售部，【业务员】录入：徐敏敏；在表体【存货编码】分别录入：104 和 105，【数量】分别录入：260.00 和 280.00，【无税单价】分别录入：820.00、660.00，【订单日期】均为：2019—01—10，如图 8—92 所示，点击【保存】。

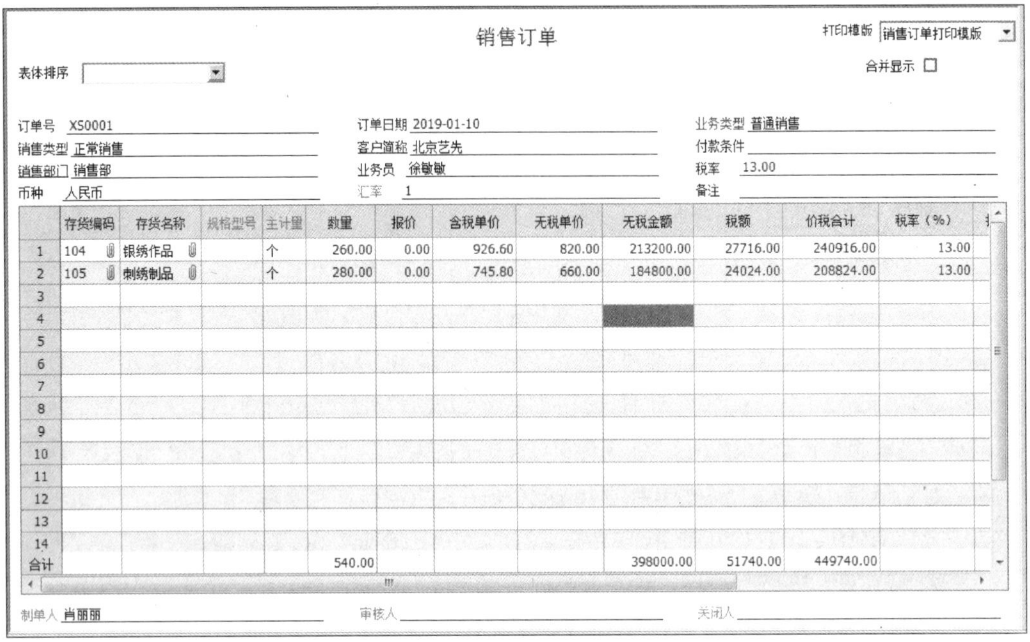

销售订单

打印模版 销售订单打印模版

表体排序

合并显示 □

订单号 XS0001　订单日期 2019-01-10　业务类型 普通销售
销售类型 正常销售　客户简称 北京艺先　付款条件
销售部门 销售部　业务员 徐敏敏　税率 13.00
币种 人民币　汇率 1　备注

	存货编码	存货名称	规格型号	主计量	数量	报价	含税单价	无税单价	无税金额	税额	价税合计	税率(%)
1	104	银绣作品		个	260.00	0.00	926.60	820.00	213200.00	27716.00	240916.00	13.00
2	105	刺绣制品		个	280.00	0.00	745.80	660.00	184800.00	24024.00	208824.00	13.00
合计					540.00				398000.00	51740.00	449740.00	

制单人 肖丽丽　审核人　关闭人

图 8—92 【销售订单】窗口

(3)点击【审核】。

2. 生成和复核销售专用发票

(1)2019 年 1 月 10 日,销售部的【X01 肖丽丽】登录【企业应用平台】,执行【业务工作】|【供应链】|【销售管理】|【销售开票】|【销售专用发票】命令,打开【销售专用发票】窗口。

(2)点击【增加】|【生单】|【参照订单】,打开【查询条件选择——参照订单】,点击【确定】。

(3)系统自动弹出【参照生单】窗口,选择要参照的订单,如图 8—93 所示。

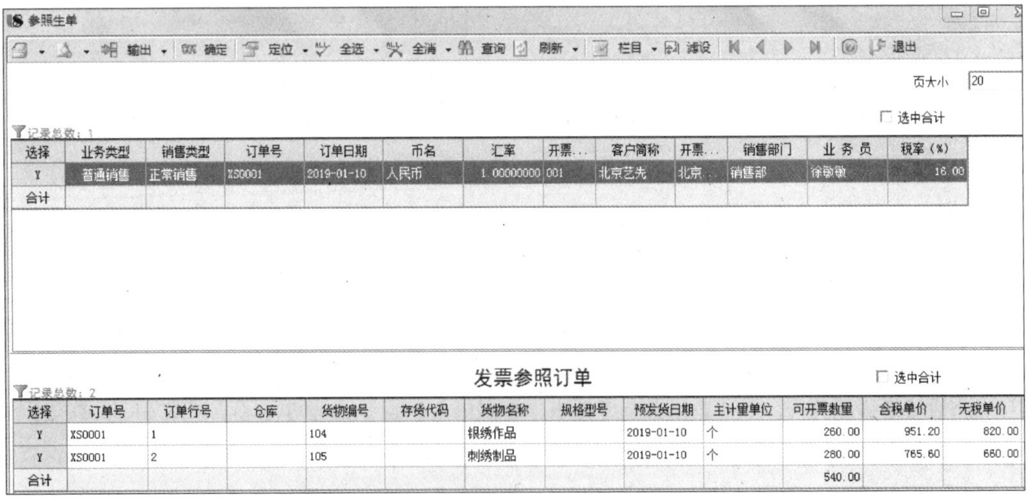

参照生单

输出 确定 定位 全选 全消 查询 刷新 栏目 滤设 退出

页大小 20

□ 选中合计

记录总数:1

选择	业务类型	销售类型	订单号	订单日期	币名	汇率	开票...	客户简称	开票...	销售部门	业务员	税率(%)
Y	普通销售	正常销售	XS0001	2019-01-10	人民币	1.00000000	001	北京艺先	北京...	销售部	徐敏敏	16.00
合计												

发票参照订单

□ 选中合计

记录总数:2

选择	订单号	订单行号	仓库	货物编号	存货代码	货物名称	规格型号	预发货日期	主计量单位	可开票数量	含税单价	无税单价
Y	XS0001	1		104		银绣作品		2019-01-10	个	260.00	951.20	820.00
Y	XS0001	2		105		刺绣制品		2019-01-10	个	280.00	765.60	660.00
合计										540.00		

图 8—93 【参照生单】窗口

(4)点击【确定】,系统自动生成销售专用发票,【发票号】录入:10098911,【仓库名称】选择：受托代销库，点击【保存】，如图 8—94 所示。

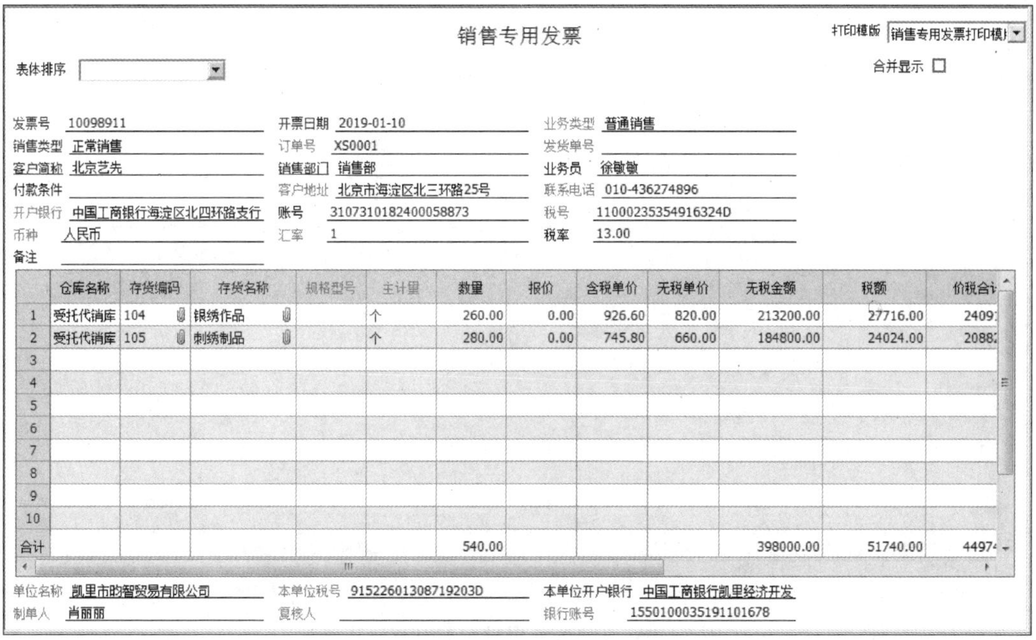

图 8—94　【销售专用发票】窗口

(5)点击【现结】，打开【现结】窗口，【结算方式】选择：电汇，【原币金额】录入：44 974.00，【票据号】录入：1586652904，如图 8—95 所示。

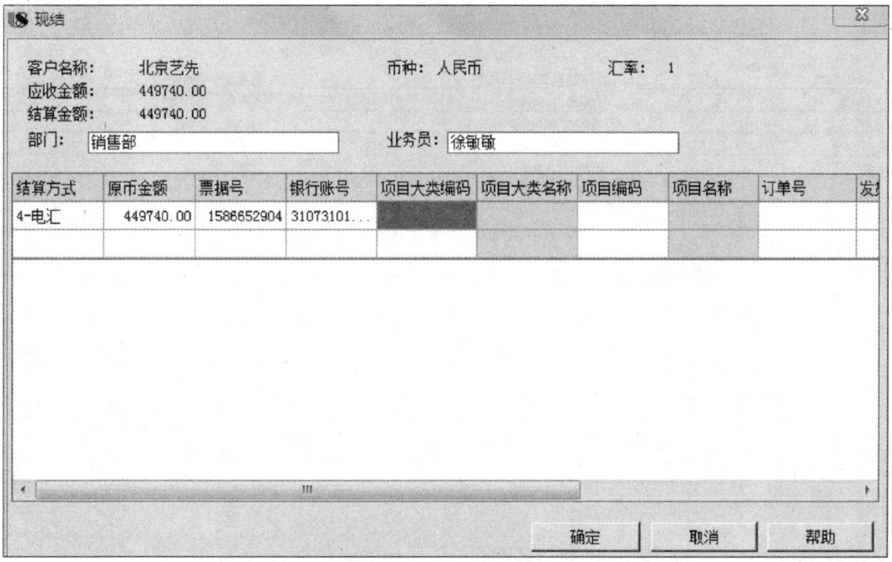

图 8—95　【现结】窗口

(6)点击【确定】，发票上出现【现结】字样，如图 8—96 所示。

(7)点击【复核】。

现结

销售专用发票

打印模版 销售专用发票打印模版

表体排序

合并显示 □

发票号 10098911　开票日期 2019-01-10　业务类型 普通销售

销售类型 正常销售　订单号 XS0001　发货单号

客户简称 北京艺先　销售部门 销售部　业务员 徐敏敏

付款条件　客户地址 北京市海淀区北三环路25号　联系电话 010-436274896

开户银行 中国工商银行海淀区北四环路支行　账号 310731018240005887З　税号 110002353549163240

币种 人民币　汇率 1　税率 13.00

备注

	仓库名称	存货编码	存货名称	规格型号	主计量	数量	报价	含税单价	无税单价	无税金额	税额	价税合计
1	受托代销库	104	银绣作品		个	260.00	0.00	926.60	820.00	213200.00	27716.00	240916.00
2	受托代销库	105	刺绣制品		个	280.00	0.00	745.80	660.00	184800.00	24024.00	208824.00
3												
4												
5												
6												
7												
8												
9												
10												
合计						540.00				398000.00	51740.00	449740.00

单位名称 凯里市昀智贸易有限公司　本单位税号 91522601308719203D　本单位开户银行 中国工商银行凯里经济开发

制单人 肖丽丽　复核人　银行账号 1550100035191101678

图 8—96 【销售专用发票】窗口(已现结)

(8)执行【业务工作】|【供应链】|【销售管理】|【销售发货】|【销售发货单】命令，打开【销售发货单】窗口，查看已生成并审核的发货单，如图 8—97 所示。

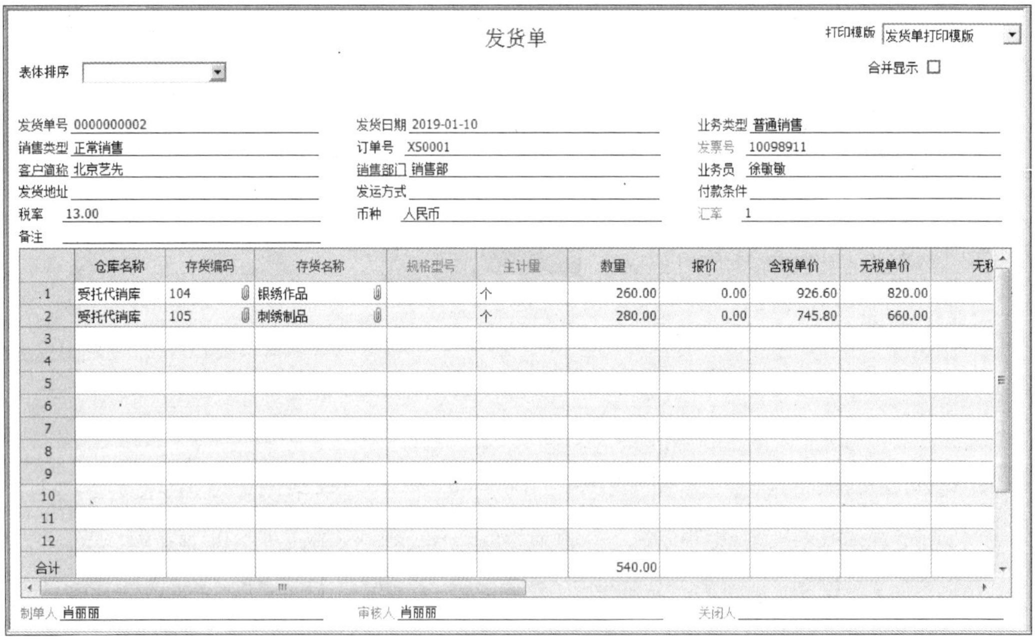

发货单

打印模版 发货单打印模版

表体排序

合并显示 □

发货单号 0000000002　发货日期 2019-01-10　业务类型 普通销售

销售类型 正常销售　订单号 XS0001　发票号 10098911

客户简称 北京艺先　销售部门 销售部　业务员 徐敏敏

发货地址　发运方式　付款条件

税率 13.00　币种 人民币　汇率 1

备注

	仓库名称	存货编码	存货名称	规格型号	主计量	数量	报价	含税单价	无税单价	无利
1	受托代销库	104	银绣作品		个	260.00	0.00	926.60	820.00	
2	受托代销库	105	刺绣制品		个	280.00	0.00	745.80	660.00	
3										
4										
5										
6										
7										
8										
9										
10										
11										
12										
合计						540.00				

制单人 肖丽丽　审核人 肖丽丽　关闭人

图 8—97 【发货单】窗口

3. 生成并审核销售出库单

(1)2019 年 1 月 10 日，仓管部的【C01 李军钧】登录【企业应用平台】，执行【业务工作】|【供应链】|【库存管理】|【出库业务】|【销售出库单】命令，打开【销售出库单】窗口。

(2)点击【生单】|【销售生单】，打开【查询条件选择——销售发货单列表】，点击【确定】。

(3)系统自动弹出【销售生单】窗口，选择相应的发货单表头，如图 8—98 所示。

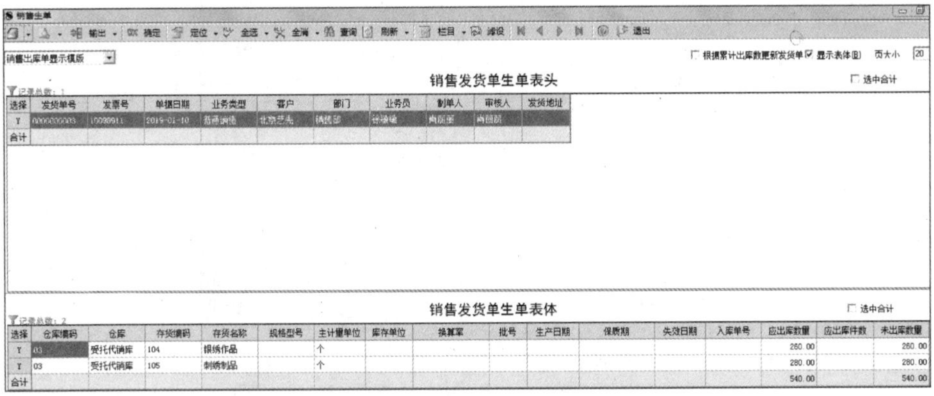

图 8—98 【销售生单】窗口

(4)点击【确定】，系统自动生成销售出库单，如图 8—99 所示，点击【保存】。

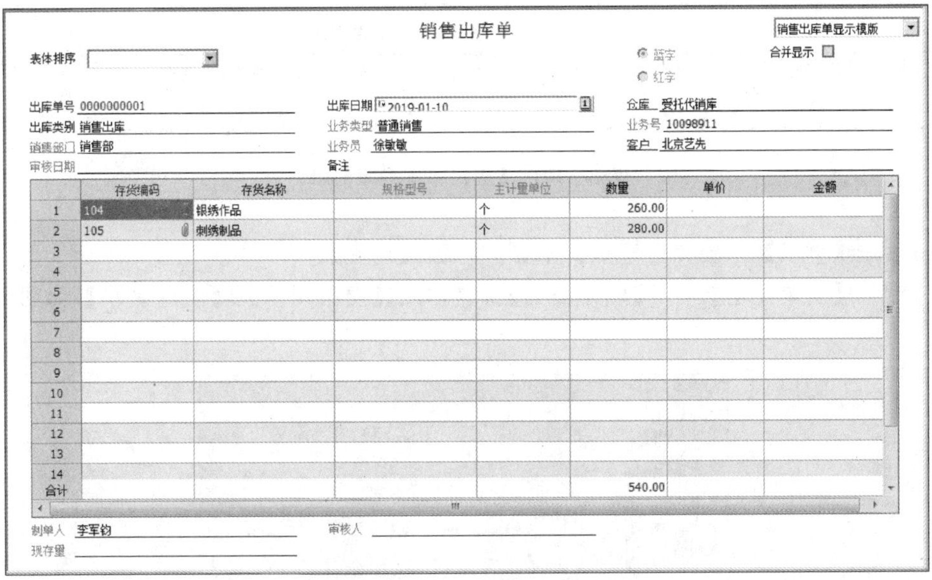

图 8—99 【销售出库单】窗口

(5)点击【审核】。

4. 应收款管理系统生成凭证

(1)2019 年 1 月 10 日，财务部的【W02 李晓园】登录【企业应用平台】，执行【业务工作】|【财务会计】|【应收款管理】|【应收单据处理】|【应收单据审核】命令，打开【应收单据查询条件】窗口，勾选【包含已现结发票】，如图 8—100 所示。

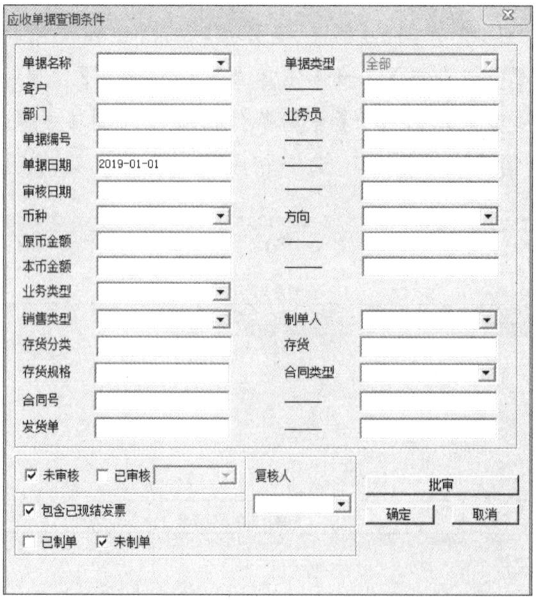

图 8—100 【应收单据查询条件】窗口

(2)点击【确定】,进入【应付单据列表】窗口,如图 8—101 所示,双击【选择】栏。

应付单据列表

记录总数:1

选择	审核人	单据日期	单据类型	单据号	客户名称	部门	业务员	制单人	币种	汇率	原币金额	本币金额
Y		2019-01-10	销售专...	10098911	北京艺先文化有限公司	销售部	徐敏敏	肖丽丽	人民币	1.00000000	449,740.00	449,740.00
合计											449,740.00	449,740.00

图 8—101 【应付单据列表】窗口

(3)点击【审核】,系统弹出审核提示窗口,点击【确定】。

(4)点击【制单处理】,打开【制单查询】窗口,勾选【发票制单】和【现结制单】,如图 8—102 所示。

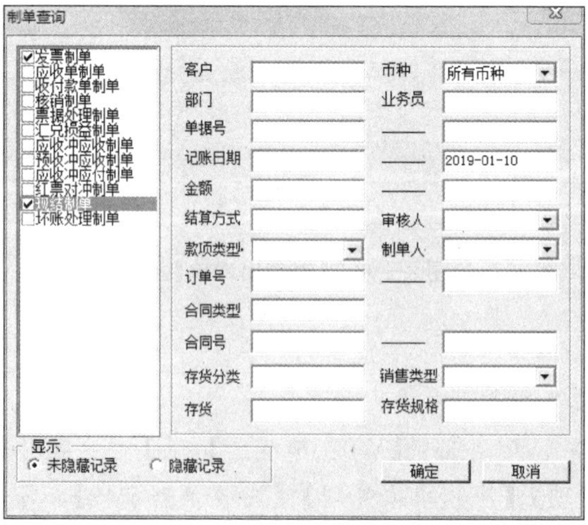

图 8—102 【制单查询】窗口

(5)点击【确定】,打开【应收制单】窗口,选择要制单的记录,如图 8—103 所示。

应收制单

凭证类别　记账凭证　　　　制单日期　2019-01-10

选择标志	凭证类别	单据类型	单据号	日期	客户编码	客户名称	部门	业务员	金额
1	记账凭证	现结	0000000003	2019-01-10	001	北京艺...	销售部	徐敏敏	449,740.00

图 8—103　【应收制单】窗口

(6)点击【制单】,生成一张凭证,将【主营业务收入】科目改为【应付账款/暂估应付款】科目,辅助项选择:“国坤银饰”,如图 8—104 所示,点击【保存】。

已生成

记账凭证

记　字 0036　　制单日期:2019.01.10　　审核日期:　　附单据数:1

摘要	科目名称	借方金额	贷方金额
现结	银行存款	44974000	
现结	应付账款/暂估应付款		39800000
现结	应交税费/应交增值税/销项税额		5174000
票号 日期　数量 单价	合计	44974000	44974000

备注　项目　　部门

个人　　供应商 国坤银饰

业务员 戚诚

记账　审核　出纳　制单 李晓园

图 8—104　【记账凭证】窗口

5. 存货核算系统生成凭证

(1)2019 年 1 月 10 日,财务部的【W02 李晓园】登录【企业应用平台】,执行【业务工作】|【供应链】|【存货核算】|【业务核算】|【正常单据记账】命令,打开【查询条件选择】窗口。

(2)点击【确定】,打开【正常单据记账列表】窗口,如图 8—105 所示,点击【全选】。

正常单据记账列表

记录总数:2

选择	日期	单据号	存货编码	存货名称	规格型号	存货代码	单据类型	仓库名称	收发类别	数量
Y	2019-01-10	10098911	104	银绣作品			专用发票	受托代销库	销售出库	260.00
Y	2019-01-10	10098911	105	刺绣制品			专用发票	受托代销库	销售出库	280.00
小计										540.00

图 8—105　【正常单据记账列表】窗口

(3)点击【记账】,系统弹出【记账成功!】提示框,点击【确定】。

(4)点击【财务核算】|【生成凭证】,打开【生成凭证】窗口,点击【选择】,打开【查询条件】窗口。

(5)点击【确定】,打开【未生成凭证单据一览表】,如图 8—106 所示,点击【全选】。

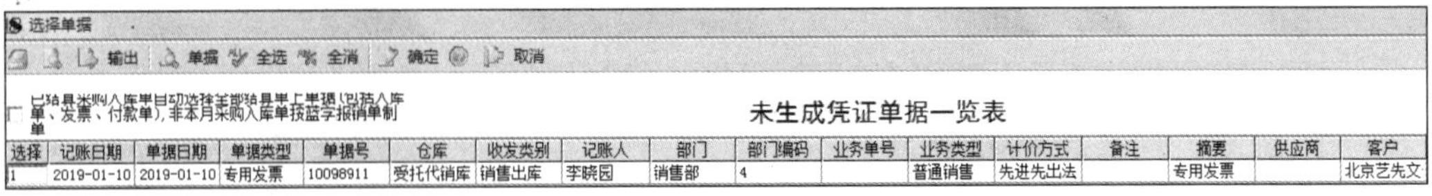

选择单据

输出 单据 全选 全消 确定 取消

已结算采购入库单自动选择全部结算单上单据(包括入库单、发票、付款单),非本月采购入库单按蓝字报销单制单

未生成凭证单据一览表

选择	记账日期	单据日期	单据类型	单据号	仓库	收发类别	记账人	部门	部门编码	业务单号	业务类型	计价方式	备注	摘要	供应商	客户
1	2019-01-10	2019-01-10	专用发票	10098911	受托代销库	销售出库	李晓园	销售部	4		普通销售	先进先出法		专用发票		北京艺先文

图 8—106 【未生成凭证单据一览表】窗口

(6)点击【确定】,返回【生成凭证】窗口,修改【主营业务成本】科目为【受托代销商品款】科目,如图 8—107 所示。

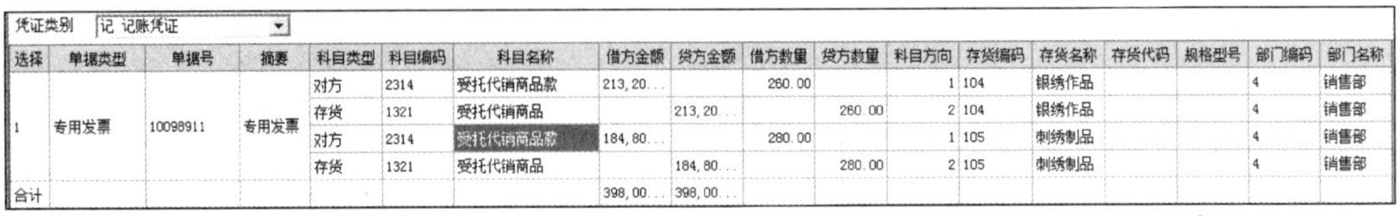

凭证类别 记 记账凭证

选择	单据类型	单据号	摘要	科目类型	科目编码	科目名称	借方金额	贷方金额	借方数量	贷方数量	科目方向	存货编码	存货名称	存货代码	规格型号	部门编码	部门名称
1	专用发票	10098911	专用发票	对方	2314	受托代销商品款	213,20...		260.00		1	104	银绣作品			4	销售部
				存货	1321	受托代销商品		213,20...		260.00	2	104	银绣作品			4	销售部
				对方	2314	受托代销商品款	184,80...		280.00		1	105	刺绣制品			4	销售部
				存货	1321	受托代销商品		184,80...		280.00	2	105	刺绣制品			4	销售部
合计							398,00...	398,00...									

图 8—107 【生成凭证】窗口

(7)点击【生成】,生成一张记账凭证,【受托代销商品款】科目,辅助项选择:国坤银饰,如图 8—108 所示,点击【保存】。

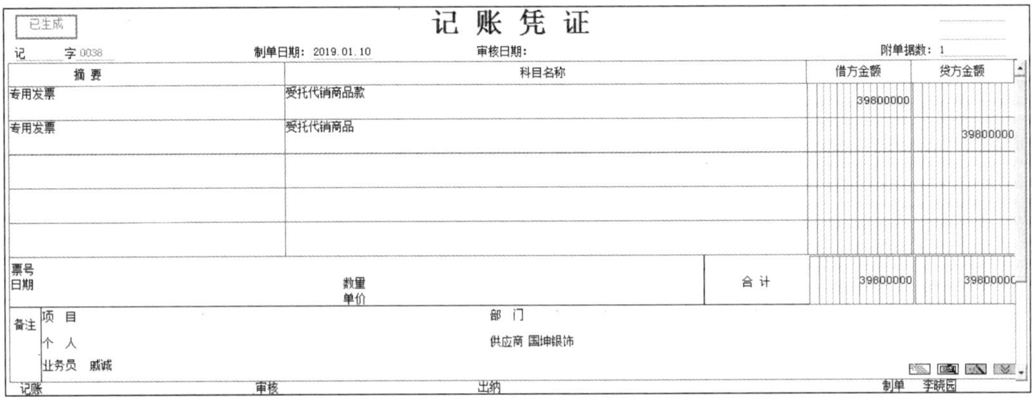

图 8—108 【记账凭证】窗口

三、受托代销结算

业务 3:2019 年 1 月 15 日,开出代销清单,收到对方开具的发票,相关业务单据如图 8—109～图 8—112 所示。

商 品 代 销 结 算 清 单

日期：2019年1月15日

委托方		国坤银饰加工厂			受托方		凯里市昀智贸易有限公司	
账　号		1800600130451102753			账　号		1550100035191101678	
开户银行		中国工商银行北京路支行			开户银行		中国工商银行凯里经济开发区支行	
代销货物结算单	代销货物名称	规格型号	计量单位	数 量	单价（不含税）	金额	税率	税额
	银绣作品		台	260	820	213200	13%	27716
	刺绣制品		件	280	660	184800	13%	24024
	价税合计	人民币（大写）：肆拾肆万玖仟柒佰肆拾元整（¥449,740.00）						
代销方式		收取手续费						
代销款结算时间		根据代销货物销售情况于每月15日结算一次货款						
代销款结算方式		电汇						

收款人：略　　复核：略　　开票人：略　　销货单位：（章）

图 8—109　商品代销结算清单

ICBC　**中国工商银行电汇凭证（回单）**

日期 2019年1月15日　　NO 1109190233

汇款人	全 称	凯里市昀智贸易有限公司			收款人	全 称	国坤银饰加工厂	
	账号或住址	1550100035191101678				账号或住址	1800600130451102753	
	汇出地点	凯里	汇出行全称	中国工商银行凯里经济开发区支行		汇入地点	凯里	汇入行 中国工商银行北京路支行
金额	人民币（大写）	叁拾玖万零肆拾元整						百十万千百十元角分：¥ 3 9 0 0 4 0 0 0

单位主管　　会计　　复核　　记账

中国工商银行凯里经济开发区支行 2019.01.15 转账 转讫

图 8—110　电汇凭证

6100181160　　**贵州增值税专用发票**　　No 10098912

发票联　　开票日期：2019年1月15日

购货单位	名　　称：凯里市昀智贸易有限公司 纳税人识别号：91522601308719203D 地 址、电 话：贵州省凯里市经济开发区开元大道1066号 0855-3988031 开户行及账号：中国工商银行凯里经济开发区支行 1550100035191101678			密码区	172312-4-275 <1+4667867*54* 181321> <8182*59*09618 <4 <3*2702-9> 9*+153 </0 *08/4> *> > 2-3*0/9/> > 25		
货物或应税劳务名称	规格型号	单位	数量	单价	金额	税率	税额
银绣作品		个	260	820.00	213200	13%	27716.00
刺绣制品		个	280	660.00	184800	13%	24024.00
合计					¥398,000.00		¥51,740.00
价税合计（大写）	⊗肆拾肆万玖仟柒佰肆拾元整				（小写）¥449,740.00		
销货单位	名　　称：国坤银饰加工厂 纳税人识别号：91522601354916324D 地 址、电 话：凯里市环城东路275号 0855-8226786 开户行及账号：中国工商银行北京路支行 1800600130451102753			备注			

收款人：略　　复核：略　　开票人：略　　销货单位：（章）

国坤银饰加工厂 91522601354916324D 发票专用章

国税函（2019）216号鄂财印务承印

第一联：发票联　购货方记账凭证

图 8—111　增值税专用发票

3100181461　　贵州增值税专用发票　　No 14503113

此联不作报销、扣税凭证使用　　开票日期：2019年1月15日

购货单位	名　　称：国坤银饰加工厂 纳税人识别号：91522601354916324D 地 址、电 话：凯里市环城东路275号 0855-8226786 开户行及账号：中国工商银行北京路支行 1800600130451102753			密码区	172312-4-275 <1+46*54* 181321> <8182*59*0987678 7618 <4 <3*2702-9> 9*+153 </0 *08/4> *> > 2-3*0/9/> > 25		
货物或应税劳务名称	规格型号	单位	数量	单价	金额	税率	税额
委托代销手续费					56 320.75	6%	3 379.25
合计					¥56 320.75		¥3 379.25
价税合计（大写）	⊗伍万玖仟柒佰元整				（小写）¥59,700.00		
销货单位	名　　称：凯里市昀智贸易有限公司 纳税人识别号：91522601308719203D 地 址、电 话：贵州省凯里市经济开发区开元大道1066号 0855-3988031 开户行及账号：中国工商银行凯里经济开发区支行 1550100035191101678			备注			

收款人：略　　复核：略　　开票人：略　　销货单位：（章）

第二联：记账联　销货方记账凭证

国税函（2019）216号黔财印务承印

凯里市昀智贸易有限公司 91522601308719203D 发票专用章

图 8—112　增值税专用发票

操作步骤：

1. 进行采购结算

(1)2019 年 1 月 15 日，采购部的【G01 戚诚】登录【企业应用平台】，执行【业务工作】|【供应链】|【采购管理】|【采购结算】|【受托代销结算】命令，打开【查询条件选择——受托结算选单过滤】窗口，【供应商编码】选择：001，如图 8—113 所示。

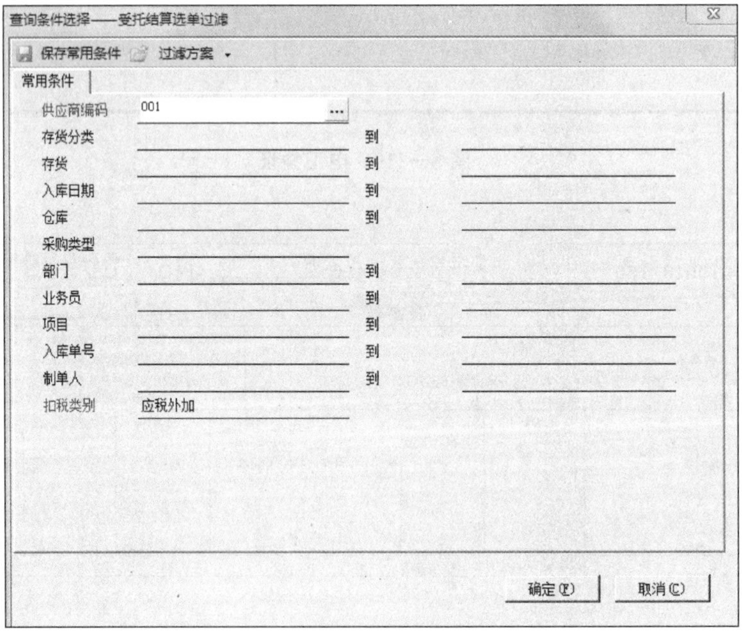

图 8—113　【查询条件选择——受托结算选单过滤】窗口

(2)点击【确定】,打开【受托代销结算】窗口,【发票号】录入:10098912,【采购类型】选择:02,【税率】录入:13.00,点击【全选】,【结算数量】分别录入:260.00、280.00,如图 8—114 所示。

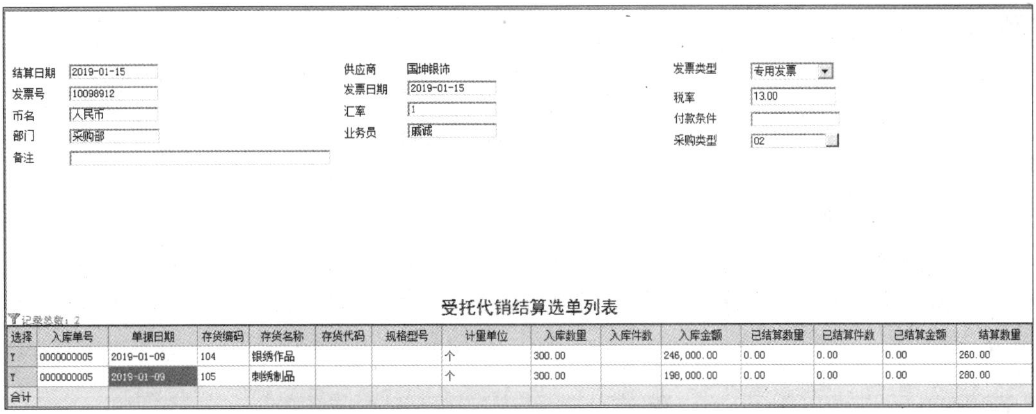

图 8—114 【受托代销结算】窗口

(3)点击【结算】,弹出【结算完成!】提示框,点击【确定】。

(4)点击【业务工作】|【供应链】|【采购管理】|【采购发票】|【采购专用发票】命令,打开【专用发票】窗口,浏览找到刚才结算生成的发票,如图 8—115 所示。

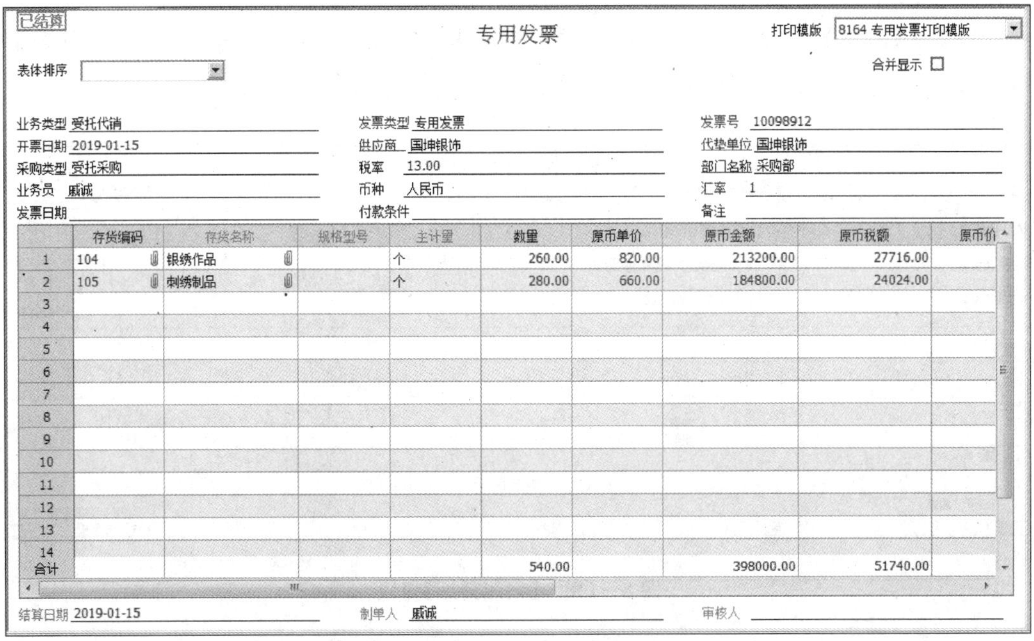

图 8—115 【采购专用发票】窗口(已结算)

2. 应付款管理系统生成凭证

(1)2019 年 1 月 15 日,财务部的【W02 李晓园】登录【企业应用平台】,执行【业务工作】|【财务会计】|【应付款管理】|【应付单据处理】|【应付单据审核】命令,打开【应付单据查询条

件】窗口。

(2)点击【确定】,进入【应付单据列表】窗口,如图 8—116 所示,双击【选择】栏。

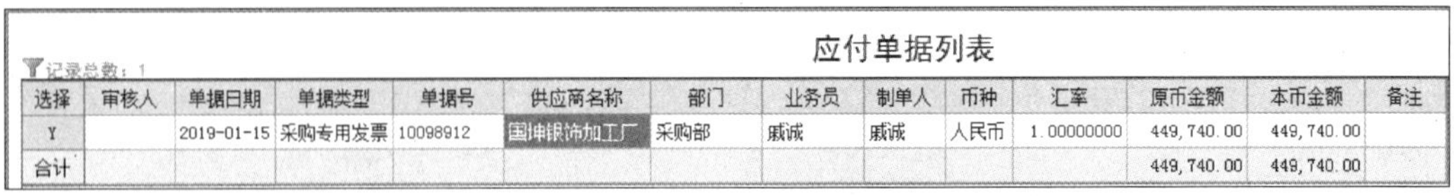

应付单据列表

记录总数：1

选择	审核人	单据日期	单据类型	单据号	供应商名称	部门	业务员	制单人	币种	汇率	原币金额	本币金额	备注
Y		2019-01-15	采购专用发票	10098912	国坤银饰加工厂	采购部	戚诚	戚诚	人民币	1.00000000	449,740.00	449,740.00	
合计											449,740.00	449,740.00	

图 8—116 【应付单据列表】窗口

(3)点击【审核】,系统弹出审核提示窗口,点击【确定】。

(4)点击【制单处理】,打开【制单查询】窗口,勾选【发票制单】。

(5)点击【确定】,打开【采购发票制单】窗口,选择要制单的【采购专用发票】,如图 8—117。

采购发票制单

凭证类别 记账凭证　　制单日期 2019-01-15

选择标志	凭证类别	单据类型	单据号	日期	供应商编码	供应商名称	部门	业务员	金额
1	记账凭证	采购专...	10098912	2019-01-15	001	国坤银...	采购部	戚诚	449,740.00

图 8—117 【采购发票制单】窗口

(6)点击【制单】,生成一张凭证,将【在途物资】科目修改为【应付账款/暂估应付款】科目,辅助项供应商为:国坤银饰,如图 8—118 所示,点击【保存】。

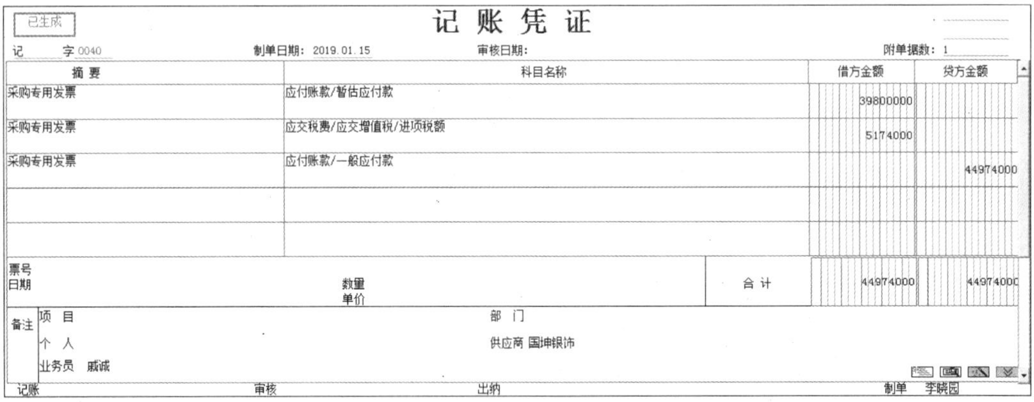

图 8—118 【记账凭证】窗口

3. 填制红字应付单并审核制单

(1)2019 年 1 月 15 日,财务部的【W02 李晓园】登录【企业应用平台】,执行【业务工作】|【财务会计】|【应付款管理】|【应付单据处理】|【应付单据录入】命令,弹出【单据类别】窗口,【方向】选择:负向,如图 8—119 所示。

(2)点击【确定】,进入【应付单】窗口,点击【增加】,表头【供应商】选择:国坤银饰,【金额】

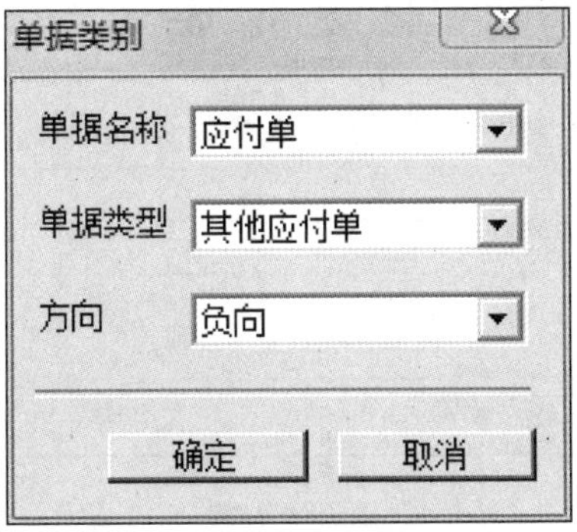

图 8—119 【单据类别】窗口

录入:59 700.00,表体的第一行【方向】录入:贷,【科目】录入:6051,【金额】录入:56 320.75,第二行【方向】录入:贷,【科目】录入:22210103,【金额】录入:3 379.25,如图 8—120 所示,点击【保存】。

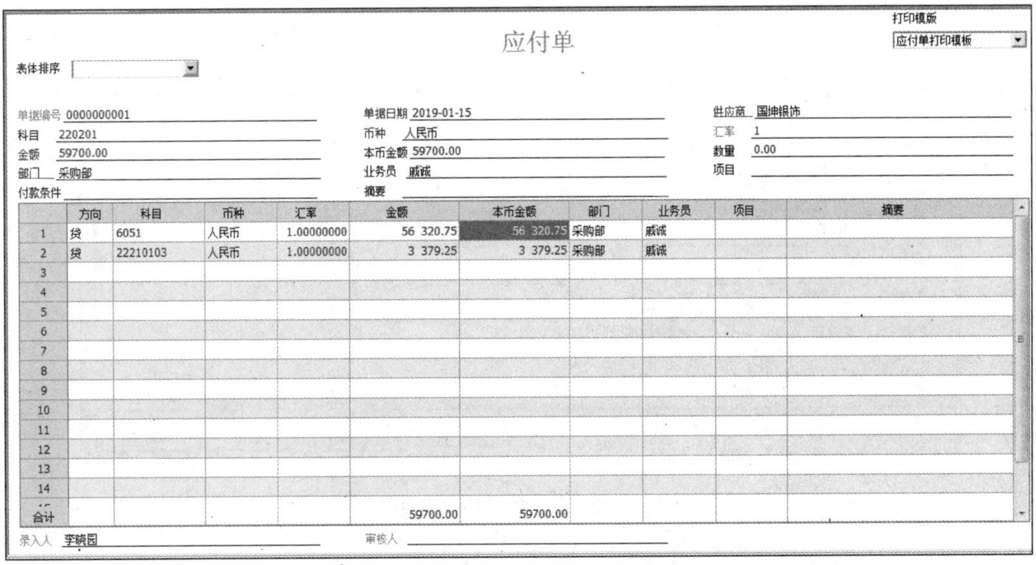

图 8—120 【红字应付单】窗口

(3)点击【审核】,弹出【是否立即制单】提示框。

(4)点击【是】,生成一张记账凭证,如图 8—121 所示,点击【保存】。

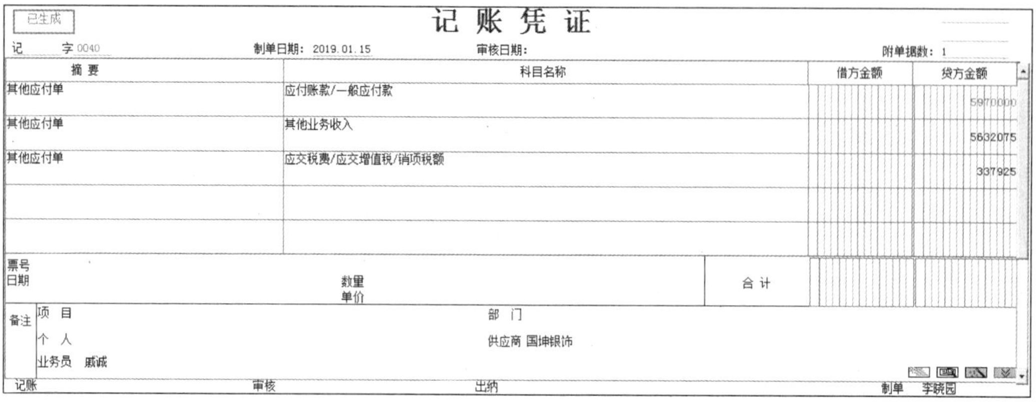

图 8－121 【记账凭证】窗口

4. 红票对冲

(1)2019 年 1 月 15 日，财务部的【W02 李晓园】登录【企业应用平台】，执行【业务工作】|【财务会计】|【应付款管理】|【转账】|【红票对冲】|【手工对冲】命令，打开【红票对冲条件】窗口，【供应商】选择：001—国坤银饰加工厂，如图 8—122 所示。

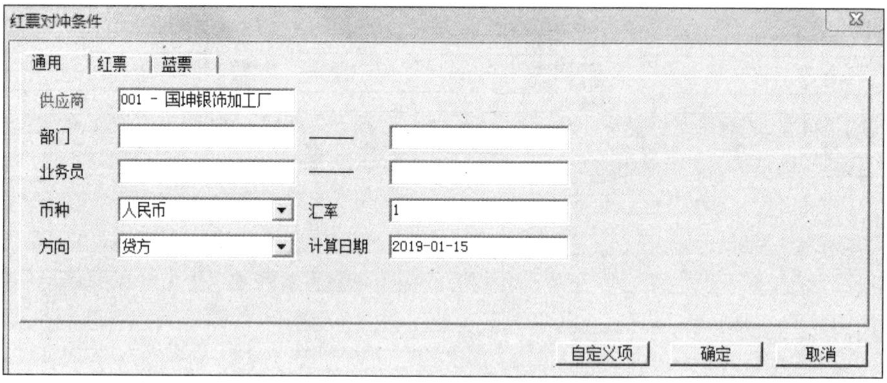

图 8－122 【红票对冲条件】窗口

(2)点击【确定】，【对冲金额】录入：59 700.00，如图 8—123 所示。

单据日期	单据类型	单据编号	供应商	币种	原币金额	原币余额	对冲金额
2019-01-15	其他应付单	0000000001	国坤银饰	人民币	59,700.00	59,700.00	59,700.00
合计					59,700.00	59,700.00	59,700.00

单据日期	单据类型	单据编号	供应商	币种	原币金额	原币余额	对冲金额
2019-01-15	采购专...	10098912	国坤银饰	人民币	449,740.00	449,740.00	59,700.00
合计					449,740.00	449,740.00	59,700.00

图 8－123 【红票对冲】窗口

(3)点击【保存】,弹出【是否立即制单】提示框,点击【是】,生成一张记账凭证,如图8—124所示,点击【保存】。

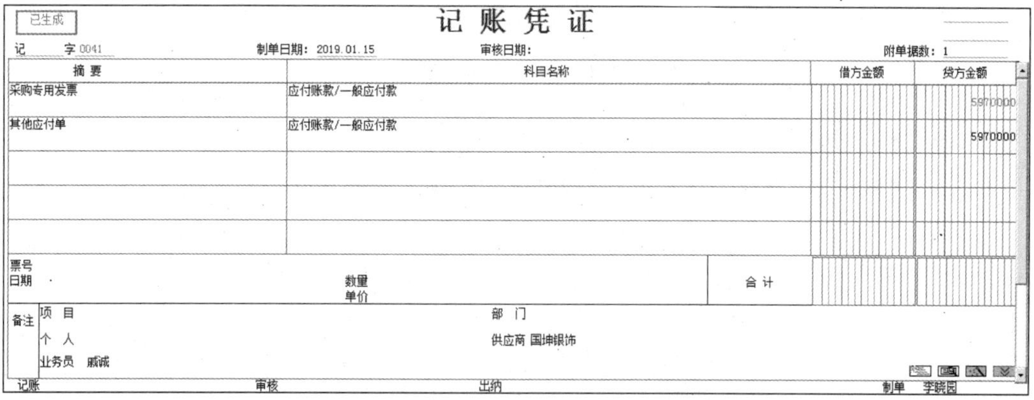

图8—124　【记账凭证】窗口

5. 填制付款单

2019年1月15日,财务部的【W03 王明涛】登录【企业应用平台】,执行【业务工作】|【财务会计】|【应付款管理】|【付款单据处理】|【付款单据录入】命令,打开【付款单】窗口,根据电汇信息填写付款单,点击【保存】,如图8—125所示。

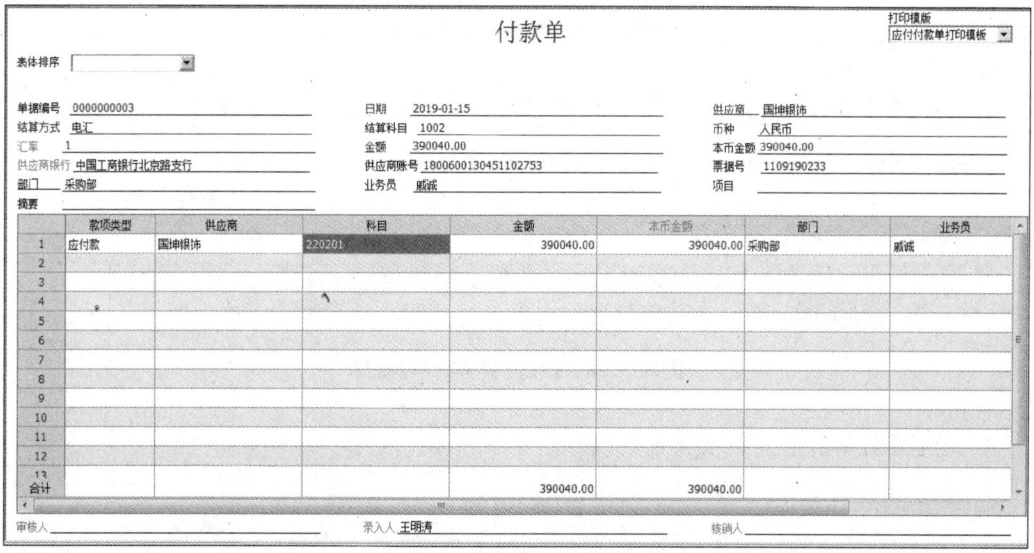

图8—125　【付款单】窗口

6. 付款单审核

(1)2019年1月15日,财务部的【W02 李晓园】登录【企业应用平台】,执行【业务工作】|【财务会计】|【应付款管理】|【付款单据处理】|【付款单据审核】命令,打开【付款单查询条件】窗口。

(2)点击【确定】,进入【收付款单列表】窗口,如图8—126所示,双击【选择】栏。

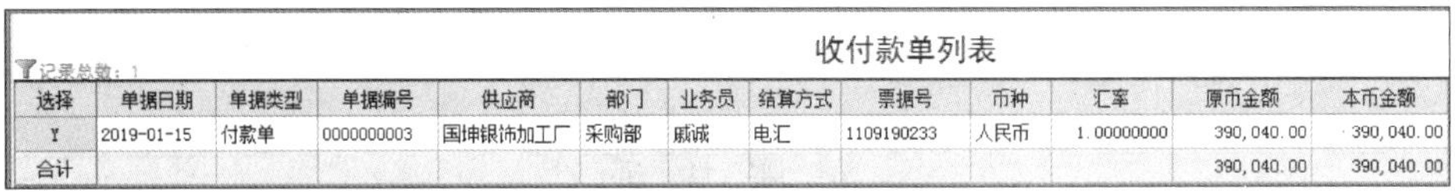

收付款单列表

记录总数：1

选择	单据日期	单据类型	单据编号	供应商	部门	业务员	结算方式	票据号	币种	汇率	原币金额	本币金额
Y	2019-01-15	付款单	0000000003	国坤银饰加工厂	采购部	戚诚	电汇	1109190233	人民币	1.00000000	390,040.00	390,040.00
合计											390,040.00	390,040.00

图 8—126 【收付款单列表】窗口

(3)点击【审核】,系统弹出审核提示窗口,点击【确定】。

(4)点击【制单处理】,打开【制单查询】窗口,勾选【收付款单制单】,如图 8—127 所示。

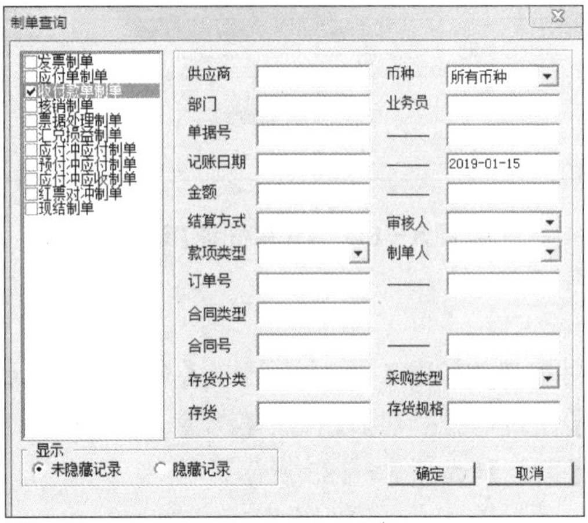

图 8—127 【制单查询】窗口

(5)点击【确定】,打开【收付款单制单】窗口,选择要制单的【付款单】,如图 8—128。

收付款单制单

凭证类别 记账凭证　　制单日期 2019-01-15

选择标志	凭证类别	单据类型	单据号	日期	供应商编码	供应商名称	部门	业务员	金额
1	记账凭证	付款单	0000000003	2019-01-15	001	国坤银...	采购部	戚诚	390,040.00

图 8—128 【收付款单制单】窗口

(6)点击【制单】,生成一张凭证,如图 8—129 所示。

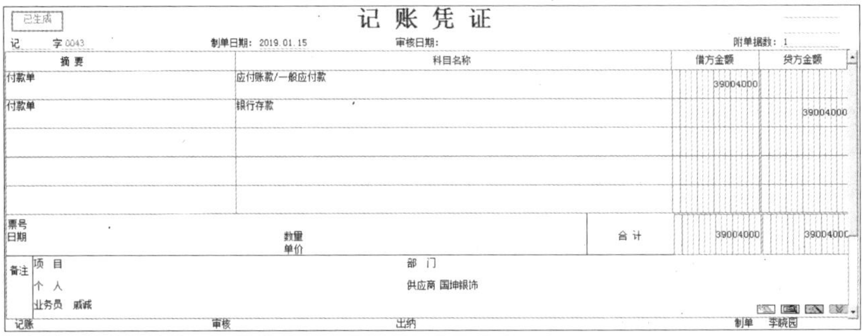

图 8—129 【记账凭证】窗口

7. 手工核销

(1)2019 年 1 月 15 日，财务部的【W02 李晓园】登录【企业应用平台】，执行【业务工作】|【财务会计】|【应付款管理】|【核销处理】|【手工核销】命令，打开【核销条件】窗口，【供应商】选择：001，如图 8—130 所示。

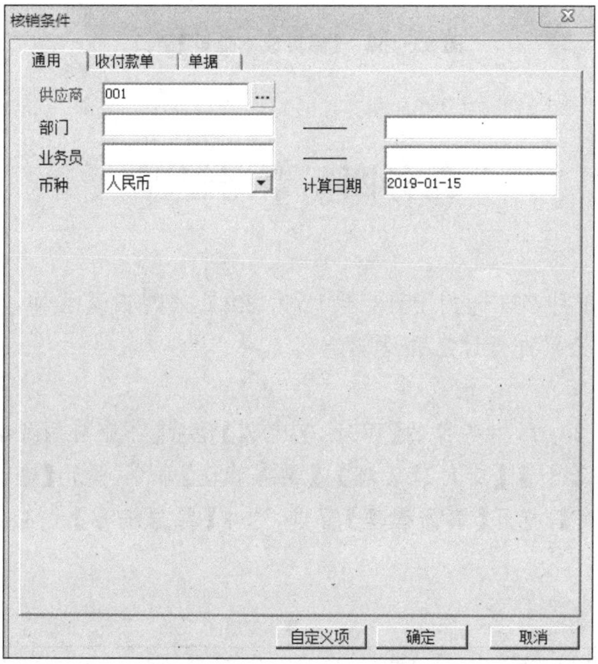

图 8—130 【核销条件】窗口

(2)点击【确定】，打开【单据核销】窗口，选择相应的条目，【本次结算】录入：390 040.00，如图 8—131 所示。

单据日期	单据类型	单据编号	供应商	款项...	结算方式	币种	汇率	原币金额	原币余额	本次结算	订单号
2019-01-15	付款单	0000000003	国坤银饰	应付款	电汇	人民币	1.00000000	390,040.00	390,040.00	390,040.00	
合计								390,040.00	390,040.00	390,040.00	

单据日期	单据类型	单据编号	到期日	供应商	币种	原币金额	原币余额	可享受折扣	本次折扣	本次结算	订单号	凭证号
2019-01-15	采购专...	10098912	2019-01-15	国坤银饰	人民币	449,740.00	390,040.00	0.00	0.00	390,040.00	WT0001	记-0040
合计						449,740.00	390,040.00	0.00		390,040.00		

图 8—131 【单据核销】窗口

(3)点击【保存】。

8. 结算成本处理

2019 年 1 月 15 日，财务部的【W02 李晓园】登录【企业应用平台】，执行【业务工作】|【供应链】|【存货核算】|【业务核算】|【结算成本处理】命令，打开【暂估处理查询】窗口，选择【受托代销库】，点击【确定】，打开【结算成本处理】窗口，点击【全选】，如图 8—132 所示，点击【暂估】。

结算成本处理

选择	结算单号	仓库编码	仓库名称	入库单号	入库日期	存货编码	存货名称	计量单位	数量	暂估单价	暂估金额	结算数量	结算单价	结算金额	收发类...
Y	000000000...	03	受托代销库	0000000011	2019-01-09	104	银绣作品	个	260.00	820.00	213 200.00	260.00	820.00	213 200.00	受托代...
Y	000000000...	03	受托代销库	0000000011	2019-01-09	105	刺绣制品	个	280.00	660.00	184 800.00	280.00	660.00	184 800.00	受托代...
合计									540.00		398 000.00	540.00		398 000.00	

图 8—132 【结算成本处理】窗口

任务四 票据管理

业务 1:2019 年 1 月 20 日,对 2018 年 12 月 20 日采购银绣首饰,票号为 4110598 的银行承兑汇票进行计息和结算。

扫码看资源

操作步骤:

(1)2019 年 1 月 20 日,财务部的【W02 李晓园】登录【企业应用平台】,执行【业务工作】|【财务会计】|【应付款管理】|【票据管理】命令,弹出【查询条件选择】窗口,点击【确定】,打开【票据管理】窗口,选中【票据编号】为 4110598 的银行承兑汇票,如图 8—133 所示。

票据管理

记录总数：1

选择	序号	方向	票据类型	收到日期	票据编号	银行名称	票据摘要	币种	出票日期	结算方式	背书人	背书金额	金额	汇率	票面利率	票面余额
Y	1	付款	银行承...	2018-12-20	4110598			人民币	2018-12-20			0.00	22 968.00		5	22 968.00
合计												0.00	22 968.00			22 968.00

图 8—133 【票据管理】窗口

(2)点击【计息】,打开【票据计息】窗口,如图 8—134 示。

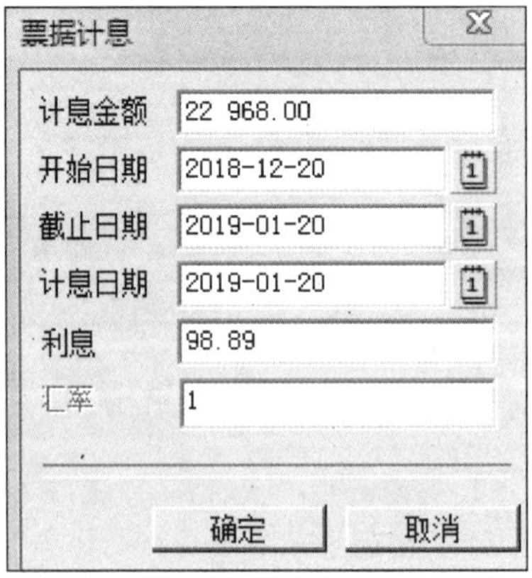

图 8—134 【票据计息】窗口

(3)点击【确定】,系统弹出【是否立即制单】提示框,点击【是】,生成一张凭证,如图 8—135 所示,点击【保存】。

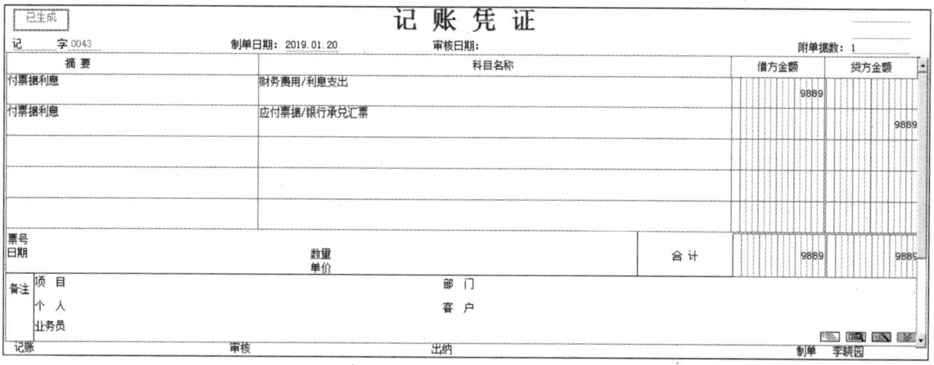

图 8—135　【记账凭证】窗口

(4)选中【票据编号】为 4110598 的银行承兑汇票，点击【结算】，打开【票据结算】窗口，【结算金额】录入：23 066.89，【结算科目】选择：1002，如图 8—136 示。

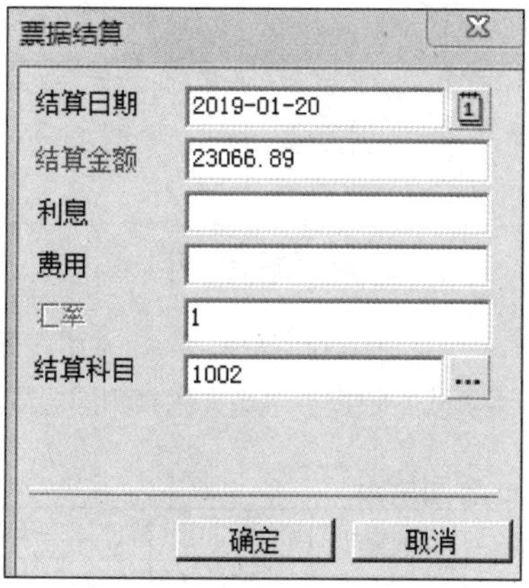

图 8—136　【票据结算】窗口

(5)点击【确定】，系统弹出【是否立即制单】提示框，点击【是】，生成一张凭证，如图 8—137 所示，点击【保存】。

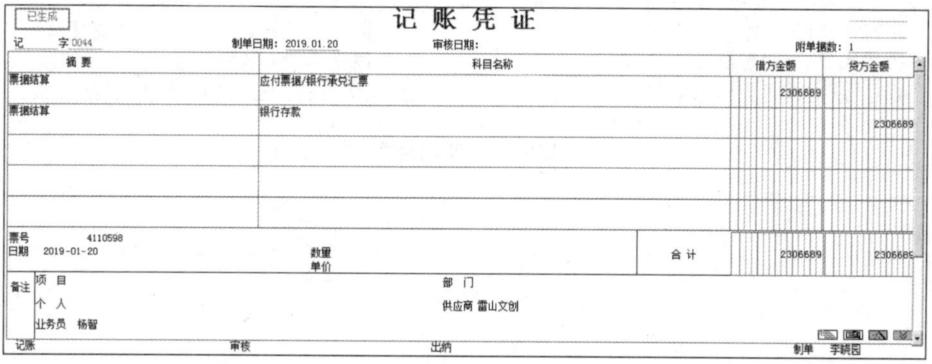

图 8—137　【记账凭证】窗口

项目九　销售管理与应收款管理

任务一　普通销售业务

一、款项未收的完整销售业务

业务1:2019年1月20日,销售部徐敏敏与北京艺先文化有限公司签订购销合同,销售银绣女装和银绣男装一批,相关业务单据如图9—1和图9—2所示。

购销合同

合同编号：XS0002

供方：凯里市昀智贸易有限公司　　　　需方： 北京艺先文化有限公司

为保护买卖双方的合法权益，买卖双方根据《中华人民共和国合同法》的有关规定，经友好协商，一致同意签订本合同并共同遵守：

1、货物名称、型号、数量、价格、合同总额

序号	货物名称	规格型号	单位	数量	单价（不含税）	金额（不含税）	税率	税额
1	银绣女装		套	500	3940.00	1970000.00	13%	256100.00
2	银绣男装		套	500	2480.00	1240000.00		161200.00
合计						¥ 3,210,000.00		¥417,300.00

2、合同总金额：人民币叁佰陆拾贰万柒仟叁佰元整。　（ ¥ 3,627,300.00 ）

3、付款时间：款项签订合同之日起1个月内支付。

4、交货时间：签订合同当日。

5、交货地点：凯里市昀智贸易有限公司

6、其他：本合同一式贰份，供需双方各执壹份。本合同自双方签字盖章后生效，至本合同全部条款执行

供方（盖章）：凯里市昀智贸易有限公司　　　　需方（盖章）：　北京艺先文化有限公司

授权代表：　徐敏敏　　　　授权代表：李娜

签订时间：2019年1月20日　　　　签订时间：　2019年1月20日

图9—1　购销合同

4900181101　　贵州增值税专用发票　　No 10065601

此联不作报销、扣税凭证使用　　开票日期：2019年1月20日

购货单位	名　　称：北京艺先文化有限公司 纳税人识别号：11000235354916324D 地 址、电 话：北京市海淀区北三环路25号010-436274896 开户行及账号：中国工商银行海淀区北四环路支行3107310182400058873	密码区	172312-4-275 <1+46*54* 181321> <8182*59*01232329618 <4 <3*2702-9> 9*+153 </0 *08/4> *> > 2-3*0/9/> > 25

货物或应税劳务名称	规格型号	单位	数量	单价	金额	税率	税额
银绣男装		套	500	3940.00	1970000.00	13%	256,100.00
银绣男装		套	500	2480.00	1240000.00	13%	161,200.00
合计					¥3,210,000.00		¥417,300.00
价税合计（大写）	⊗叁佰陆拾贰万柒仟叁佰元整				（小写）	¥3,627,300.00	

销货单位	名　　称：凯里市昀智贸易有限公司 纳税人识别号：91522601308719203D 地 址、电 话：贵州省凯里市经济开发区开元大道1066号 0855-3988031 开户行及账号：中国工商银行凯里经济开发区支行 1550100035191101678	备注	

收款人：略　　复核：略　　开票人：略　　销货单位：（章）

图 9—2　增值税专用发票

操作步骤：

1. 填制并审核销售订单

(1)2019 年 1 月 20 日，销售部的【X01 肖丽丽】登录【企业应用平台】，执行【业务工作】|【供应链】|【销售管理】|【销售订货】|【销售订单】命令，打开【销售订单】窗口。

(2)点击【增加】，在表头【订单号】录入：XS0002，【销售类型】选择：正常销售，【客户简称】选择：北京艺先，【部门】选择：销售部，【业务员】录入：徐敏敏；在表体【存货编码】分别录入：106 和 107，【数量】均录入：500.00，【无税单价】分别录入：3 940.00 和 2 480.00，【订单日期】均为：2019—01—20，如图 9—3 所示，点击【保存】。

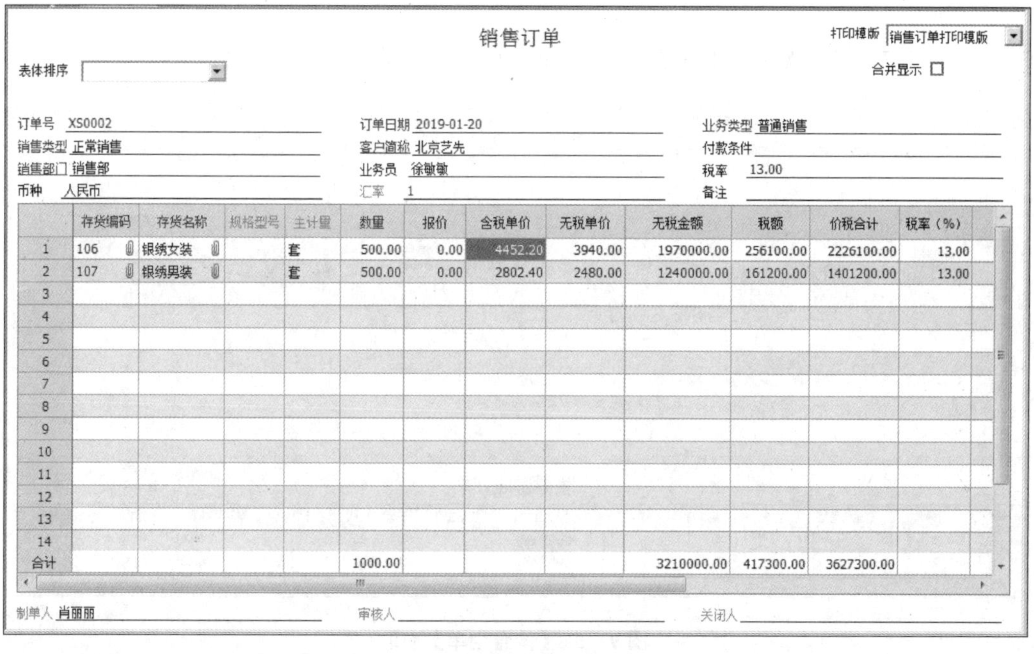

销售订单　　打印模版 销售订单打印模版

表体排序　　合并显示 □

订单号 XS0002　　订单日期 2019-01-20　　业务类型 普通销售
销售类型 正常销售　　客户简称 北京艺先　　付款条件
销售部门 销售部　　业务员 徐敏敏　　税率 13.00
币种 人民币　　汇率 1　　备注

	存货编码	存货名称	规格型号	主计量	数量	报价	含税单价	无税单价	无税金额	税额	价税合计	税率（%）
1	106	银绣女装		套	500.00	0.00	4452.20	3940.00	1970000.00	256100.00	2226100.00	13.00
2	107	银绣男装		套	500.00	0.00	2802.40	2480.00	1240000.00	161200.00	1401200.00	13.00
3												
4												
5												
6												
7												
8												
9												
10												
11												
12												
13												
14												
合计					1000.00				3210000.00	417300.00	3627300.00	

制单人 肖丽丽　　审核人　　关闭人

图 9—3　【销售订单】窗口

(3)点击【审核】。

2. 生成和复核销售专用发票

(1)2019年1月20日,销售部的【X01 肖丽丽】登录【企业应用平台】,执行【业务工作】|【供应链】|【销售管理】|【销售开票】|【销售专用发票】命令,打开【销售专用发票】窗口。

(2)点击【增加】|【生单】|【参照订单】,打开【查询条件选择——参照订单】,如图9—4所示,点击【确定】。

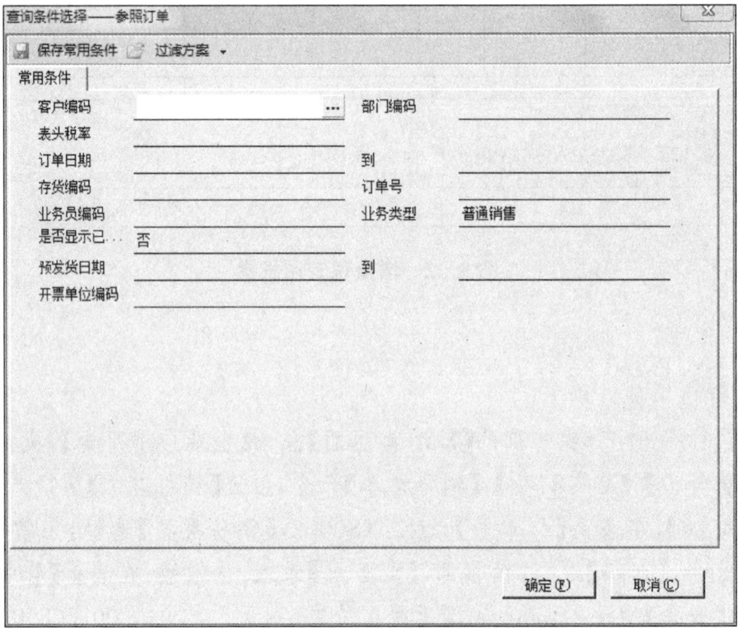

图9—4 【查询条件选择——参照订单】窗口

(3)系统自动弹出【参照生单】窗口,选择要参照的订单,如图9—5所示。

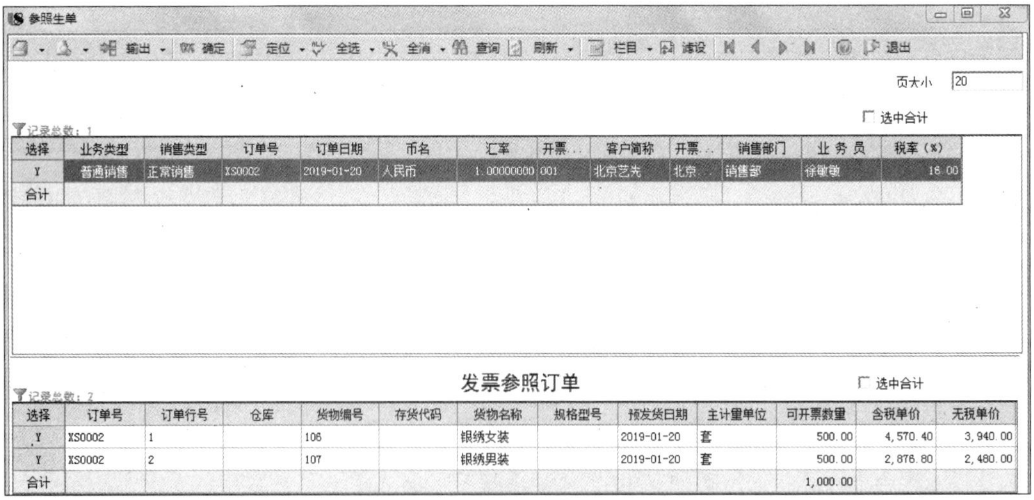

图9—5 【参照生单】窗口

（4）点击【确定】，系统自动生成销售专用发票，【发票号】录入：10065601，【仓库名称】选择：商品库，点击【保存】，如图9—6所示。

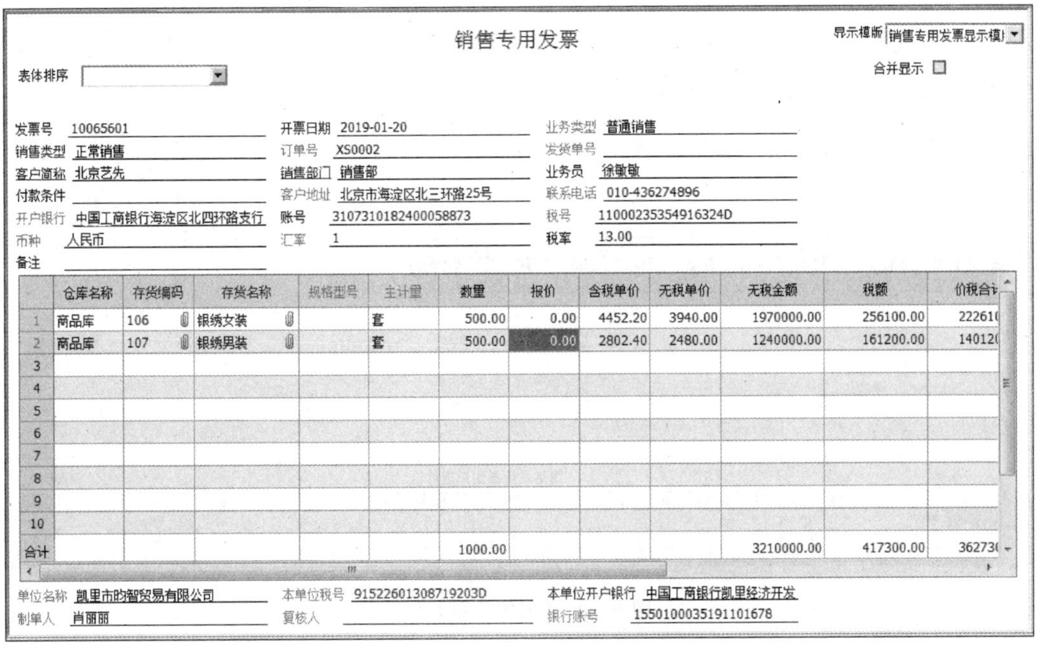

销售专用发票

显示模版 销售专用发票显示模版　合并显示

表体排序

发票号 10065601	开票日期 2019-01-20	业务类型 普通销售
销售类型 正常销售	订单号 XS0002	发货单号
客户简称 北京艺先	销售部门 销售部	业务员 徐敏敏
付款条件	客户地址 北京市海淀区北三环路25号	联系电话 010-436274896
开户银行 中国工商银行海淀区北四环路支行	账号 3107310182400058873	税号 11000235354916324D
币种 人民币	汇率 1	税率 13.00
备注		

	仓库名称	存货编码	存货名称	规格型号	主计量	数量	报价	含税单价	无税单价	无税金额	税额	价税合计
1	商品库	106	银绣女装		套	500.00	0.00	4452.20	3940.00	1970000.00	256100.00	22261
2	商品库	107	银绣男装		套	500.00	0.00	2802.40	2480.00	1240000.00	161200.00	14012
3												
4												
5												
6												
7												
8												
9												
10												
合计						1000.00				3210000.00	417300.00	36273

单位名称 凯里市昀智贸易有限公司	本单位税号 91522601308719203D	本单位开户银行 中国工商银行凯里经济开发
制单人 肖丽丽	复核人	银行账号 1550100035191101678

图9—6　【销售专用发票】窗口

（5）点击【复核】。

（6）执行【业务工作】|【供应链】|【销售管理】|【销售发货】|【发货单】命令，打开【发货单】窗口，查看已生成并审核的发货单，如图9—7所示。

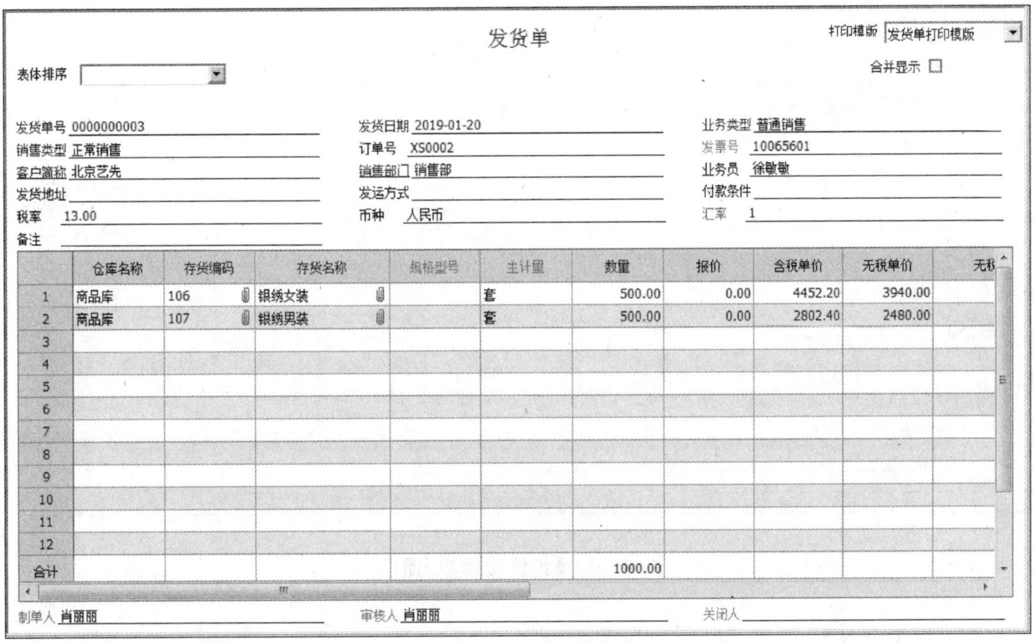

发货单

打印模版 发货单打印模版　合并显示

表体排序

发货单号 0000000003	发货日期 2019-01-20	业务类型 普通销售
销售类型 正常销售	订单号 XS0002	发票号 10065601
客户简称 北京艺先	销售部门 销售部	业务员 徐敏敏
发货地址	发运方式	付款条件
税率 13.00	币种 人民币	汇率 1
备注		

	仓库名称	存货编码	存货名称	规格型号	主计量	数量	报价	含税单价	无税单价	无税
1	商品库	106	银绣女装		套	500.00	0.00	4452.20	3940.00	
2	商品库	107	银绣男装		套	500.00	0.00	2802.40	2480.00	
3										
4										
5										
6										
7										
8										
9										
10										
11										
12										
合计						1000.00				

制单人 肖丽丽　审核人 肖丽丽　关闭人

图9—7　【发货单】窗口

3. 生成并审核销售出库单

(1)2019 年 1 月 20 日,仓管部的【C01 杨军钧】登录【企业应用平台】,执行【业务工作】|【供应链】|【库存管理】|【出库业务】|【销售出库单】命令,打开【销售出库单】窗口。

(2)点击【生单】|【销售生单】,打开【查询条件选择——销售发货单列表】,点击【确定】。

(3)系统自动弹出【销售生单】窗口,选择相应的销售发货单生单表头,如图 9—8 所示。

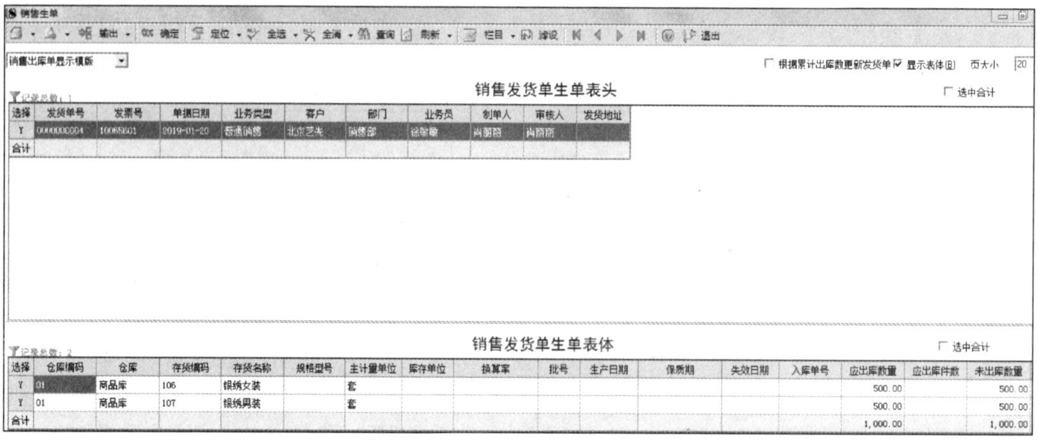

图 9—8 【销售生单】窗口

(4)点击【确定】,系统自动生成销售出库单,如图 9—9 所示,点击【保存】。

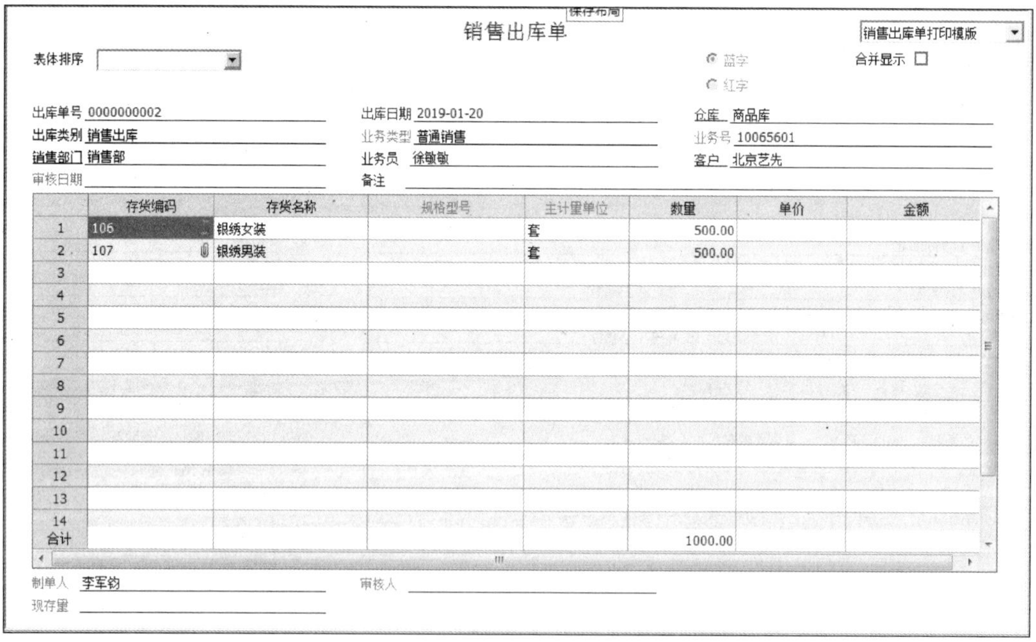

图 9—9 【销售出库单】窗口

(5)点击【审核】。

4. 应收款管理系统生成凭证

(1)2019 年 1 月 20 日，财务部的【W02 李晓园】登录【企业应用平台】，执行【业务工作】|【财务会计】|【应收款管理】|【应收单据处理】|【应收单据审核】命令，打开【应收单查询条件】窗口。

(2)点击【确定】，进入【应收单据列表】窗口，如图 9—10 所示，双击【选择】栏。

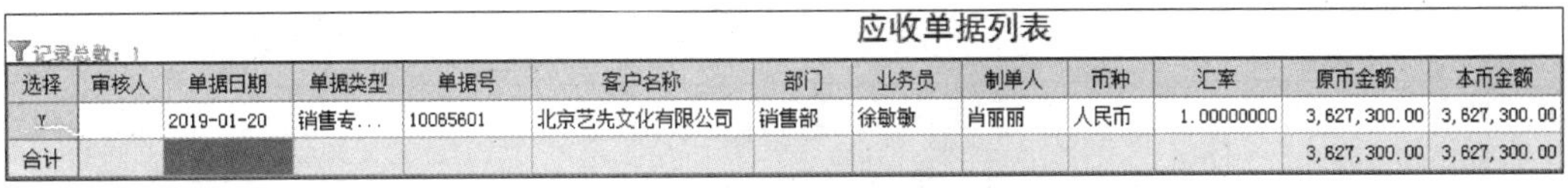

应收单据列表

记录总数：1

选择	审核人	单据日期	单据类型	单据号	客户名称	部门	业务员	制单人	币种	汇率	原币金额	本币金额
Y		2019-01-20	销售专...	10065601	北京艺先文化有限公司	销售部	徐敏敏	肖丽丽	人民币	1.00000000	3,627,300.00	3,627,300.00
合计											3,627,300.00	3,627,300.00

图 9—10 【应收单据列表】窗口

(3)点击【审核】，系统弹出审核提示窗口，点击【确定】。

(4)点击【制单处理】，打开【制单查询】窗口，勾选【发票制单】，如图 9—11 所示。

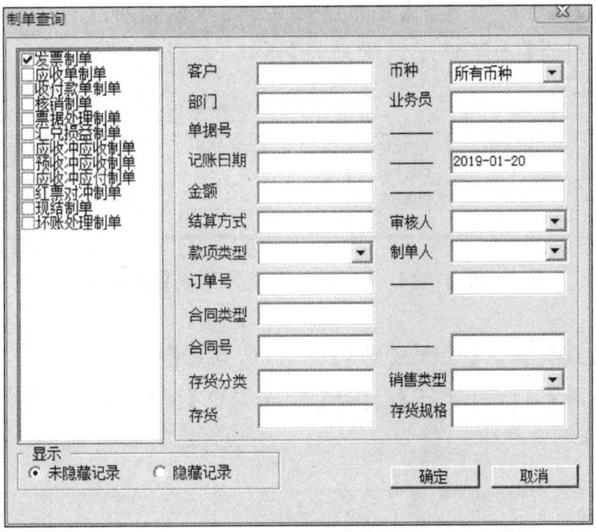

图 9—11 【制单查询】窗口

(5)点击【确定】，打开【销售发票制单】窗口，选择要制单的记录，如图 9—12 所示。

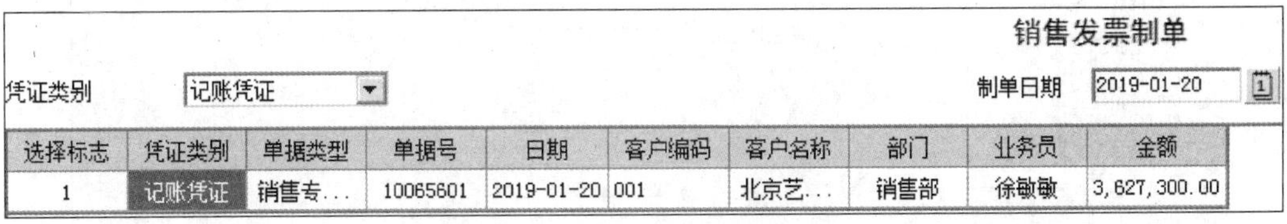

销售发票制单

凭证类别　记账凭证　　制单日期　2019-01-20

选择标志	凭证类别	单据类型	单据号	日期	客户编码	客户名称	部门	业务员	金额
1	记账凭证	销售专...	10065601	2019-01-20	001	北京艺...	销售部	徐敏敏	3,627,300.00

图 9—12 【销售发票制单】窗口

(6)点击【制单】，生成一张凭证，如图 9—13 所示，点击【保存】。

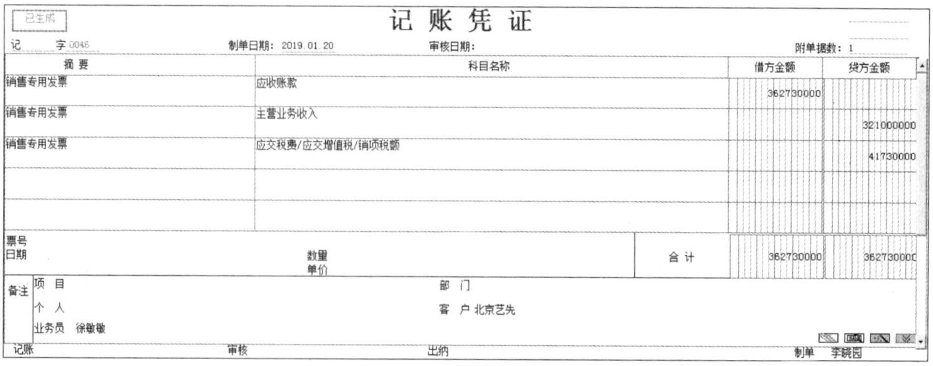

图 9—13 【记账凭证】窗口

5. 存货核算系统生成凭证

(1)2019 年 1 月 20 日，财务部的【W02 李晓园】登录【企业应用平台】，执行【业务工作】|【供应链】|【存货核算】|【业务核算】|【正常单据记账】命令，打开【查询条件选择】窗口。

(2)点击【确定】，打开【正常单据记账列表】窗口，如图 9—14 所示，点击【全选】。

正常单据记账列表

记录总数：2

选择	日期	单据号	存货编码	存货名称	规格型号	存货代码	单据类型	仓库名称	收发类别	数量
Y	2019-01-20	10065601	106	银绣女装			专用发票	商品库	销售出库	500.00
Y	2019-01-20	10065601	107	银绣男装			专用发票	商品库	销售出库	500.00
小计										1 000.00

图 9—14 【正常单据记账列表】窗口

(3)点击【记账】，系统弹出【记账成功!】提示框，点击【确定】。

(4)点击【财务核算】|【生成凭证】，打开【生成凭证】窗口，点击【选择】，打开【查询条件】窗口，如图 9—15 所示。

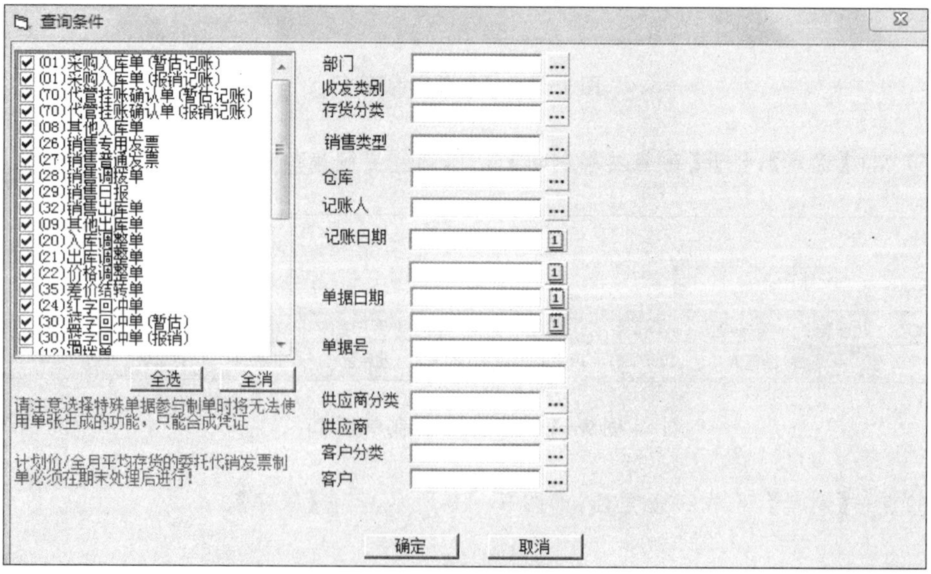

图 9—15 【查询条件】窗口

(5)点击【确定】,打开【未生成凭证单据一览表】,如图 9—16 所示,点击【全选】。

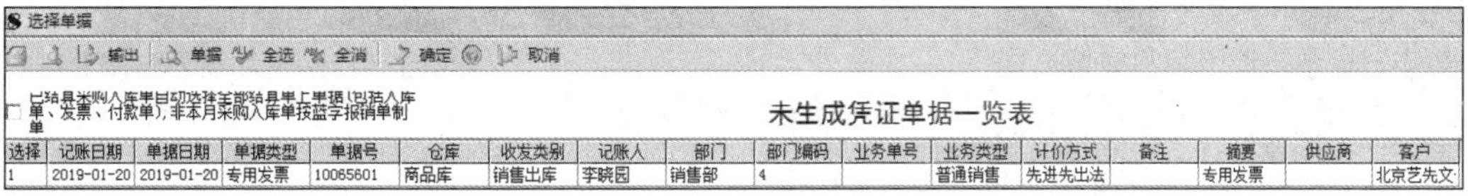

选择	记账日期	单据日期	单据类型	单据号	仓库	收发类别	记账人	部门	部门编码	业务单号	业务类型	计价方式	备注	摘要	供应商	客户
1	2019-01-20	2019-01-20	专用发票	10065601	商品库	销售出库	李晓园	销售部	4		普通销售	先进先出法		专用发票		北京艺先文

图 9—16　【未生成凭证单据一览表】窗口

(6)点击【确定】,返回【生成凭证】窗口,如图 9—17 所示。

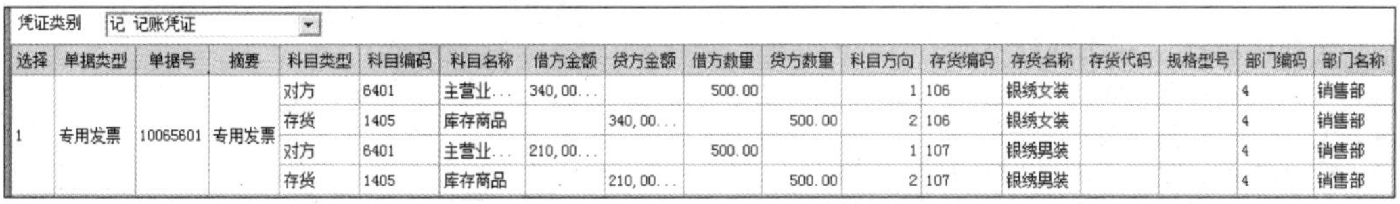

选择	单据类型	单据号	摘要	科目类型	科目编码	科目名称	借方金额	贷方金额	借方数量	贷方数量	科目方向	存货编码	存货名称	存货代码	规格型号	部门编码	部门名称
1	专用发票	10065601	专用发票	对方	6401	主营业…	340,00…		500.00		1	106	银绣女装			4	销售部
				存货	1405	库存商品		340,00…		500.00	2	106	银绣女装			4	销售部
				对方	6401	主营业…	210,00…		500.00		1	107	银绣男装			4	销售部
				存货	1405	库存商品		210,00…		500.00	2	107	银绣男装			4	销售部

图 9—17　【生成凭证】窗口

(7)点击【生成】,生成一张记账凭证,如图 9—18 所示,点击【保存】。

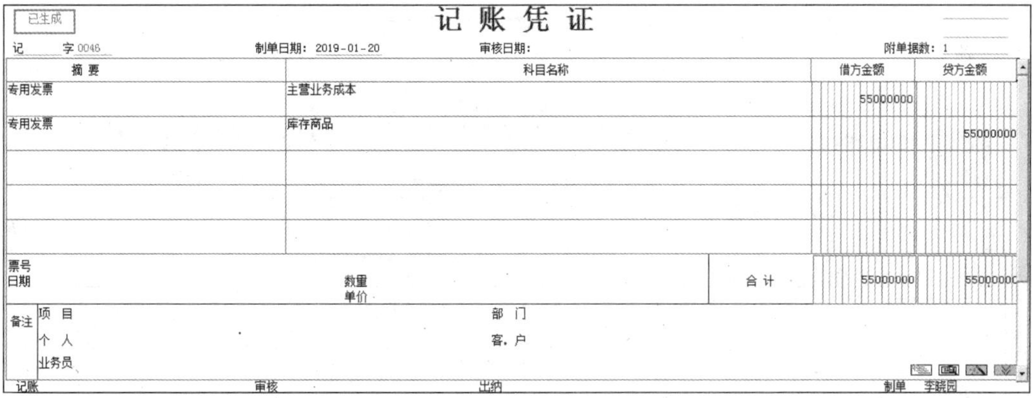

图 9—18　【记账凭证】窗口

二、带付款条件的销售业务

业务 2:2019 年 1 月 20 日,销售部徐敏敏与广州对外贸易有限公司签订销售合同,销售银杯、银碗和银制首饰一批,相关业务单据如图 9—19 和图 9—20 所示。

扫码看资源

购 销 合 同

合同编号：XS0003

供方：凯里市昀智贸易有限公司　　　　需方：广州对外贸易有限公司

为保护买卖双方的合法权益，买卖双方根据《中华人民共和国合同法》的有关规定，经友好协商，一致同意签订本合同并共同遵守：

1、货物名称、型号、数量、价格、合同总额

序号	货物名称	规格型号	单位	数量	单 价（不含税）	金额（不含税）	税率	税额
1	银杯		克	4000	260.00	1040000.00	13%	135200.00
2	银碗		克	5000	260.00	1300000.00		169000.00
3	银制首饰		克	7000	280.00	1960000.00		254800.00
合　计						¥4,300,000.00		¥559,000.00

2、合同总金额 人民币肆佰捌拾伍万玖仟元整　（ ¥4,859,000.00 ）

3、收款方式：现金折扣条件：2/10,1/20,n/30（价款）。

4、交货时间：签订合同当日。

5、交货地点：凯里市昀智贸易有限公司

6、任何一方均不得修改本合同，如有修改须另行达成书面协议，否则本合同自动失效。

7、其他：本合同一式贰份，供需双方各执壹份。本合同自双方签字盖章后生效，至本合同全部条款

供方（盖章）：凯里市昀智贸易有限公司　　　　需方（盖章）：广州对外贸易有限公司

授权代表：徐敏敏　　　　授权代表：杜羽祺

签订时间：2019年1月20日　　　　签订时间：2019年1月20日

图 9—19　【购销合同】窗口

4900181102　　**贵州增值税专用发票**　　No 10065602

此联不作报销、扣税凭证使用　　开票日期：2019年1月20日

购货单位	名　　称：广州对外贸易有限公司 纳税人识别号：4217510235ME86492D 地 址、电 话：广州市越秀区环市东路1119号 020-572618075 开户行及账号：中国建设银行越秀区环市西路支行3621446251000112649	密码区	172312-4-275 <1+46*54* 18132221> <8182*59*01232329618 <4 <3*2702-9> 9*+153 </0 *08/4> *> > 2-3*0/9/> > 25

货物或应税劳务名称	规格型号	单位	数量	单价	金额	税率	税额
银杯		克	4000	260.00	1040000.00	13%	135,200.00
银碗		克	5000	260.00	1300000.00	13%	169,000.00
银制首饰		克	7000	280.00	1960000.00	13%	254,800.00
合计					¥4,300,000.00		¥559,000.00
价税合计（大写）	⊗肆佰玖拾捌万捌仟元整				（小写）	¥4,859,000.00	

销货单位	名　　称：凯里市昀智贸易有限公司 纳税人识别号：91522601308719203D 地 址、电 话：贵州省凯里市经济开发区开元大道1066号 0855-3988031 开户行及账号：中国工商银行凯里经济开发区支行 1550100035191101678	备注	凯里市昀智贸易有限公司 91522601308719203D 发票专用章

收款人：略　　复核：略　　开票人：略　　销货单位：（章）

国税函（2018）216号贵阳印务承印　　第三联：记账联　销货方记账凭证

图 9—20　增值税专用发票

操作步骤：

1. 填制并审核销售订单

(1)2019 年 1 月 20 日，销售部的【X01 肖丽丽】登录【企业应用平台】，执行【业务工作】|【供应链】|【销售管理】|【销售订货】|【销售订单】命令，打开【销售订单】窗口。

(2)点击【增加】，在表头【订单号】录入：XS0003，【销售类型】选择：正常销售，【客户简称】选择：广外贸易，【部门】选择：销售部，【业务员】录入：徐敏敏，【收款条件】录入：2/10，1/20，n/30；在表体【存货编码】分别录入：101、102 和 103，【数量】分别录入：4 000.00、5

000.00 和 7 000.00,【无税单价】分别录入:260.00、260.00 和 280.00,【订单日期】均为:2019—01—20,如图 9—21 所示,点击【保存】。

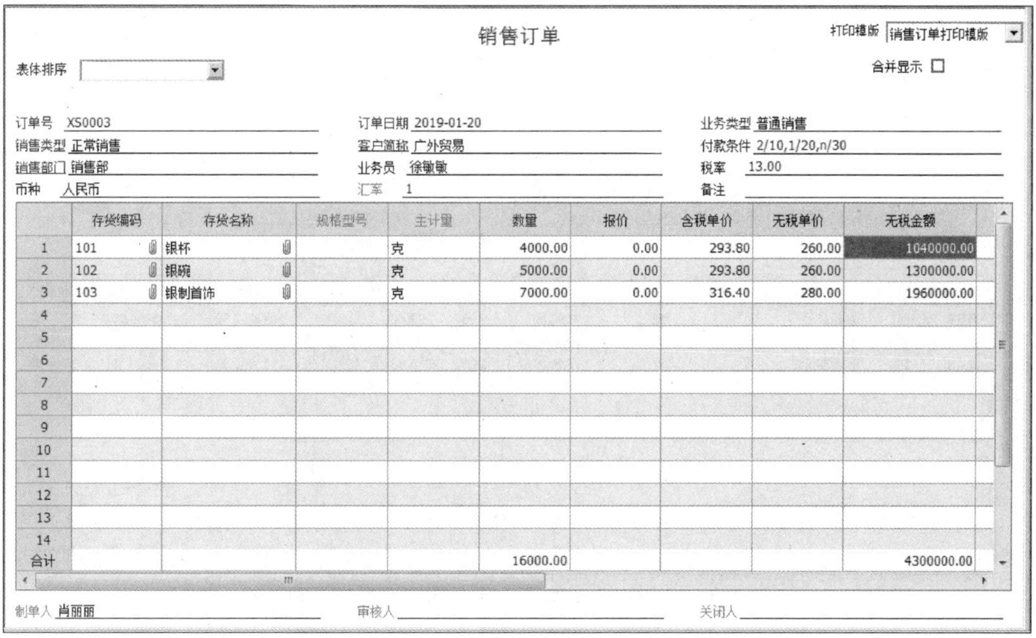

图 9—21　【销售订单】窗口

(3)点击【审核】。

2. 生成和复核销售专用发票

(1)2019 年 1 月 20 日,销售部的【X01 肖丽丽】登录【企业应用平台】,执行【业务工作】|【供应链】|【销售管理】|【销售开票】|【销售专用发票】命令,打开【销售专用发票】窗口。

(2)点击【增加】|【生单】|【参照订单】,打开【查询条件选择——参照订单】,点击【确定】。

(3)系统自动弹出【参照生单】窗口,选择要参照的订单,如图 9—22 所示。

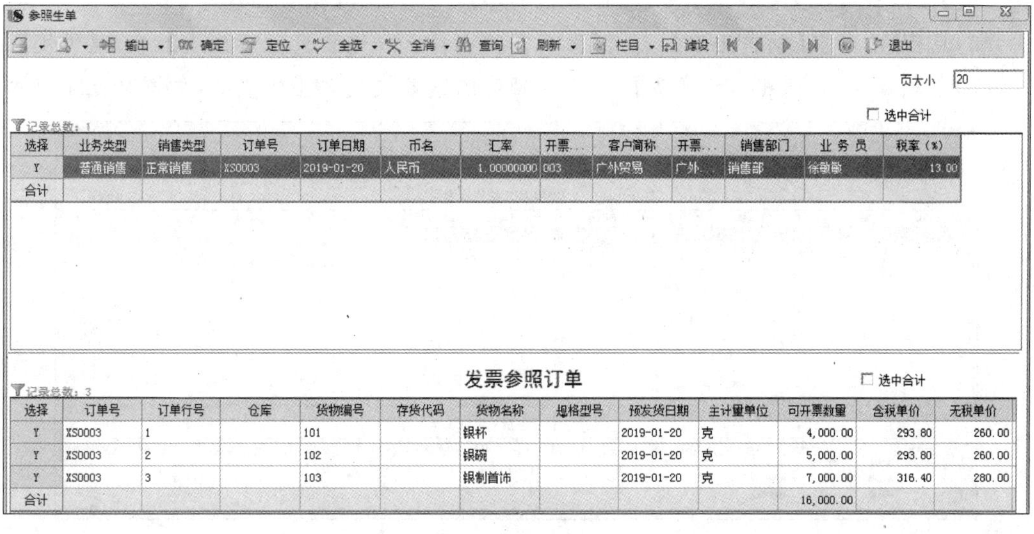

图 9—22　【参照生单】窗口

(4)点击【确定】,系统自动生成销售专用发票,【发票号】录入:10065602,【仓库】选择:商品库,如图 9—23 所示,点击【保存】。

图 9—23 【销售专用发票】窗口

(5)点击【复核】。

(6)执行【业务工作】|【供应链】|【销售管理】|【销售发货】|【发货单】命令,打开【发货单】窗口,查看已生成并审核的发货单。

3. 生成并审核销售出库单

(1)2019 年 1 月 20 日,仓管部的【C01 杨军钧】登录【企业应用平台】,执行【业务工作】|【供应链】|【库存管理】|【出库业务】|【销售出库单】命令,打开【销售出库单】窗口。

(2)点击【生单】|【销售生单】,打开【查询条件选择——销售发货单列表】,点击【确定】。

(3)系统自动弹出【销售生单】窗口,选择相应的销售发货单生单表头,如图 9—24 所示。

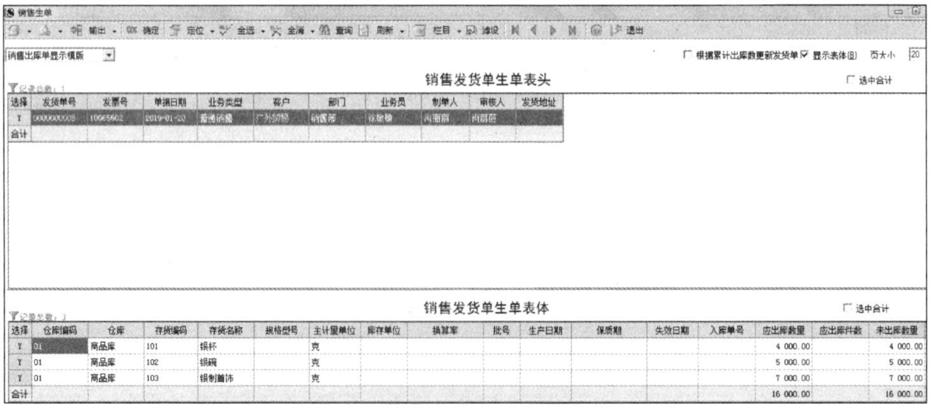

图 9—24 【销售生单】窗口

(4)点击【确定】,系统自动生成销售出库单,如图9—25所示,点击【保存】。

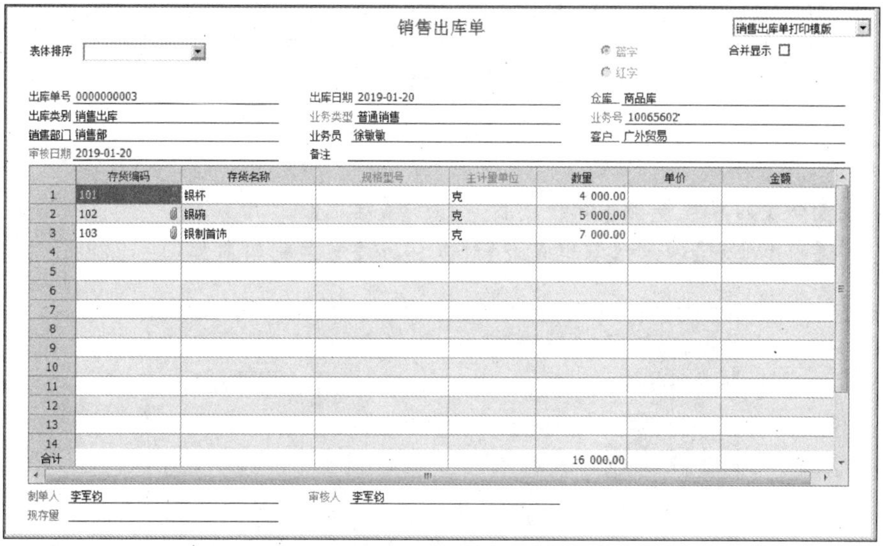

	存货编码	存货名称	规格型号	主计量单位	数量	单价	金额
1	101	银杯		克	4 000.00		
2	102	银碗		克	5 000.00		
3	103	银制首饰		克	7 000.00		
合计					16 000.00		

图9—25　【销售出库单】窗口

(5)点击【审核】。

4. 应收款管理系统生成凭证

(1)2019年1月20日,财务部的【W02 李晓园】登录【企业应用平台】,执行【业务工作】|【财务会计】|【应收款管理】|【应收单据处理】|【应收单据审核】命令,打开【应收单据查询条件】窗口,如图9—26所示。

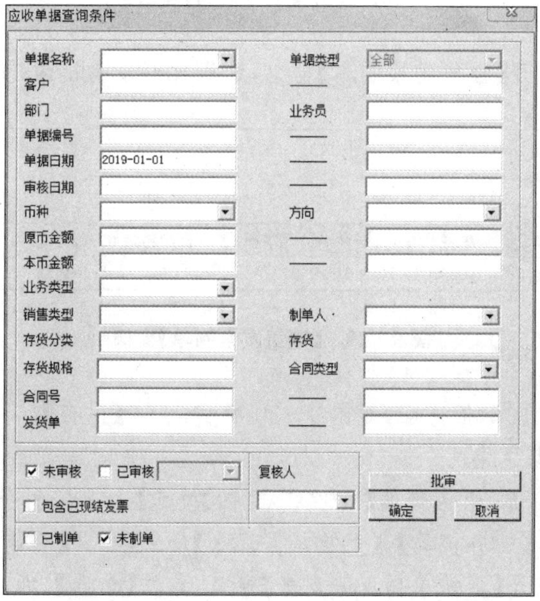

图9—26　【应收单据查询条件】窗口

(2)点击【确定】,进入【应收单据列表】窗口,如图9—27所示,双击【选择】栏。

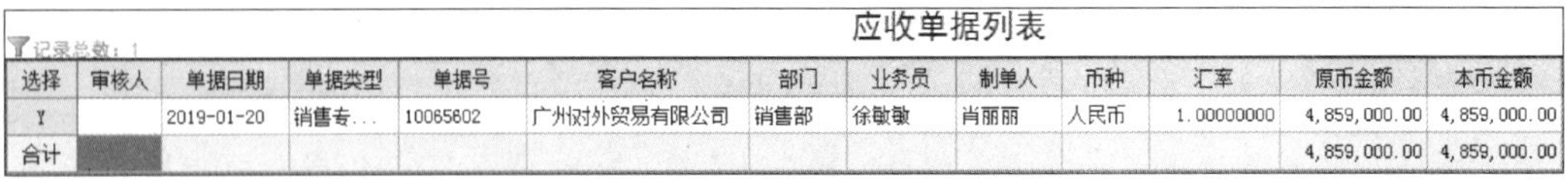

应收单据列表

记录总数：1

选择	审核人	单据日期	单据类型	单据号	客户名称	部门	业务员	制单人	币种	汇率	原币金额	本币金额
Y		2019-01-20	销售专...	10065602	广州对外贸易有限公司	销售部	徐敏敏	肖丽丽	人民币	1.00000000	4,859,000.00	4,859,000.00
合计											4,859,000.00	4,859,000.00

图 9—27 【应收单据列表】窗口

(3)点击【审核】,系统弹出审核提示窗口,点击【确定】。

(4)点击【制单处理】,打开【制单查询】窗口,勾选【发票制单】,如图 9—28 所示。

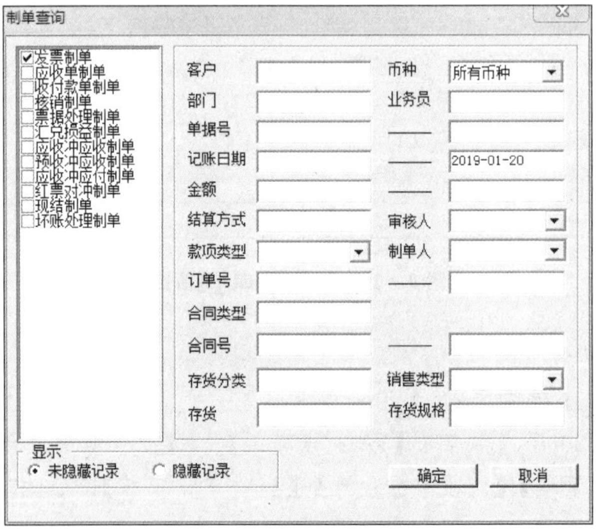

图 9—28 【制单查询】窗口

(5)点击【确定】,打开【销售发票制单】窗口,选择要制单的记录,如图 9—29 所示。

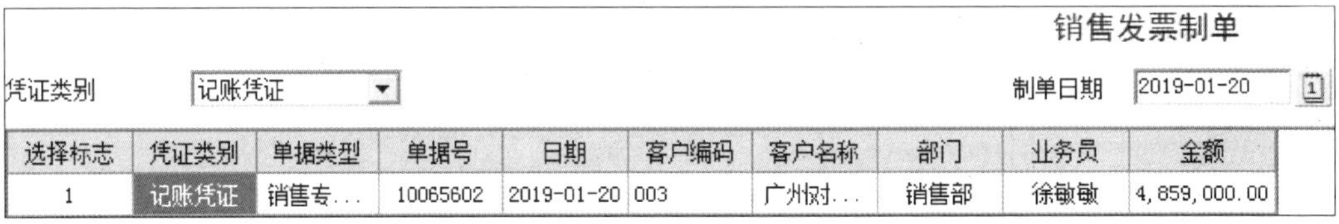

销售发票制单

凭证类别 记账凭证　　制单日期 2019-01-20

选择标志	凭证类别	单据类型	单据号	日期	客户编码	客户名称	部门	业务员	金额
1	记账凭证	销售专...	10065602	2019-01-20	003	广州对...	销售部	徐敏敏	4,859,000.00

图 9—29 【销售发票制单】窗口

(6)点击【制单】,生成一张凭证,如图 9—30 所示,点击【保存】。

5. 存货核算系统生成凭证

(1)2019 年 1 月 20 日,财务部的【W02 李晓园】登录【企业应用平台】,执行【业务工作】|【供应链】|【存货核算】|【业务核算】|【正常单据记账】命令,打开【查询条件选择】窗口。

(2)点击【确定】,打开【正常单据记账列表】窗口,点击【全选】,如图 9—31 所示。

(3)点击【记账】,系统弹出【记账成功!】提示框,点击【确定】。

(4)点击【财务核算】|【生成凭证】,打开【生成凭证】窗口,点击【选择】,打开【查询条件】窗口。

已生成

记 账 凭 证

记　字 0048　　制单日期：2019.01.20　　审核日期：　　附单据数：1

摘要	科目名称	借方金额	贷方金额
销售专用发票	应收账款	485900000	
销售专用发票	主营业务收入		430000000
销售专用发票	应交税费/应交增值税/销项税额		55900000
票号 日期	数量 单价 合计	485900000	485900000

备注　项　目　　部　门

个　人　　客　户 广外贸易

业务员　徐敏敏

记账　　审核　　出纳　　制单　李晓园

图 9—30　【记账凭证】窗口

正常单据记账列表

记录总数：3

选择	日期	单据号	存货编码	存货名称	规格型号	存货代码	单据类型	仓库名称	收发类别	数量
Y	2019-01-20	10065602	101	银杯			专用发票	商品库	销售出库	4,000.00
Y	2019-01-20	10065602	102	银碗			专用发票	商品库	销售出库	5,000.00
Y	2019-01-20	10065602	103	银制首饰			专用发票	商品库	销售出库	7,000.00
小计										16,000.00

图 9—31　【正常单据记账列表】窗口

(5)点击【确定】,打开【未生成凭证单据一览表】,如图 9—32 所示,点击【全选】。

选择单据

输出　单据　全选　全消　确定　取消

□ 已结算采购入库单自动选择全部结算单上单据(包括入库单、发票、付款单),非本月采购入库单按蓝字报销单制单

未生成凭证单据一览表

选择	记账日期	单据日期	单据类型	单据号	仓库	收发类别	记账人	部门	部门编码	业务单号	业务类型	计价方式	备注	摘要	供应商	客户
1	2019-01-20	2019-01-20	专用发票	10065602	商品库	销售出库	李晓园	销售部	4		普通销售	先进先出法		专用发票		广州对外贸

图 9—32　【未生成凭证单据一览表】窗口

(6)点击【确定】,返回【生成凭证】窗口,如图 9—33 所示。

凭证类别　记 记账凭证

选择	单据类型	单据号	摘要	科目类型	科目编码	科目名称	借方金额	贷方金额	借方数量	贷方数量	科目方向	存货编码	存货名称	存货代码	规格型号	部门编码	部门名称
1	专用发票	10065602	专用发票	对方	6401	主营业...	70 000.00		2 000.00		1	101	银杯			4	销售部
				存货	1405	库存商品		70 000.00		2 000.00	2	101	银杯			4	销售部
				对方	6401	主营业...	70 000.00		2 000.00		1	101	银杯			4	销售部
				存货	1405	库存商品		70 000.00		2 000.00	2	101	银杯			4	销售部
				对方	6401	主营业...	70 000.00		2 000.00		1	102	银碗			4	销售部
				存货	1405	库存商品		70 000.00		2 000.00	2	102	银碗			4	销售部
				对方	6401	主营业...	105 00...		3 000.00		1	102	银碗			4	销售部
				存货	1405	库存商品		105 00...		3 000.00	2	102	银碗			4	销售部
				对方	6401	主营业...	105 00...		3 000.00		1	103	银制首饰			4	销售部
				存货	1405	库存商品		105 00...		3 000.00	2	103	银制首饰			4	销售部
				对方	6401	主营业...	140 00...		4 000.00		1	103	银制首饰			4	销售部
				存货	1405	库存商品		140 00...		4 000.00	2	103	银制首饰			4	销售部
合计							560 00...	560 00...									

图 9—33　【生成凭证】窗口

(7)点击【生成】,生成一张记账凭证,如图 9—34 所示,点击【保存】。

已生成

记 账 凭 证

记 字 0048　　制单日期: 2019-01-20　　审核日期:　　附单据数: 1

摘要	科目名称	借方金额	贷方金额
专用发票	主营业务成本	56000000	
专用发票	库存商品		56000000
票号 日期	数量 单价	合 计 56000000	56000000

备注　项 目　　部 门
　　　个 人　　客 户
　　　业务员

记账　　审核　　出纳　　制单 李晓园

图 9—34　【记账凭证】窗口

业务 3:2019 年 1 月 21 日,收到广州对外贸易有限公司的货款,相关业务单据如图 9—35 所示。

ICBC　　中国工商银行　进账单　　(收账通知)

2019 年 1 月 21 日　　NO 1105260741

出票人	全　称	广州对外贸易有限公司	收款人	全　称	凯里市昀智贸易有限公司
	账　号	3621446251000112649		账　号	1550100035191101678
	开户银行	中国建设银行越秀区环市西路支行		开户银行	中国工商银行凯里经济开发区支行
金额	人民币(大写)	肆佰柒拾柒万叁仟元整		亿 千 百 十 万 千 百 十 元 角 分	¥ 4 7 7 3 0 0 0 0 0
票据种类	转账支票	票据张数 1			
票据号码		1188907971			
	复核　记账				收款人开户银行签章

中国工商银行凯里经济开发区支行 2019.01.21 转账 转讫

此联是收款人开户银行给收款人的收账通知

图 9—35　进账单

操作步骤:

(1)2019 年 1 月 21 日,财务部的【W03 王明涛】登录【企业应用平台】,执行【业务工作】|【财务会计】|【应收款管理】|【收款单据处理】|【收款单据录入】命令,打开【收款单】窗口。

(2)点击【增加】,【日期】:2019—01—21,【客户】选择:广外贸易,【结算方式】选择:转账支票,【金额】录入:4 773 000.00,【票据号码】:1188907971,点击表体,点击【保存】,如图 9—36 所示。

(3)2019 年 1 月 21 日,财务部的【W02 李晓园】登录【企业应用平台】,执行【业务工作】|【财务会计】|【应收款管理】|【收款单据处理】|【收款单据审核】命令,打开【收款单据查询条件】窗口,如图 9—37 所示。

(4)点击【确定】,打开【收付款单列表】窗口,双击【选择】栏目,如图 9—38。

(5)点击【审核】,系统弹出审核提示窗口,点击【确定】。

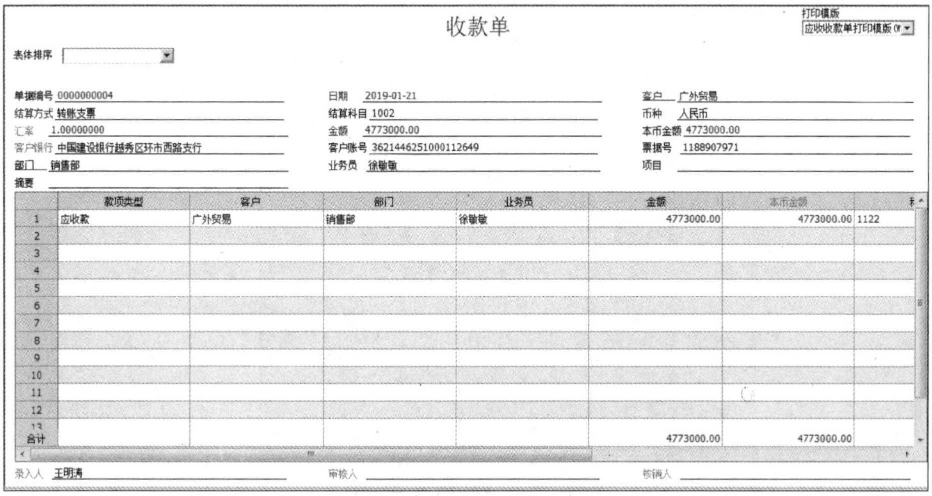

图 9—36　【收款单】窗口

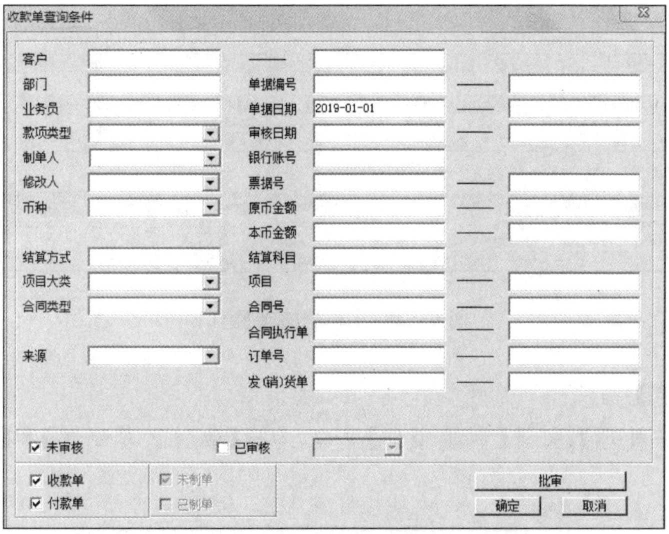

图 9—37　【收款单查询条件】窗口

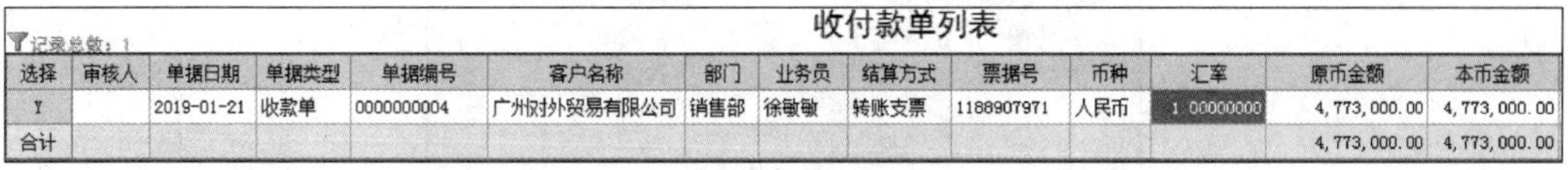

图 9—38　【收付款单列表】窗口

(6)点击【核销处理】|【手工核销】，打开【核销条件】窗口，【客户】选择：003，如图 9—39 所示。

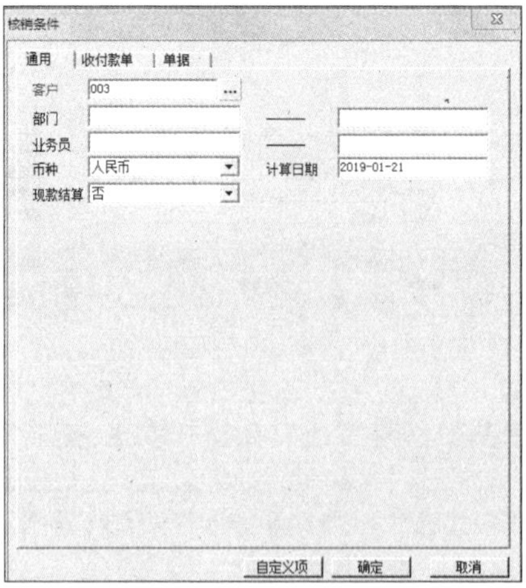

图 9—39 【核销条件】窗口

(7)点击【确定】,回到【单据核销】窗口,在相应条目【本次结算】录入:4 773 000.00,如图 9—40 所示。

单据日期	单据类型	单据编号	客户	款项类型	结算方式	币种	汇率	原币金额	原币余额	本次结算金额	订单号
2019-01-21	收款单	0000000004	广外贸易	应收款	转账支票	人民币	1.00000000	4,773,000.00	4,773,000.00	4,773,000.00	
合计								4,773,000.00	4,773,000.00	4,773,000.00	

单据日期	单据类型	单据编号	到期日	客户	币种	原币金额	原币余额	可享受折扣	本次折扣	本次结算	订单号
2019-01-20	销售专...	10065602	2019-02-19	广外贸易	人民币	4,859,000.00	4,859,000.00	97,180.00	86,000.00	4,773,000.00	XS0003
2018-12-20	销售专...	5513467	2018-12-20	广外贸易	人民币	28,768.00	28,768.00	0.00			
合计						4,887,768.00	4,887,768.00	97,180.00	86,000.00	4,773,000.00	

图 9—40 【单据核销】窗口

(8)点击【保存】。

(9)点击【制单处理】,打开【制单查询】窗口,勾选【收付款单制单】和【核销制单】,如图 9—41 所示。

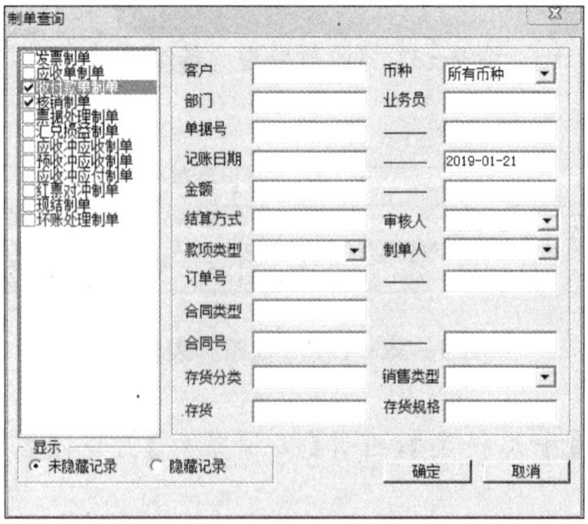

图 9—41 【制单查询】窗口

(10)点击【确定】,打开【应收制单】窗口,点击【合并】,如图 9—42 所示。

简易桌面　制单

应收制单

凭证类别　记账凭证　　制单日期　2019-01-21

选择标志	凭证类别	单据类型	单据号	日期	客户编码	客户名称	部门	业务员	金额
1	记账凭证	收款单	0000000004	2019-01-21	003	广州财...	销售部	徐敏敏	4,773,000.00
1	记账凭证	核销	ZKAR000...	2019-01-21	003	广州财...	销售部	徐敏敏	4,859,000.00

图 9—42　【应收制单】窗口

(11)点击【制单】,生成一张凭证,如图 9—43 所示,点击【保存】。

已生成

记账凭证

记　字 0050　　制单日期: 2019.01.21　　审核日期:　　附单据数: 2

摘要	科目名称	借方金额	贷方金额
收款单	银行存款	477300000	
现金折扣	财务费用/现金折扣	8600000	
销售专用发票	应收账款		485900000
票号 202 - 1188907971 日期 2019.01.21　数量 单价	合计	485900000	485900000

备注　项目　　部门

个人　　客户

业务员

记账　　审核　　出纳　　制单　李晓园

图 9—43　【记账凭证】窗口

任务二　委托代销业务

一、签订委托代销合同

业务 1:2019 年 1 月 23 日,销售部梁志平与蓝宇银绣装饰有限公司委托签订合同委托其销售银绣男装一批,相关业务单据如图 9—44 所示。

购销合同

合同编号：WT0002

供方：凯里市昀智贸易有限公司　　　　需方：　蓝宇银绣装饰有限公司

为保护买卖双方的合法权益，买卖双方根据《中华人民共和国合同法》的有关规定，经友好协商，

1、货物名称、型号、数量、价格、合同总额

序号	货物名称	规格型号	单位	数量	单价（不含税）	金额（不含税）	税率	税额
1	银绣男装		套	500	2000.00	1000000.00	13%	130000.00
合		计				¥1,000,000.00		¥130,000.00

2、合同总金额：人民币壹佰壹拾叁万元整。　（　　¥ 1,130,000.00　）

3、委托代销方式：采用视同买断的方式由委托方委托受托方代销货物，月底受托方可将未销售的货物退回给委托方。

4、付款时间及付款方式：受托方根据代销货物销售情况，每月代销结算清单结算货款。

5、交货时间：2019年1月23日　交货地点：凯里市昀智贸易有限公司

6、任何一方均不得修改本合同，如有修改须另行达成书面协议，否则本合同自动失效。

7、其他：本合同一式贰份，供需双方各执壹份。本合同自双方签字盖章后生效，至本合同全部条款执行

供方（盖章）：凯里市昀智贸易有限公司　　需方（盖章）：蓝宇银绣装饰有限公司

授权代表：　梁志平　　授权代表：高乐

签订时间：2019年1月23日　　签订时间：　2019年1月23日

图 9—44　购销合同

操作步骤：

1. 填制并审核销售订单

(1)2019 年 1 月 23 日，销售部的【X01 肖丽丽】登录【企业应用平台】，执行【业务工作】|【供应链】|【销售管理】|【销售订货】|【销售订单】命令，打开【销售订单】窗口。

(2)点击【增加】，在表头【订单号】录入：WT0002，【业务类型】选择：委托代销，【销售类型】选择：委托销售，【客户简称】选择：蓝宇装饰，【部门】选择：销售部，【业务员】录入：梁志平；在表体【存货编码】录入：107，【数量】录入：500.00，【无税单价】录入：2 000.00，【订单日期】：2019—01—23，如图 9—45 所示，点击【保存】。

销售订单　　打印模版 销售订单打印模版

表体排序　　合并显示 □

订单号 WT0002　订单日期 2019-01-23　业务类型 委托代销

销售类型 委托销售　客户简称 蓝宇装饰　付款条件

销售部门 销售部　业务员 梁志平　税率 13.00

币种 人民币　汇率 1　备注

	存货编码	存货名称	规格型号	主计量	数量	报价	含税单价	无税单价	无税金额	税额	价税合计	税率（%）
1	107	银绣…		套	500.00	0.00	2260.00	2000.00	1000000.00	130000.00	1130000.00	13.00
2												
3												
4												
5												
6												
7												
8												
9												
10												
11												
12												
13												
14												
合计					500.00				1000000.00	130000.00	1130000.00	

制单人 肖丽丽　审核人　关闭人

图 9—45　【销售订单】窗口

(3)点击【审核】。

2. 生成审核委托代销发货单

(1)2019年1月23日,销售部的【X01 肖丽丽】登录【企业应用平台】,执行【业务工作】|【供应链】|【销售管理】|【委托代销】|【委托代销发货单】命令,打开【委托代销发货单】窗口。

(2)点击【增加】,弹出【查询条件选择——参照订单】提示框。

(3)点击【确定】,弹出【参照生单】窗口,选择相应记录,如图9—46所示。

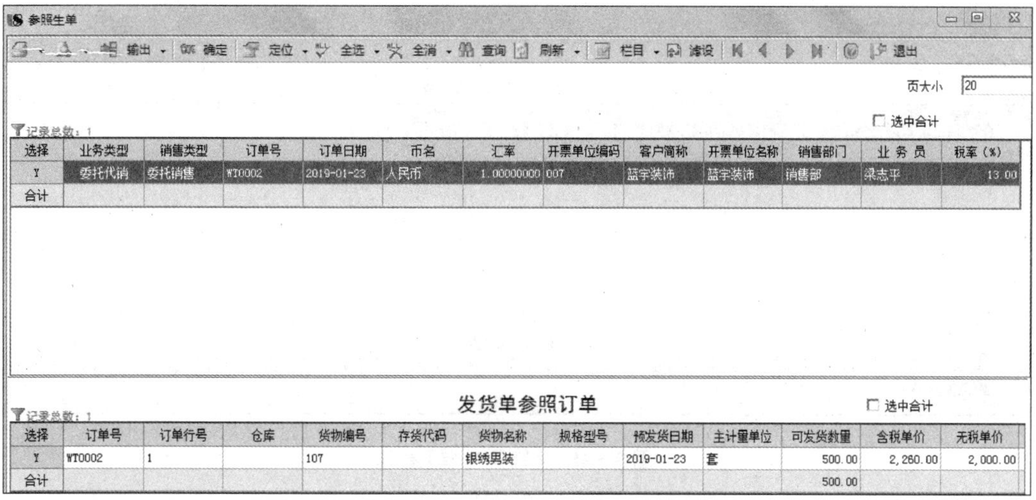

图9—46　【参照生单】窗口

(4)点击【确定】,生成一张委托代销发货单,表体【仓库名称】选择:商品库,如图9—47所示,点击【保存】。

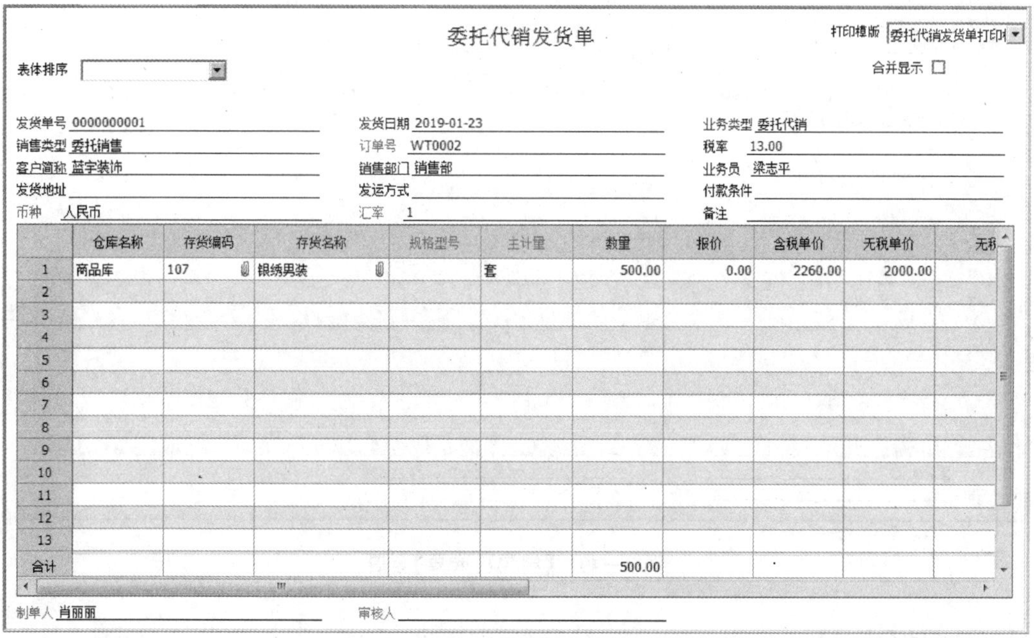

图9—47　【委托代销发货单】窗口

(5)点击【审核】。

3. 生成和审核销售出库单

(1)2019 年 1 月 23 日,仓管部的【C01 杨军钧】登录【企业应用平台】,执行【业务工作】|【供应链】|【库存管理】|【出库业务】|【销售出库单】命令,打开【销售出库单】窗口。

(2)点击【生单】|【销售生单】,打开【查询条件选择——销售发货单列表】,点击【确定】。

(3)系统自动弹出【销售生单】窗口,选择相应的销售发货单生单表头,如图 9—48 所示。

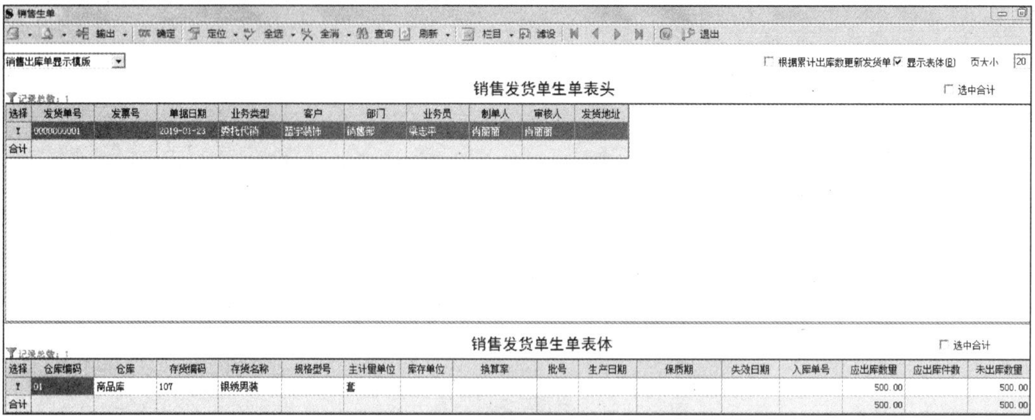

图 9—48 【销售生单】窗口

(4)点击【确定】,系统自动生成销售出库单,如图 9—49 所示,点击【保存】。

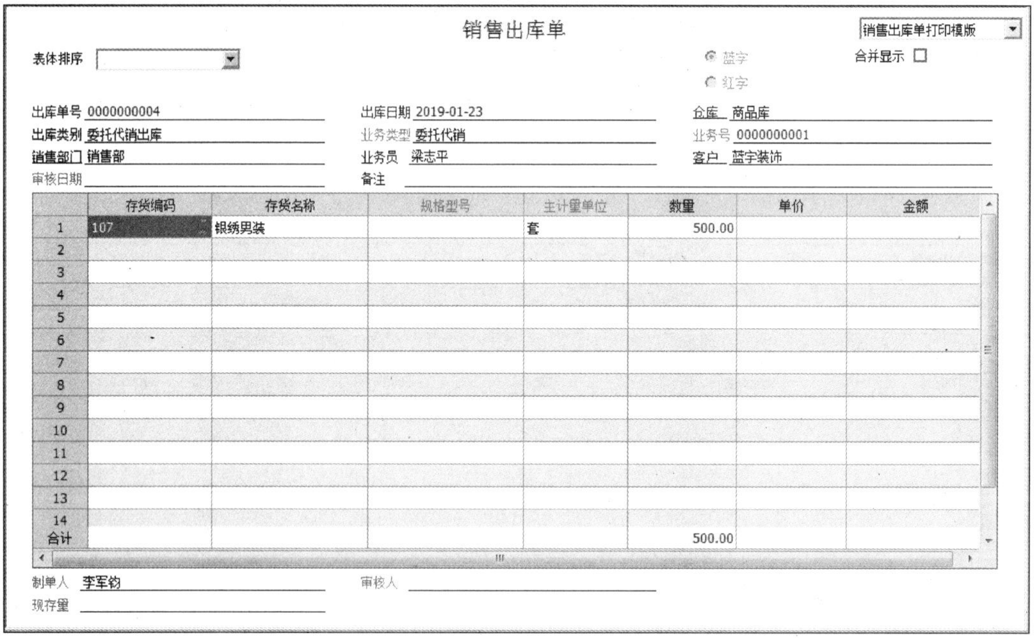

图 9—49 【销售出库单】窗口

(5)点击【审核】。

4. 存货核算系统生成凭证

(1)2019 年 1 月 23 日，财务部的【W02 李晓园】登录【企业应用平台】，执行【业务工作】|【供应链】|【存货核算】|【业务核算】|【发出商品记账】命令，打开【查询条件选择】窗口。

(2)点击【确定】，打开【发出商品记账】窗口，点击【全选】，如图 9—50 所示。

记录总数：1

发出商品记账

选择	日期	单据号	仓库名称	收发类别	存货编码	存货代码	存货名称	规格型号	单据类型	计量单位	数量
Y	2019-01-23	0000000001	商品库	销售出库	107		银绣男装		委托代销发货单	套	500.00
小计											500.00

图 9—50 【发出商品记账】窗口

(3)点击【记账】，系统弹出【记账成功!】提示框。

(4)点击【财务核算】|【生成凭证】，打开【生成凭证】窗口，点击【选择】，打开【查询条件】窗口。

(5)点击【确定】，打开【未生成凭证单据一览表】，如图 9—51 所示，点击【全选】。

选择单据

输出　单据　全选　全消　确定　取消

□ 已结算采购入库单自动选择全部结算单上单据(包括入库单、发票、付款单)，非本月采购入库单按蓝字报销单制单

未生成凭证单据一览表

选择	记账日期	单据日期	单据类型	单据号	仓库	收发类别	记账人	部门	部门编码	业务单号	业务类型	计价方式	备注	摘要	供应商	客户
1	2019-01-23	2019-01-23	委托代销发	0000000001	商品库	销售出库	李晓园	销售部	4		委托代销	先进先出法		委托代销发		蓝宇银绣装

图 9—51 【未生成凭证单据一览表】窗口

(6)点击【确定】，返回【生成凭证】窗口，如图 9—52 所示。

凭证类别　记 记账凭证

选择	单据类型	单据号	摘要	科目类型	科目编码	科目名称	借方金额	贷方金额	借方数量	贷方数量	科目方向	存货编码	存货名称	存货代码	规格型号	部门编码	部门名称
1	委托代...	00000...	委托...	发出商品	1406	发出商品	79 800.00		190.00		1	107	银绣男装			4	销售部
				存货	1405	库存商品		79 800.00		190.00	2	107	银绣男装			4	销售部
				发出商品	1406	发出商品	130 20...		310.00		1	107	银绣男装			4	销售部
				存货	1405	库存商品		130 20...		310.00	2	107	银绣男装			4	销售部
合计							210 00...	210 00...									

图 9—52 【生成凭证】窗口

(7)点击【生成】，生成一张记账凭证，如图 9—53 所示，点击【保存】。

已生成

记 账 凭 证

记　字 0050　　制单日期：2019.01.23　　审核日期：　　附单据数：1

摘要	科目名称	借方金额	贷方金额
委托代销发货单	发出商品	21000000	
委托代销发货单	库存商品		21000000
票号 日期	数量 单价	合计 21000000	21000000

备注　项　目　　　部　门

　　　个　人　　　客　户

　　　业务员

记账　　审核　　出纳　　制单　李晓园

图 9—53 【记账凭证】窗口

二、委托代销结算

业务 2：2019 年 1 月 24 日，收到蓝宇银绣装饰有限公司委托代销清单，并收到款项，开具增值税专用发票，相关单据如图 9—54、图 9—55 和图 9—56 所示。

商品代销结算清单

日期：2019年1月24日

委托方		凯里市昀智贸易有限公司			受托方		蓝宇银绣装饰有限公司	
账　号		1550100035191101678			账　号		5533680136400013242	
开户银行		中国工商银行凯里经济开发区支行			开户银行		中国银行镜湖区中山路支行	
代销货物结算单	代销货物名称	规格型号	计量单位	数　量	单价（不含税）	金额	税率	税额
	银绣男装		台	500	2000	1000000	13%	130000
	价税合计	人民币（大写）：壹佰壹拾叁万元整（¥1,130,000.00）						
代销方式		视同买断						
代销款结算时间		根据根据开具代销清单每月结算一次货款						
代销款结算方式		转账支票						

收款人：　略　　　复核：略　　　开票人：　略　　　销货单位：（章）

图 9—54　【商品代销结算清单】窗口

4900181105　　**贵州增值税专用发票**　　No 10065605

此联不作报销、扣税凭证使用　　开票日期：2019年1月24日

购货单位	名　　称：蓝宇银绣装饰有限公司 纳税人识别号：5533680136400010000 地址、电话：芜湖市镜湖区中山路310号 0553-69414289 开户行及账号：中国银行镜湖区中山路支行6282280000361223247				密码区	17223312-4-275 <1+46*54* 18132221> <8182*59*2322329618 <4 <3*2702-9> 9*+153 </0 *08/4> *> > 2-3*0/9/> > 25			
货物或应税劳务名称		规格型号	单位	数量	单价	金额	税率	税额	
银饰男装			套	500	2000.00	1000000.00	13%	130,000.00	
合计						¥1,000,000.00		¥130,000.00	
价税合计（大写）		⊗壹佰壹拾叁万元整				（小写）	¥1,130,000.00		
销货单位	名　　称：凯里市昀智贸易有限公司 纳税人识别号：91522601308719203D 地址、电话：贵州省凯里市经济开发区开元大道1066号 0855-3988031 开户行及账号：中国工商银行凯里经济开发区支行 1550100035191101678				备注	凯里市昀智贸易有限公司 91522601308719203D 发票专用章			

收款人：略　　　复核：略　　　开票人：略　　　销货单位：（章）

国税函（2018）216号鹏财印务承印

第三联：记账联　销货方记账凭证

图 9—55　增值税专用发票

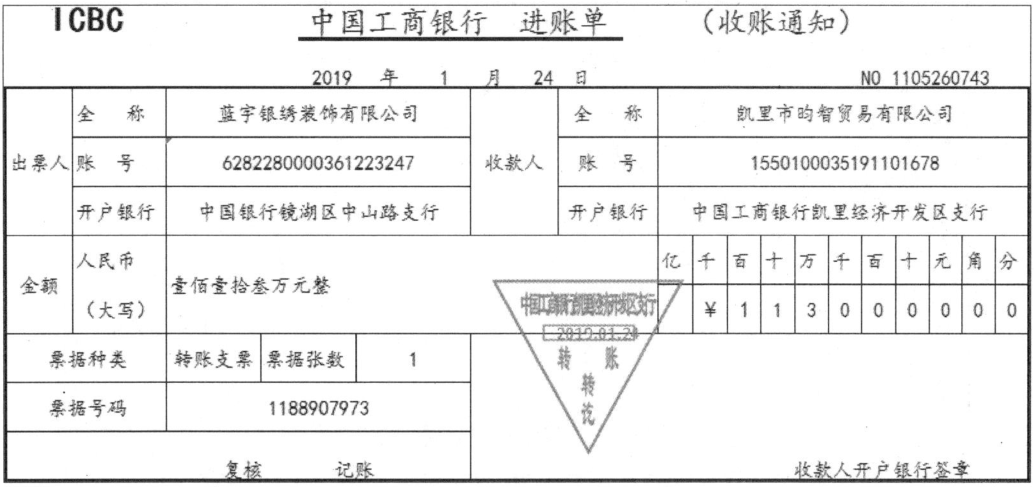

ICBC 中国工商银行 进账单 （收账通知）

2019 年 1 月 24 日 NO 1105260743

出票人	全 称	蓝宇银绣装饰有限公司	收款人	全 称	凯里市昀智贸易有限公司
	账 号	6282280000361223247		账 号	1550100035191101678
	开户银行	中国银行镜湖区中山路支行		开户银行	中国工商银行凯里经济开发区支行
金额	人民币（大写）	壹佰壹拾叁万元整		亿 千 百 十 万 千 百 十 元 角 分	¥ 1 1 3 0 0 0 0 0 0
票据种类	转账支票	票据张数 1			
票据号码	1188907973				
复核 记账			收款人开户银行签章		

中国工商银行凯里经济开发区支行 2019-01-24 转 账 转讫

图 9—56 进账单

操作步骤：

1. 填制委托代销结算单

(1)2019 年 1 月 24 日，销售部的【X01 肖丽丽】登录【企业应用平台】，执行【业务工作】|【供应链】|【销售管理】|【委托代销】|【委托代销结算单】命令，打开【委托代销结算单】窗口。

(2)点击【增加】，弹出【查询条件选择——委托结算参照发货单】窗口。

(3)点击【确定】，弹出【参照生单】，选择相应的发货单，如图 9—57 所示。

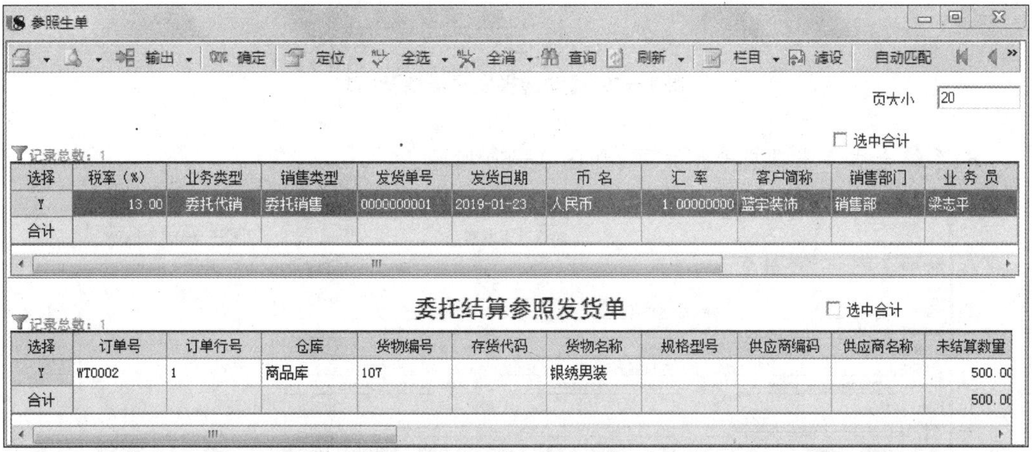

选择	税率（%）	业务类型	销售类型	发货单号	发货日期	币名	汇率	客户简称	销售部门	业务员
Y	13.00	委托代销	委托销售	0000000001	2019-01-23	人民币	1.00000000	蓝宇装饰	销售部	梁志平
合计										

委托结算参照发货单

选中合计

记录总数：1

选择	订单号	订单行号	仓库	货物编号	存货代码	货物名称	规格型号	供应商编码	供应商名称	未结算数量
Y	WT0002	1	商品库	107		银绣男装				500.00
合计										500.00

图 9—57 【参照生单】窗口

(4)点击【确定】，生成一张委托代销结算单，【销售类型】选择：委托销售，【发票号】录入：10065605，如图 9—58 所示，点击【保存】。

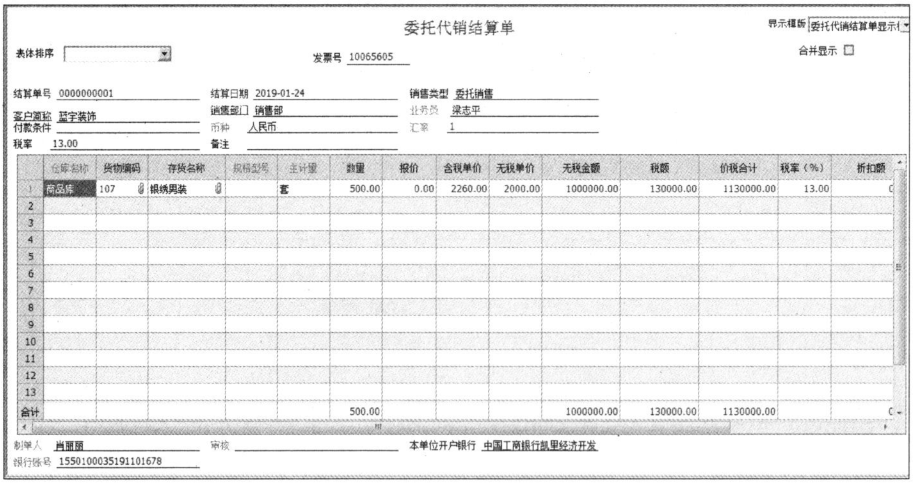

图 9—58 【委托代销结算单】窗口

(5)点击【审核】,弹出【请选择发票类型】窗口,选择【专用发票】,如图 9—59 所示,点击【确定】。

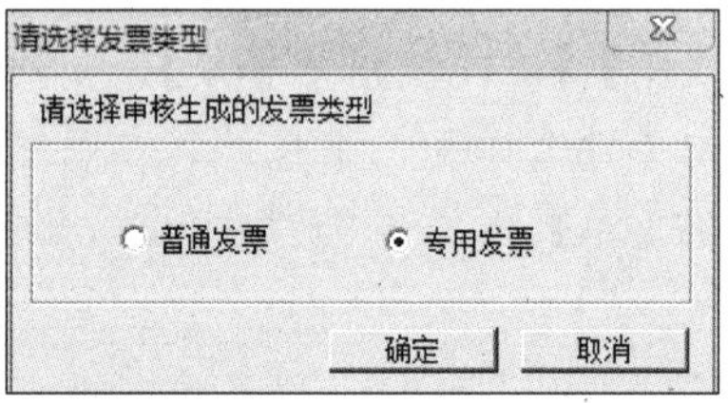

图 9—59 【请选择发票类型】窗口

(6)系统生成一张销售专用发票,如图 9—60 所示。

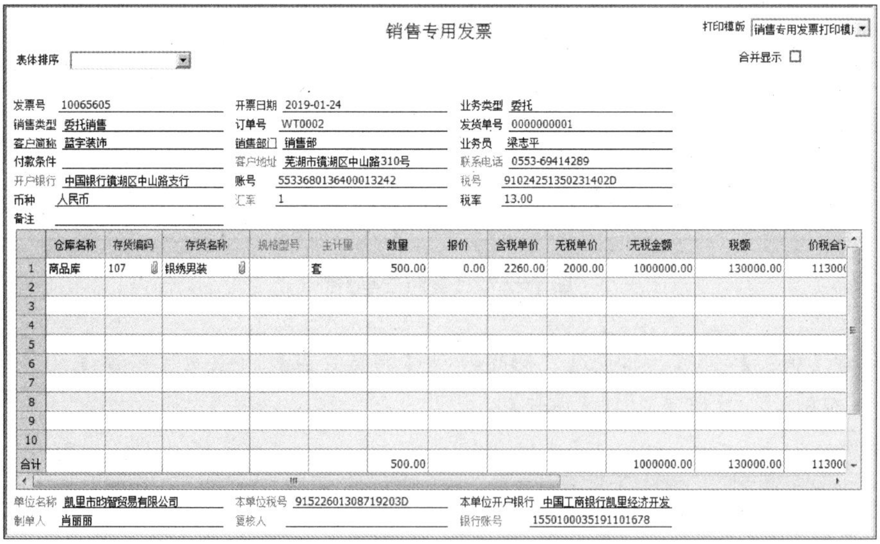

图 9—60 【销售专用发票】窗口

(7)点击【现结】,打开【现结】窗口,【结算方式】选择:202—转账支票,【原币金额】录入:1130000.00,【票据号】录入:1188907973,如图 9—61 所示。

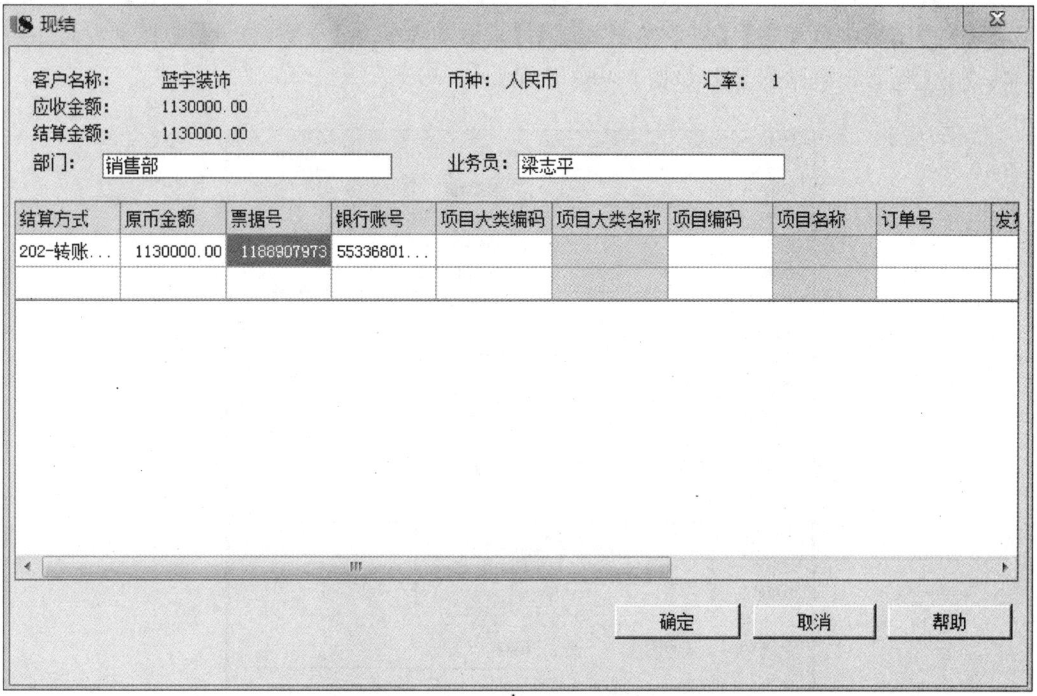

图 9—61　【现结】窗口

(8)点击【确定】,发票上出现【现结】字样,如图 9—62 所示。

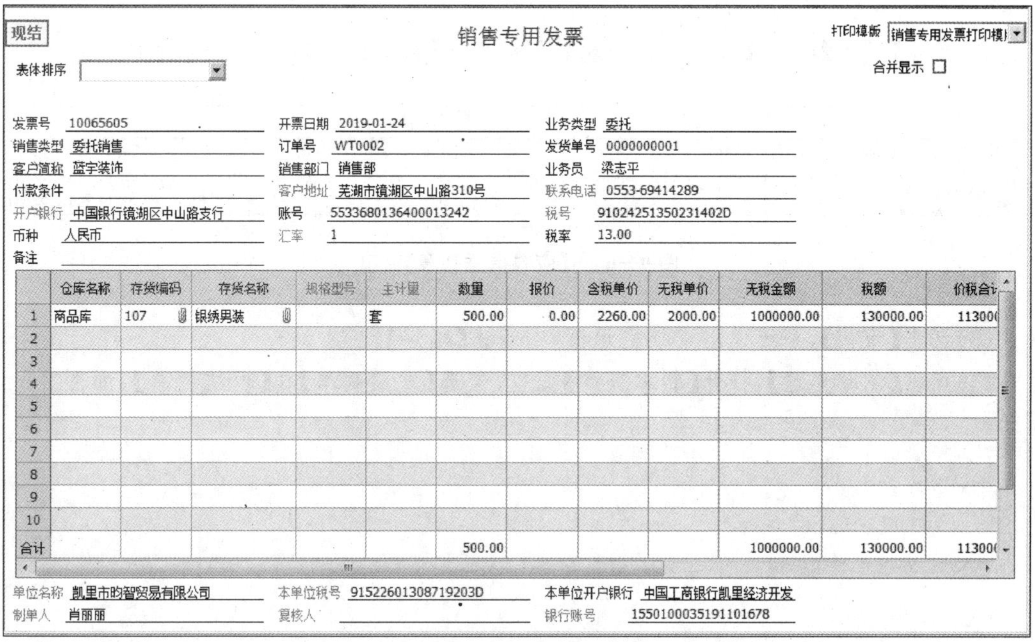

图 9—62　【销售专用发票】窗口(已现结)

(9)点击【复核】。

2. 应收款管理系统生成凭证

(1)2019 年 1 月 24 日,财务部的【W02 李晓园】登录【企业应用平台】,执行【业务工作】|【财务会计】|【应收款管理】|【应收单据处理】|【应收单据审核】命令,打开【应收单查询条件】窗口,勾选【包含已现结发票】,如图 9—63 所示。

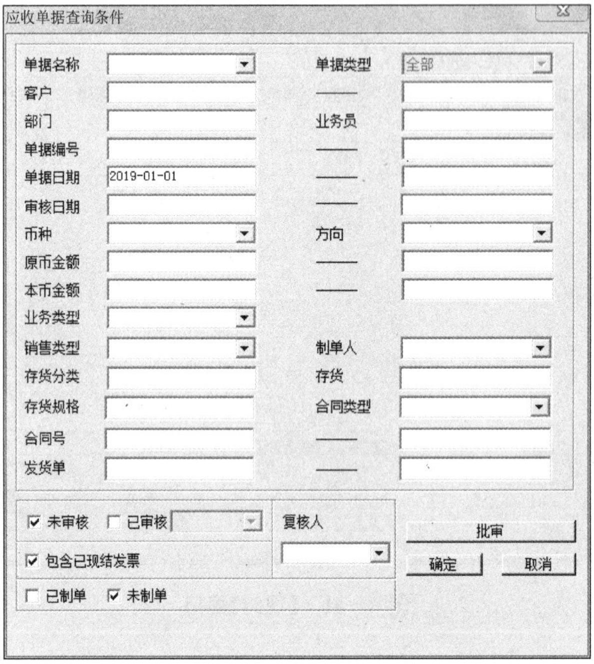

图 9—63 【应收单据查询条件】窗口

(2)点击【确定】,进入【应收单据列表】窗口,双击【选择】栏,如图 9—64 所示。

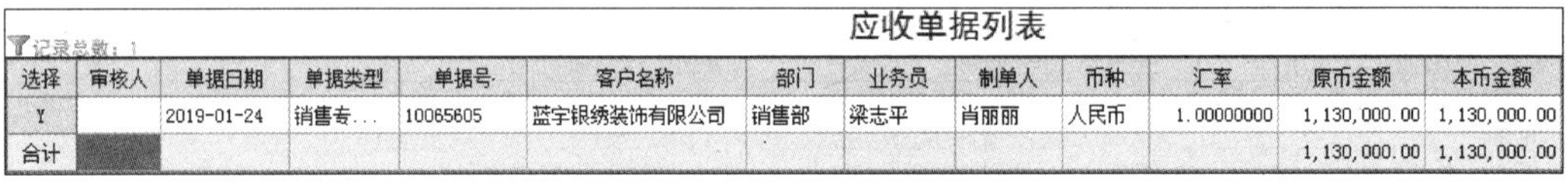

应收单据列表

记录总数:1

选择	审核人	单据日期	单据类型	单据号	客户名称	部门	业务员	制单人	币种	汇率	原币金额	本币金额
Y		2019-01-24	销售专...	10065605	蓝宇银绣装饰有限公司	销售部	梁志平	肖丽丽	人民币	1.00000000	1,130,000.00	1,130,000.00
合计											1,130,000.00	1,130,000.00

图 9—64 【应收单据列表】窗口

(3)点击【审核】,系统弹出审核提示窗口,点击【确定】。

(4)点击【制单处理】,打开【制单查询】窗口,勾选【发票制单】和【现结制单】,如图 9—65 所示。

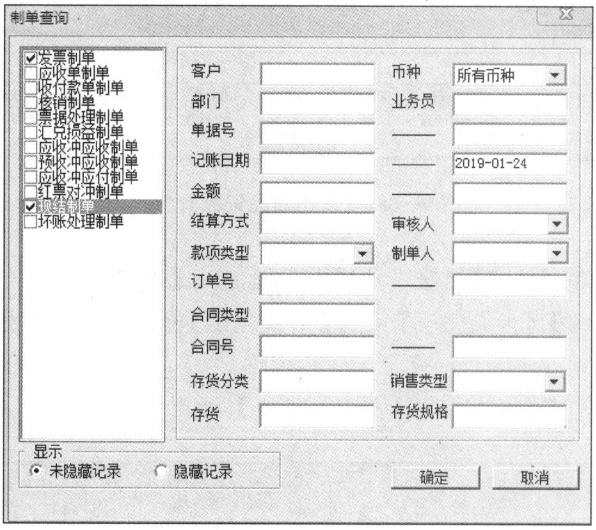

图 9—65 【制单查询】窗口

(5)点击【确定】,打开【应收制单】窗口,选择要制单的记录,如图 9—66 所示。

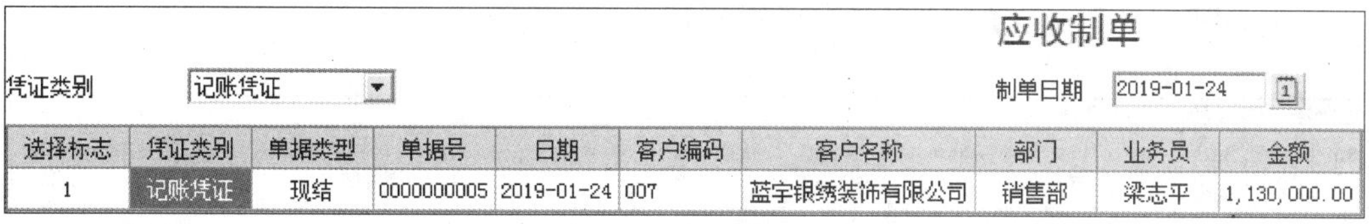

图 9—66 【应收制单】窗口

(6)点击【制单】,生成一张凭证,如图 9—67 所示,点击【保存】。

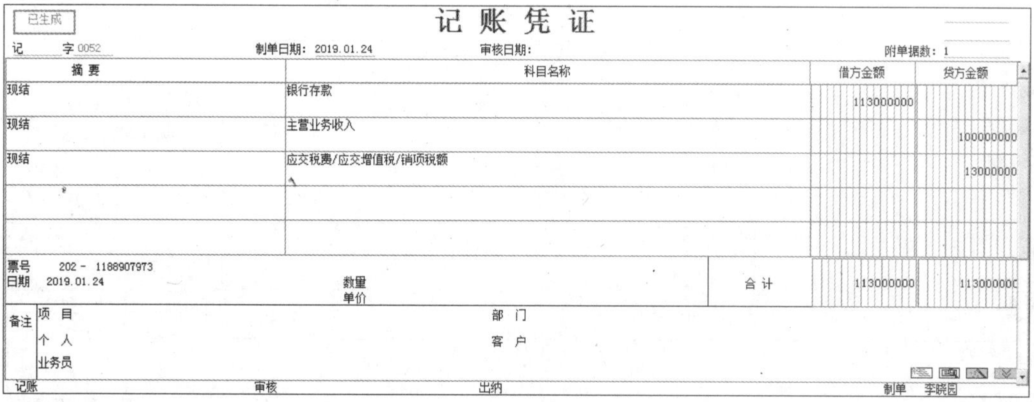

图 9—67 【记账凭证】窗口

3. 存货核算系统生成凭证

(1)2019 年 1 月 24 日,财务部的【W02 李晓园】登录【企业应用平台】,执行【业务工作】|【供应链】|【存货核算】|【业务核算】|【发出商品记账】命令,打开【查询条件选择】窗口。

(2)点击【确定】,打开【发出商品记账】窗口,点击【全选】,如图 9—68 所示。

发出商品记账

记录总数：1

选择	日期	单据号	仓库名称	收发类别	存货编码	存货代码	存货名称	规格型号	单据类型	计量单位	数量
Y	2019-01-24	10065605	商品库	委托代销出库	107		银绣男装		专用发票	套	500.00
小计											500.00

图 9—68 【发出商品记账】窗口

(3)点击【记账】,系统弹出【记账成功!】提示框,点击【确定】。

(4)点击【财务核算】|【生成凭证】,打开【生成凭证】窗口,点击【选择】,打开【查询条件】窗口。

(5)点击【确定】,打开【未生成凭证单据一览表】,如图 9—69 所示,点击【全选】。

选择单据

输出　单据　全选　全消　确定　取消

已结算采购入库单自动选择全部结算单上单据(包括入库单、发票、付款单),非本月采购入库单按蓝字报销单制单

未生成凭证单据一览表

选择	记账日期	单据日期	单据类型	单据号	仓库	收发类别	记账人	部门	部门编码	业务单号	业务类型	计价方式	备注	摘要	供应商	客户
1	2019-01-24	2019-01-24	专用发票	10065605	商品库	委托代销出	李晓园	销售部	4		委托	先进先出法		专用发票		蓝宇银绣装

图 9—69 【未生成凭证单据一览表】窗口

(6)点击【确定】,返回【生成凭证】窗口,如图 9—70 所示。

凭证类别　记 记账凭证

选择	单据类型	单据号	摘要	科目类型	科目编码	科目名称	借方金额	贷方金额	借方数量	贷方数量	科目方向	存货编码	存货名称	存货代码	规格型号	部门编码	部门名称
1	专用发票	10065605	专用发票	对方	6401	主营业...	210 00...		500.00		1	107	银绣男装			4	销售部
				发出商品	1406	发出商品		210 00...		500.00	2	107	银绣男装			4	销售部
合计							210 00...	210 00...									

图 9—70 【生成凭证】窗口

(7)点击【生成】,生成一张记账凭证,如图 9—71 所示,点击【保存】。

已生成

记账凭证

记　字 0052　　制单日期：2019.01.24　　审核日期：　　附单据数：1

摘要	科目名称	借方金额	贷方金额
专用发票	主营业务成本	21000000	
专用发票	发出商品		21000000
票号 日期	数量 单价	合计 21000000	21000000

备注　项　目　　部　门

个　人　　客　户

业务员

记账　　审核　　出纳　　制单　李晓园

图 9—71 【记账凭证】窗口

任务三　销售退货业务

业务1:2019年1月27日,收到北京艺先文化有限公司退来的商品一批,相关业务单据如图9—72所示。

4900181110　　贵州增值税专用发票（红字）　　No 10065610

此联不作报销、扣税凭证使用　　开票日期：2019年1月27日

购货单位　名称：北京艺先文化有限公司
纳税人识别号：11000235354916324D
地址、电话：北京市海淀区北三环路25号010-436274896
开户行及账号：中国工商银行海淀区北四环路支行3107310182400058873

密码区：172312-4-275 <1+46*54* 181321> <8182*59*01232329618 <4 <3*2702-9> 9*+153 </0 *08/4> *> > 2-3*0/9/> > 25

货物或应税劳务名称	规格型号	单位	数量	单价	金额	税率	税额
银绣男装		套	10	3940.00	39400.00	13%	5,122.00
银绣男装		套	10	2480.00	24800.00	13%	3,224.00
合计					¥64,200.00		¥8,346.00
价税合计（大写）	⊗柒万贰仟伍佰肆拾陆元整				（小写）	¥72,546.00	

销货单位　名称：凯里市昀智贸易有限公司
纳税人识别号：91522601308719203D
地址、电话：贵州省凯里市经济开发区开元大道1066号 0855-3988031
开户行及账号：中国工商银行凯里经济开发区支行 1550100035191101678

备注

收款人：略　复核：略　开票人：略　销货单位：（章）

第三联：记账联　销货方记账凭证

国税函（2018）216号郑州印务承印

图9—72　增值税专用发票

操作步骤:

1. 填制并审核退货单

(1)2019年1月27日,销售部的【X01 肖丽丽】登录【企业应用平台】,执行【业务工作】|【供应链】|【销售管理】|【销售发货】|【退货单】命令,打开【退货单】窗口。

(2)点击【增加】,弹出【查询条件选择——参照生单】窗口。

(3)点击【确定】,选择编号为XS0002的销售订单,如图9—73所示。

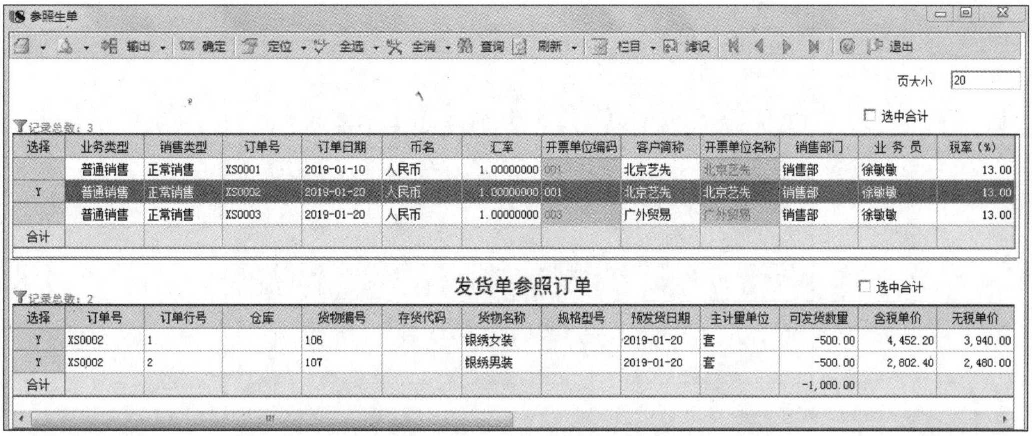

参照生单

输出　确定　定位　全选　全消　查询　刷新　栏目　滤设　退出

页大小 20

记录总数：3　　选中合计

选择	业务类型	销售类型	订单号	订单日期	币名	汇率	开票单位编码	客户简称	开票单位名称	销售部门	业务员	税率（%）
	普通销售	正常销售	XS0001	2019-01-10	人民币	1.00000000	001	北京艺先	北京艺先	销售部	徐敏敏	13.00
Y	普通销售	正常销售	XS0002	2019-01-20	人民币	1.00000000	001	北京艺先	北京艺先	销售部	徐敏敏	13.00
	普通销售	正常销售	XS0003	2019-01-20	人民币	1.00000000	003	广外贸易	广外贸易	销售部	徐敏敏	13.00
合计												

发货单参照订单

记录总数：2　　选中合计

选择	订单号	订单行号	仓库	货物编号	存货代码	货物名称	规格型号	预发货日期	主计量单位	可发货数量	含税单价	无税单价
Y	XS0002	1		106		银绣女装		2019-01-20	套	-500.00	4,452.20	3,940.00
Y	XS0002	2		107		银绣男装		2019-01-20	套	-500.00	2,802.40	2,480.00
合计										-1,000.00		

图9—73　【参照生单】窗口

(4)点击【确定】,【仓库名称】均选择:商品库,【数量】均修改为:—10.00,如图 9—74 所示,点击【保存】。

	仓库名称	货物编码	存货名称	规格型号	主计量	数量	报价	含税单价	无税单价	无税金额
1	商品库	106	银绣女装		套	-10.00	0.00	4452.20	3940.00	
2	商品库	107	银绣男装		套	-10.00	0.00	2802.40	2480.00	
合计						-20.00				

图 9—74 【退货单】窗口

(5)点击【审核】。

2. 生成和复核销售专用发票

(1)2019 年 1 月 27 日,销售部的【X01 肖丽丽】登录【企业应用平台】,执行【业务工作】|【供应链】|【销售管理】|【销售开票】|【红字专用销售发票】命令,打开【红字销售专用发票】窗口。

(2)点击【增加】|【生单】|【参照发货单】,打开【查询条件选择——发票参照发货单】,【发货单类型】选择:红字记录,如图 9—75 所示。

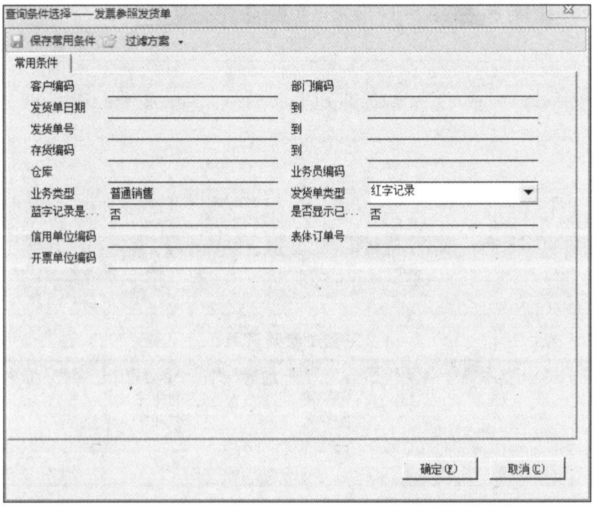

图 9—75 【查询条件选择——发票参照发货单】窗口

（3）点击【确定】，系统自动弹出【参照生单】窗口，选择要参照的单据，如图9—76所示。

图9—76 【参照生单】窗口

（4）点击【确定】，系统自动生成销售专用发票，【发票号】录入：10065610，如图9—77所示，点击【保存】。

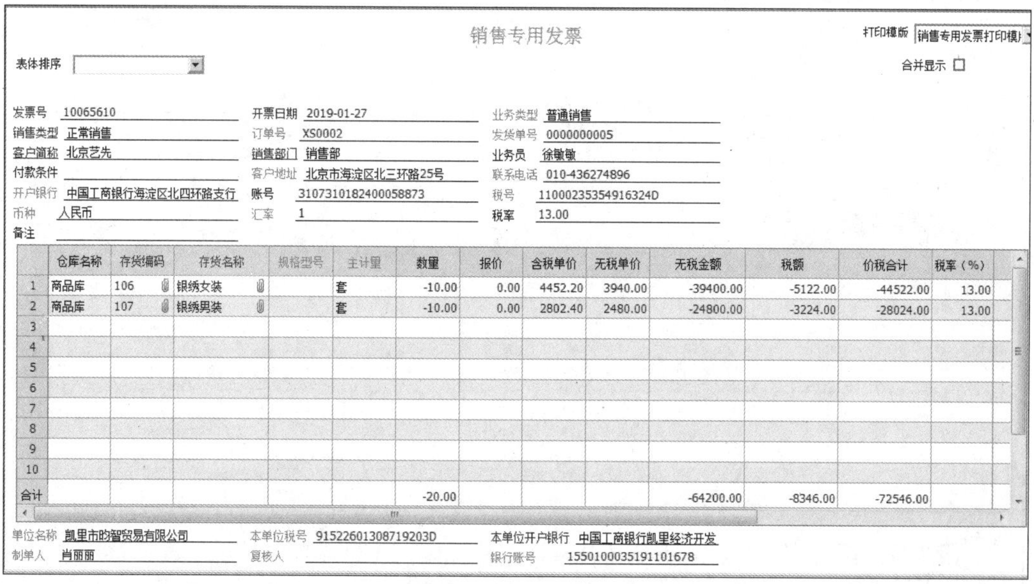

图9—77 【红字销售专用发票】窗口

（5）点击【复核】。

3. 生成并审核销售出库单

（1）2019年1月27日，仓管部的【C01 杨军钧】登录【企业应用平台】，执行【业务工作】|【供应链】|【库存管理】|【出库业务】|【销售出库单】命令，打开【销售出库单】窗口。

（2）点击【生单】|【销售生单】，打开【查询条件选择——销售发货单列表】，点击【确定】。

（3）系统自动弹出【销售生单】窗口，选择相应的发货单表头，如图9—78所示。

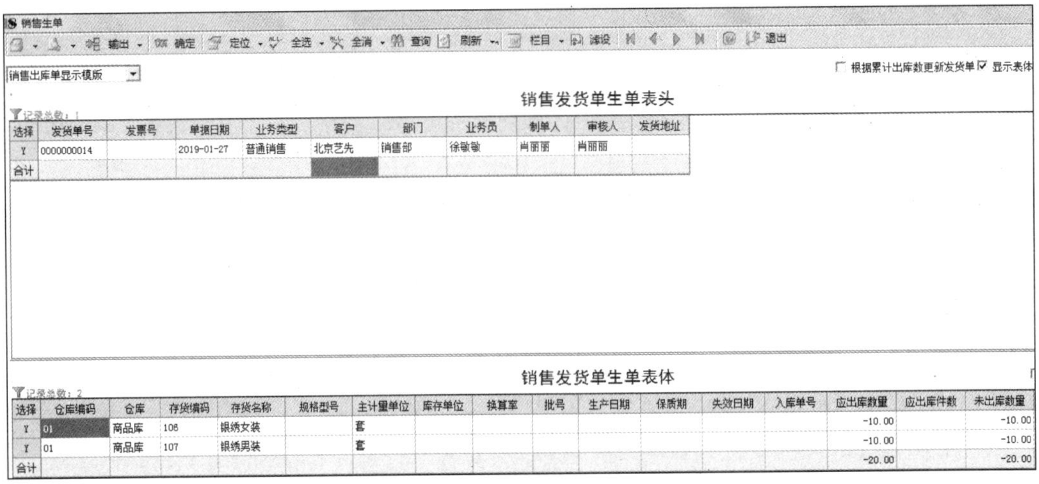

图 9—78 【销售生单】窗口

(4)点击【确定】,系统自动生成销售出库单,如图 9—79 所示,点击【保存】。

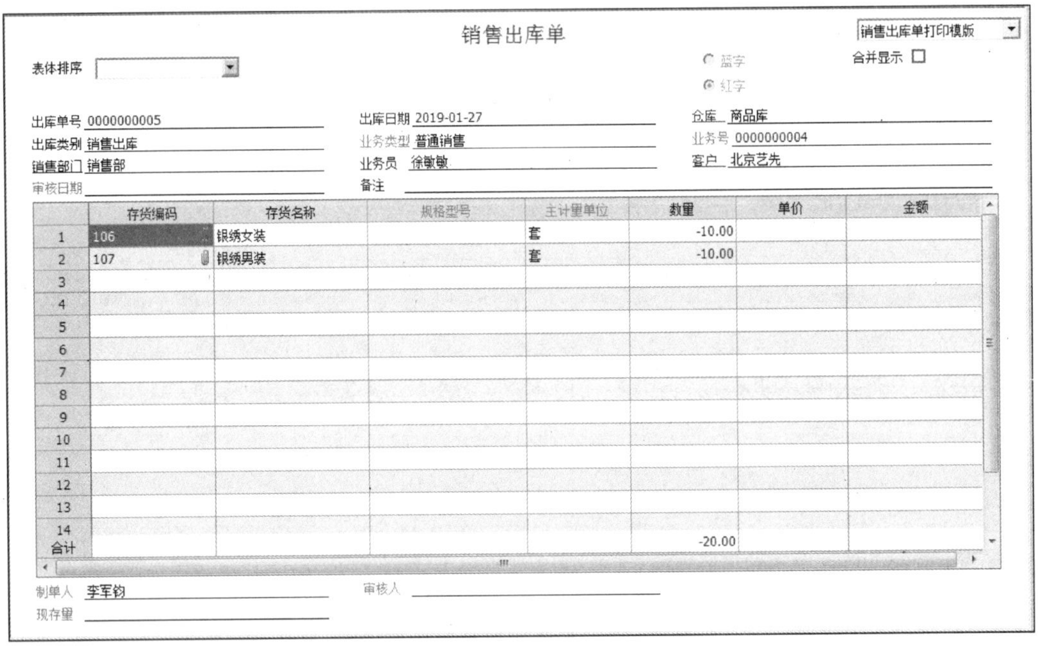

图 9—79 【销售出库单】窗口

(5)点击【审核】。

4. 应收款管理系统生成凭证

(1)2019 年 1 月 27 日,财务部的【W02 李晓园】登录【企业应用平台】,执行【业务工作】|【财务会计】|【应收款管理】|【应收单据处理】|【应收单据审核】命令,打开【应收单查询条件】窗口。

(2)点击【确定】,进入【应收单据列表】窗口,双击【选择】栏,如图 9—80 所示。

应收单据列表

记录总数：1

选择	审核人	单据日期	单据类型	单据号	客户名称	部门	业务员	制单人	币种	汇率	原币金额	本币金额
Y		2019-01-27	销售专用发票	10065610	北京艺先文化有限公司	销售部	徐敏敏	肖丽丽	人民币	1.00000000	-72,546.00	-72,546.00
合计											-72,546.00	-72,546.00

图 9—80　【应收单据列表】窗口

(3)点击【审核】，系统弹出提示信息，点击【确定】。

(4)点击【制单处理】，打开【制单查询】窗口，勾选【发票制单】，如图 9—81 所示。

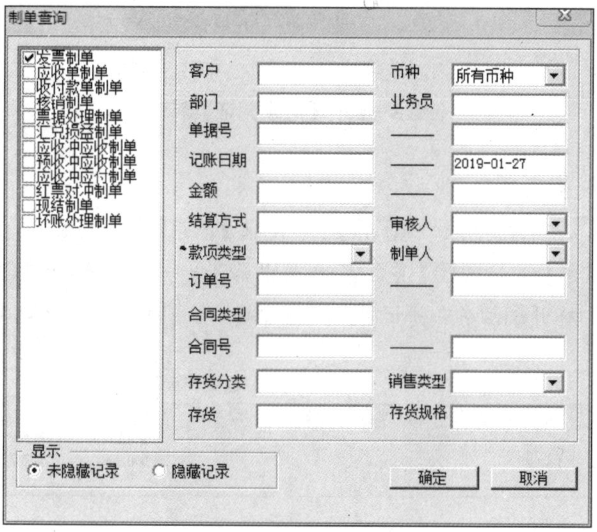

图 9—81　【制单查询】窗口

(5)点击【确定】，打开【销售发票制单】窗口，选择要制单的记录，如图 9—82 所示。

销售发票制单

凭证类别　记账凭证　　　　制单日期　2019-01-27

选择标志	凭证类别	单据类型	单据号	日期	客户编码	客户名称	部门	业务员	金额
1	记账凭证	销售专...	10065610	2019-01-27	001	北京艺先文化有限公司	销售部	徐敏敏	-72,546.00

图 9—82　【销售发票制单】窗口

(6)点击【制单】，生成一张凭证，如图 9—83 所示，点击【保存】。

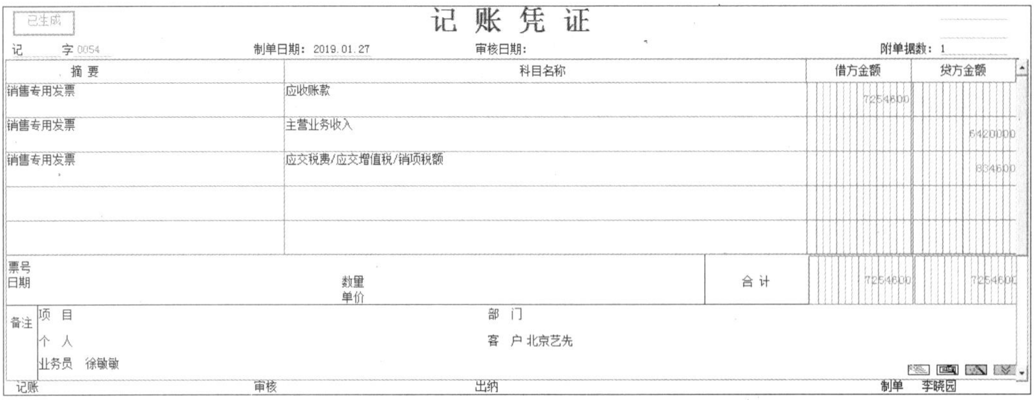

已生成

记账凭证

记 字 0054 制单日期：2019.01.27 审核日期： 附单据数：1

摘要	科目名称	借方金额	贷方金额
销售专用发票	应收账款	7254600	
销售专用发票	主营业务收入		6420000
销售专用发票	应交税费/应交增值税/销项税额		834600
票号 日期	数量 单价 合计	7254600	7254600

备注 项目 部门

个人 客户 北京艺先

业务员 徐敏敏

记账 审核 出纳 制单 李晓园

图 9—83 【记账凭证】窗口

5. 存货核算系统生成凭证

(1)2019 年 1 月 27 日，财务部的【W02 李晓园】登录【企业应用平台】，执行【业务工作】|【供应链】|【存货核算】|【业务核算】|【正常单据记账】命令，打开【查询条件选择】窗口。

(2)点击【确定】，打开【正常单据记账列表】窗口，如图 9—84 所示，点击【全选】。

正常单据记账列表

记录总数：2

选择	日期	单据号	存货编码	存货名称	规格型号	存货代码	单据类型	仓库名称	收发类别	数量
Y	2019-01-27	10065610	107	银绣男装			专用发票	商品库	销售出库	-10.00
Y	2019-01-27	10065610	106	银绣女装			专用发票	商品库	销售出库	-10.00
小计										-20.00

图 9—84 【正常单据记账列表】窗口

(3)点击【记账】，弹出【未记账单据一览表】，分别录入银绣男装单价 420.00 和银绣女装 680.00，如图 9—85 所示。

未记账单据一览表

输出 全选 确定 栏目

手工输入单价列表

记录总数：2

选择	存货编码	存货名称	存货代码	规格型号	部门编码	仓库编码	仓库名称	部门名称	单价
Y	106	银绣女装				01	商品库		680.00
Y	107	银绣男装				01	商品库		420.00
小计									

图 9—85 【未记账单据一览表】窗口

(4)点击【确定】，系统弹出【记账成功!】提示框，点击【确定】。

(5)点击【财务核算】|【生成凭证】，打开【生成凭证】窗口，点击【选择】，打开【查询条件】窗口。

(6)点击【确定】，打开【未生成凭证单据一览表】，点击【全选】，如图 9—86 所示。

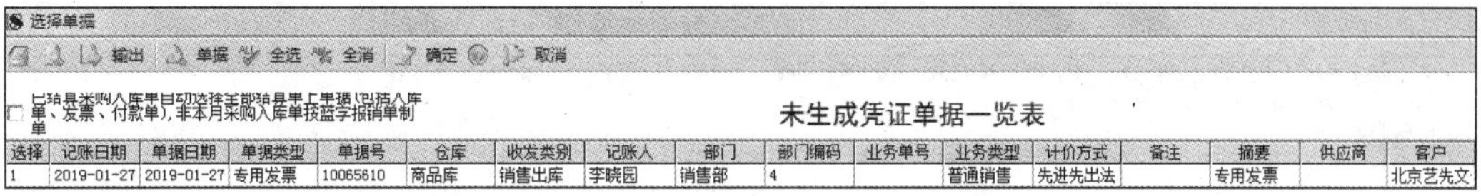

选择	记账日期	单据日期	单据类型	单据号	仓库	收发类别	记账人	部门	部门编码	业务单号	业务类型	计价方式	备注	摘要	供应商	客户
1	2019-01-27	2019-01-27	专用发票	10065610	商品库	销售出库	李晓园	销售部	4		普通销售	先进先出法		专用发票		北京艺先文

图 9—86　【未生成凭证单据一览表】窗口

(7)点击【确定】,返回【生成凭证】窗口,如图 9—87 所示。

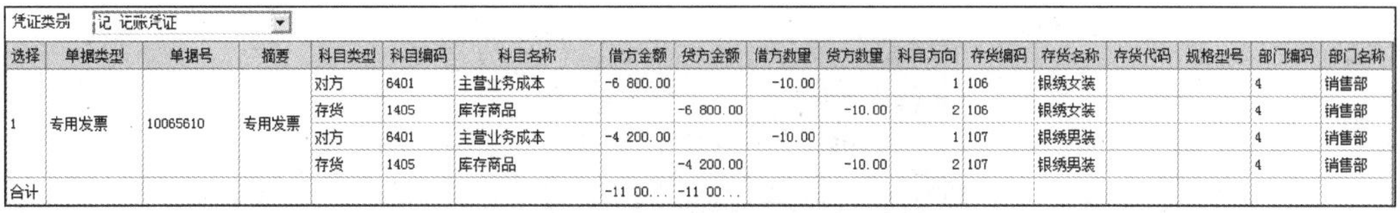

凭证类别　记 记账凭证

选择	单据类型	单据号	摘要	科目类型	科目编码	科目名称	借方金额	贷方金额	借方数量	贷方数量	科目方向	存货编码	存货名称	存货代码	规格型号	部门编码	部门名称
1	专用发票	10065610	专用发票	对方	6401	主营业务成本	-6 800.00		-10.00		1	106	银绣女装			4	销售部
				存货	1405	库存商品		-6 800.00		-10.00	2	106	银绣女装			4	销售部
				对方	6401	主营业务成本	-4 200.00		-10.00		1	107	银绣男装			4	销售部
				存货	1405	库存商品		-4 200.00		-10.00	2	107	银绣男装			4	销售部
合计							-11 00...	-11 00...									

图 9—87　【生成凭证】窗口

(8)点击【生成】,生成一张记账凭证,如图 9—88 所示,点击【保存】。

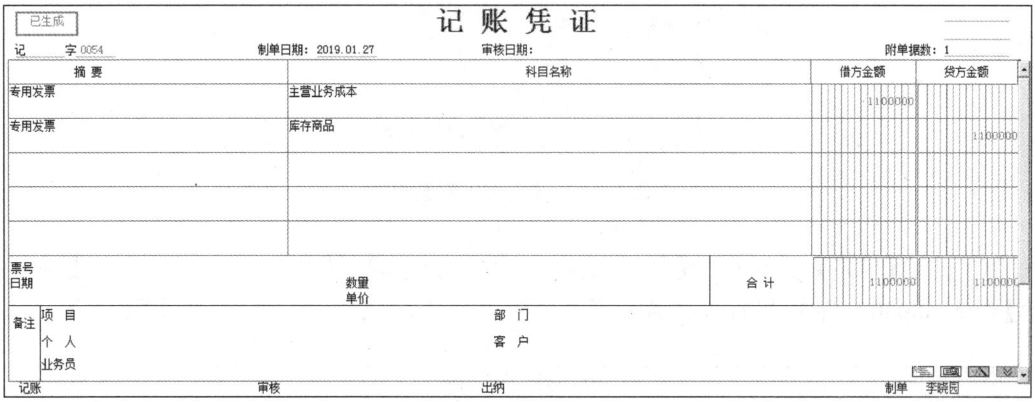

图 9—88　【记账凭证】窗口

任务四　票据管理

业务 1:2019 年 1 月 28 日,对 2018 年 12 月 20 日收到的票号为 5562846 的银行承兑汇票进行贴现,贴现率为 10%。

操作步骤:

(1)2019 年 1 月 28 日,财务部的【W02 李晓园】登录【企业应用平台】,执行【业务工作】|【财务会计】|【应收款管理】|【票据管理】命令,弹出【查询条件选择】,点击【确定】,打开【票据管理】窗口,选中【票据编号】为 5562846 的银行承兑汇票,如图 9—89 所示。

扫码看资源

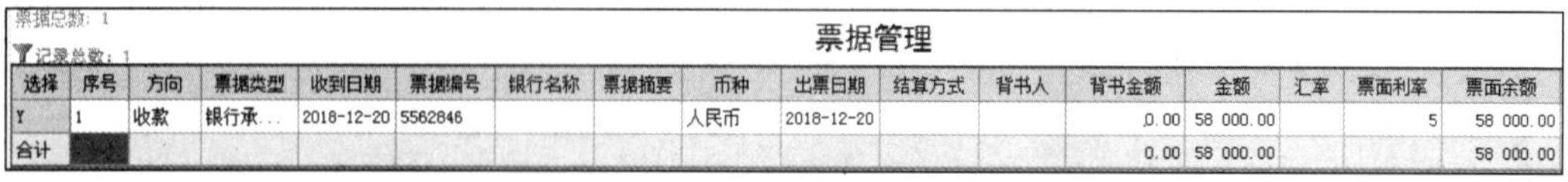

选择	序号	方向	票据类型	收到日期	票据编号	银行名称	票据摘要	币种	出票日期	结算方式	背书人	背书金额	金额	汇率	票面利率	票面余额
Y	1	收款	银行承...	2018-12-20	5562846			人民币	2018-12-20			0.00	58 000.00		5	58 000.00
合计												0.00	58 000.00			58 000.00

图 9—89 【票据管理】窗口

(2)点击【贴现】，打开【票据贴现】窗口，【贴现方式】选择：异地，【贴现率】录入：10%，【结算科目】选择：1002，如图 9—90 所示。

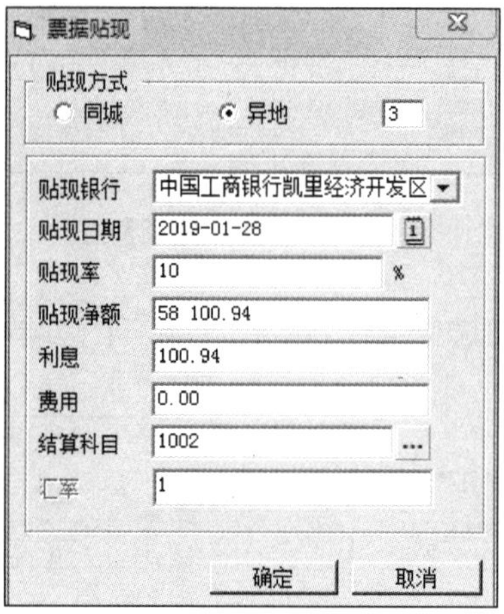

图 9—90 【票据贴现】窗口

(3)点击【确定】，系统弹出【是否立即制单】信息框，点击【是】，生成一张凭证，【科目名称】选择：660302，将 100.94 贷方金额调整到借方红字，如图 9—91 所示，点击【保存】。

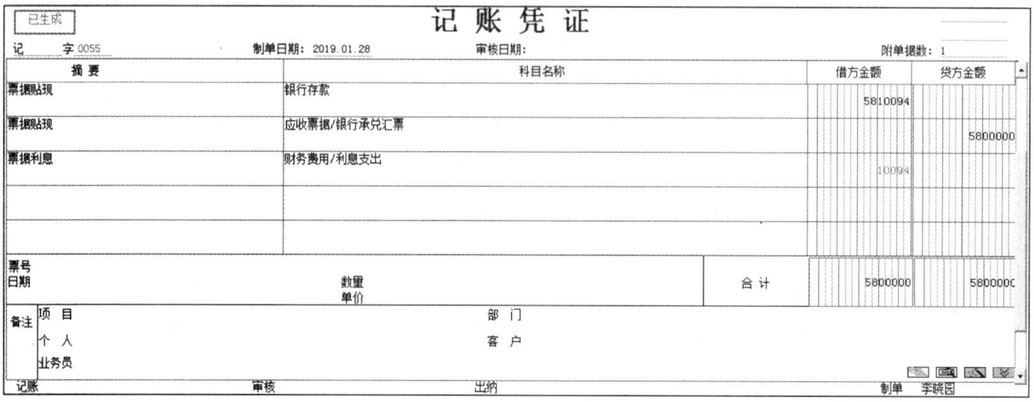

图 9—91 【记账凭证】窗口

项目十　总账期末业务管理

任务一　凭证处理

业务1:2019年1月31日,对未处理的凭证进行出纳签字、审核和记账。

操作步骤:

1. 凭证出纳签字

(1)以【W03 王明涛】身份登录【企业应用平台】,执行【财务工作】|【总账】|【凭证】|【出纳签字】命令,打开【出纳签字】窗口,如图10—1所示。

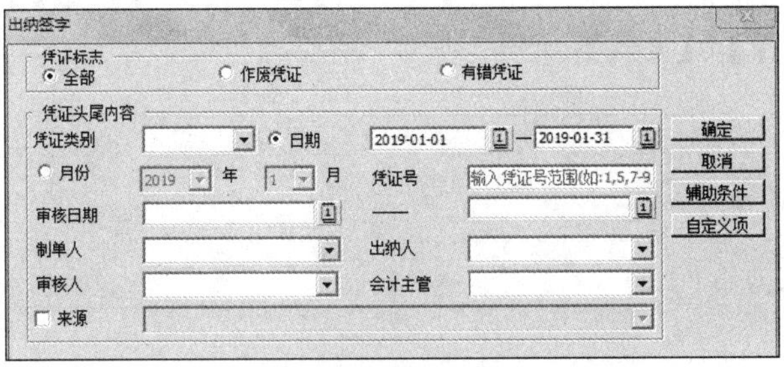

图10—1　【出纳签字】窗口

(2)点击【确定】,双击任意一条记录,进入【记账凭证】窗口,执行【批处理】|【成批出纳签字】命令,对所有已经填制的记账凭证进行出纳签字。

(3)点击【确定】,弹出【是否重新刷新凭证列表数据】提示框,如图10—2所示,点击【是】。

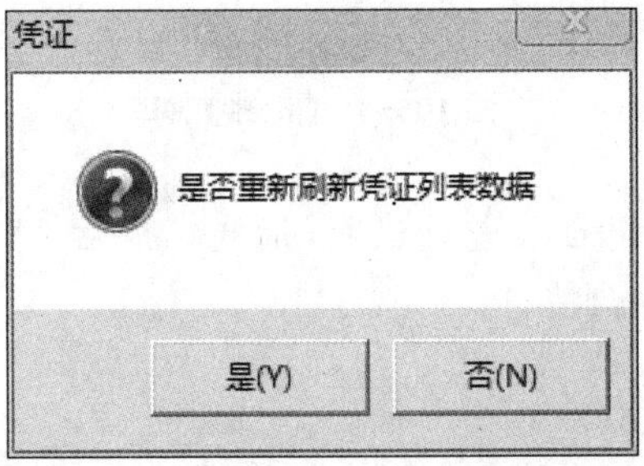

图10—2　【是否重新刷新凭证列表数据】提示框

2. 审核凭证

(1)以【W01 陈丽梅】身份登录【企业应用平台】,执行【财务工作】|【总账】|【凭证】|【凭证审核】命令,打开【凭证审核】窗口,如图10—3所示。

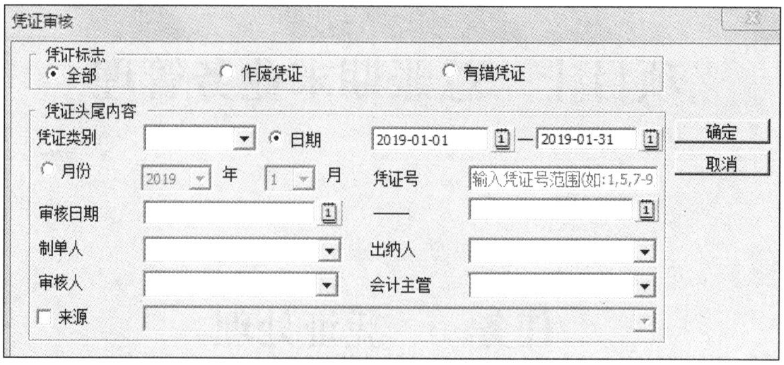

图10—3 【凭证审核】窗口

(2)点击【确定】按钮,进入【凭证审核列表】对话框,双击任意一条记录,打开【记账凭证】窗口,执行【批处理】|【成批审核凭证】命令。

(3)点击【确定】,弹出【是否重新刷新凭证列表数据】信息框,点击【是】。

3. 记账

(1)以【Z01 刘慧清】身份执行【凭证】|【记账】命令,打开【记账】窗口。选择【2019—01月份凭证】,【记账范围】为【全选】,如图10—4所示。

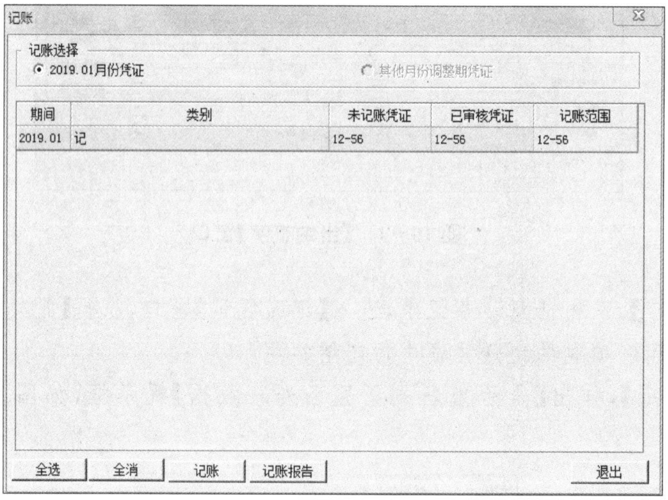

图10—4 【记账】窗口

(2)点击【记账】按钮,系统自动进行记账,记账完成后,系统弹出【记账完毕!】提示框。点击【确定】按钮,再点击【退出】按钮。

任务二　转账定义

一、自定义转账

业务1：2019年1月31日，设置自定义结转未交增值税、计提城市建设维护税、计提教育费附加、计提地方教育费附加和计提企业所得税费用，资料如表10—1所示。

表10—1　　自定义转账公式表

转账序号	摘要	方向	会计科目	金额公式
0001	结转未交增值税	借	22210107	QM(222101,月)
		贷	222102	JG
0002	计提城市建设维护税	借	6403	FS(222102,月,贷)×0.07
		贷	222112	JG()
0003	计提教育费附加	借	6403	FS(222102,月,贷)×0.03
		贷	222113	JG()
0004	计提地方教育费附加	借	6403	FS(222102,月,贷)×0.02
		贷	222114	JG()
0005	计提企业所得税费用	借	6801	[FS(4103,月,贷)—FS(4103,月,借)]×0.25
		贷	222110	JG()

操作步骤：

(1)以【W02 李晓园】身份登录【企业应用平台】，执行【业务工作】|【财务会计】|【总账】|【期末】|【转账定义】|【自定义转账】命令，打开【自定义转账设置】窗口。

(2)点击增加，弹出【转账目录】窗口，【转账序号】录入：1，【转账说明】录入：结转未交增值税，【凭证类别】选择：记账凭证，如图10—5所示，点击【确定】。

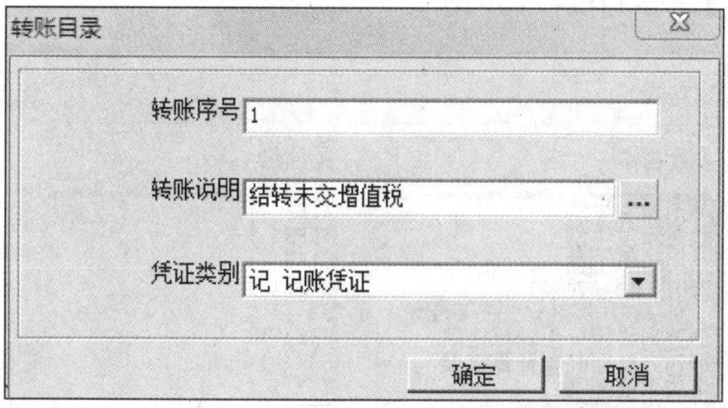

图10—5　【转账目录】窗口

(3)点击【增行】，【科目编码】录入：22210107，点击【金额公式】参照栏，弹出【公式向导】，选择【期末余额】,如图 10—6 所示。

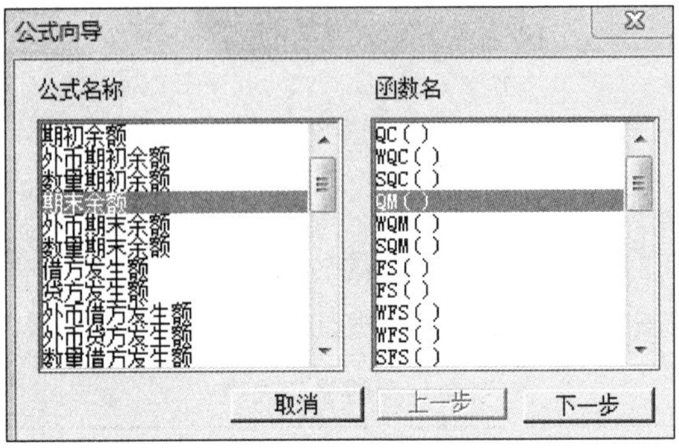

图 10—6 【公式向导】窗口

(4)点击【下一步】,修改【科目】为:222102,如图 10—7 所示,点击【完成】。

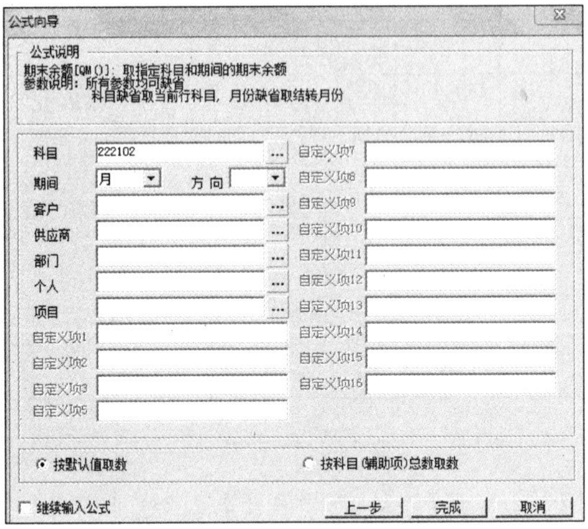

图 10—7 【公式向导】窗口

(5)点击【增行】,【科目编码】录入:222102,【方向】选择:贷,点击【金额公式】参照栏,弹出【公式向导】,【函数名】选择:JG(),如图 10—8 所示。

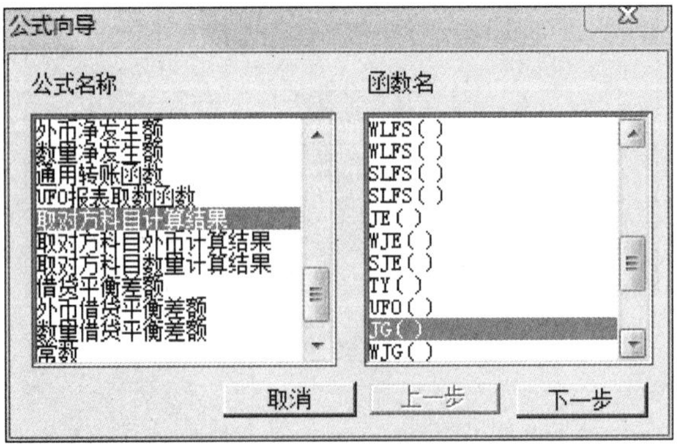

图 10—8 【公式向导】窗口

(6)点击【下一步】,如图 10—9 所示。

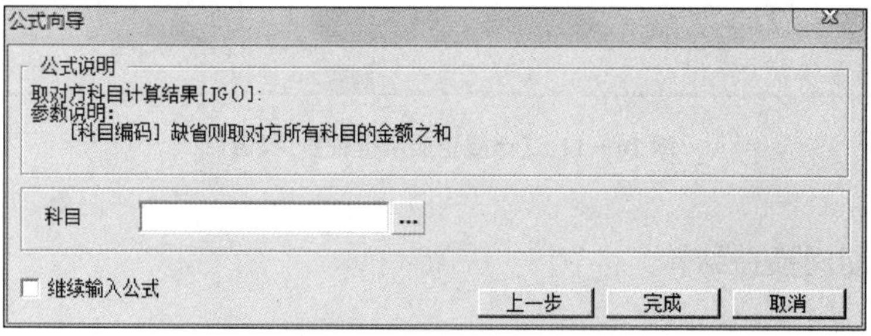

图 10—9 【公式向导】窗口

(7)点击【完成】,如图 10—10 所示。

转账序号 0001　　转账说明 结转未交增值税　　凭证类别 记账凭证

摘要	科目编码	部门	个人	客户	供应商	项目	方向	金额公式	外币公式
结转未交增值税	22210107						借	QM(222101,月)	
结转未交增值税	222102						贷	JG()	

图 10—10 【结转未交增值税】窗口

(8)按照同样方式设置计提城建税、计提教育费附加、计提地方教育费附加和计提企业所得税费用,结果如图 10—11～图 10—14 所示。

转账序号 0002　　转账说明 计提城市建设维护税　　凭证类别 记账凭证

摘要	科目编码	部门	个人	客户	供应商	项目	方向	金额公式	外币公式
计提城市建设维护税	6403						借	FS(222102,月,贷)*0.07	
计提城市建设维护税	222112						贷	JG()	

图 10—11 【计提城市建设维护税】窗口

转账序号 0003　　转账说明 计提教育费附加　　凭证类别 记账凭证

摘要	科目编码	部门	个人	客户	供应商	项目	方向	金额公式	外币公式
计提教育费附加	6403						借	FS(222102,月,贷)*0.03	
计提教育费附加	222113						贷	JG()	

图 10—12 【计提教育费附加】窗口

转账序号 0004　　转账说明 计提地方教育费附加　　凭证类别 记账凭证

摘要	科目编码	部门	个人	客户	供应商	项目	方向	金额公式	外币公式
计提地方教育费附加	6403						借	FS(222102,月,贷)*0.02	
计提地方教育费附加	222114						贷	JG()	

图 10—13 【计提地方教育费附加】窗口

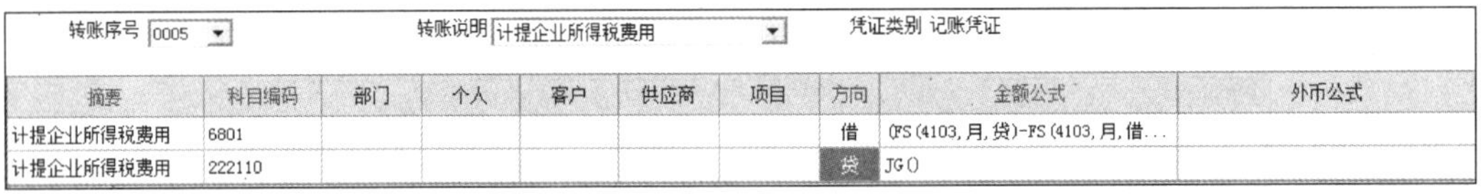
转账序号 0005　转账说明 计提企业所得税费用　凭证类别 记账凭证

摘要	科目编码	部门	个人	客户	供应商	项目	方向	金额公式	外币公式
计提企业所得税费用	6801						借	(FS(4103,月,贷)-FS(4103,月,借...	
计提企业所得税费用	222110						贷	JG()	

图 10—14 【计提企业所得税费用】窗口

二、设置期间损益结转

扫码看资源

业务 2:2019 年 1 月 31 日,设置期间损益结转。

操作步骤:

(1)以【W02 李晓园】身份登录【企业应用平台】,执行【业务工作】|【财务会计】|【总账】|【期末】|【转账定义】|【期间损益】命令,打开【期间损益结转设置】窗口。

(2)【本年利润科目】选择:4103,如图 10—15 所示。

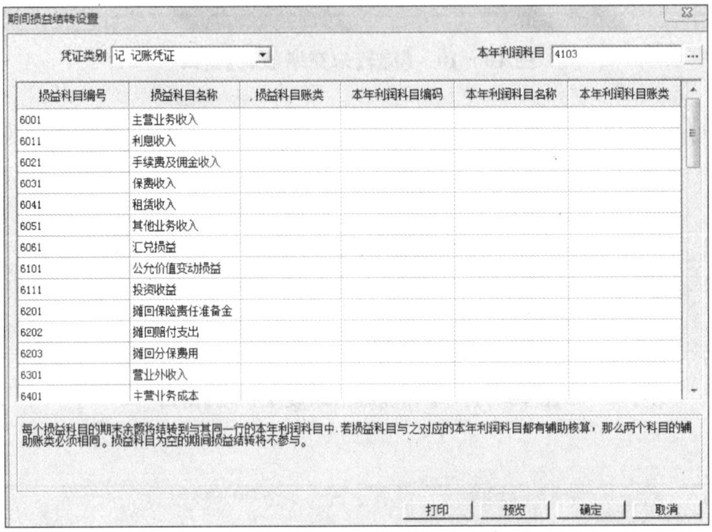
期间损益结转设置

凭证类别 记 记账凭证　本年利润科目 4103

损益科目编号	损益科目名称	损益科目账类	本年利润科目编码	本年利润科目名称	本年利润科目账类
6001	主营业务收入				
6011	利息收入				
6021	手续费及佣金收入				
6031	保费收入				
6041	租赁收入				
6051	其他业务收入				
6061	汇兑损益				
6101	公允价值变动损益				
6111	投资收益				
6201	摊回保险责任准备金				
6202	摊回赔付支出				
6203	摊回分保费用				
6301	营业外收入				
6401	主营业务成本				

每个损益科目的期末余额将结转到与其同一行的本年利润科目中.若损益科目与之对应的本年利润科目都有辅助核算，那么两个科目的辅助账类必须相同。损益科目为空的期间损益结转将不参与。

打印　预览　确定　取消

图 10—15 【期间损益结转设置】窗口

(3)点击【确定】。

任务三　转账生成

业务 1:生成结转未交增值税的凭证。

操作步骤:

(1)以【W02 李晓园】身份登录【企业应用平台】,执行【业务工作】|【财务会计】|【总账】|【期末】|【转账生成】命令,打开【转账生成】窗口。

(2)在结转未交增值税的【是否结转】栏处双击出现【Y】的标记,如图 10—16 所示。

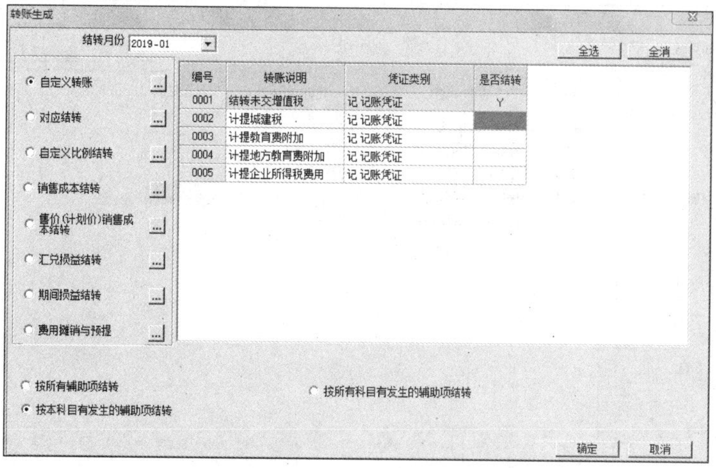

图 10—16　【转账生成——自定义转账】窗口

(3)点击【确定】,生成一张记账凭证,如图 10—17 所示。

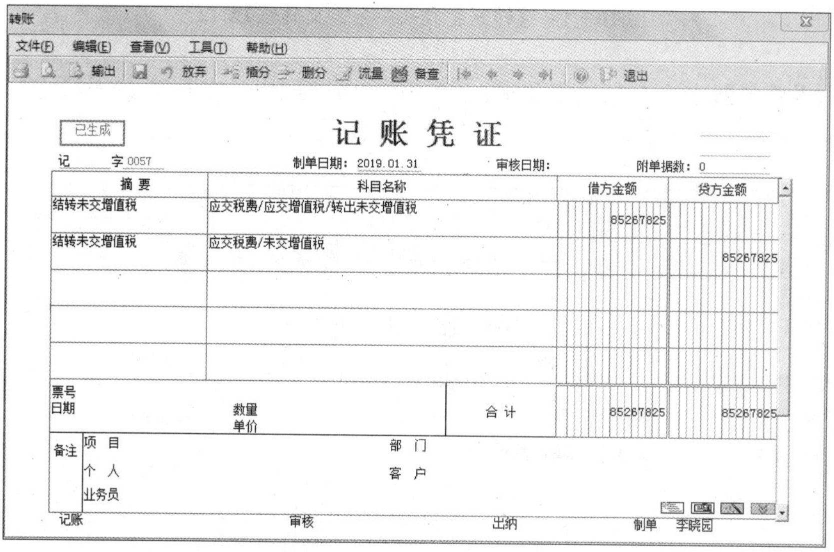

图 10—17　【记账凭证】窗口

(4)以【W01 陈丽梅】身份将未审核的凭证审核,以【Z01 刘慧清】身份完成凭证记账。

(5)以【W02 李晓园】身份登录【企业应用平台】,执行【业务工作】|【财务会计】|【总账】|【期末】|【转账生成】命令,打开【转账生成】窗口。在计提城市建设维护税、计提教育费附加、计提地方教育费附加的【是否结转】栏处双击出现【Y】的标记,如图 10—18 所示。

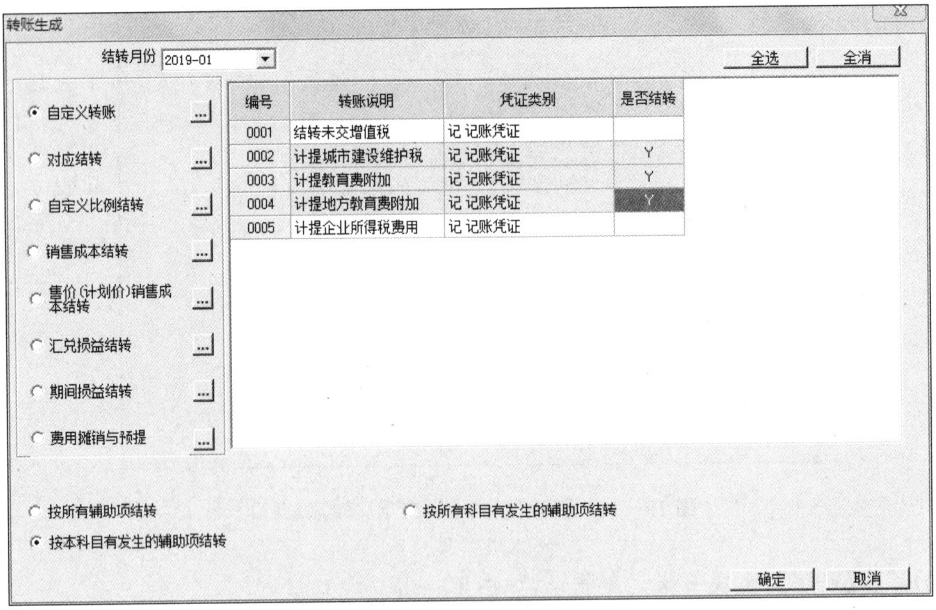

图 10—18 【转账生成——自定义转账】窗口

(6)点击【确定】,生成三张记账凭证,如图 10—19、图 10—20 和图 10—21 所示,点击【保存】。

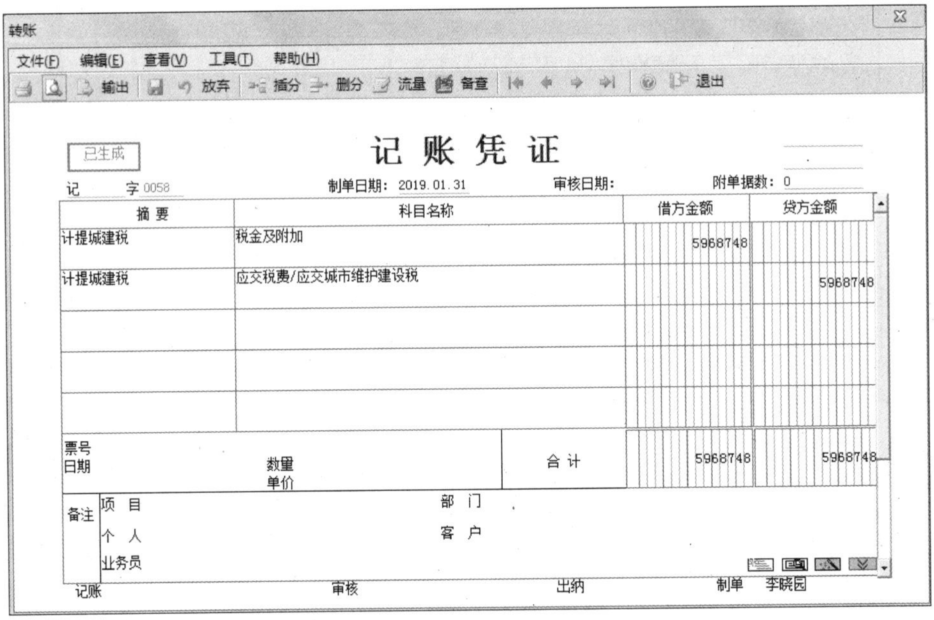

图 10—19 【记账凭证】窗口

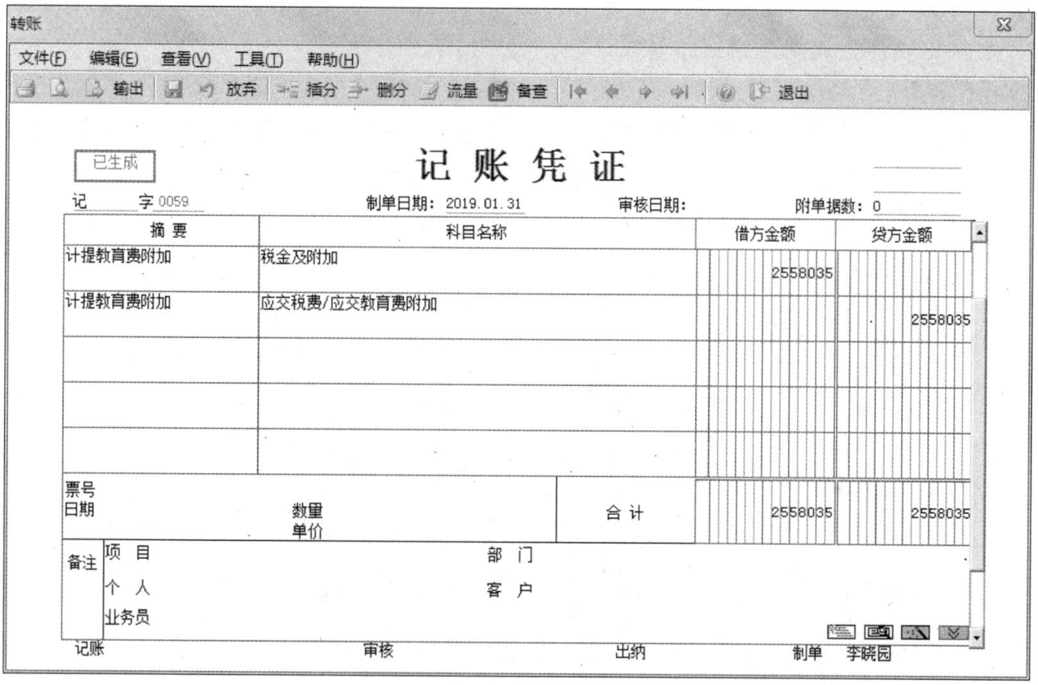

图 10—20　【记账凭证】窗口

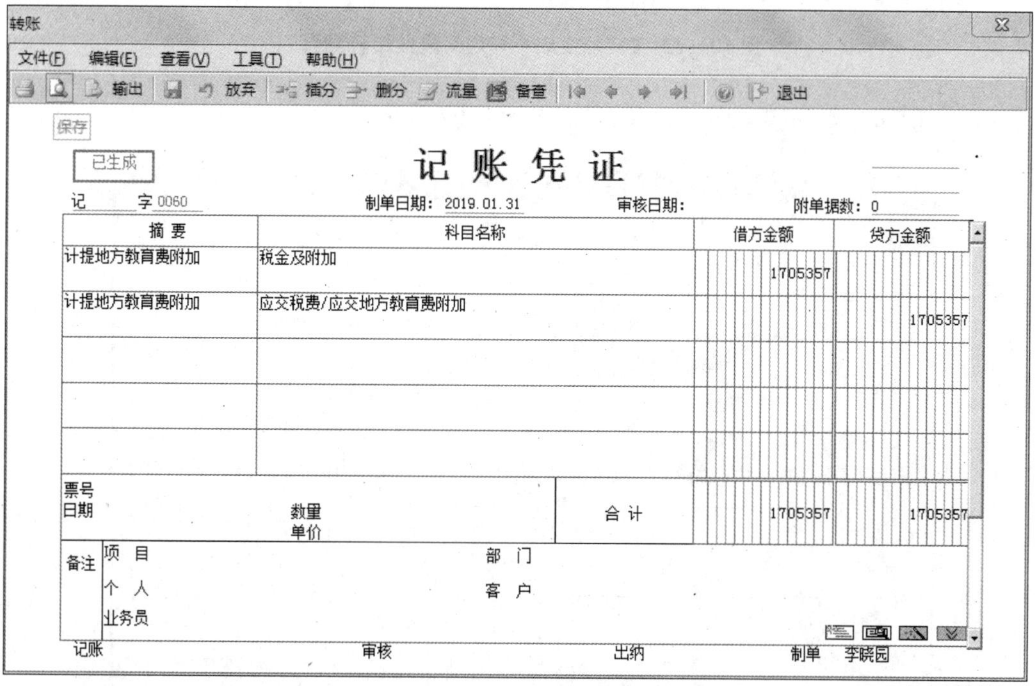

图 10—21　【记账凭证】窗口

(7)以【W01 陈丽梅】身份将未审核的凭证审核,以【Z01 刘慧清】身份完成凭证记账。

业务 2:转账生成期间损益结转凭证,收入、支出分别结转。

操作步骤:

(1)以【W02 李晓园】身份登录【企业应用平台】,执行【业务工作】|【财务会计】|【总账】|【期末】|【转账生成】命令,打开【转账生成】窗口。

(2)选择【期间损益结转】,【类型】选择:收入,点击【全选】,如图 10—22 所示。

图 10—22 【转账生成——期间损益结转】窗口

(3)点击【确定】,生成一张记账凭证,如图 10—23 所示。

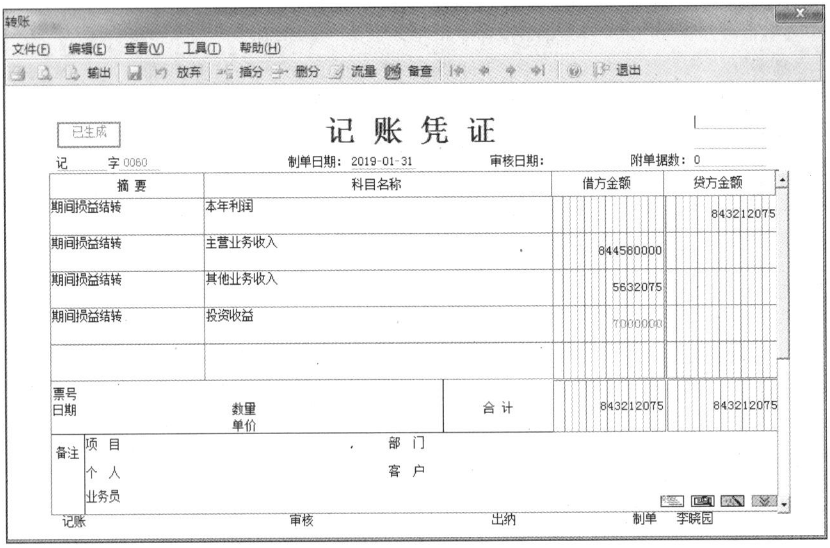

图 10—23 【记账凭证】窗口

(4)【类型】选择:支出,点击【全选】,如图 10—24 所示。

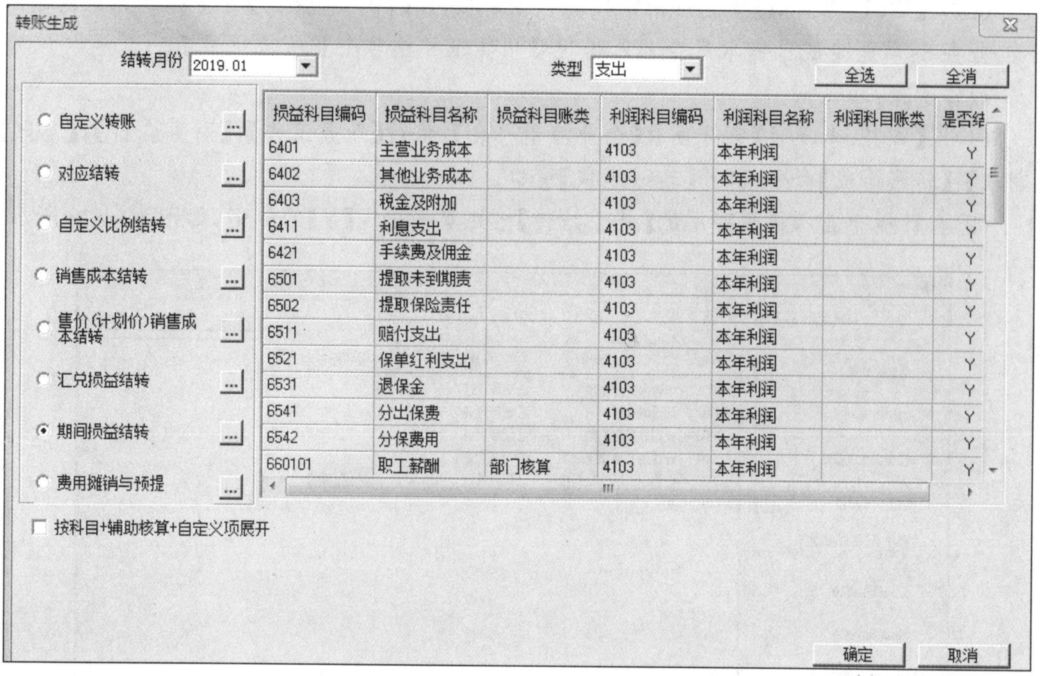

图 10－24 【转账生成——期间损益结转】窗口

(5)点击【确定】,弹出【2019－01 月或之前月有未记账凭证,是否继续结转】信息框,点击【是】,生成一张记账凭证,如图 10－25 所示。

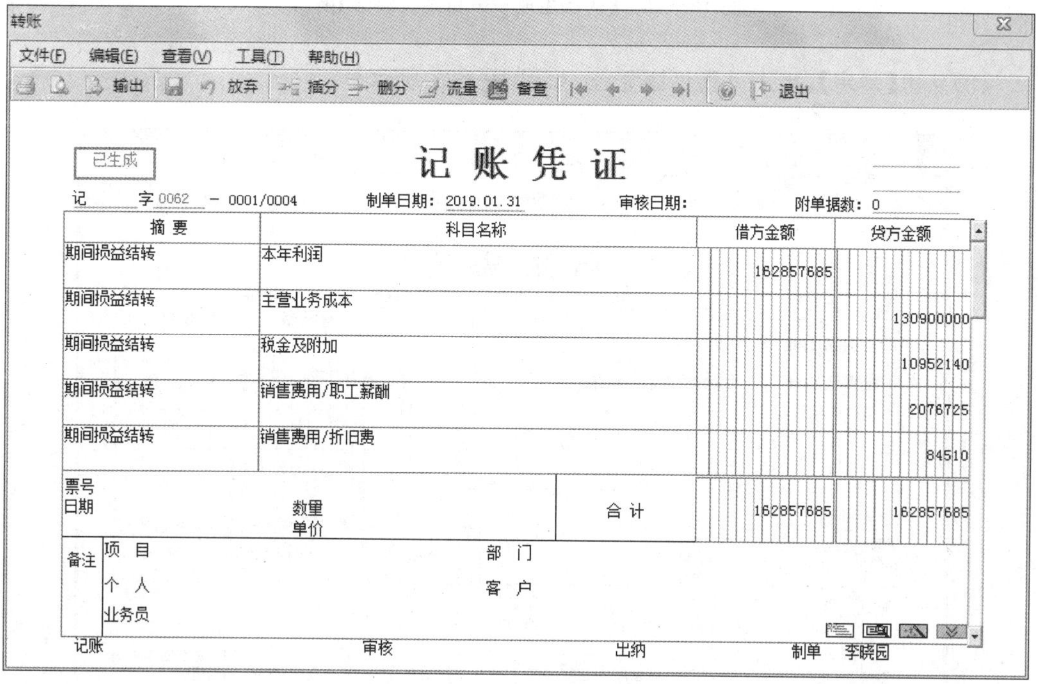

图 10－25 【记账凭证】窗口

(6)以【W01 陈丽梅】身份将未审核的凭证审核,以【Z01 刘慧清】身份完成凭证记账。

业务 3:转账生成计提本月企业所得税费用凭证并结转企业所得税费用。

操作步骤:

(1)以【W02 李晓园】身份登录【企业应用平台】,执行【业务工作】|【财务会计】|【总账】|【期末】|【转账生成】命令,打开【转账生成】窗口。

(2)在计提企业所得税费用的【是否结转】栏处双击出现【Y】的标记,如图 10—26 所示。

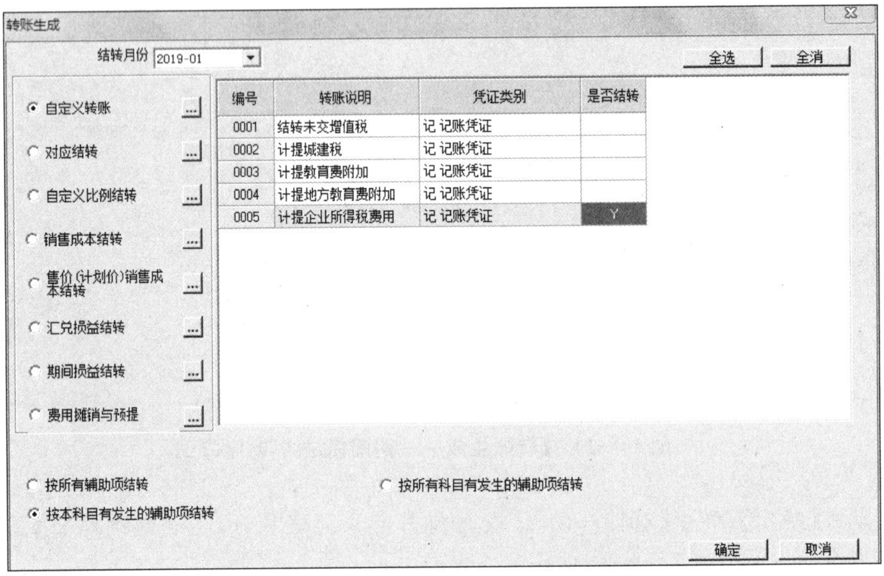

图 10—26 【转账生成——自定义转账】窗口

(3)点击【确定】,生成一张记账凭证,如图 10—27 所示。

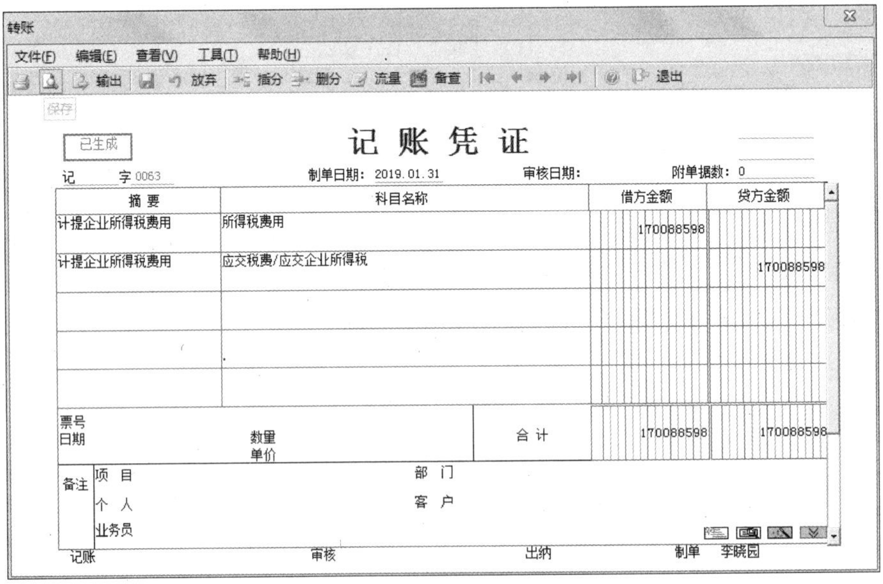

图 10—27 【记账凭证】窗口

(4)以【W01 陈丽梅】将未审核的凭证审核，以身份【Z01 刘慧清】完成凭证记账。

(5)以【W02 李晓园】身份登录【企业应用平台】，执行【业务工作】|【财务会计】|【总账】|【凭证】|【填制凭证】命令，打开【填制凭证】窗口。

(6)点击【增加】，【摘要】录入：结转企业所得税费用，【科目名称】选择：本年利润，【借方金额】录入：1 700 885.98，【科目名称】选择：所得税费用，【借方金额】录入：－1 700 885.98，如图10－28所示。

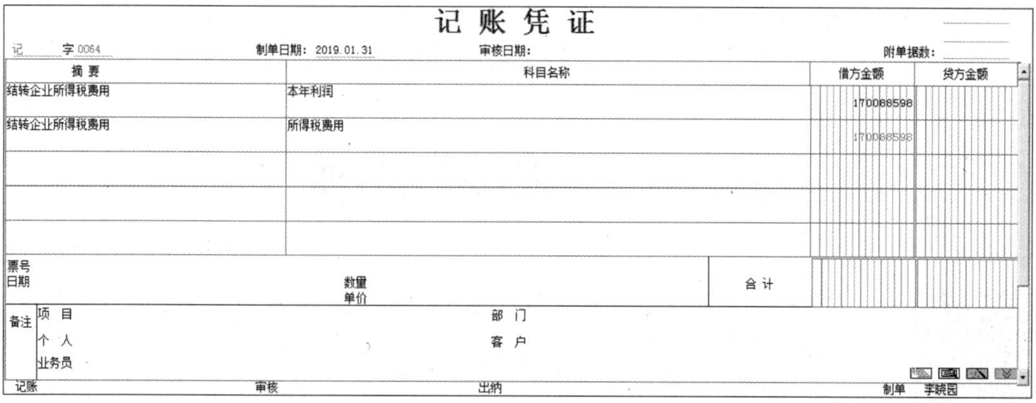

图10－28　【记账凭证】窗口

(7)以【W01 陈丽梅】身份将未审核的凭证审核，以【Z01 刘慧清】身份完成凭证记账。

项目十一　报表管理

任务一　报表模板管理

扫码看资源

业务 1:利用报表模板生成本月资产负债表、本月利润表。

操作步骤:

1. 资产负债表

(1)以【W02 李晓园】身份登录【企业应用平台】,点击【财务会计】|【UFO 报表】,弹出【日积月累】窗口,点击【关闭】。

(2)执行【文件】|【新建 N】|【格式】|【报表模板】命令,打开【报表模板】窗口。【您所在的行业】选择:2007 年新会计制度科目,【财务报表】选择:资产负债表,如图 11—1 所示。点击【确认】,系统弹出【模板格式将覆盖本表格式! 是否继续?】提示框。

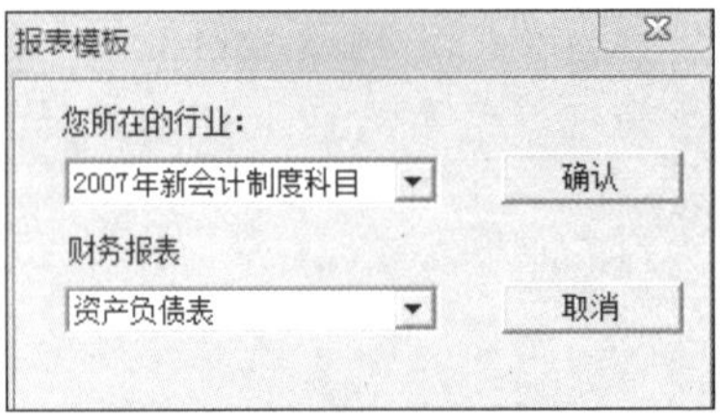

图 11—1 【报表模板】窗口

(3)点击【确定】,选中 A3 单元格,点击【数据】|【关键字】|【设置】,选中【单位名称】,点击【确定】。点击【编辑】|【格式/数据状态(Z)】,点击【数据】|【关键字】|【录入】,【单位名称】录入:凯里市昀智贸易有限公司,【年】录入:2019,【月】录入:1,【日】录入:31,点击【确定】,弹出【是否重算第一页?】提示框,点击【是】,结果如图 11—2 所示。

资产负债表

会企01表

编制单位：凯里市昀智贸易有限公司　　2019 年 1 月 31 日　　单位：元

资　产	行次	期末余额	年初余额	负债和所有者权益（或股东权益）	行次	期末余额	年初余额
流动资产：				流动负债：			
货币资金	1	20,650,347.05	23,889,218.00	短期借款	32	120,000.00	120,000.00
交易性金融资产	2	7,200,000.00		交易性金融负债	33		
应收票据	3		58,000.00	应付票据	34		22,968.00
应收账款	4	3,700,952.40	146,198.40	应付账款	35	641,550.00	32,480.00
预付款项	5	12,000.00	12,000.00	预收款项	36	19,000.00	19,000.00
应收利息	6			应付职工薪酬	37	79,907.19	58,000.00
应收股利	7			应交税费	38	2,656,317.02	107,860.00
其他应收款	8	1,000.00	1,000.00	应付利息	39		
存货	9	992,000.00	1,132,000.00	应付股利	40		
一年内到期的非流动资产	10			其他应付款	41		
其他流动资产	11			一年内到期的非流动负债	42		
流动资产合计	12	32,556,299.45	25,238,416.40	其他流动负债	43		
非流动资产：				流动负债合计	44	3,516,774.21	360,308.00
可供出售金融资产	13			非流动负债：			
持有至到期投资	14			长期借款	45	16600000.00	16600000.00

图 11－2　【资产负债表】窗口

(4)点击【文件】|【另存为】,保存到桌面,【文件名】:zcfzb. rep。

2. 利润表

(1)以【W02 李晓园】身份登录【企业应用平台】,点击【财务会计】|【UFO 报表】,弹出【日积月累】窗口,点击【关闭】。

(2)执行【文件】|【新建 N】|【格式】|【报表模板】命令,打开【报表模板】窗口。【您所在的行业】选择:2007 年新会计制度科目,【财务报表】选择:利润表,如图 11－3 所示。点击【确认】,系统弹出【模板格式将覆盖本表格式！是否继续?】提示框。

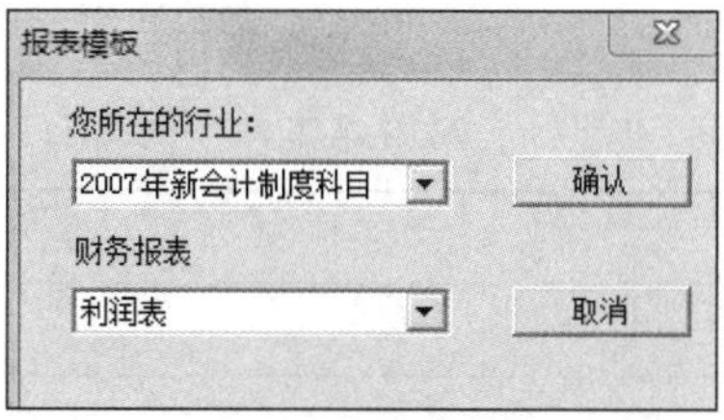

图 11－3　【报表模板】窗口

(3)点击【确定】,选中 A3 单元格,点击【数据】|【关键字】|【设置】,选中【单位名称】,点击【确定】。点击【编辑】|【格式/数据状态(Z)】,点击【数据】|【关键字】|【录入】,【单位名称】:凯里市昀智贸易有限公司,【年】:2019,【月】:1,点击【确定】,弹出【是否重算第一页】,点击【是】,结果如图 11－4 所示。

利 润 表

会企02表

编制单位：凯里市昀智贸易有限公司　　2019 年 1 月　　单位:元

项　　目	行数	本期金额	上期金额
一、营业收入	1	8,502,120.75	
减：营业成本	2	1,309,000.00	
营业税金及附加	3	109,521.40	
销售费用	4	56,912.35	
管理费用	5	65,194.75	
财务费用	6	73,397.95	
资产减值损失	7	10,000.00	
加：公允价值变动收益（损失以“-”号填列）	8		
投资收益（损失以“-”号填列）	9	-70,000.00	
其中:对联营企业和合营企业的投资收益	10		
二、营业利润（亏损以“-”号填列）	11	6808094.30	
加：营业外收入	12		
减：营业外支出	13	4,550.40	
其中：非流动资产处置损失	14		
三、利润总额（亏损总额以“-”号填列）	15	6803543.90	
减：所得税费用	16		
四、净利润（净亏损以“-”号填列）	17	6803543.90	
五、每股收益：	18		
（一）基本每股收益	19		
（二）稀释每股收益	20		

图 11—4 【利润表】窗口

任务二　报表设计管理

业务 1：编制销售费用预算表，预算期在基期的基础上增长 20%，并设置公式取数，如表 11—1 所示。

扫码看资源

表 11—1　　销售费用预算表

编制单位:凯里市昀智贸易有限公司　　2019 年 1 月

项　目	基　期	预　期
差旅费		
广告费		
职工薪酬		
折旧费		
促销费		
办公费		
合　计		

操作步骤：

(1)以【W02 李晓园】登录【企业应用平台】，点击【财务会计】|【UFO 报表】，弹出【日积

月累】窗口，点击【关闭】。

(2)点击【文件】|【新建 N】|【格式】|【表尺寸】，【行数】录入：10，【列数】录入：3，如图11—5所示，点击【确定】。

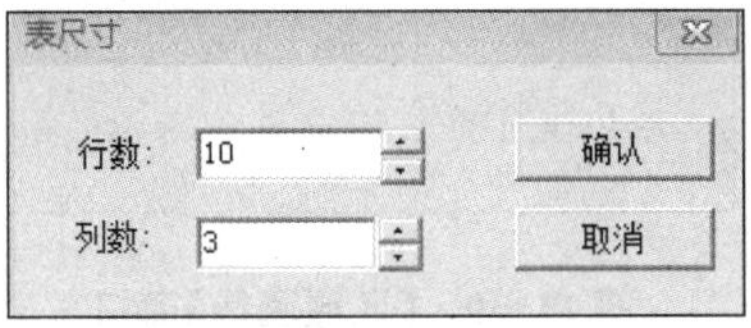

图 11—5　【表尺寸】窗口

(3)选中整张表，点击【格式】|【行高】，【行高】录入：10，如图11—6所示，点击【确定】。

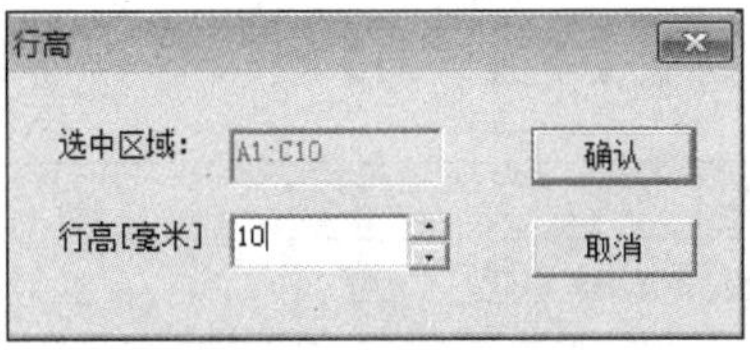

图 11—6　【行高】窗口

(4)选中整张表，点击【格式】|【列宽】，【列宽】录入：50，如图11—7所示，点击【确定】。

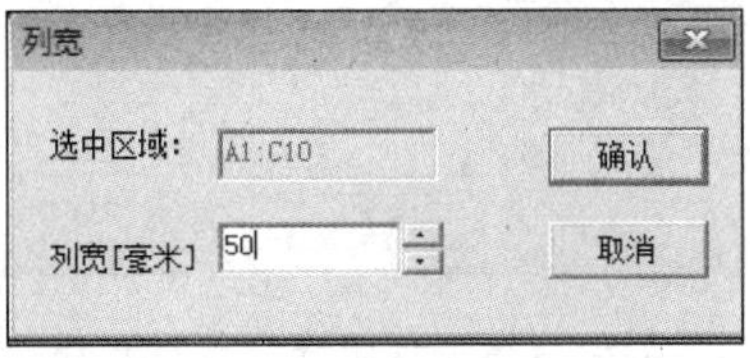

图 11—7　【列宽】窗口

(5)选中第一行A1:C1单元，点击【格式】|【组合单元】，打开【组合单元】窗口，如图11—8所示，点击【整体组合】。

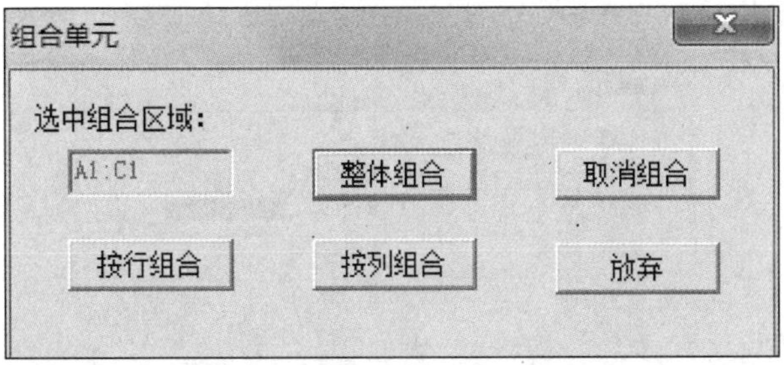

图 11—8　【组合单元】窗口

(6)选中A3:C10，点击【格式】|【区域画线】，打开【区域画线】窗口，【画线类型】选择：网线，【样式】选择：第一种，如图11—9所示，点击【确定】。

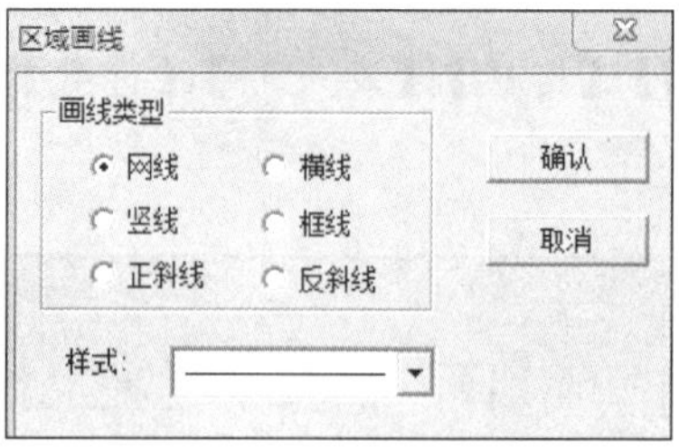

图 11—9 【区域画线】窗口

(7)选中第一行,点击【格式】|【单元属性】,点击【对齐】选项卡,【水平方向】选择:居中,【垂直方向】选择:居中。选中 A3:A10,点击【格式】|【单元属性】,点击【对齐】选项卡,【水平方向】选择:居中,【垂直方向】选择:居中。选中 B3:C3,点击【格式】|【单元属性】,点击【对齐】选项卡,【水平方向】选择:居中,【垂直方向】选择:居中,如图 11—10 所示。

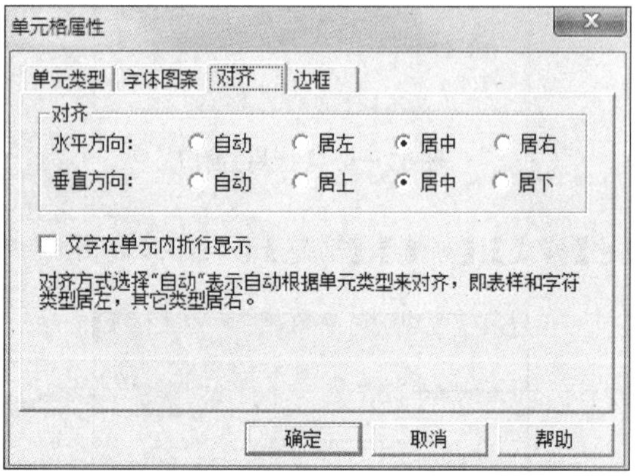

图 11—10 【单元格属性——对齐】选项卡

(8)选中第一行 A1:C1,点击【格式】|【单元属性】,点击【字体图案】选项卡,【字号】选择:20,【字体】选择:宋体。选中 A3:A10,点击【格式】|【单元属性】,点击【字体图案】选项卡,【字号】选择:16,【字体】选择:宋体。选中 B3:C3,点击【格式】|【单元属性】,点击【字体图案】选项卡,【字号】选择:10,【字体】选择:宋体,如图 11—11 所示。

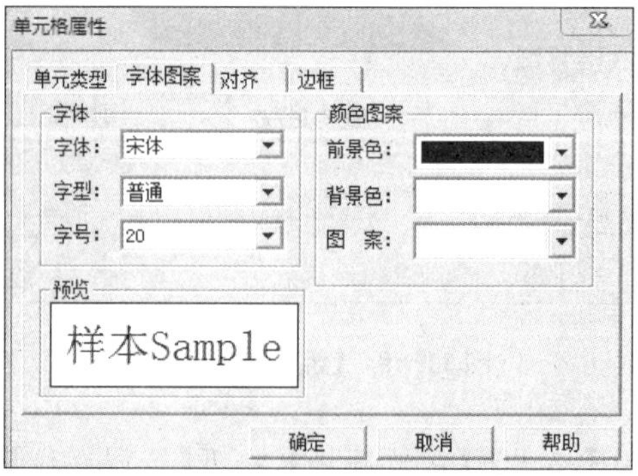

图 11—11 【单元格属性——字体图案】选项卡

(9)双击【单元格】,将光标定位在单元格中,直接在单元格中录入内容,也可以选定单元格后,将光标定位在窗口上方中的编辑栏中进行录入。全部录入完成如图11—12所示。

销售费用预算表		
项目	基期	预算期
差旅费		
广告费		
职工薪酬		
折旧费		
促销费		
办公费		
合计		

图11—12 【销售费用预算表】窗口

(10)在【销售费用预算表】格式状态下,选中B4单元格,点击【数据】|【编辑公式】|【单元公式】,打开【定义公式】对话框。点击【函数向导】,打开【函数向导】窗口,【函数分类】选择:用友账务函数,【函数名】选中:发生(FS),如图11—13所示。

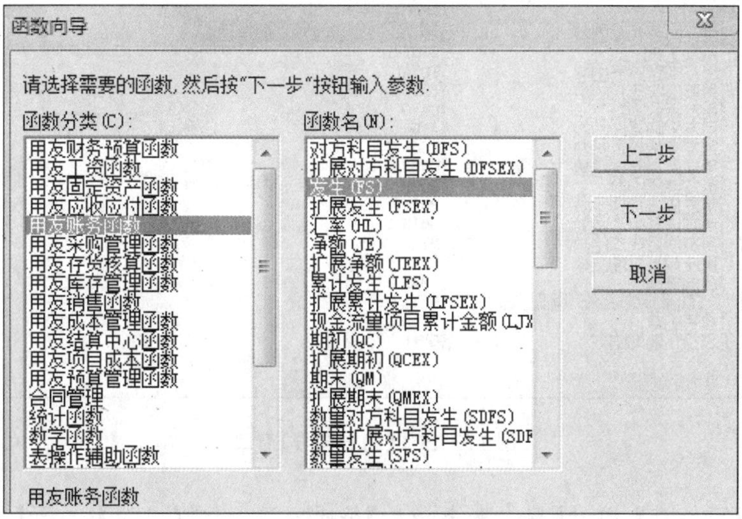

图11—13 【函数向导】窗口

(11)点击【下一步】,打开【用友账务函数】编辑窗口,点击【参照】,打开【账务函数】窗口,将【会计科目】改为:660108 销售费用——差旅费,勾选【包含未记账凭证】,如图11—14所示,以同样的方法设置B5、B6、B7、B8和B9单元格。

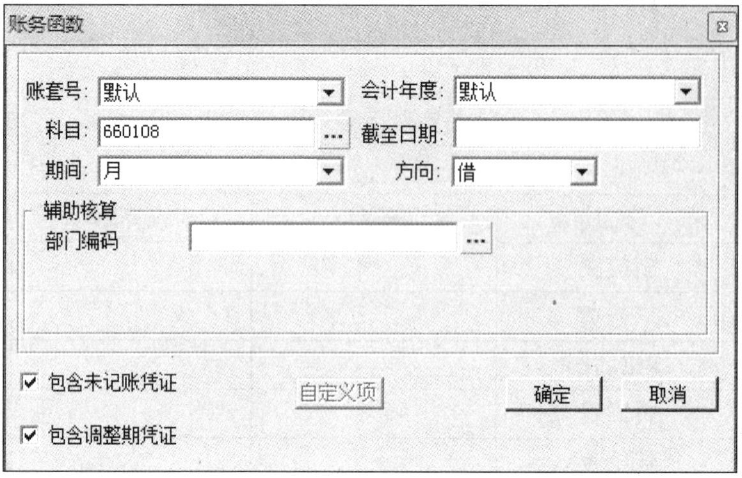

图 11—14 【账务函数】窗口

(12)在【销售费用预算表】格式状态下,选中 B10 单元格,点击【数据】|【编辑公式】|【单元公式】,打开【定义公式】对话框。点击【函数向导】,打开【函数向导】窗口,【函数分类】选择:统计函数,【函数名】选中:PTOTAL,如图 11—15 所示。

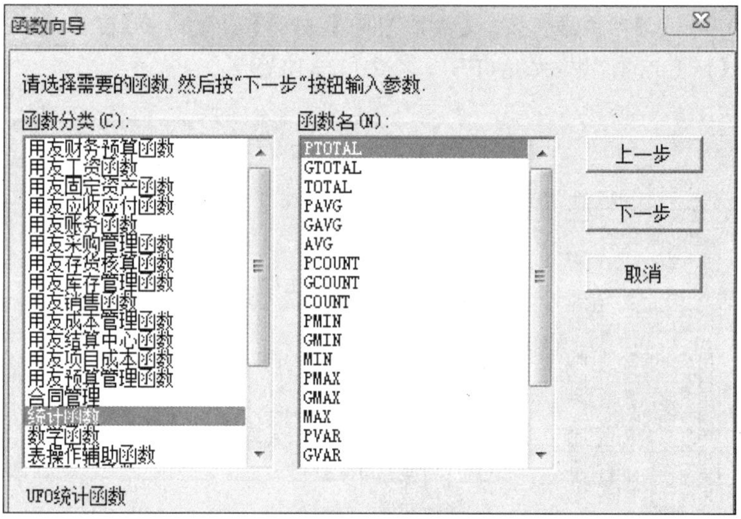

图 11—15 【函数向导】窗口

(13)点击【下一步】,打开【用友账务函数】编辑窗口,点击【参照】,打开【固定区统计函数】窗口,在【固定区区域】录入:B4:B9,如图 11—16 所示,点击【确认】|【确定】,以同样的方法设置 C10 单元格。

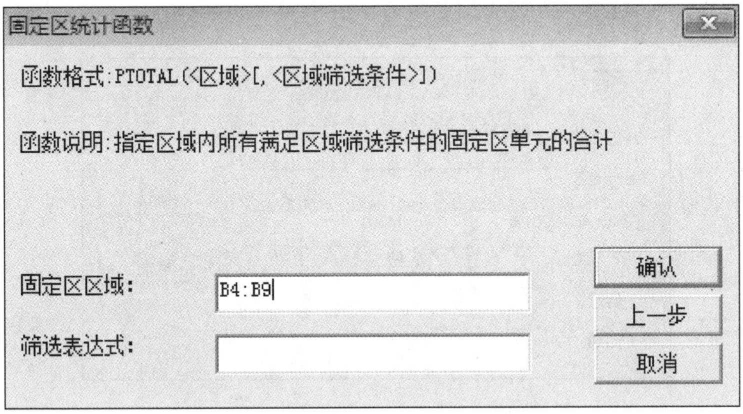

图 11—16　【固定区统计函数】窗口

(14)在【销售费用预算表】格式状态下,选中 C4 单元格,点击【数据】|【编辑公式】|【单元公式】,打开【定义公式】对话框,录入:B4 * 1.2,如图 11—17 所示,点击【确认】,以同样的方法设置 C4、C5、C6、C7、C8 和 C9 单元格。

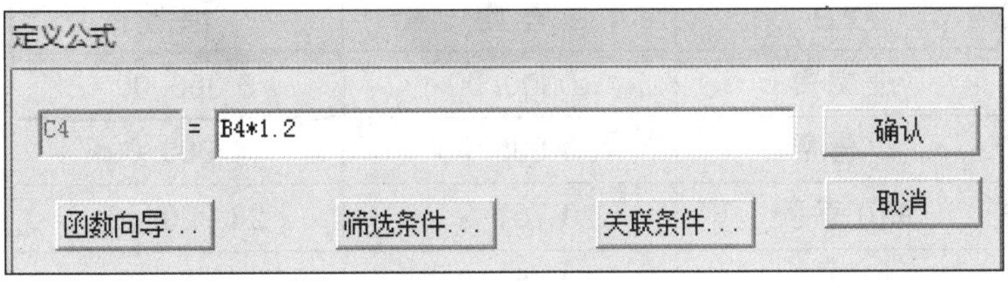

图 11—17　【定义公式】窗口

(15)选中 A2,点击【数据】|【关键字】|【设置】,打开【设置关键字】窗口,选择【单位名称】,点击【确定】。选中 B2,点击【数据】|【关键字】|【设置】,打开【设置关键字】窗口,选择【年】,点击【确定】。选中 C2,点击【数据】|【关键字】|【设置】,打开【设置关键字】窗口,选择【月】,点击【确定】,如图 11—18 所示。

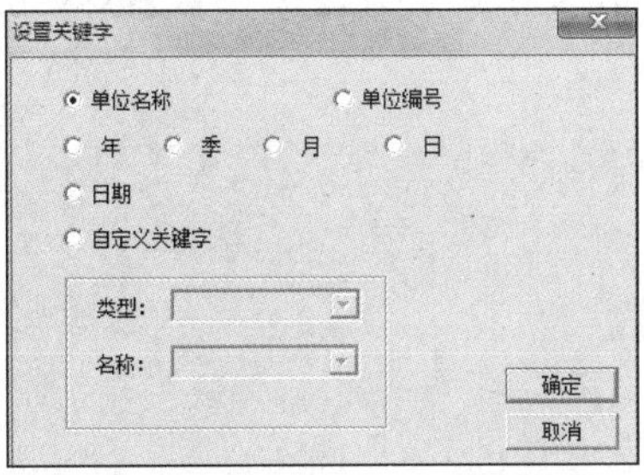

图 11—18　【设置关键字】窗口

(16)点击【编辑】|【格式/数据状态(Z)】,点击【数据】|【关键字】|【录入】,打开【录入关键字】窗口,【单位名称】录入:凯里市昀智贸易有限公司,【年】录入:2019,【月】录入:1,如图

11—19 所示。

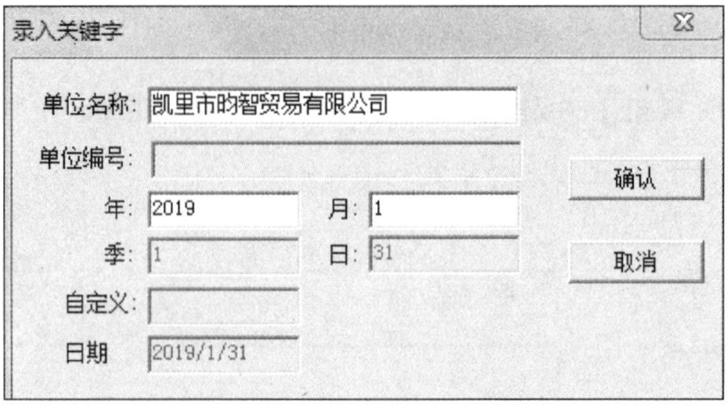

图 11—19 【录入关键字】窗口

(17)点击【确认】,弹出【是否重算第 1 页】提示框,点击【是】,如图 11—20 所示。

销售费用预算表

单位名称: 凯里市昀智贸易有限公司　　2019 年 1 月

项目	基期	预期
差旅费	5 300.00	6 360.00
广告费	20 000.00	24 000.00
职工薪酬	20 767.25	24 920.70
折旧费	845.10	1 014.12
促销费		
办公费	10 000.00	12 000.00
合计	56 912.35	68 294.82

图 11—20 【销售费用预算表】窗口

(18)点击【文件】|【另存为】,保存到桌面,【文件名】: xsysb. rep。